DER ALTFRANZÖSISCHE HÖFISCHE ROMAN

WEGE DER FORSCHUNG

BAND CCCCXXV

1978

WISSENSCHAFTLICHE BUCHGESELLSCHAFT

DARMSTADT

DER ALTFRANZÖSISCHE HÖFISCHE ROMAN

Herausgegeben von

ERICH KÖHLER

1978

WISSENSCHAFTLICHE BUCHGESELLSCHAFT

DARMSTADT

CIP-Kurztitelaufnahme der Deutschen Bibliothek

Der altfranzösische höfische Roman / hrsg. von Erich Köhler. — Darmstadt: Wissenschaftliche Buchgesellschaft, 1978.
(Wege der Forschung; Bd. 425)
ISBN 3-534-06453-4

NE: Köhler, Erich [Hrsg.]

Bestellnummer 6453-4

Satz: Druckerei A. Zander, 6149 Rimbach
Druck und Einband: Wissenschaftliche Buchgesellschaft, Darmstadt
Printed in Germany
Schrift: Linotype Garamond, 9/11

ISBN 3-534-06453-4

INHALT

EINLEITUNG

Von Erich Köhler

Ist der Umstand, daß die Romane, von denen in diesem Band die Rede ist, nicht von König Artus, seiner Tafelrunde und den Aventüren seiner Ritter, noch von Tristan, der blonden Isolde und König Marc erzählen [1], ein ausreichendes distinktives Merkmal, um ihnen einen eigenen Status, etwa denjenigen eines relativ selbständigen narrativen Subgenus oder mehrerer Subgenera einzuräumen? Gewiß ist eine Einteilung, die sich am Stoff orientiert, nach wie vor von pragmatischem Wert; sie mag für die Literaturgeschichtsschreibung sogar unentbehrlich sein, doch zu befriedigen vermag sie nicht mehr beim Stand einer Forschung, welche strukturelle Kategorien nicht mehr naiv mit stofflichen gleichsetzen kann.

Muß die negative Formulierung des Themas — „der nicht-arthurische höfische Roman" — nicht die Vorstellung erwecken, es handle sich lediglich darum, mit einem Notdach zu versehen, was sich nicht auf einen Nenner bringen läßt? Solcher Anschein trügt — aber doch nur zur Hälfte, was weiter unten noch verdeutlicht werden soll. Bliebe demnach die Möglichkeit, alle diese nicht-arthurischen Romane, wie die arthurischen selbst, dem Begriff des Höfischen zu subsumieren. Aber so wie der Verf. dieser Einleitung die Tristanromane, insbesondere den Thomas-*Tristan*, für zutiefst un- bzw. antihöfisch hält [2], so kommt Ch. Payen in dem hier abgedruckten

[1] Kurt Wais, der Herausgeber des Wege-der-Forschung-Bandes ›Der arthurische Roman‹ (1970), hat seinem Gegenstandsbereich die Tristandichtungen zugeordnet und entsprechend berücksichtigt — mit fraglichem Recht: zwar gehören sie zur „matière de Bretagne", doch ist ihre Verbindung mit dem Artusstoff erst sekundär. Gleichwohl war diese Vorentscheidung bei der Auswahl des vorliegenden Bandes zu respektieren.

[2] Vgl. E. Köhler, Ideal und Wirklichkeit in der höfischen Epik. Studien zur Form der frühen Artus- und Graldichtung (Beihefte zur Zeitschrift für

Beitrag über Jean Renarts ›Guillaume de Dole‹ zu der Auffassung, dieser Autor sei kein höfischer Dichter, obwohl seine Themen und deren Durchführung sich auf die höfische Konzeption von Liebe und Abenteuer beziehen. So mag denn der übergeordnete Subsumtionsbegriff des Höfischen so weit gefaßt werden, daß er meint: im Bannkreis der höfischen Kultur, womit auch Abweichung, Kritik, Gegenreaktion, das Anderssein als Gegenbild, die Einheit des gemeinsamen Bezugs bewahrte. Der Vorteil einer solchen weiten und trotzdem konkreten Bestimmung wäre, die Vielheit als Einheit, die Einheit als eine komplexe zu begreifen und uns von der offenbar noch immer schwierigen Aufgabe einer Definition dessen, was höfisch, speziell was höfische Liebe ist, vorläufig zu suspendieren [3].

Wir stellen die vorstehenden Fragen nicht als rhetorische, die sogleich eine Antwort verheißen, sondern um anhand erneuerter Fragestellungen zu problematisieren, was die Forschung zu unserem Gegenstand bisher beizutragen vermochte. Daß dabei die literatursoziologische Perspektive als erkenntnisleitend erachtet wird, sollte dem Verfasser dieser Einleitung angesichts des Umstands, daß „höfisch" von „Hof" abgeleitet ist, niemand verargen, und ebenso wenig, daß die zur Debatte stehende Phase der Entwicklungsgeschichte des Romans in eine gattungstheoretische Beleuchtung gerückt wird. Indessen konnten diese beiden Gesichtspunkte nicht schon, oder doch nur zu einem geringen Teil, maßgeblich sein für die Auswahl der hier vereinigten Studien, zum einen, weil sie bisher nur erst ansatzweise in der Forschung zum Gegenstand zur Geltung gebracht worden sind, zum andern, weil eine solche Auswahl vorrangig mit den (bisherigen) „Wegen der Forschung" vertraut machen soll. Zu letzterem ist sogleich zu sagen, daß nicht nur materielle

Romanische Philologie, 97. Heft), 2. erg. Auflage, Tübingen 1970, S. 149 ff. und S. 267 ff.

[3] Aus der überreichen Anzahl einschlägiger Versuche sei hier nur eine Untersuchung genannt, die zeigt, vor welche Schwierigkeiten der Begriff des Höfischen selbst einen hervorragenden Forscher noch nach jahrzehntelangem Umgang mit der Materie stellt: J. Frappier, Vue sur les conceptions courtoises dans les littératures d'oc et d'oïl au XIIe siècle, Cahiers de Civilisation Médiévale 2 (1959) S. 135—156.

Ursachen eine optimal repräsentative Auswahl nicht erlaubten, sondern auch die Ungleichgewichtigkeit in der Forschung selbst ein ausgewogenes Bild nicht zuließ. Nicht wenige von den zu unserem Gegenstandsbereich zählenden Romanen sind bisher kaum beachtet worden; sie treten daher hier nicht oder nur am Rande in Erscheinung. Natürlich hat diese Geringschätzung sehr viel mit der Faszination zu tun, die von der arthurischen, der Gral- und der Tristandichtung und ihrer abendländischen Wirkung ausging und ausgeht. Die unbestrittene Bedeutung dieser „Höhenkammliteratur" darf jedoch nicht mehr den Blick auf das gesamte Spektrum der literarischen Hervorbringungen einer bestimmten Epoche und auf die Zeugnis- und Wirkkraft aller ihrer Teilbereiche verstellen. Für unseren Gegenstand bedeutet dies, eine Reihe von generischen Varianten unter sowohl diachronischen wie synchronischen Gesichtspunkten einem übergreifenden, aber erst im Entstehen begriffenen Gattungssystem zuzuordnen, sie als dessen funktional differenzierte Teilsysteme zu begreifen und die Frage nach ihrem historisch-sozialen „Sitz im Leben" zu stellen [4].

Der höfische Roman, und d. h. der abendländische Roman überhaupt, wird innerhalb eines Vierteljahrhunderts, zwischen 1150 und 1175 geboren. Er wird in kurzer Zeit zur Dominanten eines volkssprachlichen Gattungssystems, das sich in der zweiten Hälfte des 12. Jahrhunderts geradezu stürmisch entfaltet: zu den bereits existierenden Gattungen der chanson de geste, der Heiligenlegenden, der Bibelparaphrasen, der Bestiarien, der erschließbaren volkstümlichen Lyrik treten Chronik, Roman, Lai, Fabel, Fabliau, höfische Kunstlyrik trobadoresker Herkunft, die Anfänge des Theaters. Die geradezu explosive Entfaltung des Gattungssystems und die zukunftsträchtigen Innovationen in seinen wesentlichen Bereichen

[4] S. die grundsätzlichen Ausführungen zum Problem des mittelalterlichen Gattungssystems bei H. R. Jauß, Theorie der Gattungen und Literatur des Mittelalters, in: M. Delbouille (Hrsg.), Généralités = Bd. I des Grundriß der romanischen Literaturen des Mittelalters, hrsg. von H. R. Jauß und E. Köhler, Heidelberg 1972, S. 107—138; vgl. E. Köhler, Gattungssystem und Gesellschaftssystem, Romanistische Zeitschrift für Literaturgeschichte / Cahiers d'Histoire des Littératures Romanes, 1 (1977) S. 7 ff.

wären unvorstellbar ohne jene „prise de conscience", von der wir seit Marc Bloch wissen, daß sie zusammenfällt mit der entscheidenden Wende um die Mitte des 12. Jahrhunderts, in welcher der Übergang des Adels von einer „classe de fait" zu einer „classe de droit" und damit der Beginn des „zweiten feudalen Zeitalters" besiegelt wird, unvorstellbar auch ohne die „ökonomische Revolution" (Calmette, Bloch), ohne die Herausbildung territorialfürstlicher höfischer Zentren, ohne den Aufstiegsprozeß des niederen Rittertums, ohne die antifeudale Allianz der Monarchie mit bürgerlichen Funktionären, ohne die sog. „Renaissance des 12. Jahrhunderts", die den „Klerikern", den Intellektuellen des Mittelalters, soweit sie in Hofdiensten stehen, die Aufgabe zuweist, ihr gelehrtes Wissen einem adligen Publikum zu vermitteln, das seine privilegierte Stellung nicht mehr allein auf die militärische Funktion zu stützen vermag, sondern danach trachtet, auch Kulturträger zu sein.

„Chevalerie et clergie" heißt die Losung einer Elite, die jetzt erst, da sie sich legitimieren muß, sich ihres elitären Charakters voll bewußt wird. Die Hauptgestalten der antikisierenden Romane, voran Alexander der Große, verkörpern das neue Ideal und die neue Gesittung, welche die Literatur der jetzt einsetzenden Epoche ebenso bedingen wie sie von dieser Literatur selbst erst ideologisch substanzialisiert werden. Aus der Gewißheit, unentbehrlich zu sein für die soziokulturelle Legitimation des führenden Standes und insbesondere der Territorialfürsten, erwächst bei den Dichtern ein Selbstbewußtsein, das zu den wichtigsten Voraussetzungen für die künftige Autonomisierung der weltlichen Literatur gehört, von Anfang an aber auch die elitäre ständische Abgrenzung mitvollzieht (s. E. Köhler in diesem Band). Bereits der Autor des vermutlich ältesten antikisierenden Romans, des ›Roman de Thèbes‹, beschränkt sein Publikum explizit auf „clerc o chevalier" unter drastischer Distanzierung von allen anderen Volksschichten, zieht damit scharf die Grenze zur chanson de geste und begründet das Konkurrenzverhältnis zweier Gattungen, dessen soziale und politische Ursachen in der Qualifizierung der „trois materes de France et de Bretaigne et de Romme la grant" manifest werden, welche der bürgerliche Dichter Jean Bodel um 1200 in seinem Epos ›Saisnes‹ vornimmt. Während Bodel den antikisierenden Romanen den Wert von Vermittlung von Wissen und Weisheit zubilligt, charakterisiert er die „conte de Bretaigne" als eitle Unterhaltung, wogegen die „matere de France" als „allezeit wahr" gerühmt und diese Behauptung beziehungsreich mit einem Zusatz versehen wird, welcher der französischen Krone den Primat vor allen anderen in der Christenheit einräumt [5].

Der Roman wird zur gleichen Zeit geboren wie die volkssprachliche Historiographie [6]. Beide haben ihren Ursprung im anglonormannischen Kulturkreis und stehen, zumindest anfänglich, im Zeichen der Kulturpolitik Heinrichs II. und der geschichtlichen Legitimation dynastischer Machtansprüche (s. Ph. A. Becker in diesem Band). Die Affinität von Roman und Historiographie wird an den antikisierenden Romanen — ›Roman de Thèbes‹, ›Roman d'Enéas‹, ›Roman de Troie‹, ›Roman d'Alexandre‹, ›Apollonius de Tyr‹ [7] — evident. Die Protagonisten beider Gattungen waren geschichtlich beglaubigt, auf diese Beglaubigung — vermittelt durch den „estoire"-Begriff — konnte sich schließlich auch die fingierte „Geschichte" berufen und die Wahrheit der Dichtung der Faktenwahrheit des Geschehenen gleichwertig an die Seite stellen. Daher kann J. Le Goff (in diesem Band) die ältesten Romane als „historische Romane" auffassen. Die Vorstellung einer Identität von „poeta" und „historicus" steht am Anfang einer Entwicklung, in deren Verlauf der Roman zur Behauptung seiner spezifischen Kunst-Wahrheit in Ablösung von der Wahrheit von Kirche und Religion, zur Autonomie der Kunst als eines eigenständigen Mediums der Welterfahrung gelangt [8]. Damit tritt zugleich die volkssprachliche Dichtung aus der Anonymität der oralen Tradition heraus und mit der neuen Schrift-

[5] Der Text bei U. Mölk, Französische Literarästhetik des 12. und 13. Jahrhunderts, Tübingen 1969 (Sammlung romanischer Übungstexte, 54) S. 7.

[6] Dazu zuletzt P. Zumthor, Langue, texte, énigme, Paris 1975, S. 237 ff.

[7] Nur schweren Herzens haben wir darauf verzichtet, die glänzende Studie von M. Delbouille, Appolonius de Tyr et les débuts du roman français, in: Mélanges offerts à Rita Lejeune, Gembloux 1969, II, 1171 ff., in diesen Band aufzunehmen.

[8] Vgl. dazu jetzt P. von Moos, *Poeta* und *historicus* im Mittelalter. Zum Mimesis-Problem am Beispiel einiger Urteile über Lucan, Beiträge zur Geschichte der deutschen Sprache und Literatur 98 (1976) S. 93—130.

lichkeit als Bildnerin einer selbständigen Laienkultur in Konkurrenz mit der klerikalen Literatur in lateinischer Sprache. Der Roman ist zum Lesen, bzw. Vorlesen, bestimmt, nicht mehr wie der „Jahrmarktsartikel" chanson de geste (J. Rychner) zum öffentlichen Vortrag mit Instrumentenbegleitung vor einem sozial ungeschiedenen Publikum (vgl. E. Auerbach in diesem Band).

Welche Rolle in diesem durchaus auch auf Einsprüche und Widerstände stoßenden Prozeß den Artus-, Gral- und Tristanromanen zukommt, kann hier nicht weiter, oder doch nur in kontrastiver Beleuchtung der Funktion der „nicht-arthurischen" Romane erörtert werden. An dieser Stelle sei nur gesagt, daß das Subsystem Roman als Dominante eines bereits reich differenzierten funktionalen Gattungssystems alsbald nicht mehr auf den gemeinsamen Nenner identischer, sondern nur teilidentischer, sich zugleich auch widersprechender Interessen zu bringen ist. Die von ein und demselben Sitz-im-Leben bedingte Einheit von Kommunikationsform und Gattungsstil umfaßt ein konfliktreiches Verhältnis unterschiedlicher sozialer Gruppen zueinander, die der gemeinsame, höfisch zentrierte Lebensraum ebenso zum ideellen Kompromiß wie zur Abgrenzung zwingt. Das Gattungssystem konstituiert, organisiert und differenziert sich unter dem Anpassungsdruck, der von den tiefgreifenden Veränderungen in der Gesellschaft des zweiten feudalen Zeitalters ausgeht. Allein in dieser funktional-strukturellen Perspektive wird sichtbar, was ein drittes Teilsystem des Romans, neben dem antikisierenden und dem arthurischen Roman, zu leisten hat [9].

Mag der antikisierende Roman, der primär die dynastischen Interessen, aber auch das höfisch-ritterliche Menschenbild allgemein förderte, indem er sowohl den Fürstenhäusern wie dem Rittertum eine antike Ahnenschaft schenkte [10], als eine Gattung des Übergangs vor allem zum arthurischen Roman einzustufen sein, so erwächst

[9] Wir bedienen uns hier N. Luhmanns „funktional-struktureller" Systemtheorie, s. N. Luhmann, Soziologische Aufklärung. Aufsätze zur Theorie sozialer Systeme, Opladen ²1971, S. 113 ff.

[10] Und — wie vor allem der ›Enéas‹-Roman — idealtypisch das Wunschbild der „Jungen", der ritterlichen Habenichtse darstellte: Auszug in die Fremde, Eroberung eines Reichs, Heirat mit einer Fürstentochter, Begründung eines illustren Geschlechts; vgl. R. J. Cormier, One Heart, One

diesem letzteren sogleich eine ernsthafte Konkurrenz in dem sog. Schicksalsroman oder „roman d'aventure“ [11]. Schon die antikisierenden Romane, vor allem der ›Enéas‹, hatten die ideale Synthese von „fortitudo“ und „sapientia“ um diejenige von „militia“ und „amor“ erweitert. Die Rivalität der Subgenera des höfischen Romans wird vor allem auf der Ebene der Liebesthematik ausgetragen.

Schon ›Floire et Blancheflor‹ und ›Guillaume d'Angleterre‹, die zweifellos zu den ältesten Vertretern des Schicksalsromans gehören, lassen erkennen, mit welchen stofflichen und motivischen Elementen diese (neben Artusroman und Tristanroman) dritte gruppenspezifische Antwort auf die geschichtliche Wirklichkeit literarisch instrumentiert wird: sie stammen aus dem Erbe des hellenistisch-byzantinischen Romans und aus der hagiographischen Legende, die sich etwa zu gleicher Zeit oder kurz vorher auch in der ältesten französischen Fassung des weitverbreiteten ›Apollonius‹-Romans eng verbinden. ›Guillaume d'Angleterre‹ lehrt, daß der Gott sich anvertrauende Mensch die schlimmsten Widerfahrnisse, die er als ihm auferlegte Prüfungen begreift, bestehen kann. Eine fürsorgliche Vorsehung gewährleistet, daß die Leidensfähigkeit des Protagonisten nicht überfordert wird. Für die weitere Entwicklung des Schicksalsromans ist von Bedeutung, daß er das christliche Wunder seiner hagiographischen Anfänge säkularisiert mit Hilfe von Strukturelementen hellenistisch-byzantinischer Provenienz. So in dem Roman ›Eracle‹ des Gautier d'Arras, dem es in seinem zweiten Werk, ›Ille et Galeron‹, gelingt, das hellenistisch versetzte Schema christlichen Dulderlebens mit einer Liebesgeschichte gemäß dem Wunschbild ritterlichen Arrivierens zu verbinden. Gautier, Zeitgenosse und Rivale Chrétiens am champagnischen Hof, seinem Konkurrenten als Psychologe wohl gar überlegen (vgl. F. Rauhut in diesem Band), ignoriert die „matière de Bretagne“, trennt das Wunder als „merveilleux chrétien“ von jenem Wunderbaren, das zu den Möglichkei-

Mind: The Rebirth of Vergil's Hero in Medieval French Romance, University of Mississippi 1973, S. 176 ff.

[11] Auch die Gattung des erzählenden Lai beginnt antikisierend, im Zeichen Ovids: ›Piramus et Tisbé‹, ›Narcisus‹, ›Philomena‹, um alsbald von den „bretonischen“ Lais der Marie de France abgelöst zu werden.

ten der Lebensrealität gehört. Sichtlich bewußt schlägt er einen dritten Weg ein zwischen Artusdichtung und Tristandichtung.

Der unbekannte Verfasser des zwischen 1182 und 1185 entstandenen ›Partonopeus de Blois‹ treibt seinen in den Dienst des Hauses von Blois und der Kritik an der Politik König Philipp Augusts gestellten Ehrgeiz, in seinem Roman eine Summe alles dessen zu bieten, was die seitherige Literatur aufzuweisen hat, bis zur Einschiebung von Zehnsilber- und Alexandrinerlaissen in den Erzählfluß der Achtsilberreimpaare [12]. In seinem ›Florimont‹ von 1188, einer Nachahmung des ›Partonopeus‹, führt Aimon de Varennes die realistische Tendenz seines Vorbildes fort. Sein Held stammt wie der Ille des Gautier d'Arras aus dem kleinen Adel, und wie bei Gautier wird auf innerständischer Ebene das Verhältnis von Adel der Seele und Adel der Geburt thematisiert, bei gleichzeitiger Distanzierung vom „vilain" wie schon im ›Guillaume d'Angleterre‹. Der anonyme Roman ›Amadas et Idoine‹ treibt das Problem des innerständischen Rangunterschiedes auf die Spitze. Sein leidgeprüftes Liebespaar wird in eine total instabile, von der Willkür Fortunas beherrschte Welt verschlagen, schließlich aber kann seine Tugend doch auf den glücklichen Stern vertrauen, dessen Walten es verdient. So sieht es auch der Dichter, der sich um die Jahrhundertwende in allen Varianten des Schicksalsromans versucht, Jean Renart. Glück muß vor allem haben — so lehrt er in seinem ›Lai de l'Ombre‹ —, wer nichts besitzt und auf sich selbst angewiesen ist.

Eine solche Lebensphilosophie erlaubt die gleiche soziologische Zuordnung wie die enge Verbindung, welche der Schicksalsroman mit dem Erzählmuster vom armen Ritter eingeht, der mit der Stärke seines Arms und der Schönheit seiner Seele eine hochgeborene Frau, gar Prinzessin, plus dazugehörendes Lehen oder gar Reich erobert. Diese Romane bebildern die Wunschwelt des niederen oder verarmten Rittertums, das, abwechselnd umworben, aber immer wieder gebremst, frustriert auch durch die wachsende Konkurrenz von „vilains", doch nicht viel zu verlieren hat und seinen Optimismus

[12] Hierzu wie zum folgenden unentbehrlich A. Fourrier, Le courant réaliste dans le roman courtois en France au moyen âge, t. I: Les débuts (XIIe siècle), Paris 1960, S. 384 ff.

aus der Zuversicht schöpft, daß seine Leistung gebraucht wird. Der „realistische" Anspruch, mit dem der Schicksalsroman sich vom Artusroman abgrenzt, in dem er die „verté" des fingierten Möglichen gegen „fable" und „mençoigne" aufbietet (Jean Renart), läßt jene universalistische Dimension nicht zu, deren sich der Artus- und Gralroman bemächtigt. Dafür aber werden die Protagonisten des „roman d'aventure" mit einem Vertrauen in die glückliche Bewältigung ihres Schicksals ausgestattet, durch welches das Exempel der erzählten Geschichte ein Modell ritterlichen Verhaltens abgibt, dessen Nachvollzug als jederzeit möglich erscheint. Ein unaufgelöster Rest von Providenz in der säkularisierten Aventüre besorgt, was menschliches Handeln allein nicht vermöchte.

Der Schicksalsroman versichert sich der letztlichen Gunst Fortunas durch die Selbstbescheidung auf persönliches, ja privates Glück, durch Vertrauen in eine Gerechtigkeit, die sich mutiger Beharrlichkeit inmitten einer widrigen Kontingenz schließlich nicht versagt. Auch jene Romane, die sich dem „cycle de la gageure" (G. Paris) zuordnen lassen, erweisen gerade darin ihre enge Verwandtschaft mit dem Schicksalsroman. Ihnen allen gemeinsam ist auch die aktive Rolle der Frauengestalten, kennzeichnend für das, was wir die „Privatisierung" der ritterlichen Aventüre wie der Liebe nennen möchten. Es liegt an dieser, die Dialektik von Schuld und Sühne wie die eschatologische Spiritualisierung der Artus- und Gralromane, aber auch das tragische Menschenbild der Tristandichtungen ignorierenden Selbstbescheidung des Schicksalsromans, daß er den Weg zur Prosa nicht einzuschlagen braucht. Den Vorwurf, er sei Lügendichtung, den er, wenn auch aus anderen Gründen als die geistlichen Rigoristen der Zeit, gegen den Artusroman erhebt, hat er selber nicht zu fürchten. Sowohl sein „Realismus" wie sein dogmatisch unverdächtiges Gottvertrauen und seine moralisch unanfechtbare Auffassung der Liebe entheben ihn dem Zwang, seinen eigenen Wahrheitsanspruch in der historiographisch legitimierten Prosa zu bergen [13]. Ausnahmen bestätigen die Regel, mögen aber ihre Erklärung, wie im Falle von ›La Fille du Comte de Pontieu‹ (vgl.

[13] E. Köhler in diesem Band, ders.: Zur Entstehung des altfranzösischen Prosaromans, in E. K., Trobadorlyrik und höfischer Roman, Berlin 1962,

A. Adler in diesem Band), darin finden, daß die Protagonisten nicht mehr in der gewohnten Unschuld und Unversehrtheit ihr Geschick durchstehen, daß somit die schlechte Prosa des Lebens in die optimistisch stilisierte Welt der Dichtung eingedrungen ist.

Zeigt ›La Fille du Comte de Pontieu‹ trotz ihrer novellistischen Kürze noch durchaus die Struktur des Schicksalsromans und wendet sich die Handlung trotz ihrer beängstigenden, ja destruktiven Elemente noch einmal zum Guten, so bricht in der Verserzählung ›La Châtelaine de Vergi‹ die unerbittliche Tragik des Tristanlebens in die Welt der höfischen Liebe ein. Sie trifft nicht nur die Welt des höfischen Romans, sondern mehr noch diejenige der „fine amor" der höfischen Lyrik trobadoresker Herkunft, erkennbar an der Personenkonstellation, am lyrischen Einschub, am Motiv des „celar". Die ›Châtelaine de Vergi‹ ist eher Novelle als Roman, sie steht in der Nachfolge der Lais aus der Schule der Marie de France, überführt jedoch die Mittelstellung der Liebeskonzeption dieser Gattung zwischen höfischem Roman und Tristanroman radikal pessimistisch in eine verengte, hierarchisierte Welt ohne Aventüre und ohne Wunder[14].

Der Schicksalsroman, zweifellos ein stabilisierender Faktor im Gattungssystem des 12. und des beginnenden 13. Jahrhunderts, hat dem Versroman wie dem Thema Liebe zum Überleben in der Krise der Feudalgesellschaft verholfen. Jedoch muß auch er dem Druck, der von den tiefgreifenden Veränderungen im Gesellschaftssystem ausgeht und dem er durch die ihm eigene Leistung von Reduktion steigender Komplexität widerstanden hat, schließlich unterliegen[15]. Die Versuche, seine Grenzen zu anderen Gattungen hin zu öffnen,

S. 213 ff., H. G. Jantzen, Untersuchungen zur Entstehung des altfranzösischen Prosaromans, Diss. Heidelberg 1966; W.-D. Stempel in: Grundriß der romanischen Literaturen des Mittelalters, Bd. I, S. 585 ff.

14 S. P. Zumthor in diesem Band, ferner bes. P. Lákits, La Châtelaine de Vergi et l'évolution de la nouvelle courtoise, Debrecen 1966.

15 Zur Reduktionsleistung von Systemen und Teilsystemen bei steigender Weltkomplexität s. N. Luhmann, Moderne Systemtheorien als Form gesamtgesellschaftlicher Analyse, in: J. Habermas / N. Luhmann, Theorie der Gesellschaft oder Sozialtechnologie — Was leistet die Systemforschung?, Frankfurt a. M. 1971, S. 7 ff.

wie sie sich etwa in der Einbeziehung lyrischer Formen in Jean Renarts ›Guillaume de Dole‹ und Gerbert de Montreuils ›Roman de la Violette‹ bekunden, finden ihren Höhepunkt und ihr Ende in dem einzigartigen, sich jedoch parodistisch selbst aufhebenden Gattungssynkretismus von ›Aucassin et Nicolette‹. Diese Chantefable, der im vorliegenden Band zwei Aufsätze gewidmet sind (E. Winkler, O. Jodogne), hat keine Folgen, und auch ihre Vorgeschichte dürfte kaum diejenige der Konstitution einer Gattung gewesen sein. Sie erscheint vielmehr wie ein Luxus, den sich das Gattungssystem im Stadium seiner Auflösung, diese besiegelnd, leistet [16].

Unverkennbar stehen die zuletzt genannten Texte im Zeichen jener schweren Krise, welche die feudalritterliche Welt in den Jahren um und nach 1200 erfaßt und um 1230 jenen „tournant idéologique du Moyen Age" (Jean Frappier) auslöst, dessen literarischer Ausdruck sich grandios im romanesken Subgenus des Artusromans verdichtet, indem dieser, die universalgeschichtliche Tendenz eschatologisch vollendend, im Prosa-Lancelot-Gral-Zyklus der ritterlichen Artuswelt den Untergang und das Jüngste Gericht zugleich bereitet[17]. Nichts könnte den Verlust der Sinnesimmanenz ritterlicher Aventüre, die tiefe Resignation angesichts einer leergewordenen Idealität ritterlicher Existenz besser kennzeichnen als die Selbstcharakteristik des Ritters Dinadan im jüngeren Prosa-Tristan: „Ich bin ein fahrender Ritter, der unablässig Aventüren sucht und den Sinn der Welt; doch nichts davon kann ich mehr finden" [18]. Es geht hier um nichts weniger als um den Verlust des Vertrauens in die Sinnhaftigkeit der

[16] Vgl. auch F. Nies, *Fatrasies* und Verwandtes: Gattungen fester Form? Zeitschrift für Romanische Philologie 92 (1976) 137. Leider müssen wir darauf verzichten, in diesem Band die ganz abweichende, die Chantefable in eine orale Gattungstradition hineinstellende These vorzustellen, die Renate Baader jüngst vorgetragen hat, doch sei auf sie ausdrücklich verwiesen: Ein Beispiel mündlicher Dichtung: Aucassin et Nicolette, Fabula 15 (1974) 1—26.

[17] Zu den Ursachen dieser Krise s. G. Duby, Situation de la noblesse en France au début du XIIIe siècle, in: ders., Hommes et structures du moyen âge, Paris—La Haye, S. 343—352.

[18] Hierzu zuletzt E. Vinaver, Un chevalier errant à la recherche du sens du monde: quelques remarques sur le caractère de Dinadan dans le

eigenen Existenz und damit auch um das Scheitern der Herstellung der individuellen, von der bedrohten Existenz der sozialen Gruppe abhängigen Identität. Wie sehr es gerade um diese Identität im Zuge einer Selbstverwirklichung geht, vermag am besten der hier abgedruckte Aufsatz von R. W. Hanning zu zeigen. Der Schicksalsroman hatte seine Protagonisten von vorneherein die Aventüren nicht suchen, sondern eher duldend auf sich nehmen lassen, ja sie in seinen idyllischen Varianten als kriegerische überhaupt ignoriert und somit die individuelle Sozialisation seiner Protagonisten dem Zwang, zugleich gesellschaftliche Leistung für die Gemeinschaft zu sein, weitgehend enthoben [19].

Gleichwohl wird auch seine, die Gefährdung durch die krisenhafte Entwicklung der Feudalgesellschaft abwehrende, historisch wachsende Komplexität reduzierende „Privatisierung" ritterlichen Handelns von jener Entwicklung eingeholt und überholt.

Mit der ›Queste del Saint Graal‹ und der ›Mort Artu‹, den abschließenden Teilen des Lancelot-Gral-Zyklus, ist der Prozeß der ideologischen Ausreifung und Umbesetzung der Dominanten des Gattungssystems, des Romans, in ein Stadium getreten, welches die Destrukturierung und Neustrukturierung des ganzen Systems erzwingt. Wir können den literaturgeschichtlichen Folgerungen, die aus dieser Feststellung zu ziehen sind, nur im Rahmen unseres Themas nachgehen [20].

Tristan en prose, in: Mélanges de linguistique romane et de philologie médiévale offerts à M. M. Delbouille, Gembloux 1964, II, 677—686, und A. Adler, Dinadan, inquiétant ou rassurant?, in: Mélanges offerts à Rita Lejeune, Gembloux 1969, II, 935—943.

[19] So gilt zwar immer noch, was Wace schon 1155 in seinem ›Brut‹ den Artusneffen und Musterritter Gauvain in vielzitierten Versen sagen läßt:

Pur amistié et pur amies
Funt chevaliers chevaleries (Ed. I. Arnold, v. 10 771 f.),

doch werden die „chevaleries" zuweilen ganz vergessen, werden vorausgesetzt, ohne dargestellt zu werden oder ganz allgemein zu ritterlich-höfischem Verhalten moralisiert, dem keine konkrete gesellschaftliche Leistung des Defensorenstandes mehr abverlangt wird.

[20] Für eine ausführlichere Darlegung verweisen wir auf den Band IV des Grundriß der romanischen Literaturen des Mittelalters.

In den gleichen Jahren, in denen die einst so ideale bzw. das Ideal unablässig erkämpfende Artuswelt sich in Haß, Eifersucht, Machtgier, Verrat und blinder Herrschaft Fortunas selber vernichtet, da die Brüchigkeit des synthetischen Ideals von „militia et amor" manifest wird auch noch dort, wo ihrem Konfligieren — Projektion konkret gesellschaftlicher Widersprüche — ausgewichen wird, schreibt Guillaume de Lorris seinen ›Roman de la Rose‹. In ihm vollendet sich die Tendenz des späteren Schicksalsromans: die Verdrängung der militärischen Funktion. Die gloriose Synthese von Liebe und Ritterschaft, in der zur gleichen Zeit höchste Erfüllung und unausweichliche Selbstzerstörung zusammenfallen in der Liebe Lancelots und Guenièvres, dem Anfang vom Ende des Artusreiches, wird ignoriert. Die Dimension des kriegerischen Abenteuers ist getilgt im einzigen Abenteuer des liebenden Herzens, und nicht einmal der Traum, in den dieses sich kleidet, vermag sie noch zu bergen.

Auf den ersten Blick erscheint auch der ›Roman de la Rose‹ des Guillaume de Lorris wie ein Luxus des generischen Überbausystems, wie eine späte, überreife Frucht eines romanesken Subgenus, dessen „Realismus" mehr und mehr einen latenten Eskapismus offenbarte. Reduziert man seine Fabel auf die einfachste Form — ein junger Mann verliebt sich und kämpft gegen alle Widerstände um den Besitz der Geliebten, wobei er allerdings so mancher Hilfe von anderer Seite bedarf —, so wird das Muster der Hauptvariante des Schicksalsromans sichtbar, und der Rosenroman stellt sich dar als Endpunkt einer literarischen wie einer historisch-sozialen Entwicklung, mit dem die Phase des Glaubens an eine heroisch-aktive Behauptung des ritterlichen Führungsanspruchs in resignativer Verinnerlichung beschlossen wird. Nicht zufällig ist es die Allegorie der Muße — Oiseuse —, die dem träumenden Amant die Pforte zum Garten der Lust öffnet und ihn von Außen nach Innen, in eine von den Widerwärtigkeiten der realen Existenz abgeschirmte Zone höfischer Vita contemplativa geleitet (s. H. Kolb in diesem Band).

Doch das Ende ist auch ein Neubeginn. Guillaume de Lorris versteht sein Werk nicht nur als eine verinnerlichte „Summa" aller bisherigen Liebeskunst, die nun ganz zum Zentrum einer neuen Lebenskunst werden soll (vgl. R. Lejeune in diesem Band). Als Episierung der gespannten lyrischen Situation eines trobadoresken

Liebenden schließt sich sein Werk nicht mehr eindeutig einer der gängigen Formen des höfischen Romans an, sondern der Tradition allegorischer Dichtung, die Guillaume de Lorris indessen, wie H. R. Jauß gezeigt hat, „völlig von dem heilsgeschichtlichen oder mythologischen Grund abgelöst [hat], in dem sie bei seinen Vorgängern noch wurzelte“ [21]. Jeder konkrete Bezug zur sozialen Realität ist in dieser „höfischen Psychomachia“ aufgegeben, womit die volle Konsequenz aus dem Umstand gezogen wird, daß die Idealität, auf welche das höfisch-ritterliche Selbstverständnis nicht verzichten kann, sich nicht mehr an der Realität festmachen läßt. Die wunschfeindlichen Widerstände der Welt sind sämtlich in die allegorienbesetzte Psychologie des Individuums hereingenommen. Die „Privatisierung“ der Liebe scheint definitiv zu sein, und doch gibt der Dichter ihr eine Allgemeinheit neuer Art, indem er sie als „art d'amors“ empfiehlt. Die Kühnheit, mit der Guillaume de Lorris die Narzissusquelle aus einer „fons mortis“ in eine „fons vitae“ umdeutet, entspringt dem Zwang, zur Identität durch Liebe zu finden ohne Aventüre, ohne gesellschaftliche Leistung [22]. Der Sinn dieses Werkes, das gerade im Abbrechen aller Realitätsbezüge den genetischen Zusammenhang zwischen Umwälzung des Gattungssystems und Umwälzung des Gesellschaftssystems bloßlegt, liegt nicht mehr im Verweis auf ein Außen, sondern in ihm selbst, in der Fiktion, die eine eigene substantielle Bedeutung erlangt. Der ästhetische Charakter der literarischen Verarbeitung von Erfahrung tritt in den Vordergrund und begründet die autonome Kunstwahrheit selbstgeschaffener Gegenwirklichkeit. Die erlösungssüchtige, mystische „senefiance“ der ›Queste del Saint Graal‹ hat ihr profanes Gegenstück in der „senefiance“ des ›Roman de la Rose‹. Nicht zufällig

[21] Grundriß der romanischen Literaturen, Bd. VI, 1, S. 233. Wir haben im Sinne der „Wege der Forschung“ für diesen Band die erste der Reihe von Studien ausgewählt, in denen H. R. Jauß den Grund für eine ganz neue Bewertung der stil- und gattungsbildenden Funktion der mittelalterlichen Allegorie gelegt hat (vgl. die Bibliographie).

[22] S. E. Köhler, Narziß, die „Fontaine d'Amors“ und Guillaume de Lorris, in: ders., Esprit und arkadische Freiheit, Frankfurt a. M. ²1972, 123 ff.

schließt der poetische Traum des Guillaume de Lorris das Wunschbild eines Goldenen Zeitalters mit ein, ohne Arbeit, ohne Not, mit immerwährendem Frühling — Utopie eines irdischen Paradieses der Liebe, die, obwohl schon von Jean de Meung grausam widerlegt, den „Herbst des Mittelalters“ überglänzen wird.

E. Köhler, Trobadorlyrik und höfischer Roman (= Neue Beiträge zur Literaturwissenschaft 15), Berlin 1962, S. 9—20, 228—234. Erstmals in: Der Vergleich. Literatur- und sprachwissenschaftliche Interpretationen. Festgabe für Hellmuth Petriconi, Hamburg 1955, S. 65—79.

ZUR SELBSTAUFFASSUNG DES HÖFISCHEN DICHTERS

Von Erich Köhler

In einem Exkurs über die Existenzform des mittelalterlichen Dichters hebt E. R. Curtius die Selbstauffassung des Dichters als ein noch der Erhellung bedürfendes Hauptthema der „Dichtungstheorie" hervor, die er als „Auffassung von Wesen und Funktion des Dichters und der Dichtung im Unterschiede zur Poetik" von der letzteren wie von der literarischen Kritik trotz der unlösbaren Beziehung getrennt wissen will. [1] Die folgenden Überlegungen mögen als Beitrag für einen — nach Curtius — „erst zu begründenden Forschungszweig" betrachtet werden. [2]

Die frühe *chanson de geste* war Volksdichtung in dem Sinne, daß ihr Publikum das Volk in seiner Gesamtheit war und daß ihr Dichter ganz in dessen Geist dachte und gestaltete. Der Dichter der *chanson de geste* schrieb aus einer Bewußtseinshaltung heraus, für die Außen und Innen noch gleichermaßen fraglos eine Sinn- und Organisationseinheit bildeten, die ihn selbst und den Inhalt seiner Aussage so weit und so selbstverständlich einschloß, daß die Frage der Nennung des Autornamens gar nicht gestellt wurde. Wo die Sinnesimmanenz des Daseins unangetasteter Allgemeinbesitz ist, bedarf die Dichtung weder einer Beteuerung ihrer Wahrheit, die

[1] E. R. Curtius, Europäische Literatur und lateinisches Mittelalter, Bern 1948, S. 464.

[2] Die von Curtius umrissene Forschungsaufgabe ist für die italienische Dichtung bereits in größerem Rahmen in Angriff genommen worden von A. Buck, Italienische Dichtungslehren vom Mittelalter bis zum Ausgang der Renaissance (BZRPh 94, 1952). „Dichtungslehre" definiert Buck als „die gedankliche Auseinandersetzung des Dichters mit dem Problem der Dichtung im allgemeinen und mit seinem eigenen Schaffen im besonderen" (ebenda, S. 7).

außer Frage steht, noch vermag sich der Dichter als ein anderer seinem Publikum vorzustellen.

Das Volksepos besingt ein geschichtliches beziehungsweise für geschichtlich gehaltenes Ereignis; es ist für ein Publikum bestimmt, dessen Lebensverständnis noch homogen und für welches noch ein und dieselbe Wahrheit verbindlich ist. Die Verzögerung, mit der die um 1100 sich eindeutig vollziehende ständische Interessendifferenzierung ins allgemeine Bewußtsein dringt, läßt erst um die Mitte des 12. Jahrhunderts (in dem rascher durchfeudalisierten und von einer monarchischen Zentralgewalt kaum gehemmten Süden schon früher) die der Aufspaltung des Publikums folgende inhaltliche und stilistische Aufteilung der volkssprachlichen Literatur zu.

Der Dichter des *Thebenromans* vollzieht die Distanzierung kategorisch und unmißverständlich:

Or s'en voisent de tot mestier,
Se ne sont clerc o chevalier,
Car ausi puent escouter
Come li asnes al harper. [3]

Der dritte Stand ist hier aus dem Kreis der ansprechbaren Menschheit ausgeschlossen. [4] Das Verständnis eines aus den ältesten Quellen der Geschichte bezogenen, von berufenen Mittlern um *pro e honor* willen tradierten und erweiterten Wissens kennzeichnet den Bildungsanspruch der neuformierten Adelsgesellschaft. Ohne dieses Wissen *Vesquist li siegles folement, Come bestes eüssons vie*, wie Benoit de Sainte-More im *Trojaroman* bekundet (V. 12—13). Damit ist zum erstenmal auch die neue Aufgabe von Dichter und Dichtung gekennzeichnet: die Verkündigung eines für wenige bestimmten Wissens, an dem sich Würde und Wert des neuen Menschenbildes

[3] V. 13—16. — „Mögen die Angehörigen aller Berufe nun fortgehen, wenn sie nicht Kleriker oder Ritter sind, denn sie vermögen ebenso gut zuzuhören wie der Esel dem Harfenspiel."

[4] Vgl. auch den Zwölfsilber-Alexander, Branche IV, V. 1610—1613:
Cui Dieus done le sens, il nel doit celer mie,
Mais bien se doit garder que a tel gent le die
Qui disnes soit d'oïr, car cil fait grant folie
Qui entre les porciaus gete sa margerie.

messen. Der Dichter hat erst jetzt, da er eine Wahrheit verkündet, die nicht mehr die Wahrheit aller ist und die auch denjenigen, für die sie bestimmt ist, erst als umfassende Lebenslehre nahegebracht werden muß, wirklich Anlaß, Besonderheit und Wahrheitsgehalt seines Werkes zu betonen und mittels der Berufung auf die Autorität einer authentischen Überlieferung zu sichern. Jetzt erst dringt die mittellateinisch tradierte rhetorische Exordialtopik wie die Anwendung der Regeln der Poetiken in breiter Front, aber durchaus in einer von dem neuen höfischen Bedürfnis bestimmten Auslese, in die volkssprachliche Dichtung ein.

Der häufigste unter jenen Topoi, der von der Pflicht zur Wissensvermittlung spricht, darf nicht durch den bloßen Hinweis auf seinen festen Ort in einer rhetorischen Tradition seiner neuen Bedeutsamkeit entkleidet werden. Sein Auftreten fällt mit dem Erscheinen des antikisierenden Romans zusammen, jener Frühstufe des höfischen Romans, die sich mit ihrer Nähe zu den normannischen Reimchroniken wie diese als „Bindeglied zwischen geschichtlicher und epischer Phantastik“ [5] erweisen, sofern man nicht überhaupt mit Phil. Aug. Becker und Reto R. Bezzola den antikisierenden Roman, vor allem das Dreigestirn *Theben, Troja, Eneas*, als „Teile einer umfassenden englischen Reichschronik“, als „großartige legendäre Vorgeschichte zu der *Geste des Bretuns*“ ansehen muß. [6] Die antiken Romane verleihen nicht nur der englischen Krone den Glanz einer in die älteste Zeit der Menschheitsgeschichte zurückreichenden Geschehenskontinuität, sondern erfüllen, auch darin durchaus im Sinne der antikapetingischen Politik der Angevinen, eine entscheidende Funktion bei der Selbsauslegung der neuen, zur Autonomie strebenden feudalhöfischen Gesellschaft, die ihren politischen und geistigen Führungsanspruch durch die Erstellung eines eigenen Geschichtsbildes, unter Einbeziehung der Antike, zu legitimieren unternimmt. Aus der gemeinsamen Bemühung von gebildetem Hofklerus und Rittertum erwächst ein ständisch geschlossenes und hochgespanntes Kulturbild,

[5] L. Olschki, Die romanischen Literaturen des Mittelalters, Potsdam 1928, S. 96.

[6] ZRPh, Bd. LXII (1942), S. 14, und ASNS, Bd. CLXVIII (1935), S. 116.

das seine Entstehung wie seinen umfassenden Anspruch an der Doppelbestimmung *chevalerie-clergie* erkennen läßt. Diese letztere, offen bekundet erst in Chrétiens *Cligès* (V. 3 ff.), ist das Werk der antikisierenden Romane. Von hier hat auch die Erhellung der Selbstauffassung des höfischen Dichters auszugehen.

Der Prolog ist im antikisierenden Roman gewissermaßen Postulat. Die erzählte Geschichte muß, weil sie Legitimation bezweckt, ihren Wahrheitsanspruch nachdrücklich behaupten, der Dichter sich als der berufene Mittler eines aus bezeugter Historie und in Fortsetzung der weisen *auctores* verkündeten Wissens vorstellen. [7] Hinter der so oft als „naiv" verkannten Verritterlichung und Höfisierung der Antike steht in Wahrheit die Beschlagnahme der antiken Welt für die neu konstruierte Ahnenschaft des höfischen Rittertums (wie der einzelnen Geschlechter), ja ermöglicht durch die erst von der neueren Forschung in ihrer Wichtigkeit erkannte typologische Denkweise, ihre Beanspruchung als eine Präfiguration der höfischen Welt, die gleichsam jetzt ihre Erfüllung findet. [8] Die im besten Glauben ebenso phantastisch-romanhaft wie zweckbestimmt zurechtgemachte oder gar erst konstruierte Geschichte enthält als nach Gottes Willen Geschehenes und damit eminent Wahres ein umfassendes, universalhistorisches Versprechen, das zunächst optimistisch als in Erfüllung befindlich verstanden wird. [9] „Der Literalsinn . . . einer Gestalt steht . . . nicht im Widerspruch zu ihrer tieferen Bedeutung, sondern

[7] Vgl. dazu, um nur das Früheste und Wichtigste zu erwähnen, die Prologe zum *Theben-* und *Trojaroman* sowie zu *Erec* und *Cligès*. Zahlreiche Belege gibt W. A. Nitze, in: R, Bd. XLIV (1915—1917), S. 14 ff. Für die Trobadors vgl. die Zusammenstellung bei C. de Lollis, Sordello di Goito, Halle 1896, (RB, Bd. XI), S. 295.

[8] Die typologische Betrachtungsweise wurde im Bereich der Germanistik zuerst von J. Schwietering, Typologisches in der mittelhochdeutschen Dichtung, in: Ehrismann-Festschrift, Berlin 1925, S. 40 ff., in der Romanistik von E. Auerbach eingeführt, zuletzt: Typologische Motive in der mittelalterlichen Literatur, in: Schriften und Vorträge des Petrarca-Instituts, Köln, Bd. II, Krefeld 1953. Vgl. auch F. Dornseiff, Literarische Verwendungen des Beispiels, in: Vorträge der Bibliothek Warburg 1924/25, S. 222 ff.

[9] Auch der Sinn der Exempla, welche die Geschichte der Dichtung liefert,

figuriert sie; die historische Wahrheit wird durch die tiefere Bedeutung nicht aufgehoben, sondern bestätigt und erfüllt." [10] Anders gesehen besagt das: damit die (vom höfischen Dichter) gemeinte Bedeutung überhaupt als legitim erscheine, ist die Behauptung der historischen Wahrheit des Berichteten auch bei größter Unwahrscheinlichkeit absolut erforderlich. [11]

Die Versicherung der historischen Wahrheit enthält den Hinweis auf eine gottgewollte, überzeitliche Wahrheit, die den Dichter, der sie verkündet, nicht bloß zum wissenden Mittler dieser Wahrheit, sondern, da jene von ihm erst zu erkennen ist, auch zum Weisen und die Dichtung zum zuständigen Ort der Wahrheitserkenntnis erhebt. Benoit de Sainte-More verwirft im *Trojaroman* die bisher allein anerkannte Autorität Homers, der nur *clerc* war, um sich auf Dares zu stützen, dessen Bericht die echte historische Wahrheit verbürge, weil sein Verfasser nicht bloß *clerc merveillos Et des set arz escïentos* (V. 99—100), sondern auch mitkämpfender Ritter und Augenzeuge gewesen sei: erst die in der eigenen Gegenwart verwirklichte Doppelbestimmung *chevalerie-clergie* erlaubt mit der Bestimmung der authentischen Quelle die Findung der vollen Wahrheit.

Mit der Fähigkeit, die richtige Wahl unter dem historischen Stoff

erschöpft sich keineswegs im moralischen „Beispiel", sondern faßt die herangezogenen Ereignisse und Personen der Vergangenheit als Ankündigung und Bestätigung der Gegenwart; vgl. Dornseiff, ebenda, S. 222. Zur Auffassung der Geschichte als Sammlung von Exempla vgl. Curtius, Europäische Literatur . . ., S. 366 ff., und in: ZRPh, Bd. LIX (1939), S. 178 ff.

[10] Auerbach, Figura, Neue Dantestudien, Istanbul 1944, S. 68.

[11] Daher die ständige Berufung auf das *livre*, das *buoch* und die Verwerfung der bloß mündlichen Quellen. Die höfischen Dichter polemisieren gegen die Verfälschung der Wahrheit durch die Jongleurs. Noch der in mannigfacher Hinsicht eine Sonderstellung einnehmende Gottfried von Straßburg zieht den Anglonormannen Thomas allen anderen Bearbeitern des Tristan-Stoffes vor, weil er als einziger *an britunschen buochen las.* Zu der völlig entsprechenden Haltung der übrigen mittelhochdeutschen Dichter vgl. K. F. Müller, Die literarische Kritik in der mittelhochdeutschen Dichtung und ihr Wesen, in: Deutsche Forschungen, Bd. XXVI, Frankfurt a. M. 1933, S. 84 f., 93 ff.

zu treffen, erlangt der höfische Dichter bereits auch größere Bewegungsfreiheit. Mit dem aus der Historie bezogenen Wahrheitsanspruch gewinnt er zugleich den Anschluß an die rhetorische Tradition, die längst *eloquentia, poesis, philosophia* und *sapientia* gleichzusetzen gewohnt ist. [12] Den höfischen Dichtern lag, bei aller Verbindlichkeit der Quellen, angesichts dieser Gleichsetzung die Konsequenz verführerisch nahe, aus der dichterischen Gestaltung auf die Wahrheit der Stoffinterpretation zu schließen. Hier ist der Weg gewiesen, dessen Verfolgung es der höfischen Dichtung erlauben wird, ihre ständisch begrenzte, autonome Welt in Form einer gültigen Lebenslehre als einzige schlechthin universale und wahre an jedem halbwegs als historisch verbürgten oder verbürgt geglaubten Stoff zu demonstrieren. Benoit bläht die als einzig wahr erachtete Darstellung des Dares durch *amplificatio, digressio* und stoffliche Zusätze auf und vermag trotzdem im Hinblick auf die *verté* bietende *estoire* von sich zu sagen:

. . . Beneeiz de Sainte More
L'a contrové e fait e dit
E o sa main les moz escrit,
Ensi tailliez, ensi curez,
Ensi asis, ensi posez
Que plus ne mains n'i a mestier. [13]

Die vollendete künstlerische beziehungsweise dafür gehaltene Darstellung ist auch die allein richtige und stoffgerechte, und sie impliziert als solche die geforderte Wahrheit und verleiht ihr damit höchste Erkenntnisfunktion. Der Dichter ist Interpret der in der Geschichte entfalteten, aber verborgenen und erst von ihm aufzudeckenden Wahrheit. Benoit fährt an der genannten Stelle fort:

[12] Vgl. Curtius, Zur Geschichte des Wortes Philosophie im Mittelalter, in: RF, Bd. LVII (1943), S. 290—309, und in: ZRPh, Bd. LXII (1942), S. 427.

[13] V. 132—137. — „Benedict von Sainte-More hat es aufgefunden und verfaßt und gesagt und mit eigener Hand die Worte geschrieben, derart gestaltet, derart behandelt, derart gesetzt, derart verteilt, daß weder mehr noch weniger nötig ist.“

Ci vueil l'estoire comencier:
Le latin sivrai a la letre,
Nule autre rien n'i voldrai metre,
S'ensi non com jol truis escrit.
Ne di mie qu'aucun bon dit
N'i mete, se faire le sai,
Mais la matire en ensivrai. [14]

Die *bon dit*, die er hinzufügt, dienen der dichterischen Illustration und Verdeutlichung der Wahrheit der betont festgehaltenen *matire*, die hier noch, als „Stoff", auch dessen „Sinn" einzuschließen scheint. Die antikisierenden Romane enthalten also offenbar, wenn der Dichter die richtige Quelle erkannt hat und sie ihrer Wahrheit entsprechend gestaltet, in ihrem Stoff bereits den richtigen Sinn mit. Konnte ein gleiches, so ist nun zu fragen, im selben Umfange auch für die Artus-Stoffe gelten, mit deren Rezeption sich das höfische Rittertum eine ganz neue, ungleich weniger als die antiken Stoffe autorisierte, aber dafür eine den Gegenwartsbedürfnissen um so größere Auslegungsmöglichkeiten bietende Stoffmasse aneignete?

Wace, der um 1155 seine Bearbeitung von Galfrieds *Historia Regum Britanniae* beendet und mit seinem den Stoff bereits stark höfisierenden (der Königin Eleonore gewidmeten) Werk eine Hauptquelle Chrétiens gewesen sein dürfte [15], spricht von den *merveilles* und *aventures*

Qui d'Artus sont tant racontees
Que a fable sont atornees:
Ne tot mençonge ne tot voir
Ne tot folie ne tot savoir;
Tout ont li conteor conté
Et li fableor tant fablé

[14] V. 138—145. — „Hier will ich die Geschichte beginnen: dem Latein folge ich Buchstabe für Buchstabe, nichts anderes werde ich aufnehmen als das, was ich geschrieben finde. Ich sage nicht, daß ich nicht irgendeine gute Erzählung einschiebe, falls ich das zu tun verstehe, aber an dem Stoff werde ich festhalten."

[15] Vgl. neuerdings S. Hofer, Chrétien de Troyes, Graz—Köln 1954, S. 15 ff.

Pour les contes ambeleter.
Que tout ont feit fables sanbler. [16]

Gemeint sind die während der langen Friedenszeit, die dem Untergang des Artusreichs vorausging, geschehenen Abenteuer. Über sie gab die Quelle, Galfrieds *Historia*, kaum Auskunft, und ihre phantasiereiche Ausschmückung durch die unberufenen *conteor* und *fableor* mußte sie auch Wace als unentwirrbares Gemisch von Lüge und Wahrheit erscheinen lassen. Der Vorwurf der geistlichen Rigoristen, daß die weltliche Dichtung eitle Lüge, *fabula*, sei, hatte den antikisierenden Roman noch nicht ernsthaft treffen können. [17] Die Sagen von Artus und seiner Tafelrunde konnten sich gerade hinsichtlich der Aventüren nicht auf schriftliche Quellen und schon gar nicht auf Augenzeugenberichte berufen. [18] Damit mußte sich die Frage nach dem Wahrheitsgehalt für die Artusdichtung anders stellen, der Begriff der dichterischen Wahrheit sich überhaupt verändern und damit auch die Auffassung des Dichters von seinem Werk und seiner Funktion selbst eine Modifikation erfahren.

Die Artusdichtung muß von Anfang an der Kritik ausgesetzt sein. Unverändert gilt die Verurteilung der *fabula*, dessen, was erfunden, was Fiktion ist, im Gegensatz zur *historia* als der *narra-*

[16] V. 10036—10043. — „Die über Artus in solcher Weise erzählt werden, daß sie zu Märchen geworden sind: weder ganz Lüge noch ganz Wahrheit, noch ganz Torheit, noch ganz Klugheit; alles haben die Erzähler erzählt und die Märchenerzähler vorgetragen, um die Erzählungen auszuschmükken, so daß sie alles als Märchen haben erscheinen lassen."

[17] Die Anwendung der antiken Rhetorik auf den Bibeltext hatte die antike Dichtung mehr und mehr von ihrem heidnischen Verruf befreit, so daß sich die *auctores*, während der „Renaissance" des 12. Jh. gegen die allerdings nie aufhörenden Angriffe der Rigoristen als ziemlich gefeit erwiesen. Die *auctores* galten als *ethici*; vgl. Curtius, Zur Geschichte des Wortes Philosophie im Mittelalter, S. 302.

[18] Es ist bezeichnend, daß sich Chrétien weder im Erec noch in der Charrette, noch im Yvain auf ein *livre* beruft, wie er im Cligès und im Perceval nicht zu tun unterläßt. Die reinen Artusromane müssen ihre Wahrheit anders begründen als der auf die Antike bzw. Byzanz bezogene Cligès und der die Autorität der Heilslegende beanspruchende Gralroman.

tio rei gestae.[19] Schon Bernhard von Clairvaux warnt die christlichen Ritter vor den *mimi, et magi, et fabulatores scurrilesque cantilenae*[20], die Dichter sind *poete vel magi spiritu immundo instincti . . . scribunt artem magicam atque poetriam, id est fabulosa commenta*[21]. Chrétien begegnet solchen Einwänden schon im ersten Artusroman. Aus dem Ausdruck des Mißtrauens bei Wace wird bei ihm die Polemik gegen die *conteor* und *fableor*, die den *conte . . . depecier et corronpre suelent* (Erec, V. 21). Die distanzierte Wendung gegen die Vorgänger, die die Wahrheit des Gegenstandes verfälschen, mutet wie ein geschickter Schachzug des Dichters an.[22] Aber der Begriff der *estoire* selbst verschiebt sich, wenn die Quelle

[19] Nach der Bestimmung Isidors von Sevilla; vgl. Curtius, Europäische Literatur . . ., S. 449 ff. Vgl. auch *Herenniusrhetorik*, I, VIII, 13: *Fabula est, quae neque veras, neque veri similes continet res . . . Historia est gesta res, sed ab aetatis nostrae memoria remota.*

[20] Bernhard von Clairvaux, De laude novae militiae, zitiert nach: Migne, Patrologiae cursus completus, Series Latina, Bd. CLXXXII, Spalte 926.

[21] *Hortus deliciarum* der Äbtissin Herrad von Landsberg (um 1170), zitiert nach: H. H. Glunz, Die Literarästhetik des europäischen Mittelalters, Bochum-Langendreer 1937, S. 193. Auch die im 12. Jh. so verehrten antiken Dichtergrößen Ovid und Virgil, der *famoso saggio* und *dottore* Dantes, wandeln sich gegen Ende des Jahrhunderts zu Magiern und Zauberern; vgl. ebenda, S. 196, mit Hinweis auf Comparetti u. a.

[22] Vgl. auch Wauchiers Gralfortsetzung über die *conteor*:

Qui fabloiant vont par les cours,
Qui les contes font a rebours,
Et des estores les eslongnent
Et les mençognes i ajoignent.

Dazu vgl. Nitze, Perceval and the Holy Grail, Berkeley—Los Angeles 1949, S. 306. Vgl. auch Marie de France, Guigemar-Prolog. Man vgl. das ähnliche Vorgehen der mittelhochdeutschen *Kaiserchronik* (Ausg. Schröder, V. 27—31):

Nu ist leider in disen ziten
ein gewoneheit wîten:
manege erdenchent lugene
unt vuogent si zesamene
mit scophelîchen worten.

des Dichters eben doch keine geschriebene *historia*, kein *livre*, sondern ein *conte* ist. Chrétien nennt als seine Quelle den *conte* von *Erec, le fil Lac*, den die *conteor* zerstückeln und verderben, und fährt fort:

> *Des or comancerai* l'estoire
> *Qui toz jors mes iert an memoire*
> *Tant com durra crestiantez* . . . [23]

Estoire ist nicht mehr die Quelle der Dichtung, sondern diese Dichtung selbst, die somit den Wahrheitsgehalt verliehen bekommt, den vorher die geschriebene Quelle verbürgte. Da gerade der Artusdichter dem Vorwurf der schönen Lüge begegnen muß, überträgt sich bei dem in Rede stehenden Gegensatz *historia* — *fabula* der weniger historisch als moralisch bestimmte Charakter von *fabula* auf *historia* und entkleidet letztere weitgehend des streng historischen Bezugs. *Estoire* meint nicht mehr so sehr „geschichtliche Wahrheit" als „wahre Geschichte", die das dichterische Vermögen als wirkliche und sittliche Wahrheit einem noch nicht gedeuteten Stoff entnimmt. Der *Erec*-Prolog besagt, daß die vom Dichter erst geschaffene *estoire* den Wahrheitsanspruch voll erfüllt, der ihr Ruhm bis zum Ende der Christenheit sichert. Und diese *estoire*, diese Wahrheit, beruht in der *mout bele conjointure*, die Chrétien aus dem *conte d'aventure* um Erec „gezogen" hat. [24]

[23] V. 23—25. — „Nunmehr werde ich die Geschichte beginnen, die alle Tage in Erinnerung bleiben wird, solange die Christenheit besteht."

[24] Nach der Erklärung, daß Wissen zur Mitteilung verpflichte, heißt es (V. 9—18):

> *Por ce dit Crestiiens de Troies,*
> *Que reisons est que totes voies*
> *Doit chascuns panser et antandre*
> *A bien dire et a bien aprandre*
> *Et tret d'un* conte d'avanture
> *Une mout* bele conjointure,
> *Par qu'an puet prover et savoir*
> *Que cil ne fet mie savoir,*
> *Qui sa sciance n'abandone*
> *Tant con Deus la grace l'an done.*

Von den zahlreichen Versuchen, *conjointure* zu deuten, will keiner so ganz befriedigen.[25] Meint sie „Komposition“[26], „Anlaß“[27], „Schlußfolgerung“[28], « le produit soigné dans le détail, de Chrétien que le poète oppose au *depecier* des autres »[29], „die Summe der Neuerungen, die Chrétien seinen Lesern bietet“[30], oder allgemein die Wandlung der Abenteuergeschichten zum psychologischen Roman[31]? Nach den Untersuchungen W. A. Nitzes und D. W. Robertsons kann es nicht mehr zweifelhaft sein, daß Chrétien sich Methoden der Bibelexegese zu eigen gemacht und sich teilweise ihrer längst auch in die profane lateinische Literatur übernommenen Termini bedient hat.[32] Wie sind sie im Hinblick auf den *Artusroman* zu verstehen? Der Zusammenhang, in dem die beiden fraglichen Verse stehen (und auch das Topische ist völlig ernst zu nehmen), besagt, daß Chrétien um des *bien dire* und *bien aprandre* willen aus dem *conte* eine *bele conjointure* „zieht“. Gemäß der mittelalterlichen

[25] Die zentrale Bedeutung der beiden fraglichen Verse wird auch von der formalen Seite her unterstrichen; Herr Dr. Hans Eggers, Hamburg, machte mich freundlicherweise darauf aufmerksam, daß die genannten Verse genau in der Mitte des Zentralstücks des aus drei Teilen symmetrisch (8/10/8) aufgebauten Prologs stehen.

[26] R. R. Bezzola, in: ASNS, Bd. CLXVIII (1935), S. 48.

[27] W. Kellermann, Aufbaustil und Weltbild Chrestiens von Troyes im Percevalroman, Halle 1936, S. 35, zitiert nach: W. Foerster, Erec, Halle 1890, Anm. zu V. 14.

[28] Foerster, Erec, 3. Aufl., Halle 1934, Anm. zu V. 14.

[29] Nitze, in: R. Bd. XLIV (1915—1917), S. 16, Anm. 1.

[30] Hofer, Chrétien de Troyes, S. 65.

[31] Vgl. E. Hoepffner, in: ARo, Bd. XVIII (1934), S. 449.

[32] Vgl. Nitze, *Sans et matiere* dans les œuvres de Chrétien de Troyes, in: R, Bd. XLIV (1915—1917), S. 14—36; ders., Perceval and the Holy Grail, S. 286, 288; ders., in: BBSIA, Bd. V (1953), S. 76 f.; D. W. Robertson, jr., Some medieval literary terminology, with special reference to Chrétien de Troyes, in: Studies in Philology, Bd. XLVIII (1951), S. 669—692. — Dasselbe gilt für Marie de France; vgl. Leo Spitzer, The Prologue to the Lais of Marie de France and Medieval Poetics, in: MP, Bd. XLI (1943), S. 96—102; Robertson, jr., Marie de France, Lais, Prologue, V. 13—16, in: MLN, Bd. LXIV (1949), S. 336—338.

Auffassung vom Dichten als einem „Finden“ und „Ordnen“ [33] entnimmt Chrétien seinem Stoff die verdeckten und verstreuten Elemente der Wahrheit. Damit sie als solche um der Unterweisung im Guten willen erscheinen, fügt er sie zu einem Ganzen (*conjointure*), das schön (*bele*) ist, weil die Wahrheit, letztlich identisch mit der sittlichen Gutheit und Schönheit, in der Dichtung nur als schön manifest werden kann. [34] Dabei schließt die *conjointure* das richtige Verhältnis der Einzelteile ein, ihre Proportionalität, an der sich zugleich ihr Wahrheitswert mißt: *pulchritudo — integritas sive perfectio*. [35] Soweit die „Zusammenfügung“ der poetischen Elemente „schön“ ist, ist sie auch „wahr“: die schöne Dichtung ist, weil sinnvolle Ordnung der zerstreuten Wahrheitsmomente, zugleich Wahrheitsfindung, ist „Auffinden“ und „Ordnen“ der in der Mischwelt der Erscheinungen verdeckten Momente zu einer die göttliche Wahrheit spiegelnden *estoire*. Der *sans*, das Diskretionsvermögen des höfischen Dichters, erkennt den *san*, der im *conte d'aventure* bereitliegt, die partizipierende Ratio des Dichters den Widerschein der göttlichen Ratio im Geschehnis, das der Stoff einschließt. Das poetische Ergebnis ist die *bele conjointure*, deren Bedeutung sich bereits weitgehend mit der gewandelten *estoire* und teilweise auch mit dem späteren *romanz*, das Chrétien im *Erec* noch nicht als Gattungsbezeichnung verwendet, deckt. Der Dichter des höfischen Romans findet die wahre Bedeutung der Gestalten und Ereignisse, indem er, sie zu einem Sinnganzen, zu einer intensiven Totalität an Stelle der undurchschaubar gewordenen extensiven Totalität ordnend, eine neue Wirklichkeit schafft, die zugleich ursprünglicher und wahrer ist als das Reich der Kontingenz. Diese neue Wirklichkeit ist als im tieferen Sinn geschehen eine *estoire*, als in der Fülle der Erscheinun-

[33] Vgl. H. Brinkmann, Zu Wesen und Form mittelalterlicher Dichtung, Halle 1928.

[34] Auch die Helden und Heldinnen der höfischen Romane in ihrer absoluten Schönheit und reinen — nur vorübergehend bedrohten — Idealität sind gleichsam *conjointures* verdeckter und verstreuter Wahrheitsmomente, die der Dichter exemplarisch zu einem geschlossenen Sinnganzen gefügt hat.

[35] Zur Gültigkeit der ethischen Kategorien der scholastischen Ästhetik schon in der frühen höfischen Dichtung vgl. den Aufsatz *Scholastische Ästhetik und höfische Dichtung*, S. 21—27.

gen gefunden und gefügt eine *conjointure* und als verkündet ein *romanz* [36]. Sollte der ritterlichen Laienwelt die universalgeschichtliche Rolle, die sie sich zuschrieb (und zu der sie schon die Kreuzzugsideologie gedrängt hatte), dargestellt und geschichtlich legitimiert werden, so mußte eine ritterliche Geschichte, die es nicht gab, geschaffen beziehungsweise in einen mehr oder weniger sagenhaften oder legendären Stoff hineingelegt und *romanice* dargeboten werden. Die Welt ist — ganz mittelalterlich — ein von Gott geschriebenes Buch, das nun das Rittertum in seinem Sinne interpretiert. Die im Zuge der ritterlich-höfischen Selbstauslegung geschaffene poetische Wirklichkeit ist noch nicht Roman im Sinne der Fiktion, sondern gültige Wahrheit, *romanice* für adlige Laien aufgewiesen. Aber bei tatsächlich fehlender echter historischer Legitimation wird die beanspruchte Wahrheit fast zwangsläufig von der historischen auf die sittliche Ebene verlagert. Der universale Wahrheitsanspruch enthebt die von der Reimchronik ausgehende höfische Epik dem Zwang zur Faktenrichtigkeit. Wenn Chrétien im *Perceval* in Analogie zum göttlichen Sämann (Matth. 13) *seme et fet semance / D'un romanz que il ancomance* (V, 7 f.), damit es hundertfache Frucht trage (Luk. 8,8), so wird offenbar, daß die Wahrheitsfindung der *bele conjointure*, auch nachdem diese sich zur Gattung des *romanz* verfestigt hat [37], mit dem höchsten Anspruch auf überzeitliche Wahrheit im Dienst einer exklusiven Menschenbildung auftritt. Der höfische Dichter ist sich bewußt, *poeta, philosophus* und *theologus*

[36] Vgl. das Incipit der einzigen Handschrift (BNF 20 047), die den Vers-*Joseph* des Robert de Boron überliefert: *Ci commence li* romanz de l'estoire dou Graal.

[37] Daß *romanz*, die Gattungsbezeichnung, tatsächlich das Erbe von *conjointure*, welches die Art der Entstehung bezeichnet, antritt, zeigt eine Stelle bei Renart de Beaujeu, Le Bel Inconnu, V. 1—7:

Cele qui m'a en so baillie,
Cui ja d'amors sans trecerie
M'a doné sens de cançon *faire,*
Por li veul un roumant estraire
D'un molt biel conte d'aventure.
Por celi c'aim outre mesure
Vos vel l'istoire *comencier . . .*

zugleich zu sein, wenn er auch letzteres nicht explizit behauptet. Dante ist hier nur der großartige Abschluß einer langen Entwicklung.

Im Prolog zur *Charrette* trifft Chrétien die aufschlußreiche Unterscheidung von *san* und *matiere*. Beide Wörter sind literaturwissenschaftliche Termini, die, von der Rhetorik mit deren Verwendung für die Bibelauslegung ins geistliche Schrifttum übertragen, mit dem ihnen dort gegebenen Sinn wiederum in der profanen Literatur Anwendung finden. Allegorese und Typologie decken nun auch in der weltlichen Dichtung die ὑπόνοια, den *sensus* des dargestellten Geschehens auf.[38] Höfische Dichtung folgt diesem Prinzip nicht erst in der *Charrette*.[39] Die Bedeutung von *sen(s)* ist indessen mit „Sinn", „Bedeutung" oder „Interpretation" im Gegensatz zur *matiere*, dem „Stoff", noch nicht erschöpft. Schon im antikisierenden Roman können *sensus, sapientia* und *scientia* füreinander stehn.[40] Wie *sapienta* altfranzösisch oft mit *sen(s)* wiedergegeben wird, so tritt *sen(s)* oft für das geistige Gesamtvermögen oder für die intellektuelle Unterscheidungskraft an Stelle von *ratio* ein.[41] Dieser *sen(s)* ist dem Dichter von Gott verliehen.[42] Das bedeutet: der *(sen(s)*, über welchen der Dichter verfügt und der ihn zur Vermittlung des Wissens verpflichtet, und der *sen(s)*, den er in der *matiere*

[38] *Sensus* erfährt hier vom Griechischen her einen Bedeutungswandel, den auch deutsch „Sinn" mitmacht; vgl. Dornseiff, Literarische Verwendung des Beispiels, S. 223.

[39] Vgl. Nitze (über Chrétien): „Consciously the poet gives the *matiere* of his story a sensus or meaning . . ., a procedure already employed in the Thebes and Troy stories, and culminating in the four interpretations, literal, allegorical, moral, and anagogical, that were later given to the Divine Commedia." (BBSIA, Bd. V, 1953, S. 78)

[40] Vgl. Nitze, Sans et matiere . . ., in: R, Bd. XLIV, S. 21.

[41] Vgl. H. Flasche, Die begriffliche Entwicklung des Wortes ratio und seiner Ableitungen im Französischen bis 1500, Leipzig 1936, S. 102 (Leipziger Romanistische Studien, H. 10).

[42] Dasselbe gilt für die provenzalische und die mittelhochdeutsche Dichtung. Zu *sin* als geistiges Zentrum, dem Dichter von Gott gegeben, vgl. B. Boesch, Die Kunstanschauung in der mittelhochdeutschen Dichtung von der Blütezeit bis zum Meistergesang, Bern—Leipzig 1936, S. 212 ff. — *Sin* teilt sich, vorherrschend, mit *witze* in das „Sinngebiet der ratio und gehört gerade in der ritterlichen Epik wie kein anderes Substantiv im

findet und an ihr darstellt, sind letztlich identisch. Beide finden sich in dem die Wahrheit für die menschliche Erkenntnis zugänglich gestaltenden Kunstwerk. [43] Der *sen(s)* des Dichters ist die Fähigkeit zur richtigen Interpretation der Welt. Der Dichter schafft nicht eine neue Wahrheit, die in seiner Kunst als solcher läge, denn wie die dargestellten Dinge, so ist auch das Dichtwerk selbst Träger eines außerhalb seiner gelegenen tieferen Sinnes, den das richtige Ordnen und Zusammenfügen des Gefundenen nur enthüllen und keineswegs neu schaffen kann.

Einem *conte d'aventure* oder einem *livre* entnimmt der Dichter den Stoff und fügt ihn kraft seines *sen(s)* zu einer den *sen(s)* des Stoffes enthüllenden *conjointure* beziehungsweise zu einem *romanz.* [44] Der *conte* oder das *livre* selbst sind noch nicht die *matiere.* Diese bezeichnet den bereits im Hinblick auf den *sen(s)* ausgewählten Stoff, denn wenn auch der Dichter den *sen(s)* aus der *matiere* als den einzig richtigen und wahren herauszuholen vermeint, so legt er ihn doch in Wirklichkeit erst gemäß seinem Anliegen hinein. [45] Der ganz höfisch konzipierte *sen(s)* ist in der Vorstellung des Dich-

Intellektualbezirk zum unumgänglich notwendigen Sprachstoff" (J. Trier, Der deutsche Wortschatz im Sinnbezirk des Verstandes, Heidelberg 1931, S. 300).

[43] Selbst dort, wo geistliche Kritik den höfischen Roman als Fiktion entlarvt, kann ihm auf Grund seiner Eigenschaft, bescheidenen Geistern eine sittliche Teilwahrheit bildhaft zu vermitteln, ein begrenzter Wert zugesprochen werden. So soll nach Thomasin von Zerclære von den höfischen Epen derjenige lernen, *der tiefe sinne niht verstên kan* (Der wälsche Gast, Ausg. Rückert, V. 1108), denn:

sint die âventiure niht wâr,
si bezeichent doch vil gar
waz ein ieglîch man tuon sol
der nâch vrümkeit wil leben wol. *(V. 1131—1134)*

[44] Vgl. auch *Cligès* (Ausg. Foerster, V. 18—22):

Que conter vos vuel et retreire,
An un des livres de l'aumeire
Mon seignor saint Pere a Biauvez.
De la fu li contes estrez,
Don cest romanz fist Chrestiens.

[45] Chrétien steht vor einer unlösbaren Aufgabe, als er mit dem Auftrag

ters die objektive Wahrheit, die der eigenen Gegenwart zu enthüllen ihm gegeben ist. Auch bei Marie de France gründet sich das Überlegenheitsgefühl auf die Überzeugung von einer bislang höchsten Möglichkeit der Wahrheitsfindung, wenn sie von den Alten sagt:

Es livres que jadis faiseient
Assez oscurement diseient
Pur cels ki a venir esteient
E ki aprendre les deveient,
Que peüssent gloser la letre
E de lur sen le surplus metre. [46]

In dem gleichen Bewußtsein, den dem jeweiligen Gegenstand einzig innewohnenden Sinn aufzudecken, schreiben auch die höfischen Dichter in Deutschland. [47]

Die höfische Dichtung hatte das Prinzip der geistlichen Schriftauslegung in den Dienst eines autonom-ständischen Menschenbildes gestellt, das die Geschichte einschließlich der Antike nach dem

zur *Charrette* sowohl die *matiere* als auch den *san* von Marie de Champagne vorgeschrieben bekommt:

Matiere et san *l'an done et livre*
La contesse, et il s'antremet
De panser si que rien n'i met
Fors sa painne et s'antancion . . . (V. 26—29)

Mit der *matiere*, der Geschichte von der ehebrecherischen Liebe zwischen Lancelot und Guenievre, erhält er auch noch den *san*, die Lehre von der bis zur Selbstaufgabe führenden absoluten Gehorsamspflicht des Liebenden gegenüber einer willkürlich befindenden Herrin, vorgeschrieben. Es ist verständlich, daß Chrétien, der fast sein ganzes übriges Werk der höfischen Rehabilitierung der Ehe widmet, sich durch die Nennung des Verantwortlichen für die *Charrette* entschuldigt und das Werk schließlich vorzeitig abbricht.

[46] Lais, Prolog, V. 11—16. — „In den Büchern, die sie einst schrieben, sprachen sie recht dunkel für die, die später kommen und sie verstehen sollten, damit sie die Worte erklären könnten und das übrige mit ihrem Verstande ermitteln."

[47] Vgl. Gottfrieds Lob für Hartmann in dem berühmten kritischen Dichterkatalog des *Tristan* (Ausg. Ranke, V. 4621—4627):

Hartmann der Ouwære
ahi, wie der diu mære

eigenen Wunschbild interpretierte. Athen und Rom hatten *proesce* und *savoir* ausgetauscht[48] und die so gewonnene Doppelfunktion als Bestimmung des idealen Menschen dem höfischen Rittertum vererbt.[49] Weil im antikisierenden Roman die *matiere* den *sen(s)* zu sehr festlegte, griff die höfische Dichtung um 1160 nach dem von englisch-normannischer Seite propagierten, gleichfalls scheinhistorisch ausgewiesenen Artus-Stoff, der einer Deutung ungleich größere Möglichkeiten eröffnete, ja weil zeitlich näher und bereits höfisch verchristlicht, gestattete, die Rechtfertigung des eigenen Lebensanspruchs gleichsam aus der Idealvorstellung der höfisch-ritterlichen Gesellschaft selbst abzuleiten. An die Stelle der nur beschränkt wandlungsfähigen antiken Stoffe trat nun die Artuslegende, der prinzipiell jeder höfische *sen(s)* als allein wahr zu entnehmen war, zu dem das Bedürfnis der Selbstauslegung drängte.

Die mit dem *Artusroman* entschieden geförderte Autonomisierung der höfischen Dichtung enthält jedoch Anlaß und Angriffsfläche für die rigoristische Gegenreaktion in dem Maße, als sie ein wesentlich profanes Menschenbild verselbständigt und dabei immer willkürlicher mit dem Stoff umgeht. *Matiere* und *sen(s)*, die sich — universalienrealistisch — fast wie dingliche Erscheinung und allein wirkliche Idee verhalten, erscheinen im höfischen Raum wie literaturterminologische Projektionen von Wirklichkeit und Ideal, deren zur gänzlichen Unversöhnlichkeit vertieftes Spannungsverhältnis die ritterliche Dichtung dadurch aufzuheben versucht, daß sie einen bereits im Sinne des Ideals ausgewählten und ebenso gedeuteten phantastischen Stoff als einen historisch-faktenhaft wahren hinstellt: das Wunschbild einer idealen Wirklichkeit muß in die Vergangenheit verlagert und von dort her als Anspruch bezogen werden, weil die reale Gegenwart und das Ideal unversöhnt bleiben. Je stärker nun die Spannung und die Anstrengung zu ihrer Überwindung in der

beid uzen unde innen,
mit worten und mit sinnen
durchverwet und durchzieret!
wie er mit rede figieret
der aventiure meine!

[48] Vgl. Athis et Prophilias, Ausg. Hilka, V. 193.

[49] Vgl. Cligès, V. 30 ff., und oben S. 10—12.

Dichtung sich erweisen, desto phantastischer wird die *matiere* und desto willkürlicher der aus ihr bezogene beziehungsweise in sie hineingelegte *sen(s)*. Der *Artusroman* wird mit seinem Endstadium, dem Gralroman, kraft des beibehaltenen Wahrheits- und Erkenntnisanspruchs zur Verlautbarung ritterlicher Heilsgewißheit. Der höfische Dichter ist um 1200 „potentieller Rivale der Theologie" [50]. Das Wunder, für mittelalterlich-christliches Denken jederzeit möglich und erlebbar, wird, in den Dienst des höfischen Menschenbildes gestellt, vor den Augen der aufmerksam gewordenen Rigoristen zur Scheinlegitimation des Hochmuts, zur schönen, jedoch dämonisch inspirierten Lüge. [51] Aber nicht bloß geistliche Kritik wendet sich gegen die enthemmte Phantastik der höfischen Dichtung. Wenn Jean Bodel die *matiere de Bretagne* summarisch als leichtfertig und eitel diskreditiert [52] und in Deutschland Gottfried von Straßburg Wolfram, den *vindære wilder mære wunderære* [53], der subjektiven Erfindung anklagt, so bekundet sich hier offen ein Selbstbefreiungsakt der weltlichen Dichtung, der sich, mit verhüllender Polemik [54], inzwischen vollzogen hatte.

[50] Glunz, Die Literarästhetik des europäischen Mittelalters, S. 189.

[51] Vgl. oben S. 12—13 und auch Thomasin von Zerclære, V. 1118 bis 1120:

Die âventiure sint gekleit
dicke mit lüge harte schône:
diu lüge ist ir krône.

Wenige Jahre später polemisiert in Frankreich der Übersetzer der *Vie des Pères* gegen die Herz und Seele verdunkelnden Lügen der *romanz de vanité* (zitiert nach: Cligès-Ausgabe, hrsg. von W. Foerster, S. XXII):

De mençonge qui cuers oscure
Et corrompent la clarté d'ame
N'en aiez cure, douce dame,
Laissiez Cliges et Perceval,
Qui les cuers perce et trait a val,
Et les romanz de vanité.

[52] *Li conte de Bretaigne sont si vain et plaisant.* (Sachsenlied, V. 9)

[53] Tristan, V. 4663. — Für eine ähnliche, vom christlich-sittlichen Wahrheitsanspruch her geübte Kritik an den Artus-Geschichten in Spanien vgl. R. Menéndez Pidal, Poesía juglaresca y juglares, 3. Aufl., Buenos Aires 1949, S. 212.

[54] Wenn sich diese Polemik auch meist gegen die Vorgänger in den

Der gegen Ende des 12. Jahrhunderts forcierte rigoristische Feldzug leitet in der höfischen Dichtung selbst einen folgenreichen Stilwandel ein, indem er sie zum Abrücken von der kompromittierten Dichtweise zwingt, noch bevor diese ihren letzten Höhepunkt erreicht hatte. Der Vorwurf, daß weltliche Dichtung hinter der Schönheit der Form die Lüge verstecke, fordert mit dem zweckgerichteten Zweifel an der Schön-Gut-Identität einerseits die Verselbständigung der Dichtung in Richtung auf eine eigene Kunstwahrheit heraus, die sich aus Kunstschönheit ableitet, und bewirkt andererseits, daß die bisherigen Stoffe und Gestaltungen im Bereich der höfischen Dichtung selbst suspekt werden und neuen Formen Platz machen. Der geistliche Rigorismus selbst beschleunigt die Befreiung der Dichtungstheorie aus der Vormundschaft der theologischen Ethik. [55] Die Reaktion auf den jetzt erst recht zum Gegenstand einer sinnentleerten Romanindustrie herabsinkenden Artus-Stoff findet ihren Ausdruck in dem programmatischen Prolog zu *L'Escoufle* von Jean Renart, der den Dichter lobt, „der gute Worte zusammenstellt,

eigenen Reihen richtet, deren „Wahrheit“ angezweifelt wird, so fehlen doch auch die Anzeichen nicht ganz, die auf einen Protest der höfischen Dichtung gegen geistliche Anfeindungen schließen lassen. Mit Schwietering (Die Demutsformel mittelhochdeutscher Dichter, Berlin 1921, S. 81) darf man dahingehend die folgenden Verse Heinrichs von dem Türlin deuten (Die Krône, V. 10 807—10 810):

Wan die (die pfaffen — E. K.) *kunnen schaffen,*
daz ein wârheit ze lüge virt,
und daz diu lüge schiere birt
ein gar ganze wârheit.

Bedenken wegen geistlicher Anfeindungen scheinen auch den ersten der drei Gründe auszumachen, die den Autor der *Estoire del Saint Graal* dazu bewogen, seinen Namen zu verschweigen: *La premiere si est por ce que se il se noumast et deist que diex eust descouert par lui si haute estoire comme est cele du saint graal qui est la plus haute estoire qui soit. Li felon et li enuieus le torneroient en vielte.* (Ausg. Sommer, I, 3, S. 14 f.)

[55] Der gleiche Vorgang läßt sich im Bereich der Novellistik verfolgen; vgl. W. Pabst, Novellentheorie und Novellendichtung, Zur Geschichte ihrer Antinomie in den romanischen Literaturen, in: Abhandlungen aus dem Gebiet der Auslandskunde, Bd. LVIII, Hamburg 1953.

um den Leuten ein gutes Beispiel zu geben" *(ki buone parole assenlle Por traire as gens en essamplaire)*, und fortfährt:

Car mout voi conteors ki tendent
A bien dire et a recorder
Contes ou ne puis acorder
Mon cuer, car raisons ne me laisse;
Car ki verté trespasse et laisse
Et fait venir son conte a fable,
Ce ne doit estre chose estable
Ne recitée en nule court;
Car puis que mençoigne trescort
Et vertés arriere remaint. [56]

Die *verté*, die Jean Renart vertritt, beglaubigt sich am sogenannten Schicksalsroman, der, wenn auch nicht „wahrer", so doch bereits „wahrscheinlicher", jedenfalls aber gegenüber den Artusromanen einen wesentlich verschiedenen Charakter zeigt. Auch jetzt begreift sich der Dichter als Enthüller einer lange verborgenen Wahrheit:

Tant a esté lonc tans celés
Li contes qui est revelés
Par moi et mis en escriture. [57]

Aber Jean Renart sucht den fragwürdigen Wahrheitsanspruch der höfischen Epik durch größere Wirklichkeitsnähe zu retten. Der neue Versroman ist indessen nicht weniger fiktiv als der alte, aber indem der Erkenntnisanspruch des Romans wieder zugunsten des Zwecks sittlicher Besserung eingeschränkt wird, kann die Dichtung auf den historischen Wahrheitsanspruch Verzicht leisten und von ihrer ethischen Funktion her schließlich auch die Fiktion rechtfertigen.

[56] Ausg. Michelant/Meyer, V. 10—19. — „Denn oft sehe ich Erzähler, die sich bemühen, Erzählungen gewandt vorzutragen und zu berichten, mit denen ich innerlich nicht übereinstimme, denn die Vernunft läßt das nicht zu; denn wenn einer an der Wahrheit vorübergeht und sie beiseite läßt und seine Erzählung zu einem Märchen macht, so kann das nichts Beständiges sein und darf an keinem Hof vorgetragen werden, denn wenn die Lüge umläuft, bleibt die Wahrheit zurück." — Die Antithese *Verté—mençoigne* bestimmt auch noch die folgenden 15 Verse.

[57] V. 43—45. — „So lange Zeit ist die Erzählung verborgen gewesen, die von mir enthüllt und aufgeschrieben wird."

Im literaturgeschichtlichen Zusammenhang gesehen, ist die wiederbelebte sittliche Funktion der Fabel die nachträgliche, selbsterhaltende Rechtfertigung einer über ihren historisch-chronikalen Ausgangspunkt hinausgegangenen und künstlerisch-ästhetisch weitgehend — wenn auch uneingestanden — verselbständigten Dichtung. Weil sie wie ehedem Lebenslehre sein will, erhebt die Dichtung nach wie vor den Anspruch, Wahrheit zu vermitteln.

Die geschichtliche Situation der höfisch-ritterlichen Welt, auf die das wunschbildhafte Menschenideal der Artus- und Gralromane die Antwort gab, ist indessen nicht behoben, sondern verschärft, weshalb denn auch jene Antwort weiterhin gegeben und in den Gralromanen bis zur radikal-phantastischen Eschatologie getrieben wird. Auch der „Realismus" Jean Renarts kann auf die suprarationale Lösung des Romankonflikts nicht verzichten. Daher wird der göttlich-prädestinatorische Eingriff der Artusromane in eine vom wohlwollenden Zufall gelenkte Welt versetzt, in der alle Fügung „natürlich" verläuft. Der Schicksalsroman bedarf für seinen Helden keiner Schuld und keiner Läuterung durch Sühne, fordert keine Anverwandlung des Innen an das entfremdete Außen mittels eigens aufgesuchter *aventure*. Das weiterhin unentbehrliche Wunder — das Wunder der Artus- und Gralromane wie dasjenige der alten Legenden- und Schicksalsromane *(Eracle, Guillaume d'Angleterre)* — wird zum Zufall säkularisiert, der sein den Konflikt auslösendes Versehen bei beständiger Liebe der Helden wieder repariert. Im typischen Spannungsrahmen von Trennen und Wiederfinden der Liebenden, in der vorgewußten Bewältigung der feindlichen Mächte durch die Unüberwindlichkeit einer mehr von der Frau als vom Mann organisierten Liebe versichert sich der Schicksalsroman der Gunst der Fortuna. Der Erfolg der neuen „Wahrheit" beruht letztlich auf dem mutigen Optimismus, der sich gegen die Hinnahme eines unbeeinflußbaren Schicksals, wie sie der *Tristan* demonstriert, und gegen die heilsgeschichtlich-radikale Lösung der Gralromane sträubt. Der Schicksalsroman Jean Renarts und seiner Nachfolger, „visione, appunto *fortunosa* della vita umana" [58], spielt nicht mehr

[58] Viscardi, La narrativa cortese di tono realistico e le fonti bizantine, in: Acme, Annali della Fac. Statale di Milano, Bd. V (1952), S. 35. Vgl. ders., Storia delle letterature d'Oc e d'Oil, Milano 1952, S. 267 ff.

in einer ortlosen, entzeitlichten Welt, sondern in einer die Züge der Gegenwart tragenden, länderreichen Welt ohne Zauber und Dämonen. Das Trennen, Durch-die-Welt-Irren und Wiederfinden des Liebespaares ersetzt die integrierende Auseinandersetzung des Artushelden mit der entfremdeten Außenwelt durch einen Weltdurchlauf im extensiven Sinne mit ebenso gesichertem Endglück. Die *aventure* ist, nun „realistischer", wieder auf den Zufall festgelegt, aber auf einen Zufall, der sich dem Bedürfnis des Helden fügt. Die optimistisch-realistische Reaktion auf den in bloße Unterhaltung oder aber in erlösungssehnsüchtige Spiritualisierung mündenden Artusroman ist gezwungen, den Erfolg seiner exemplarisch sein sollenden Menschen auf einen glückhaften Stern zu gründen. Derselbe Jean Renart, der die neue Dichtung inauguriert, spricht es im *Lai de l'ombre* deutlich genug aus:

Et miex vient de bone eure nestre
Qu'estre des bons, c'est dit piece a
Par Guillaume qui despieça
L'escoufle et art un a un membre,
Si com li contes nous remembre,
Poez savoir que je di voir:
Que miex vient a un home avoir
Eür *que avoir ne amis.* [59]

Der Optimismus der neuen Dichtung beruft sich auf ein mögliches individuelles Glück, das von Tugend und Tüchtigkeit unabhängig ist und dessen Darstellung doch sittlich erziehen soll, so wie die *estoire* bei Jean Renart auch nur noch eine Wahrheit, wie sie sein könnte und sollte, ist. Die Beibehaltung des Wahrheitsanspruchs von Dichter und Dichtung wird mit dem Verzicht auf die Sinnerfüllung des Individuum und Gemeinschaft einschließenden Ganzen zugunsten eines privaten Happy-Ends des liebenden Paares erkauft. Die Dichtung aber und der Dichter tun damit einen entscheidenden Schritt auf dem Wege zur Autonomie der Kunst.

[59] Ausg. Bédier, V. 20—27. — „Und besser ist es, unter einem guten Stern geboren zu werden, als zu den Guten zu gehören, das ist vor kurzem von Wilhelm gesagt worden, der den Hühnergeier zerteilte und ein Glied nach dem anderen verbrennt, so wie uns die Geschichte berichtet, und ihr könnt wissen, daß ich die Wahrheit sage: denn besser ist es für einen, Glück zu haben als Besitz und Freunde."

Jacques Le Goff, Naissance du roman historique au XIIème Siècle? In: La Nouvelle Revue Française, 238, Oktober 1972, S. 163—173. Aus dem Französischen übersetzt von Gisela Köhler.

IST DER HISTORISCHE ROMAN IM 12. JAHRHUNDERT ENTSTANDEN?

Von Jacques Le Goff

Die archaischen Kulturen kennen den Roman nicht. Die Literaturen der Antike haben an Romanen nur einiges wenige hervorgebracht, was überdies immer als etwas überreife Frucht verfeinerter Dekadenz galt: das *Satirikon* oder *Daphnis und Chloe*. Man hat zeigen können — und vor kurzem erst hat Georges Dumézil dies noch schlüssig und brillant wie kein anderer getan —, wie die Entwicklung vom Mythos zum Epos und zum Roman verläuft, „das Auftreten eines individuellen und gefühlsbezogenen Handlungsgeschehens anstelle eines ganz auf Taten ausgerichteten, durch uralte gesellschaftliche Gebräuche geregelten Szenariums".

In der Literatur des Okzidents nun setzt die ununterbrochene Reihe der Romanwerke mit dem 12. Jahrhundert ein. Robert Marichal schrieb unlängst: „Zwischen dem *Alexandre* von 1130 und dem neuesten Roman in irgendeiner indogermanischen Sprache, der in diesem Juli 1965 in Druck geht, gibt es keinerlei Unterbrechung". Dieser Behauptung hat Pierre Gallais widersprochen, jedoch nur um die „Geburt des Romans" ein paar Jahrzehnte zu verschieben. Er erkennt dem antikisierenden Roman *(Alexander-, Theben-, Aeneas-, Trojaroman* und *Brut)* den Titel Roman ab und setzt die Geburtsstunde des Romans erst bei Chrétien de Troyes um 1165 an. „Die « romans antiques », so sagt er, „sind keine Romane, sie deuten lediglich darauf hin, daß um 1160 der Roman im Bereich des Möglichen liegt, daß er unmittelbar vor seiner Geburt steht und, wofern nichts die Entwicklung beeinträchtigt, auch erscheinen wird". Versuchen wir, hier Klarheit zu bekommen.

Die ersten Fallstricke bringen die Wörter. *Roman* hat bekanntlich für die Menschen des 12. nicht denselben Sinn wie die des 20. Jahrhunderts. Für die *clercs* des Mittelalters, d. h. die des Schreibens und Lesens Kundigen, sind die „Antikenromane“ zweifellos Romane. Denn mit Roman ist anfänglich nichts anderes gemeint als ein nicht lateinisch sondern in der Vulgärsprache geschriebenes Werk, genauer noch ein aus dem Lateinischen in die Vulgärsprache übersetztes Werk: *romanice* — in der Mundart der Romanen. *Moitié romanz, moitié latin* wird es im 13. Jahrhundert im *Roman de Renart* heißen. 1155 nennt Wace seinen Brut, der eine „Translation“ der *Historia regum Britanniae* des Geoffroi von Monmouth ist, einen *roman*, und Benoît de Sainte-Maure erklärt zu Beginn seines Trojaromans (V. 1170), daß sein einziger Ehrgeiz darin besteht, die Trojageschichte von Dares und Dictys aus dem Lateinischen in *roman* zu übertragen. Das Prologfragment des *Alexandre* von Albéric de Pizançon, dem einzigen Rest des „ersten Romans“ im Okzident (um 1130), scheint ebenfalls — ganz wie die anderen Fassungen des *Roman d'Alexandre* im 12. und 13. Jahrhundert — eine „Translation“ der lateinischen Übersetzung des *Pseudo-Kallisthenes* durch Julius Valerius zu sein. Am Anfang des 13. Jahrhunderts umfaßt der Bereich des *roman* eine ganze Gruppe von Verserzählungen: *Chansons de geste, lais, contes* usw., bei denen Jean Bodel in seinem Prolog der *Chanson des Saisnes* drei *matières* unterscheidet, was von der Literaturgeschichte dann später aufgenommen wurde. Sämtliche Themen, so erklärt der Sänger aus Arras, verteilen sich auf drei Gebiete: die *matière de Bretagne* ist „erdichtet und unterhaltsam“ *(vaine et plaisante)*, die *matière de France* ist „wahr“ (*vraie*), und die von *Rome la Grant* ist „erhaben“ (*sage*). Wenden wir auf diese drei „Stoffe“ die moderne Definition von Roman an, der enger gefaßt im 14. Jahrhundert die Abenteuerromane in Versen bezeichnet, im 15. Jahrhundert die Ritterromane in Prosa und dessen neuzeitliche Bedeutung sich in drei Etappen herausbildet: im 17. Jahrhundert (nach Lukács ist der „erste Roman der Weltliteratur“ der *Don Quijote*), im 18. Jahrhundert (für Ernst Robert Curtius ist der „erste große Roman der Moderne“ der *Tom Jones* von Fielding) und schließlich im 19. Jahrhundert, wo Sainte-Beuve die Vorherrschaft des Romans unterstreicht: „Der Roman ist ein großes Versuchsfeld für alle Formen des Genies und für alle Spielarten. Er ist das Epos der Zukunft, wahrscheinlich das einzige, das das moderne Leben noch mit sich bringt“. Die moderne Definition des Romans ist nur auf eine der drei *matières* von 1200 anwendbar: die *matière de Bretagne*, und man hat in der Tat vorgeschlagen, als einzigen mittelalterlichen Roman den *roman de vanité*, den erdichteten Roman anzuerkennen. Muß man also aus dem Bereich des Romans alles ausschließen, was vor der *matière de Bretagne* liegt und auch alles, was — nach Chrétien — außerhalb davon verbleibt? Doch nichts unterscheidet grundsätzlich die drei Stoffe voneinander. Jede von ihnen bietet dem Romancier (Chrétien spricht schon 1175 von *romanceor, romanceur*, selbstverständlich mit der Bedeutung: Schriftsteller in der Vulgärsprache) einen Fundus, der historisch ist *oder als solcher gilt* und den er ausdichtet, wobei sein Hinzuerfinden in erster Linie in zwei Richtungen geht: *amour* und *aventure*.

Heißt das nun wieder, daß man zum Roman dasjenige Genus hinzunehmen muß, welches im wesentlichen die *matière de France* behandelt, nämlich die *chanson de geste*? Hier gilt es, die Probleme der *Form* mit zu berücksichtigen, nicht weil sie einen endgültigen Wert in sich selbst hätten, sondern um dessentwillen, was sie implizieren. Die Unterscheidung Vers / Prosa sei einmal beiseite gelassen. Nicht daß sie ohne Bedeutung wäre: als in der ersten Hälfte des 13. Jahrhunderts der große arthurische Sagenkreis und der Tristanroman vom Vers zur Prosa übergehen, tut die Romangattung einen gewaltigen Schritt nach vorn auf diese enge, ja intime Beziehung mit dem Verbraucher zu, die später ihren Erfolg ausmachen wird in einer Welt der individuellen Lektüre. Das Wesentliche war jedoch schon vorher da, und zwar schon seit dem *Alexandre* von Albéric de Pizançon. Der „Roman“ ist von der epischen Form, der *Laisse* der *Chanson de geste*, auf den Achtsilbler übergegangen, in manchen Fällen auch auf den Zwölfsilbler (die am Ende des 12. Jahrhunderts in diesem Versmaß abgefaßte Version des *Alexanderromans* von Alexandre de Bernay führt, wie man weiß, zu dem Namen Alexandriner, der dann geblieben ist). Der mit diesen strukturellen und inhaltlichen Transformationen verbundene Formwandel läßt sich untersuchen. Doch das Entscheidende liegt für uns anderswo. Wie Erich Köhler richtig gesehen hat, steht dem „Marktartikel“ *Chanson de geste*, der für ein gemischtes Publikum gedacht war, der „Hofartikel“ *Roman* gegenüber, der sich an eine gesellschaftliche Elite wandte. Bekannt sind die Verse, in denen der Verfasser des

Thebenromans aus seiner Zuhörerschaft Zunftangehörige und gemeines Volk ausschließt, um nur *clercs*, den gebildeten Laienstand, und Ritter zu behalten. Aus diesen Unterschieden des Publikums ergeben sich unterschiedliche Methoden des Memorierens. Gewiß bin ich mit Pierre Gallais darin einig, daß bis zur Mitte des 13. Jahrhunderts „die Einzellektüre ohne Bewegung der Lippen die Ausnahme sein mußte, das Vorrecht der gebildeten Clerici", doch bin ich sogar mit Robert Marichal der Ansicht, daß „die private Lektüre erst im 15. Jahrhundert häufiger wird". Der Roman bewegt sich in einem mehr oder minder engen Kreis der Gruppenlektüre — eine berühmte Passage aus *Yvain* beschreibt, wie ein Genrebild das Trio eines auf seidenbedecktem Lager ruhenden Edelmannes, dem seine Tochter aus einem Roman vorliest, während die Mutter sich still als Hörerin dazugesellt. Noch am Beginn des 14. Jahrhunderts sind Francesca und Paolo — denen das Buch entgleitet — Ausnahmen. Im übrigen ist es so, daß der Achtsilbler — bis er der Prosa weicht — mehreren zufolge einen *récit*, eine Erzählung artikuliert, wohingegen die *Laisse* für die meisten einen *chant*, einen Gesang verlangt. Es läßt sich also sagen, daß der Roman bereits um 1130 begonnen hat.

Nun schöpfen aber die ersten Romane *(Alexander, Theben, Brut, Aeneas* und *Troja)* aus dem antiken Stoff, und Wace verbindet in seinem *Brut* die *matière de Bretagne* mit dem Romthema, indem er seinem Roman eine Adaptation der *Historia regum Britanniae* des Geoffroi von Monmouth macht (1135). Man darf also mit Grund annehmen, daß die ersten Romane des Okzidents *historische* Romane waren. Und doch taucht dieser Ausdruck so gut wie nie bei den Historikern der mittelalterlichen Literatur auf. Was den großen marxistischen Theoretiker des historischen Romans, György Lukács, angeht, so sieht dieser in den Romanen des 12. Jahrhunderts (und im übrigen auch des 17. Jahrhunderts) nur pseudohistorische Romane. „Was vor Walter Scott dem angeblich historischen Roman fehlt," so versichert er, „ist eben das spezifisch Historische: daß nämlich die jeweilige Besonderheit der Personen aus der historischen Besonderheit ihrer Zeit herkommt." Auf die mittelalterlichen Romane könnte man Lukács' Urteil über die angeblich historischen Romane des 17. Jahrhunderts anwenden: „Nicht nur die Psychologie der Personen, sondern auch die geschilderten Sitten gehören voll und ganz der Zeit des Schriftstellers an".

Gewiß sind Alexander, Eteokles, Polyneikes, Antigone, Ismene, Aeneas, Dido, Griechen und Trojaner höfische Helden, wie es Herren und Damen des christlichen Adels zu Zeiten der Plantagenets und der Kapetinger waren oder sein wollten. Hier das Porträt Antigones:

„Die ältere nannte sich Antigone; von Adel, Feinheit und hohem Anstand, übertraf sie durch die Anmut ihres Wuchses und die Schönheit ihres Antlitzes bei weitem alle anderen. Keine Erzählung und kein Gedicht wird euch je eine Frau schildern wie sie. Ein Gewand aus veilchenblauem Purpur kleidete sie und ließ dabei das Weiß ihres Leibes hindurchschimmern. Ihr *bliaud*, oben eng anliegend, fiel in feinen Einschnitten bis auf ihren Gürtel herab, der aus einer locker geknüpften Schärpe gemacht war; an den Füßen trug sie Seide und Schuhe von Córdobaleder. Ihr Mantel war mit Grauwerk gefüttert, wenn ich nicht irre, und sie trug ihn über der Schulter geheftet, die beiden Schöße geöffnet, so daß die Seite frei blieb. Ihr langes hellblondes Haar leuchtete wie feines Gold, und am Kopfe mit einem Silberfaden gehalten ergoß es sich üppig über ihre Schärpe" *(Thebenroman)*.

Und hier nun die Liebespaare, Aton und Ismene, Parthenopaios und Antigone, Aeneas und Dido, Aeneas und Lavinia, Troilus und Briseis:

„Nicht klein und auch nicht zu groß war die reizende Briseis; sie war eine blonde Schönheit, mit einer Haut weißer als Lilien und als Schnee, der auf die Zweige fällt; nur ihre Brauen standen zu eng, was ihrem Reiz ein wenig Eintracht tat. Sie hatte Augen von seltsamer Schönheit, mit ihr zu sprechen war hohes Vergnügen. Ihr Benehmen war von vollendeter Artigkeit und ihre Haltung bescheiden. Sie wurde geliebt und liebte selbst mit Leidenschaft, doch war ihr Herz unbeständig; Sitte und Zucht freilich achtete sie stets, zeigte sich leutselig, mildtätig und mitleidsvoll" (*Trojaroman*).

Unschwer erkennt man hier den Kanon der ästhetischen und ethischen Werte der Frau von Adel aus der Zeit, die Marc Bloch das erste Feudalzeitalter genannt hat.

War es noch relativ leicht, christliche Fürsten mit antiken Herrschern, französische oder normannische Ritter mit griechisch-römischen Helden zusammenzubringen, so lagen bei den Priestern die Dinge heikler. Doch unsere „Romanciers" wurden mit der Schwierigkeit leicht fertig. Der Seher Amphiaraus wird Erzbischof, und Benoît von Sainte-Maure macht im *Trojaroman* aus Homer einen *clerc*.

Und trotzdem . . . Dieses 12. Jahrhundert ist dasjenige, wo der Pater Chenu gerade ein Wiedereinsetzen des historischen Fortgangs aufgezeigt hat, der bis dahin in einem Augustinismus zum Stillstand gekommen war, für welchen der Triumph der Kirche nach Konstantin gleichbedeutend mit dem Ende der Geschichte gewesen war. Geltung hatte nur noch eine eschatologische Geschichte, in der das irdische Reich zur Civitas Dei hinstrebte. Von nun an ist, was immer sich ereignet hat auf Erden, was sich ereignet und ereignen wird, ein authentischer, autonomer und nicht vorhersehbarer Beitrag zum Wohle der Menschheit. Der Wechsel der Geschicke ist nicht mehr ein zyklisch verlaufender Geschlechterwechsel, sondern ein Gang nach vorwärts. Der große Meister Bernhard von Chartres spricht es klar aus, wenn er die Menschen seiner Zeit, Söhne der Giganten von früher, mit Zwergen vergleicht, die auf deren Schultern hocken, aber Zwergen, die weiter sehen als ihre riesenhaften Träger.

Ein Innewerden der Zukunft also, dem ein gewisser Sinn für das Vergangene zuzuordnen ist. Ein Vergangenes sicherlich, dem abgeht, was für uns die Würze des historischen Romans — von der Romantik bis zu Lukács — ausmacht: das Lokalkolorit. Das sich aber vom Gegenwärtigen abhebt in dem, was für den mittelalterlichen Menschen das Wesentliche ist: Glaube und Weisheit. Denn der Erzbischof Amphiaraus ist als Erzbischof ein *Heide*. Und hier liegt das erste Geheimnis, das anziehendste Moment dieser historischen Romanwelt, ein großes Heraustreten: diese *höfischen* Heldinnen und Helden sind Heiden. Wunder der Liebe, das sich nicht gegen die Geschichte, sondern durch die Geschichte vollzieht. Veranschaulichung schließlich der großen historischen Theorie des 12. Jahrhunderts: der *translatio studii*, der Verlagerung der Kultur, die gebunden ist an die *translatio imperii*, die Verlagerung der Macht. Es ist der Übergang von *clergie* und *courtoisie* von Griechenland auf Rom, von Rom auf Frankreich, denn mag die höfische Literatur — Roman und Geschichte eingeschlossen — auch einen entscheidenden Impuls von Anglo-Normannen und Anglo-Angevinern empfangen haben, so ist ihr eigentliches Entfaltungsgebiet doch Frankreich, ihre Muttersprache doch das *roman*, das Französische.

Ich sehe also keinen Grund, warum man dem antikisierenden Roman, der mit dem *Roman d'Alexandre* von Albéric de Pizançon die neue Gattung inauguriert, die Bezeichnung Roman und das Epithet historisch verweigern sollte, und zwar durchaus im modernen Sinn der beiden Ausdrücke.

Berücksichtigen wir jedoch wieder den Sprachgebrauch des 12. Jahrhunderts, so steht außer Zweifel, daß Geschichte, *estoire* — aber in dem Sinn von *einer* Geschichte, nicht *der* Geschichte — die *Chanson de geste* meint.

Diese Feststellung trifft aufs ganze gesehen zu, ist allerdings in zweierlei Weise zu korrigieren. Zunächst: zwar ist die *Chanson de geste eine* Geschichte und nicht einfach *Geschichte*, dennoch trägt diese Geschichte das Siegel historischer Gültigkeit. Was Jean Bodel an der *matière de France* lobt, ist daß sie *wahr* ist, im Gegensatz zum Bretagnestoff, der *erdichtet* und *unterhaltsam* ist: « Cil de France sont *voir* chascun jour aparant ».

Doch gibt sich gewissermaßen umgekehrt der allerromanhafteste Stoff, der antike und noch mehr der bretonische, als *wahr* aus, das heißt als *historisch*. Benoît de Sainte-Maure verwirft Homer als Quelle für seinen *Trojaroman*, denn er habe die Wahrheit nicht respektiert. Dares und Dictys, sie haben die wahre Geschichte von Troja geschrieben, und Benoît nimmt sich vor, ihnen buchstabengetreu zu folgen, um aus seiner *estoire* einen *roman* zu machen. Wace beginnt seinen *Brut* folgendermaßen:

Ki vult oïr e vult saveir
De rei en rei e d'eir en eir
Ki cil furent e dunt il vindrent
Ki Engleterre primes tiendrent
Quels reis i ad en ordre eü,
Ki anceis e ki puis i fu,
Maistre Wace l'ad translaté
Ki en conte la vérité.

(Wer will hören und will wissen, von König zu König und von Erbe zu Erbe, wer die waren und woher sie kamen, die Engeland zuerst hatten, welche Könige es dort der Reihe nach gegeben hat, wer früher und wer später dort war, Meister Wace hat es übersetzt, der davon die Wahrheit erzählt)

Renaut de Beaujeu, der um 1200 die Abenteuer Guinglains erzählt, des Sohnes von Gauvain, einem Helden des Arthurzyklus, präsentiert seinen Roman durchaus als eine *Geschichte*:

Cele qui m'a en sa baillie
Cui ja d'amors sans trecerie
M'a doné sens de cançon faire
Por li veul un roumant estraire
D'un moult biel conte d'aventure
Por celi c'aim outre mesure
Vos vei l'histoire comencier.

(Die mich in ihrer Gewalt hat, die aus Liebe ohne Falsch mich zum Liedermachen befähigt hat, für sie will ich einen Roman machen aus einer sehr schönen Abenteuererzählung. Um ihretwillen, die ich über die Maßen liebe, werde ich jetzt die Geschichte für euch beginnen)

Man muß also wohl anerkennen, daß zwischen *roman* und *histoire* kein so scharfer Gegensatz besteht, wie man behauptet hat. Paul Zumthor schreibt völlig zu Recht von der Mitte des 12. Jahrhunderts: „Gerade in dieser Epoche wird das erste Auftreten eines historischen Bewußtseins durch eine zunehmend beschleunigte Perspektivenverschiebung gekennzeichnet: man wiederholt nicht mehr nur die Vergangenheit, ohne irgendeinen Nutzen daraus zu ziehen; vielmehr sieht eine Kultur ihre eigene Vergangenheit nunmehr zunehmend als zukunftsbezogen, entdeckt darin Ankündigung und Verheißung. „Histoire" und „roman" sind trotz der — oftmals blassen — Nuancen, die sie in den Augen vieler Mediävisten trennen, gemeinsame Produkte dieses Wandels".

Wie soll man also erklären, daß die Menschen im 12. Jahrhundert in demselben Augenblick, wo sie die großen Romanentwürfe wagen, sich an die Geschichte klammern und solche hybriden Gebilde hervorbringen wie die historischen Romane?

Mir will scheinen, daß der Grund dafür das Unsicherheitsgefühl ist, das lange Zeit hindurch die Menschen des Mittelalters beherrscht hat. Und zwar ebenso geistige wie materielle Unsicherheit. Deswegen nämlich das ständige Zurückgreifen auf *Autoritäten*, auf Gewährsleute. Doch in diesem 12. Jahrhundert bildet sich nun eine Wahrheit heraus, die neben die religiöse Wahrheit tritt, die *historische Wahrheit*. Der neu entstehende Roman ist daher gezwungen, sich auf die Autorität der Geschichte zu stützen, eine Vorsichtsmaßnahme gleichsam, die eine damit verbundene Kühnheit verschleiert, die Ersetzung der religiösen Garantie durch die historische. Daher denn auch die übergroße Behutsamkeit (Rechtfertigung durch einen Traum, Erscheinung der Jungfrau Maria), mit der Hermann von Valenciennes vorgeht, wenn er um 1190 einen *Roman de sapience* verfaßt, das heißt die biblische Geschichte als Roman. Ein in mehrfacher Hinsicht waghalsiges, ja provozierendes und im wahrsten Sinne zweideutiges Unternehmen.

Doch wie und warum ist dieser Roman, der seinen Ausgang im Historischen nimmt, nun im 12. Jahrhundert entstanden?

Ich schließe mich hier der Sichtweise von Erich Köhler an. Eine neue soziale Klasse, die des kleinen und mittleren Ritteradels, verspürt das Bedürfnis, ihren sozialen Aufstieg durch eine kulturelle Leistung zu krönen. Von bestimmten, ihr verbundenen Clerici erwartet sie etwas, das möglicherweise, wie Ernst Robert Curtius meint, Unterhaltung ist, vor allem aber doch wohl die Bestätigung bestimmter Typen und bestimmter Werte, in denen sie sich wiedererkennt und bestätigt findet. Im Roman gewinnt der Ritter, sei er nun fahrend oder nicht, die Individualität, in der man herkömmlicherweise das Charakteristikum erblickt, das den Roman als die Geschichte eines Helden vom Epos als einer kollektiven Geschichte unterscheidet. Dort verwirklicht er sich in *aventure* und kühnen Taten.

Nach dem Rückgriff auf die Geschichte — sei es wahre oder falsche —, der die Anfänge des Romans bezeichnet, zu der Zeit, wo nach Jean-Marcel Paquette „der Mensch des heroischen Zeitalters noch nicht genug Zutrauen zur Fiktion hat, um sich ihr rückhaltlos zu überlassen“, kommt der Augenblick, wo er sich befähigt fühlt, es mit der reinen Fiktion zu versuchen. Chrétien de Troyes kann erscheinen.

Die Begeisterung für den historischen Roman dauert zwar fort, aber nachdem er anfangs für eine adlige Zuhörerschaft bestimmt gewesen war (der Autor des *Thebenromans* schließt aus seinem Publikum „Kürschner, Gemeine und Schäfer" aus), sinkt er nun auf die Ebene des allgemeinen Leserkonsums herab und versickert in der Kolportageliteratur.

Aber im selben Augenblick, wo gegen Ende des 12. Jahrhunderts jedermann bereit ist, Arthur und seine Mannen zu historischen Helden zu machen, und wo die nach langem Suchen entdeckten Gebeine des legendären Königs (1191 in der Abtei von Gladstonbury) seine Geschichtlichkeit bestätigen, macht sich eine neue Strömung in der literarischen Welt bemerkbar, die diese Geschichtlichkeit bestreitet und Fabel zu Geschichte in Gegensatz bringt. Wace macht in seinem *Brut* den Leser selbst darauf aufmerksam, daß man den „bewiesenen Wundern" Arthurs so viel Fabulöses beigemengt habe, daß alles, was man über ihn erzähle, ein unentwirrbares Gemenge von Legende und Geschichte sei, weder ganz Lüge, noch ganz wahr:

Ne tut mençunge, ne tut veir.

Giraud de Gallas spricht am Ende des Jahrhunderts von „unserem berühmten, um nicht zu sagen fabelhaften Arthur", und Pierre de Blois schreibt: „Ich preise mich glücklich, in der Dichtung einen Meister gehabt zu haben, der mich gelehrt hat, den Stoff für meine Verse nicht aus der Fabel, sondern aus der historischen Wahrheit zu nehmen" *(De historiarum veritate).* Der Augenblick ist gekommen, wo der Ritter als der Adressat des höfischen Romans „der Geschichte durch die Phantasieerzählung entfliehen will" (Jean-Marcel Paquette).

Und dies nicht nur wegen seines Vergnügens am Literarischen, denn nach Chrétien de Troyes setzt er nun den *sens* und die *conjoncture*, das heißt die Bedeutung des Werkes und das schriftstellerische Können des Romanciers, höher an als die *matière*. Ist doch aus dem Sieger längst ein Bedrohter geworden. Die *aventure*, die ein Mittel der Versöhnung mit der Welt gewesen war, wird Flucht und Refugium. In der Zeitspanne von etwa einem Jahrhundert, zwischen 1140 und 1240, rundet sich einmal der Kreislauf: Geschichte — Aventure — Katastrophe. Im zweiten Viertel des 13. Jahrhunderts vermag der Ritter keinen Sinn mehr in seiner Aventure zu finden. Er ist zu einem Existentialisten geworden, den der Gedanke des Absurden verfolgt, wie jenen Dinadan aus dem

Prosatristan, der erklärt: „Ich bin ein umherziehender Ritter, der alle Tage nach Abenteuern sucht und nach dem Sinn der Welt; aber finden kann ich davon nichts.“ Und schließlich nimmt er Teil an jener ungeheueren Ritterdämmerung, *La Mort le roi Artu*. Heldentum aus, Spiel aus.

So kann, entgegen Lukács' Behauptungen, ein bestimmtes Lukács'sches Schema die Funktion des im 12. Jahrhundert aufgetretenen historischen Romans erhellen.

Lukács sah den historischen Roman mit der siegreichen Bourgeoisie nach der Französischen Revolution aufkommen und gewahrte in der Zeit, wo er sein Buch schrieb, also 1936—37, das Auftreten eines neuen, an eine „neue Demokratie“ gebundenen historischen Romans, der „vor allem radikal und unnachgiebig seinen unmittelbaren Vorgänger negieren“ mußte, den historischen Roman „klassischen Typs“.

So ließ im 12. Jahrhundert ein „neuer Adel“ einen historischen Roman entstehen, der im Verlaufe eines Jahrhunderts die glänzende ephemere Bahn der chevaleresken Helden beschrieb, die erst von historischen Taten ihren Ausgang nahmen, dann ihre eigenen Abenteuer durchlebten und schließlich in Absurdität und Tod versanken. Gleichermaßen folgte der „bürgerliche“ historische Roman des 19. Jahrhunderts der Bahn, die von den mediokren, aber historischen Helden Walter Scotts zu den nach und nach niedergehenden Familien Zolas (Rougon-Macquart), Thomas Manns (Buddenbrooks) und Roger Martin du Gards (Thibault) führt.

Wenn es denn zutrifft, daß der historische Roman nichts anderes ist als das Psychodram, das unter den Vorzeichen der Geschichte eine soziale Klasse im Kampf mit ihrem Schicksal sich selbst vorspielt.

Les commencements du roman courtois français. In: E. Faral, Recherches sur les sources latines des contes et romans courtois du moyen age. Librairie Honoré Champion, Paris 1913, Neudruck 1967, S. 398—419. — Aus dem Französischen übersetzt von Gisela Köhler.

DIE ANFÄNGE DES FRANZÖSISCHEN HÖFISCHEN ROMANS *

Von Edmond Faral

Zunächst ist es unerläßlich, ein paar Bemerkungen über die Umstände zu machen, unter denen etwa um 1150 herum das Erscheinen der antikisierenden Romane einsetzte. Es sei hier daran erinnert, daß das 12. Jahrhundert eine glänzende Renaissance der antiken Studien erlebte und daß kaum je die lateinischen Klassiker leidenschaftlicher verehrt und eifriger kommentiert wurden. Deutlich wird dies nicht nur an den Bibliothekskatalogen der damaligen Zeit, in denen die Schriften der Alten reichlich verzeichnet sind, was freilich noch nicht heißt, daß man sie auch las; mehr noch an den auf uns gekommenen Manuskripten, von denen eine so große Zahl damals abgeschrieben wurde; auch an den Zitaten, die in den Werken von damals immer häufiger auftauchten; an den Anthologien; an allem, was wir über die Arbeit in bestimmten Klosterschulen wissen, in Chartres, Beauvais, Tours oder Orléans; an den Beispielen der berühmten Meister wie Bernhard von Chartres, der hervorragenden Schriftsteller wie dem gewinnenden Jean de Salisbury, der ein ausgesprochen feines Latein schrieb und das Beste der Antike in sich aufgenommen hatte; schließlich an den Zeugnissen der Zeitgenossen, unter denen dieses Bekenntnis von Pierre de Bois besonderen Reiz hat: „Sollen doch die Hunde bellen, die Schweine grunzen! Ich bleibe dennoch Gefolgsmann der Alten. All mein Sinnen und Trachten gilt ihnen, und jeder Tag soll mich mit dem Frühlicht finden, wie ich mich in sie vertiefe. Wir sind doch wie Zwerge, die auf den Schultern dieser Giganten hocken: und wenn wir weiter sehen als sie, dann dank ihnen; wenn wir nämlich, was sie hervorgebracht, mit

* [Der Anfang der Abhandlung, die Seiten 391—398, 1. Absatz der Originalpublikation, wird hier nicht abgedruckt. Anm. des Hrsg.]

Eifer studieren und alles, was sie an Hohem gedacht, zu neuem Leben erwecken, was die Zeiten und die Nachlässigkeit der Menschen sozusagen dem Tod hatten anheimfallen lassen".

Dieser Forschungsdrang der Gebildeten, wofür Pierre ein gutes Beispiel bietet, richtete sich auf Autoren ganz verschiedener Gattungen, Historiker, Philosophen und Philologen; doch mit besonderer Vorliebe galt sie den Dichtern. Der *Metalogicus* des Johannes von Salisbury, ein geist- und temperamentvolles Buch, setzt ein mit einer Apologie der Grammatik und der Philologie und ist zugleich auch eine Apologie der Dichtung und der Dichter, keineswegs übrigens der oberflächlichen und seichten, sondern derer, die lange und geduldig an sich gearbeitet haben. So beginnt sich die Ansicht zu verbreiten, daß der Poet auch ein Eruditus, ein Gelehrter ist, daß er die Schätze der Vergangenheit in die Hand genommen haben muß und daß die Substanz seiner Werke, wenn er denn seinen Titel verdienen will, aus seiner Lektüre genommen sein muß. Eine ganz neue, einzigartige Konzeption, die erstaunlich an jene andere erinnert, die drei Jahrhunderte später die Theoretiker der Plejade vorbringen werden.

Man muß den Umgang mit den Alten pflegen, unsere Dichter müssen ihren Dichtern nacheifern: das war es, was man seit Bernhard von Chartres immer wieder sagte; und es läßt sich leicht ausdenken, wie bedeutsam die Konsequenzen dieser Doktrin für die Literatur wurden an dem Tage, wo die Imitatio nun nicht mehr auf lateinisch geschah, sondern in romanischem Gewand einer breiteren Öffentlichkeit zugänglich wurde, an dem Tage, wo ein bestimmter Clericus beim Verlassen der Schule den lateinischen Vers beiseite warf und sich daran machte, seine Gelehrsamkeit an die Herstellung eines Dichtwerks in französischer Sprache zu wenden.

Dieser Tag war der Geburtstag des „antikisierenden Romans".

Von dieser Art Roman ist der älteste, den wir besitzen, der *Thebenroman*: schon aus diesem Grund verdient er besondere Aufmerksamkeit. Der Verfasser, ein Anonymus, stammte aus der Normandie und schrieb sein Werk etwa um das Jahr 1150. Der Stoff, den er bearbeitete, ist die Thebais des Statius, die damals in den Schulen sehr beliebt war, wie mehrere Zeugnisse bekunden. Seinem

Autor hat er nicht nur ein allgemeines Thema entliehen, sondern auch den Bauplan, die wichtigsten Episoden und viele Details seines Werkes; dennoch folgt er seinem Vorbild keineswegs sklavisch, vielmehr ist die Art und Weise, wie er seinen Text behandelt, vielfach unbekümmert genug, daß man von Adaptation und nicht so sehr von Übersetzung sprechen kann. Er hat es sich durchaus nicht nehmen lassen, Streichungen in seinem Modell vorzunehmen: so hat er zum Beispiel systematisch die Gleichnisse und alles, was mythologischen Charakter hatte, Einzelzüge oder ganze Szenen, eliminiert; ebenso hat er sich zahlreiche Zutaten erlaubt.

Diese letzteren sind vorzüglich geeignet, seine Manier und seine Geisteshaltung zu kennzeichnen: es lohnt sich, sie zusammenzustellen, wenigstens im großen. Über Statius hinausgehend hat er das phantastische Gemach geschildert, wo Adrastos die beiden Verbannten Polyneikes und Tydeus empfängt, die nach Argos geflohen sind (V. 870—902); er hat ein Porträt der Töchter des Königs gezeichnet (961 f.); er hat ausführlich die Botschaft von Tydeus an Eteokles gestaltet, vor der Kriegserklärung der Argiver an die Thebaner (1240—1448); er hat die Episode mit Montflor dazuerfunden, wo man sieht, wie die Argiver mit List eine Burg nehmen, die die Straße nach Theben sperrt, was ihm Gelegenheit gibt zu einer prächtigen Beschreibung von Adrastos' Zelt (2681—3464). Ebenfalls hinzugetan hat er die Szene des in Theben bei der Nachricht vom Herannahen der Argiver abgehaltenen Rats (3465—3792). Er hat den Charakter der Fahrt Jokastes und ihrer beiden Töchter ins Lager der Angreifer verändert, als sie deren Wut besänftigen und die ersten Gewalttätigkeiten verhindern wollen: bei dieser Gelegenheit hat er sich eine Beschreibung der eleganten Equipage der drei Frauen ausgedacht, eine Oaristys, ein Liebesgespräch zwischen Antigone und Parthenopaios zustande kommen lassen und erneut Adrastos' prunkvolles Zelt vor Augen geführt, in das sich die Frauen begeben (3793—4068). Die Unterredung zwischen Jokaste und Polyneikes hat er zu einer Ratsszene ausgebaut (4069—4282). Unabhängig und ohne sich überhaupt mehr um Statius zu kümmern hat er die ersten Kämpfe beschrieben, die auf die Ermordung der heiligen Tigerin der Thebaner folgen (4317—4710), unter Hinzufügung einer Episode, in der man sieht, wie Parthenopaios den im Lager verbliebenen

Mädchen das Roß eines aus dem Sattel gestoßenen Feindes schickt. Den Wagen des Amphiaraus hat er mit viel Phantasie zu einem Wundergefährt gemacht (4711—4778) und eine Ratsversammlung wiedergegeben, wo der Nachfolger dieses Oberpriesters gekürt wird (4951—5146). In sehr freier Gestaltung und dem lateinischen Gedicht nur noch von weitem folgend hat er sodann die zweite große Schlacht vor Theben erzählt (5173—5990); doch hat er sich wiederum sehr eng an sein Modell gehalten bei der Wiedergabe von Atons Tod und Ismenes Trauer, was er allerdings ergänzt hat um eine eingehende Beschreibung des jungen Mannes, um eine Totenklage seiner Barone, um eine zweite Klage Ismenes und um die Erwähnung von deren Rückzug in ein Kloster (6071—6508). Für die dritte Schlacht ist er Statius im wesentlichen treu geblieben, nur hat er noch eine Beschreibung von Eteokles und seiner Rüstung hinzugefügt (6509—6596). Dann löst er sich gänzlich von seinem Text, um längere Episoden eigener Erfindung einzuführen. Zuerst denkt er sich aus, daß, nachdem Tydeus' Barone sich nach dem Tode ihres Führers auf ihre Länder zurückziehen wollten, man an ihre Spitze Hippomedon gestellt hat, um dem kleinen Sohn des gefallenen Fürsten als Vormund zu dienen. Hippomedon zeichnet sich aus, indem er dem hungernden Heer der Argiver Proviant verschafft. Auf den Rat von Bulgaren hin begibt er sich in die Ebenen der Donau und verschafft sich dort Proviant; doch bei seiner Rückkehr versuchen die Thebaner, die von seinem Unternehmen Kunde bekommen haben, ihn abzufangen. Zwar sind sie den Seinen zahlenmäßig überlegen, dennoch läßt er sich nicht einschüchtern: er teilt seine Truppe in zwei Hälften, befiehlt, daß die erste den Kampf eröffnen soll, während die zweite mittels Zweigen, die über den Erdboden gezogen werden, ungeheure Staubwolken aufwirbelt. Der Feind läßt sich durch diese List, die ihm das Vorhandensein einer gewaltigen Heeresmacht vortäuscht, übertölpeln und gibt die Straße frei. Daraus ergibt sich eine neue Episode. Hippomedon hat den Sohn von Daire le Roux in seine Gewalt bekommen, der einen der sieben Türme von Theben befehligt. Polyneikes, der dem Gefangenen Schonung angedeihen läßt, entsendet ihn zu seinem Vater, um Verhandlungen aufzunehmen, und verspricht ihm die Freiheit, wofern der Turm den Argivern ausgeliefert wird. Daire möchte keinen

Verrat üben: er weist das ihm gemachte Angebot ab und heißt seinen Sohn in das feindliche Lager zurückzukehren; doch im Verlauf einer von Eteokles einberufenen Ratsversammlung, auf der er ihn dazu anhält, mit seinem Bruder Frieden zu schließen, wird er vom König ins Gesicht geschlagen: fortan hält er sich für aller Bindungen ledig und überläßt den Turm den Argivern, die allsogleich hineindringen: ohne Erfolg im übrigen; denn die Thebaner, die der Sache sofort gewahr werden, nehmen das Schanzwerk von unten her und bemächtigen sich der Besatzung mit Einschluß Daires. Eteokles, der zunächst entschlossen ist, den Schuldigen mit dem Feuertode zu bestrafen, schenkt ihm nur deswegen das Leben, weil er hofft, er würde seiner Tochter Gunst gewinnen, deren Schönheit, welche eingehend beschrieben wird, ihn seit langem beeindruckt hat. Im folgenden nimmt der Autor des Romans, nun wieder näher an Statius, den Bericht der vierten Schlacht wieder auf, in der die Thebaner in einen Fluß gestürzt werden, wo auch Hippomedon bei ihrer Verfolgung ertrinkt. Sodann berichtet er weiterhin nach Statius vom Tode des Parthenopaios, der durch Drias erschlagen wurde, jedoch nicht ohne den Charakter der Szene ins Realistische zu verändern: aus dem jungen Jäger, dem Sohn der sagenhaften Atalante, macht er einen Baron und versäumt nicht, auf dessen Liebesbeziehung mit Antigone anzuspielen. Zum Ende hin beschleunigt er das Tempo: er rafft seine Vorlage, berichtet gedrängt den Tod von Eteokles und Polyneikes, sodann — mit einigen weiteren Auslassungen oder Ergänzungen, die hier nicht interessieren — von der Abreise der Frauen aus Argos, die in Theben ihre Toten beweinen wollen, von dem zu Hilfe eilenden „Herzog von Athen“ und von der Einnahme der Stadt.

Wie sieht also die Eigenleistung des französischen Dichters aus, welcher dergestalt den Text des Statius abwandelt und mit eigenen Erfindungen anreichert? Worin hat seine Originalität bestanden? Was er nicht von Statius hat, hat er es von einem anderen und von wem?

Mag sein Werk auch unter all denen mit den gleichen Merkmalen das älteste sein, das wir kennen, so darf man wohl daraus nicht schließen, daß es auch nur in seinen für uns neuesten Teilen von jeglicher älteren Tradition unabhängig wäre. Das Vorbild der *chansons de geste* erklärt seine Vorliebe für die Botenberichte, die Ratsversammlungen und die in bestimmter Weise abgefaßten Schlachtenbeschreibungen; es erklärt sogar, wenn man den Stil betrachtet, die von ihm verwendete epische Formel, die darin besteht, für jede neu einsetzende Teilhandlung den Schluß des unmittelbar voraufgegangenen Satzes zu wiederholen. Andererseits hat er wohl, wie Salverda de Grave gezeigt hat, den Kreuzzugsberichten die Idee der Montflorepisode, der Proviantsuche und der Geschichte mit Daire le Roux entlehnt. Somit haben wir hier schon ein erstes Band, das diese Dichtung mit der epischen Heldenliteratur der Epoche verbindet.

Worauf es aber besonders ankommt, ist die Entstehung derjenigen Züge, die in der Gattung Roman künftig stilbildend sein werden: die Beschreibungen von Personen oder allgemeiner auch von Gegenständen und die Schilderung der Liebesszenen.

Was die Portraits angeht, so ist zunächst herauszuheben, was der Dichter von Antigone sagt an der Stelle, wo er die Schönheit ihrer Gestalt und Kleidung preist:

3805 *Ja en fable ne en chançon*
N'orreiz femne de sa façon;

(Nie mehr werdet ihr in Fabel oder Lied von einer solchen Frau hören;)

zwei Verse die zu denken geben und die vermuten lassen, daß zu dieser Zeit schon andere Beispiele von solchen Beschreibungen existiert haben. In der Tat, sieht man sich seine Art der Personenbeschreibung näher an, so stellt man fest, daß seine Techniken genau dieselben sind wie die, von denen uns dutzende andere Dichter, lateinische wie französische, in der zweiten Hälfte des 12. Jahrhunderts Proben hinterlassen haben. So beschreibt er an den Töchtern des Adrastos ganz genau mit jeweils einem Verspaar die Vollkommenheit ihrer Stirne, dann ihrer Augen, dann ihrer Nase, dann ihres Mundes und ihrer Zähne (hier fügt er ein zweites Verspaar ein, um den Kuß zu rühmen), dann ihres Teints und schließlich ihres Kinnes. An dieselbe Reihenfolge hält er sich auch bei der Beschreibung von Salemandre, der Tochter von Daire le Roux; und wir finden sie nun überall mit zumindest identischen oder analogen Ausdrücken wieder, im *Aeneasroman*, im *Trojaroman*, in den Romanen von

Gautier d'Arras, Chrétien de Troyes, Huon de Rotelande und Jean Renart, in den lateinischen Modellen, die Mathieu de Vendôme und Geoffroi de Vinsauf zitieren, kurz in der gesamten späteren Literatur. Hat also der Autor des Thebenromans sie als erste vorgeführt? Ist er der Erfinder dieser Schablone, dieses Stereotyps? Keinesfalls, er war einer der Ersten, die ein Rezept verbreitet haben, das aller Wahrscheinlichkeit nach von Schultheoretikern ausgedacht war. Doch ist das für uns nebensächlich, das Wesentliche ist die Feststellung, daß, wenn diese Technik übernommen worden ist, so von den antiken Schriftstellern, und daß das erste Beispiel dafür sich in einer Elegie der *Amores* von Maximianus findet.

Was die Beschreibung von Gegenständen angeht, unbelebten Dingen oder auch Tieren, so hat der Dichter daran ein ausgesprochenes Vergnügen. Keine Gelegenheit versäumt er, um sich darin zu versuchen, Zimmer, Zelte, Wagen, Waffen und Pferde. Er gibt dadurch seine Abhängigkeit von den antiken Autoren zu erkennen, denn die glänzende Wirkung solcher Kunstbeschreibungen hat er sich natürlich bei ihnen abgeschaut. Die Beispiele dafür fand er bei Statius selbst, aber auch bei Catull, bei Vergil, Ovid, Lukan, Silius Italicus und in der *Ilias latina*; und wer noch daran zweifeln könnte, daß er die Lust an solchen Sachen, die ja damals ganz neu war und fortan so ungemein stark zur Ausbildung des eigentlichen Romanstils beitragen sollte, auch wirklich von diesen Autoren hatte, dem muß gerade der Inhalt seiner Textstellen ein Beweis sein: verdankt er doch in seiner hauptsächlichen Beschreibung alles Wesentliche den *Metamorphosen* und der *Ilias latina*; und der Saal im Palast des Adrastos, das zweimal vor Augen geführte Zelt dieses Fürsten und den Wagen des Amphiaraus hat er allesamt mit Elementen aus diesen beiden Werken vorgeführt.

Besonders bemerkenswert ist weiterhin, daß er bei seinen Beschreibungen eine ausgeprägte Vorliebe für das Wunderbare, Seltene und Außergewöhnliche zeigt: so erklärt zum Beispiel, daß das Pferd des Tolomes von einer Stute und einem Seeungeheuer stammt, daß ein bestimmter Vorhang von Arachne persönlich gewebt worden ist, daß auf Adrastos' Zelt ein goldener Adler Flammen aus dem Schnabel speit, wenn immer Sonne oder Wind ihn berühren, daß Insignien auf dem Wagen von Amphiaraus knattern und flattern und

Ähnliches mehr. Die Herkunft dieser Neigung zur Darstellung wunderhafter Dinge ist nicht schwer zu ermitteln: sie stammt aus den Sagenerzählungen über Alexander den Großen. Wenn es irgendwo eine Fundgrube für großartige Schilderungen, ausgefallene Erfindungen, prächtige Gebäude und nie geschaute Kunstwerke gab, dann die Geschichte des Eroberers, wie sie im Pseudo-Kallisthenes und bei seinem Ableger Julius Valerius erzählt ist, durch die im wesentlichen sie den Schriftstellern in Frankreich des 11. und 12. Jahrhunderts bekannt wurde. In die Vulgärsprache übergegangen führte sie zu dem berühmten *Alexanderroman*, von dem wir eine Fassung in Zehn- und Zwölfsilblern haben, die in ihren ältesten Teilen nicht vor Ende des 12. Jahrhunderts entstanden sein kann. Doch lange vorher hatte sie schon den Eifer der Übersetzer angeregt, zuallererst Albéric de Besançon, der sie bereits um 1100 in ein hexasyllabisches Gedicht übertrug, von dem nur der Anfang erhalten ist. Daß die Legende in Übersetzung vor dem Erscheinen des Thebenromans die für einen Roman charakteristische Form, analog der des Thebenromans selbst, angenommen haben soll, ist sehr zweifelhaft; doch ist es wahrscheinlich, wie Paul Meyer bemerkt hat, daß Albérics Dichtung schon ein gewisser Einfluß zuzuschreiben ist „auf die Entwicklung jenes Teils der romanischen Literatur, den Jean Bodel die *matière de Rome la grant* nannte". Eines ist sicher, nämlich daß der Verfasser des Thebenromans diese Legende in irgendeiner Form gekannt und benützt hat. Diese Tatsache ist insbesondere von Salverda de Grave und Alfons Hilka herausgestellt worden, und ihre Liste von Übereinstimmungen ließe sich ohne Mühe verlängern. Was gab es nun nicht alles an Fremdartigem und Fabelhaftem in diesen Erzählungen, die voll orientalischen Märchenkolorits waren und die wunderbaren griechisch-byzantinischen Phantasiegebilde mitbrachten. Da war die Orpheusstatue, der an manchem Tage ein Saft entquoll; da war der Palast des Porus, ganz aus seltenem Gestein, mit seinem Weingarten aus Gold und Smaragd, seinen goldenen Platanen, in denen gold- und rubinfarbene Vögel sangen; da war der rollende Palast des Candatius, wo Purpur und Seide, Elfenbein, Onyx und Gemmen aller Art sich gehäuft fanden; da war der Tempel des Sonnengottes mit seinen weissagenden Vögeln, der Menschensprache kundig, mit einer Lyra, die von selbst spielte, und einer

Zauberkugel, der Orakelsprüche entstiegen; — alles Wunderwelten, vor denen unsere Romanschreiber, allen voran der des *Thebenromans*, geblendet standen, um sie nur alsogleich übertrumpfen zu wollen, weshalb sie daran gingen, orientalische Erzählungen und didaktische Schriften der verschiedensten Art zu durchforschen, Tierbücher und Vogelbücher, Lapidarien und „Weltkarten", Herbarien und Enzyklopädien.

Alles, was wir hier an Einzelzügen aufgezählt haben, sollte noch eine glänzende Zukunft haben. Ebenso noch ein anderer, der darin bestand, in eine Geschichte epischen Zuschnitts die Schilderung von Liebesabenteuern einzubringen. Von dieser Art gibt es im Thebenroman zwei Episoden. Die erste spielt sich in dem Augenblick ab, wo Jokaste mit ihren beiden Töchtern im Lager der Argiver anlangt. Diese Szene wird von unserem Autor breit ausgeführt. Nachdem er erst die reisenden Damen eingehend beschrieben hat, berichtet er, wie Parthenopaios, der sie zu Adrastos' Zelt geleitet hat, so vom Anblick Antigones eingenommen wird, daß er ihr seine Liebe anträgt; sie weist ihn nicht ab, bedeutet ihm, daß sie sich dem Willen ihrer Mutter fügen werde, und Jokaste führt das Paar zusammen. Die zweite Episode ist tragischer Art. Sie ereignet sich in dem Augenblick, wo die beiden Schwestern Antigone und Ismene über das Los klagen, das ihnen der Krieg gebracht hat, und wo die letztere einen unheilvollen Traum erzählt, den sie in der vorigen Nacht hatte. Da trifft die Kunde ein, daß Aton, ihr Verlobter, tödlich verwundet ist. Ismene sinkt in Ohnmacht, und als sie ihren Geliebten vor ihren Augen den letzten Seufzer tun sieht, verliert sie erneut die Besinnung. Die Barone des jungen Fürsten und danach seine Braut brechen über seinem Leichnam in Totenklagen aus. Das Begräbnis wird begangen und das Mädchen zieht sich in eine Abtei zurück, die ihr Bruder Eteokles für sie gründet und unterhält.

Die wesentlichen Elemente des zweiten dieser beiden Vorgänge waren von Statius übernommen worden. Dem Sänger eigen ist der Ton, der in dem Gespräch zwischen den beiden Schwestern vorwaltet, die über ihre Liebe sprechen und nicht wie bei dem Lateiner über das Unglück ihrer Familie; ebenso die Schilderung von Ismenes erster Ohnmacht beim Eintreffen der bitteren Nachricht, die beiden Totenklagen und der Gedanke des Rückzugs ins Kloster.

Nichts erklärt sich leichter als diese Veränderungen. Die Totenklage, damals fester Bestandteil der Sitten, wie noch heute beim italienischen „vocero“, war zu einem geläufigen literarischen Thema geworden, wofür die ältesten *chansons de geste* Beispiele liefern. Ebenso waren stehende Themen die Beschreibung des Schmerzes der Frauen und ihr Eintritt ins Kloster nach einem Verlust: was Ismene widerfährt, widerfährt auch der schönen Aude nach dem Tode Rolands. Und was den Gesprächston der beiden Mädchen angeht, so ist er wohl in der mehr oder minder bewußten Absicht verändert worden, das letzte Beieinander von Antigone und Aton besser als bei Statius vorzubereiten.

Der lateinische Text kann also hier als die Hauptquelle der französischen Dichtung gelten, die darüber hinaus auch noch etwas von den *chansons de geste* übernommen hat. Doch woher stammt die ganz unabhängig von Statius ausgedachte Liebesverbindung Antigones mit Parthenopaios? Müssen wir hier nun wieder zu der Erklärung greifen, daß diese Art von Geschehnissen durch ältere Romane beliebt geworden war, und müssen wir aufgrund dieses einen Textes darauf verzichten, im *Thebenroman* den ersten Versuch der Gattung zu erblicken? Doch wohl nicht; und einmal angenommen, man dürfe in der zur Frage stehenden Episode eine wirkliche Neuheit sehen, so hätte diese Erfindung überhaupt nichts Ungewöhnliches oder Unnatürliches. Sie ist nicht ohne Vorstufen zustandegekommen, und sie erklärt sich aus verschiedenen Umständen, deren Produkt sie in gewisser Weise darstellt. Zu diesen Umständen allgemeinster Art ist ein bestimmter Stand der gesellschaftlichen Sitten zu rechnen, die der Frau und damit auch der Liebe eine neue Stellung einräumen. Wenn gesagt wurde, daß im 12. Jahrhundert die Frau die Erde beherrschte, so gilt dies nicht nur für ihre Zulassung zum Herrscheramt, sondern auch für die Rolle, die ihr an den Fürstenhöfen zuerkannt wurde. Und in einer kultivierteren, stärker auf Distinktion und verfeinerte Umgangsformen bedachten Gesellschaft entsteht nun auch der Sinn für eine gebildete und höherstehende Literatur, in der das Bedürfnis nach gepflegteren und delikateren Formen der Liebe zum Ausdruck kommt. Man begeistert sich für die psychologischen Feinheiten der *Ars amatoria* und der *Remedia amoris*; man findet Gefallen an den galanten Erzählungen der *Metamorphosen*; man liest mit Hingabe den Roman von *Apollonius de Tyr*, den Chrétien alsbald in seinem *Cligès* zitieren und Thomas für eine der Szenen seines *Tristan* imitieren sollte; und so erstaunlich ist es dann ja nicht mehr, im Thebenroman eine Episode von der vorliegenden Art zu finden, wie sie so völlig dem Zeitgegeschmack entsprach und durch die der Autor — nach unserem Geschmack ziemlich unpassend — das düstere Gedicht des Statius ein wenig heiterer hat machen wollen. Warum sollte er dazu einen anderen Roman imitiert haben? Er brauchte nur das reizende lateinische Gedicht von *Phillis und Flora* gekannt zu haben — und vieles spricht dafür, daß er es kannte —, welches das Thema der jungen Mädchen auf einer Reise behandelte und ihn auf den Gedanken gebracht haben kann, es seinerseits zu verwenden, wie das andere nach ihm und ihm folgend auch taten. Was schließlich das Zusammentreffen von Antigone und Parthenopaios angeht, ist es hier nicht ganz natürlich anzunehmen — unter Berufung auf Jeanroy, Salverda de Grave und Wilmotte —, daß sie sich zum Teil durch die lyrische Dichtung erklärt, deren Themen in die Wirklichkeit verlagert hier auf seine Weise von einem einfallsreichen Dichter behandelt wurden, dem auch Initiative und Schwung keineswegs abgingen?

So zeigt es sich denn, daß nichts der Annahme entgegenzustehen braucht, daß der *Theben-Roman* das älteste Erzeugnis des höfischen Romans ist.

Vielleicht später, vielleicht früher als *Theben*, jedenfalls aber zeitlich benachbart, zeigt die Erzählung von *Piramus und Tisbe* dieselbe Beliebtheit der antiken Schriften an. Es ist dies ein recht seltsames kleines Gedicht, das in ziemlich enger Anlehnung an Ovid die dort im 4. Buch der Metamorphosen erzählte Geschichte entwickelt. Die Form der Darbietung ist eine Verserzählung in Achtsilblern, mit Einschiebung langer Klagelieder, die in einem besonderen Rhythmus verfaßt sind, abwechselnd in achtsilbigen Laissen mit nur einem Reim und in ungleichen einreimigen, achtsilbigen Couplets, die durch einen kurzen Vers von zwei Silben eröffnet werden. Den literarischen Wert mag man nicht allzu hoch veranschlagen, für den Historiker ist sie dennoch ein wertvolles Dokument.

Daß es überhaupt eine Bearbeitung Ovids ist, ist schon als solches bedeutungsvoll. Der Name dieses Dichters, dessen Ruhm bei uns noch so lange andauern sollte, beherrscht unsere Literatur von der zweiten Hälfte des 12. Jahrhunderts an. Bewundert, plagiiert und hundertfach benutzt befruchtet Ovid mit seinem immer lebendigen Genie eine ganze Gattung: unter seiner Tutel wird die Liebeshandlung in den Roman eingeführt. Wir sahen schon, daß der Verfasser des Thebenromans seinem Zauber erlag und zahlreiche Anleihen bei ihm vornahm; das Wichtigste aber ist, daß das Erscheinen von *Piramus und Tisbe* seinen Ruf als magister amoris vollends festigt. Jetzt erscheinen Zug um Zug ein *Narcisus* und ein *Orpheus*, beide heute verloren, eine *Philomena* und sicher auch noch manche andere Bearbeitung der *Metamorphosen*, zumeist Geschichten von Liebe und Tod, in denen es von Byblis, Leda, Myrrha usw. nur so wogt. Jetzt gehen die Verfasser längerer Romane auch daran, ihre Themen mit schönen Fetzen zu schmücken, die sie ihm ausgerissen haben, so der *Aeneas* mit einer Darstellung des Parisurteils und der Liebschaft von Mars und Venus, der Trojaroman mit der von Jason und Medea.

Das ist aber noch nicht alles. Zwar lancierte der *Piramus* die Mode der aus Ovid genommenen Themen, doch er zeigte darüber hinaus auch noch eine neue Manier, wie man ihn verwenden konnte. Der Verfasser hatte bei der Behandlung seines Stoffes eine Menge anderer Ovidiana benutzt, psychologische Beobachtungen, allegorische Fiktionen, allenthalben abgeschaute Stilverfahren, wodurch er insgesamt zeigte, daß des Meisters Werk nicht nur eine Sammlung von Fabeln und Erzählstoffen darstellte, sondern auch Ornamentwerk und Zubereitungsrezepte im Überfluß bot. Im Grunde genommen hat er für ein ganzes System, für eine direkt aus Ovid abgeleitete Liebestheorie die Grundlagen geschaffen, die nun lange Jahre hindurch bestimmend sein werden und die von den Nachfolgern nur mehr nach denselben Techniken weiterentwickelt und bereichert werden. Amors unfehlbarer Pfeil, Schüsse des Gottes, die treffen, ohne sichtbare Wunden zu schlagen, und die den Weg ins Herz finden, nachdem sie das Auge berührten, Ohnmacht des Verstandes gegen die Leidenschaft, Vergeblichkeit der guten Ratschläge, schlaflose Liebende, das Fieber der Sehnsucht, das der Krankheit gleicht, Kampf zwischen Wille und Empfindung, lauter Gemeinplätze, die dann in eine ganze Reihe anderer Werke übergehen. Und auf die Form bezogen bietet der *Piramus* das früheste Beispiel des Liebesmonologs, der bald im Roman stilbildend wird, mit all seinen, ebenfalls Ovid entlehnten Techniken, deren charakteristischste der fingierte innere Dialog einer Person mit sich selbst ist.

Der *Thebenroman* und die Erzählung von *Piramus und Tisbe* arbeiteten der Entstehung eines für die französische Romangeschichte kapitalen Werkes vor, dem *Aeneasroman*. Dieses Dichtwerk von 10.156 Versen ist um das Jahr 1160 ebenfalls in der Normandie geschrieben worden. Es ist eine Bearbeitung von Vergils *Aeneis*, der der französische Sänger sehr viel genauer folgt, als es der Autor des *Thebenromans* bei Statius getan hatte. Dennoch hat unser Dichter keineswegs auf jegliche Freiheit verzichtet, hat sich Auslassungen und vor allem umfangreiche Zutaten erlaubt.

Was sich in diesen letzteren bekundet, ist ein ziemlich klar umrissener Typ von Bildung, der in dem Schriftsteller auf Anhieb den Clericus erkennen läßt. Gewisse Stilzüge wie Anaphern und Repetitionen, eine Digression über die Göttin Fortuna, eine Dreingabe mit dem Parisurteil und dem Ehebruch der Venus, eine Beschreibung von Camilla, nach demselben Muster verfertigt wie diejenige Antigones und Ismenes im *Thebenroman* und teilweise von dort imitiert, all das kennzeichnet offenkundig den Einfluß der Schule.

Was die Zutaten ebenfalls zeigen und was hervorzuheben ist, ist die Vorliebe des Autors für wunderhafte Beschreibungen, hier noch auffälliger als im *Thebenroman*. Er läßt es sich angelegen sein, bis ins Detail das Porträt der Hexe auszuführen, die Anna um Didos willen aufsucht, ebenso die Beschreibung der Sibylle, des Monstrums Cerberus, von Sylvias gezähmtem Hirsch; und überall häuft er die phantastischen Einzelheiten; seine Hexe versteht sich auf die tollsten Zaubereien: die Sonne am hellichten Tage nach Osten zurückzuschicken, die Flüsse zu ihren Quellen zurückfließen zu lassen, von den Bergeshöhen die Eichen herabzustürzen, die Furien zu beschwören, die Vögel zum Sprechen zu bringen; von Cerberus berichtet er, sein Speichel bilde beim Zubodentropfen das tödliche Akonit; und von Sylvias Hirsch, er trinke Wein und beleuchte die Tafel seines Herrn mit dem Licht von Fackeln, die auf seinem Gehörn wie auf einem Kandelaber angebracht seien. Es behagt ihm auch, in die Gewässer Karthagos „Purpurfische“ und Krokodile zu setzen, um erklären zu können, die ersteren seien kleine Wassertiere, die man am Schwanze zur Ader lasse, um ihre rote Farbe zu gewinnen, und die Krokodile würden von Krabbeltieren begleitet, die ihnen in das Maul und von da in den Schlund kröchen, um ihnen die Eingeweide aufzubeißen. Er bringt schließlich, angekettet an den Wagen des Messapus, nie dagewesene Ungeheuer, halb Pferd halb Fisch, geboren von Stuten, die der Wind besprang und die nicht mehr als drei Jahre zu leben haben; und als Kampfroß gibt er Camilla das unwahrscheinlichste Tier, das auf seinem Fell alle nur erdenklichen Farben der Schöpfung vereinigt.

Ganz besonders blüht die Phantasie bei der Darstellung von Bauwerken: das Kapitol von Karthago, wo man von überallher, so leise man auch sprach, gehört wurde; die Wälle derselben Stadt, ganz aus Magnetstein, die alle in Eisen gekleideten Angreifer anzogen; das Grabmal des Pallas, wo der Leichnam des Helden wunderbar einbalsamiert ruht, ihm zu Häupten ein nie verlöschendes Licht aus Asbeststein; das Grabmal Camillas, ein oben ausgebauchter Stufenbau, der auf einer einzigen Säule ruht und von einem Zauberspiegel gekrönt wird, mit dem man sofort jeden anrückenden Feind, und sei er noch so ferne, erkennen kann, mit einer weiteren nie verlöschenden Lampe im Inneren, von einer Taube im Schnabel getragen, die beim geringsten Alarm in sich zusammensinken sollte, sobald ein ihr gegenüber plazierter und auf sie zielender automatischer Bogenschütze vom geringsten Lufthauch berührt seinen Pfeil abgeschnellt hätte.

Wunder dieser Art, Tiere oder Gegenstände, fehlten auch im Thebenroman nicht, wo der Verfasser des *Aeneas* sich die Anregung zu eigenen Erfindungen geholt haben mag. Seine Originalität aber bestand darin, ihnen größeren Platz einzuräumen und vor allem weitere Quellen anzuzapfen. Nichts Neues bietet seine Art, bei Ovid zu entleihen, der ihm unter anderem die Züge für seine karthagische Hexe, die Sibylle und Cerberus liefert. Aber er hat eine Unzahl Details hereingeholt, die er aus der didaktischen Literatur bezog. Den Bestiarien hat er entnommen, was er über die Purpurfische und Krokodile Karthagos zu sagen weiß, oder über das Bläßhuhn, das von der Oberfläche aus die Eier brütet, die sie auf den Meeresboden gelegt hat, und dessen Federn Camillas Mantel ausfüttern; oder über den Vogel, der durch ein Zeichen seines Kopfes angibt, ob ein Kranker davonkommen wird oder nicht, und dessen Federkleid wiederum ein Totenkissen füllt; oder über die dem Messapus zugeschriebenen Seepferde. Aus den Abhandlungen, die sich mit den sieben Weltwundern befassen, hat er den Gedanken des hellhörigen Kapitols zu Karthago bezogen, den des Spiegels auf Camillas Grabmal und die allgemeine Anordnung dieses Monuments. Schließlich hat er römische Überlieferungen benutzt, die den Besuchern der ewigen Stadt über bestimmte Gebäude erzählt wurden: was er über die Einbalsamierung des Pallas und die ewige Lampe in seiner Gruft weiß, ist ihm durch die vorgebliche Entdeckung des Leichnams dieses Helden in Rom nahegebracht worden; und was er über Lampe, Taube und Bogenschütze in Camillas Grabmal erzählt, stammt aus Berichten über eine Gerbert zugeschriebene Entdeckung der Schätze des Kaisers Oktavian.

Durch diese pedantische und närrische Benutzung eines von überall zusammengesuchten Wissens hat der Verfasser des *Aeneas* Anklang zu finden gewußt. Gefallen fand er auch durch eine bestimmte Kunst der Porträtierung und durch die Liebesepisoden in seinem Gedicht.

Das bemerkenswerteste dieser Porträts ist dasjenige Camillas, eine durch und durch rühmende Schilderung, die den Leser in Verzückung bringen soll und die uns heute eigentlich nur durch ihre kindliche Genauigkeit, die übergewissenhafte und linkische Anordnung ihrer Bestandteile erstaunt. Der Plan, so streng und starr wie er ist, entspricht genau dem, den auch der *Thebenroman*-Verfasser schon bei den Töchtern Adrastos', bei Antigone und Ismene angewandt hatte. Unser Dichter unterscheidet sich lediglich durch den Umfang und die Erfindung einzelner Züge. Und offensichtlich haben die Zeitgenossen dieses merkwürdige Erzeugnis geschätzt, denn von nun an wird es in allen Romanen als Modell genommen und liefert die Formel aller zukünftigen Porträts.

An Liebesintrigen enthielt die *Aeneis* eine, nämlich Aeneas und Dido: der Verfasser des *Aeneas* hat sie aufgenommen und erweitert; aber später, gegen Ende des Romans, hat er, da Vergil hier nichts brachte, aus freien Stücken und sehr ausführlich die Liebesgeschichte zwischen Aeneas und Lavinia eingeführt. Der Stoff der etwa 1600 Verse, aus denen sich die Episode zusammensetzt, besteht im Grunde aus recht wenig. Die Mutter hält Lavinia zur Gattenwahl an, doch vergeblich. Eines Tages aber gewahrt Lavinia von ihrem Turmgemach aus den Aeneas und verfällt in Liebe zu ihm. Ihr Schmachten erfüllt einen langen Monolog, und als sie Aeneas sich entfernen sieht, ist sie verzweifelt. Die Nacht hindurch wird sie von Schlaflosigkeit gequält und ergeht sich in Klagen. Am andern Morgen bekennt sie ihre Leidenschaft ihrer Mutter, die ihr deswegen Vorhaltungen macht und in Zorn gerät. Trotzdem gelingt es ihr, Aeneas ihre Gefühle wissen zu lassen mittels eines Briefchens, das sie ihm an der Spitze eines Pfeils zufliegen läßt. Der Held wird seinerseits von Sehnsucht übermannt, er seufzt und klagt. Am anderen Morgen läßt ihn der Kummer kaum sein Zelt verlassen, so daß Lavinia erneut in einem Monolog von ihrer Bedrückung spricht, die aber schließlich bei seinem Anblick sofort nachläßt. Es kommt zum Kampf zwischen Aeneas und Turnus: schon vor dem Kampf voller Unruhe, wird Lavinia noch einmal von Angst ergriffen, als der Trojaner nicht gleich nach seinem Sieg zu ihr eilt. Er seinerseits erörtert ausführlich, warum er sie erst mit Verzögerung aufsuchen geht. Am Ende geht alles gut aus, und die Hochzeit findet statt.

Nach den Imitationen zu schließen, die hiervon entstanden, muß der Erfolg dieser Episode ungeheuer gewesen sein. Gewiß war nicht alles an Form und Inhalt hier neu: der Verfasser hat weder die Möglichkeiten des Monologs, noch den Kunstgriff des inneren Zwiegesprächs erfunden, noch die Ergiebigkeit der Ovidschen Liebesdoktrin entdeckt, alles Dinge, die sich schon im *Piramus* fanden; aber er hat in seiner Erzählweise eine Weite und Fülle, die ihm zum Durchbruch verholfen haben, und man kann sagen, daß er in nachhaltigster Art dazu beigetragen hat, die neue Form des Romans durchzusetzen. Er hat gleichsam die Gesetze der neuen Gattung gestiftet und für eine ganze Periode die Leitlinien festgelegt. Von nun an gehört es dazu, Geständnisszenen zu behandeln, wo eine Liebende sich Silbe für Silbe den Namen ihres Erwählten entreißen läßt, — Verliebte zu zeigen, die bänglich mit sich selbst überlegen, was ihnen wohl zu tun frommt, — sie in einem häufig an gelehrte Schulmeisterei grenzenden, didaktischen Ton über Fragen der Psychologie und der Liebeskasuistik debattieren zu lassen, — sie von Schlaflosigkeit und Fieber zerrüttet vorzuführen, — über den Liebesgott und seine grausamen Launen zu reden, seine Goldpfeile für die Liebe, seine Bleipfeile für den Haß. Er hat keineswegs alles selbst erfunden, der Verfasser des *Aeneas,* und war auch gar kein Neuerer um jeden Preis, aber der Erfolg, den er errang, hat die Romangattung wahrhaft in unserer Literatur verankert.

Dieser Erfolg tut sich in zahlreichen Imitationen kund, und zwar zuerst in derjenigen von Benoît de Sainte-Maure, welcher einige Jahre nach Erscheinen des *Aeneas*, sicher noch vor dem *Cligès* von Chrétien de Troyes, wahrscheinlich vor dem *Erec* desselben Autors, den *Roman de Troie* geschrieben hat. Dieses umfängliche Werk, das sich über nahezu dreißigtausend Verse erstreckt, hat gewiß zahlreiche Qualitäten, aber die Lektüre ist doch monoton und ermüdend. Zwar eignet dem Verfasser ein gewisses Brio, ein weiter Atem und eine leichte Feder, sein Vokabular ist reich, und er beweist stellenweise ein nicht zu verachtendes poetisches Gespür. Doch zieht sich seine Erzählung, durch endlose Schlachten- und Ratsbeschreibungen belastet, in die Länge und strapaziert die Geduld des Lesers. Deswegen wird literarisch gesehen sein Riesenwerk heute kaum mehr Begeisterung finden; als historisches Monument ist es dennoch von beträchtlichem Wert. Zwar bringt es nicht sehr viel Neues, doch hat es nicht unwesentlich dazu beigetragen, die Züge einer neu aufgeblühten Gattung zu fixieren.

Benoît ging beim Schreiben von dem lateinisch abgefaßten Bericht des Pseudo-Dares über den Trojanischen Krieg aus, den er von Vers 24.425 ab mit demjenigen des Pseudo-Dictys kombinierte. Seine Arbeit bestand darin, die trockene Erzählung seiner beiden Gewährsmänner auf die Dimensionen eines dicken Romans zu bringen. Er tat dies, indem er seiner Vorliebe für Beschreibungen, vornehmlich wunderhafte, freien Lauf ließ, und indem er den Liebesintrigen in seiner Erzählung breiten Raum zuwies. Er hat Grabmäler von gewaltiger Pracht beschrieben und vor allem eine Raritätenkammer, in der alles von Geschmeide, Gold und Elfenbein glänzt, wo vier Automatenfiguren die seltsamsten Spiele vollführen und von übernatürlichen Kräften getrieben erscheinen. Er hat die Liebe von Jason und Medea erzählt, von Diomedes und Briseis, von Achilles und Polyxena und dabei die schon traditionellen Darstellungstechniken verwendet, das Porträt und den Monolog. Dabei hat er sich am Werk seiner Vorgänger, den Verfassern des Theben- und des *Aeneasromans* orientiert, deren bevorzugte Formeln übernommen und zum Teil wiederbelebt, während er sich für sein Teil damit begnügte, einen neuen Stoff in die ihm übermittelten Formen zu gießen. Auch diesen Stoff hat er an derselben Stelle gesucht wie sie: in derselben didaktischen Begeisterung hat er in den theoretischen Traktaten über die Beschaffenheit der Dinge sich die Elemente für einen Großteil seiner Beschreibungen geholt. Er träumte davon, so bekennt er an einer Stelle, eine ganze *imago mundi* in Versen zu schreiben, wo alle irdischen Wunder aufgezählt und geschildert sein sollten: im Hinblick auf dieses schöne Projekt hat er in seinen *Trojaroman* immer schon eine Fülle geographischer, zoologischer, mechanischer, kosmologischer, mineralogischer, ethnographischer und anderer Details eingebracht, die er für geeignet hielt, die Phantasie zu erbauen. Zweierlei zeigt sich mithin in seinem Werk noch klarer als bei seinen Vorgängern, und beides weist sehr deutlich auf den bildungsbestimmten Charakter unserer Gattung hin: das erste ist die enge Beziehung, die zu dieser Zeit zwischen der didaktischen Literatur und jener Form der Erzählliteratur bestand, die der höfische Roman darstellt, das andere ist das lebhafte Interesse, das man damals allenthalben den Dingen des Orients entgegenbrachte, dem Lande der Phantasmagorien und Chimären, von wo aus absonderliche Vorstellungen und fremdartig-faszinierende Visionen scharenweise über den mittelalterlichen Okzident niedergingen. Man ist insgesamt wohl nicht allzuweit von der Wahrheit entfernt, wenn man sagt, daß mit dieser Trojadichtung der antikisierende Roman seine breiteste Ausfaltung erreicht hat, daß er damit aber auch an die Grenze seiner Möglichkeiten gekommen ist.

So sind denn diese Romane unter mancherlei im Grunde klar ersichtlichen Einflüssen aus den Werken der Alten hervorgekeimt: zunächst der *Thebenroman*, der erste Vertreter der Gattung, in welchem die *Thebais* von Statius, die Schreibregeln der Schule und die zeitgenössischen Produktionen im Bereich des Epos und der lyrischen Dichtung eine originale Mischung eingegangen sind; danach (wenn nicht vorher) *Piramus und Tisbe*, das eine neue Technik der Liebesdarstellung inauguriert hat; dann der *Aeneas*, der die in den früheren Werken verwendeten Stilverfahren erweitert; schließlich der *Trojaroman*, in dem besser als je alle Merkmale der Gattung erscheinen und dadurch nachhaltig fixiert werden. So sehr man die Frage auch dreht und wendet, es gibt keinen Grund für die Annahme früherer Romane, von denen diese hier abhängig wären. Sie sind gewissermaßen aus ihrer eigenen Substanz hervorgegangen: samt und sonders normannischen Ursprungs sind sie aus einer kühnen Synthese erwachsen, zu der eines Tages ein bildungsbegeisterter und erfolgshungriger Clericus Elemente verschiedener Herkunft und häufig disparater Natur zusammengeschmolzen hat. Nichts kann dazu nötigen, ihnen analoge präexistierende Formen anzunehmen.

Müssen wir nun noch einen Schritt weitergehen und behaupten, daß die anderen Romane die wir besitzen, bretonische, griechisch-byzantinische und Abenteuerromane, von denen die antikisierenden Romane unabhängig sind, ihr Dasein diesen letzteren verdanken? Das ist kaum zweifelhaft, und der Beweis braucht nicht mehr geliefert zu werden. Mehrere bedeutende Arbeiten, vor allem von Wilmotte, Witte, Dreßler und Otto, haben in den letzten Jahren den großen Einfluß herausgestellt, der durch den *Theben-*, *Aeneas-* und *Trojaroman* auf die gesamte Romanliteratur des 12. und 13. Jahrhunderts ausgeübt wurde. Dieser Einfluß tut sich nicht nur in Einzelbeziehungen oder sekundären Anleihen kund: er betrifft vielmehr durchaus den lebendigen Kern im Roman, die Themen, die Darstellungsverfahren und die Gesamtauffassung der Werke. Vorliebe für die Beschreibung, Sinn für das Wunderhafte, Regeln der Portraitkunst, Schilderung kunstvoller Gegenstände, Liebesintrige, Liebestheorie, Schablone und Klischees, Stilfeinheiten und Gemeinplätze — in all dem zeigt sich die Nachahmung der antikisierenden Romane.

Es läßt sich in Wahrheit nicht bestreiten, daß die Romane vom Ende des 12. Jahrhunderts sich spürbar von den ersten antikisierenden Romanen abheben, und zwar nicht nur durch ihren Stoff, sondern in gewisser Weise sogar durch ihre Form. Ja bei aufmerksamer

Betrachtung würde sich herausstellen, daß der höfische Roman schon unter den Händen von Chrétien de Troyes Wandlungen von einiger Bedeutung erfahren hat. Er hat sich weiterentwickelt, und zwar zu seinem Vorteil: denn in der großen Mehrzahl der Werke der zweiten Epoche gewinnen die Autoren mit dem Nachlassen des direkten Einflusses der Antike an Spontaneität und an Unabhängigkeit zugleich; sie entwickeln einen geschärften Sinn für das Natürliche und Wahrscheinliche; sie schränken den Anteil der Konvention ein, erweitern den der Beobachtung: mit dem Willen zur Genauigkeit schildern sie die zeitgenössische Wirklichkeit, und da zieht wirklich das Leben in ihre Werke ein. Genau so folgte auf die künstliche Produktion der Plejade das naturalistische Werk der Klassiker von 1660.

Doch all das ändert nichts an der Tatsache, daß diese Romane sozusagen die Söhne der frühen antikisierenden Romane sind. So gilt es denn zu erkennen, daß die herkömmliche Einteilung der Romane in vier Gruppen trotz ihrer scheinbaren Klarheit nachgerade konfus, oberflächlich und willkürlich ist. Sie beruht auf der vielfältigen Herkunft der behandelten Gegenstände; doch kann man sich fragen, ob es nicht bessere Klassifizierungsmerkmale gibt und ob die Form für den Literaturhistoriker nicht ebensoviel Bedeutung hat wie der Inhalt, wo nicht noch mehr. Was bei der Charakterisierung einer Gattung wirklich zählt, ist das denn der Stoff oder nicht eher die Art und Weise, wie er behandelt wurde? Und was den Stil ausmacht, ist das denn die Erfindung des Gegenstandes oder nicht eher die verschiedenen Verfahren der Technik? In allen unseren Romanen, antikisierenden oder anderen, herrschen im 12. Jahrhundert dieselben literarischen Prinzipien, die allen zusammen starke verwandtschaftliche Ähnlichkeit verleihen und sie als Individuen ein und derselben Art ausweisen. Wie kam es bei dieser einzigen Art zur Entstehung der ersten Werke? Das ist in Wahrheit die Frage. Und wir meinen, die richtige Antwort zu geben, wenn wir sagen, daß dies ganz wesentlich unter dem Einfluß der antiken Modelle geschah. *Thebenroman, Piramus und Tisbe, Aeneasroman* und *Trojaroman* waren die Hauptwurzeln einer reichhaltigen Gattung, welche sich in die vielfältigsten und verschiedenartigsten Zweige weiterentwickelt hat, die aber immer noch vom selben Saft genährt wurden. Der französische Roman, der in seinen so zahlreichen Wandlungen einen langen und triumphalen Werdegang erlebt hat, bekam seinen ersten Lebensfunken vom lateinischen Genius übermittelt.

Ph. A. Becker, Zur romanischen Literaturgeschichte. Ausgewählte Studien und Aufsätze. Francke, München 1967, S. 496—500 [Manuskript von 1947, aus dem Nachlaß].

DIE REIMCHRONIKEN UND DIE ANTIKEN ROMANE

Von Philipp August Becker

Zum drittenmal komme ich auf die Reimchroniken und auf die antiken Romane des dritten Viertels des 12. Jahrhunderts zurück, weil es sich immer wieder herausstellt, daß das Bohren noch nicht tief genug ging, und leider in diesem Fall, weil ich mich in einer schwachen Stunde durch falschen Schein habe verleiten lassen, wie es mir beim Hereinbrechen des Alters verschiedentlich geschehen ist. So muß ich denn mit 85 Jahren, tief beschämt, die Sünden des Achtzigjährigen wiedergutmachen.

Ich halte es für ausgemacht, daß die in Rede stehenden Dichtwerke, *Geste des Bretons, Roman de Brut, Geste des Normands* von Wace, *Roman de Troie* von Benoit de Sainte-Maure und die *Chronique des ducs de Normandie* von demselben Benoit Teile einer von Heinrich II. von England in Auftrag gegebenen großangelegten Vorgeschichte des englischen Königshauses darstellen, der sich der *Roman de Thèbes* und der *Roman d'Eneas* als Nebenwerke angeschlossen haben. Unbedingt sicher ist, daß Wace den Reigen aus eigenem Antrieb mit seiner *Geste des Bretons* eröffnete, die er 1155 der Königin Eleonore, Heinrichs Gemahlin, überreichte. Es ist eine Bearbeitung der bekannten *Historia regum Britanniae* von Galfrid von Monmouth, der die gesamten sagenhaften Anschauungen über König Artus und seine Vorfahren, von denen man früher keine Ahnung gehabt hatte, wenn man von der gefälschten Legende des heiligen Germanus von Auxerre absieht, in Umlauf gebracht hat.

Die Überreichung dieser für sich stehenden und in sich abgeschlossenen Reimchronik scheint den Plan zu der oben skizzierten Gesamtchronik angeregt zu haben, und es wäre nur selbstverständlich, wenn die gewünschten Fortsetzungen sofort in Auftrag gegeben worden wären. Wir wissen, daß Wace aufgefordert wurde, die Geschichte der Normannenherzöge und der aus ihnen hervorgegangenen Könige von England zu übernehmen, und daß Benoit de Saint-Maure mit der Abfassung des *Trojaromans* betraut wurde. Die Frage ist nur, wann dies geschah. In meiner Abhandlung *Vom gepaarten Achtsilber* [Abh. d. Sächs. Akad., ph.-h. Kl. 43, I (1932), p. 43] habe ich im Gegensatz zur allgemeinen Auffassung die Ansicht vertreten, daß der Entschluß sofort gefaßt wurde, das heißt 1155. In meinem Aufsatz *Die Normannenchroniken — Wace und seine Bearbeiter* (Ztschr. f. roman. Phil. 65, vgl. p. 466 ff.) ließ ich mich wieder davon abbringen und kehrte zu der Meinung zurück, daß die Betrauung von Wace und entsprechend auch die von Benoit erst 1160 erfolgte. Daraus ergab sich, daß Wace sein erstes Buch 1165 abgeliefert hätte und dafür mit einer Domherrenpfründe in Bayeux belohnt worden wäre; denn das Datum dieser Verleihung steht fest. Das zweite Buch wäre 1170 gefolgt, und bei dieser Gelegenheit hätte Wace erfahren, daß man auf seine Dienste verzichte und daß Benoit die Arbeit fortsetzen würde. Das dritte Buch hätte er dann zwischen 1170 und 1174 im hohen Alter vollendet. Schlimmer als das ist meine Annahme, daß Benoit seinen *Trojaroman* in der kurzen Frist zwischen 1165 und 1170 abgefaßt hätte — es mußte wenigstens heißen zwischen 1160 und 1170 —, und die *Chronique des ducs de Normandie* zwischen 1170 und 1173; denn es ergab sich aus der Nachprüfung der persönlichen Äußerungen, die Benoit den einzelnen Teilen seiner Chronik beigab, daß die Begeisterung, die ihn bei Beginn der Arbeit getragen hatte, nicht lange vorhielt; er sah selbst, daß er nicht recht vorwärts kam, weil die Aufgabe schwieriger war, als er gedacht hatte und weil er sich zu sehr in die Breite verlor. Zum Schluß bricht seine Arbeit plötzlich ab, als ob auch er in Ungnade gefallen wäre, was dadurch zur Gewißheit wird, daß 1174 ein neuer Ersatzmann mit der Umgestaltung und Kürzung der Chronik beauftragt wird. Sein Werk, das nicht über das erste Buch hinauskam, mit den beiden dazugehörigen Prologen liegt uns vor in der Duchesneschen Abschrift und bildet den Inhalt des ersten Bandes der Ausgabe von Andresen. Diese in Alexandrinerlaissen geschriebenen Stücke sind nicht von Wace, sondern von einem Anonymus, dem Pseudowace.

Die Ursache der auseinandergehenden Ansichten über die Entstehungszeit der Normannenchronik liegt in den Angaben der Anfangsverse der Alexandrinerfassung:

Mil cent et seissante anz out de tens et d'espace . . .
quant uns clers de Chaëm ki out nom Maistre Wace
s'entremist de l'estoire de Rou et de s'estrace.

Das scheint klar und unzweideutig, und doch, wenn man sich fragt, woher der Anonymus seine Sachkenntnis hatte, wird man antworten müssen, daß er sie unzweifelhaft der Abschrift des ersten Buchs der Waceschen Reimchronik entnahm, die man ihm zur Bearbeitung übergeben hatte. Auf dem Manuskript wird jedenfalls der Name des Verfassers und die Jahreszahl gestanden haben, wie wir wissen, daß auf dem Manuskript der *Geste des Bretons* der Name Wace und die Zahl 1155 stand. Das ist aber im letzten Fall nicht die Jahreszahl des Beginns der Arbeit, sondern die der Ablieferung, und so wird es auch bei der Normannenchronik gewesen sein, und das ist entscheidend.

Die Geschichte der von Heinrich II. angeregten Reimchroniken und der zu ihnen gehörigen antiken Romane stellt sich also in ihren äußeren Umrissen folgendermaßen dar: Nachdem Wace 1155 der Königin Eleonore die von ihm angefertigte Bearbeitung von Galfried von Monmouth, die *Geste des Bretons*, überreicht und damit das englische Königsgeschlecht in Verbindung mit der Trojasage gebracht hat, entschließt man sich nach kurzer Überlegung, diese wunderbare Erzählung bis zur Gegenwart fortzusetzen.

Benoit de Sainte-Maure erhält den Auftrag, die Vorgeschichte, den Trojanischen Krieg, zur Darstellung zu bringen, wie er von Dares dem Phrygier erzählt worden war; der Kreter Dictys kam erst später dazu. Wace hingegen soll die Reihenfolge der Normannenfürsten behandeln auf Grund der Berichte von Wilhelm Calculus aus Jumièges, der den schwer genießbaren Dudo von Saint-Quentin ausgezogen und fortgesetzt hat. Für das Bindeglied zwischen den Britenkönigen und den normannischen Herrschern, für die Geschichte der Angelsachsen, scheint keine Vorkehrung getroffen worden zu sein.

Mit einer Regelmäßigkeit, die seinem besonnenen Schaffen und seiner zähen Ausdauer entspricht, liefert Wace jedes fünfte Jahr ein fertiges Buch ab, 1160 das erste, 1165 das zweite. Zu seinem Leidwesen erfährt er aber, daß man ihn nicht weiter in Anspruch nehmen will, sondern das Werk in jüngere Hände gelegt hat. Als Abfindung erhält er ein Kanonikat in Bayeux, das er bis an das Ende seines Lebens (1174) innehat. Die natürliche Folge dieser Abdankung wird gewesen sein, daß er auch sein Quellenmaterial an Benoit abtreten mußte, so daß er nur den Teil seiner *Geste des Normans*, den er sich bereits zurechtgelegt hatte, abschließen konnte; den vereinigte er dann mit dem zweiten Buch, von dem er das Konzept noch besaß, und suchte sich dafür willigere Abnehmer. So haben sich diese zwei Bücher mit einem eigens für sie verfaßten Prolog erhalten, während der Text des ersten Buchs verlorenging.

Benoit de Saint-Maure, der nicht in einer fernen, stillen Klause arbeitet, sondern bei Hof weilt, vielleicht mit Unterbrechungen, und das Ergebnis seiner Arbeit fortlaufend vor der Königin zum Vortrag bringt, vollendet seine umfangreiche Arbeit 1165, wie man daraus ersieht, daß er zu dieser Frist die Fortsetzung der Normannenchronik übernimmt. Sein *Trojaroman* ist nicht in Bücher zerlegt, sondern bildet eine fortlaufende Erzählung. Vor dem *Trojaroman* scheint nun aber der *Roman de Thèbes* entstanden zu sein, der nicht zum Grundplan der angevinischen Familienchronik gehört, sondern ein Beiwerk darstellt, das schwerlich entstanden wäre ohne die *Thebais* von Statius. Die beiden Romane weisen die gleichen sprachlichen Merkmale auf, und da Schriftstellerzwillinge eine Seltenheit sind, spricht vieles dafür, daß Benoit auch den *Thebenroman* verfaßt hat. Er wird ihn aber nicht in Ausführung des in Rede stehenden Arbeitsplanes in Angriff genommen haben, sondern aus seiner Freude am Stoff und vielleicht, um sich durch eine ansehnliche Leistung bei Hof zu empfehlen. Da nun diese Dichtung, wie J. J. Salverda de Grave in den *Mélanges Wilmotte* gezeigt hat, von einem Manne geschrieben zu sein scheint, der den zweiten Kreuzzug erlebt hat, so wäre Benoits mutmaßliche Biographie dahin zu ergänzen, daß er sich in seinen jungen Jahren, und zwar als Geistlicher, denn das ist er offenbar, diesem Unternehmen angeschlossen hat und dann nach seiner Heimkehr unter den gewaltigen Eindrücken, die er gewonnen hatte, die Bearbeitung der *Thebais* unternahm, um sich damit eine Anstellung am Königshof zu sichern. Diese Annahme verträgt sich auf das beste mit der metrischen Eigenart des Romans, dessen Verszeilen sich deutlich zu Vierergruppen vereinen, wie die des Brandan oder des Gregorius; die richtige Handhabung des paarweis gereimten Achtsilbers hätte dann Benoit erst von Wace erlernt. Sein Streben hatte aber den Erfolg, daß er bei Hof ankam und mit der Abfassung des *Trojaromans* betraut wurde, sei es sofort oder erst später, je nachdem seine Anstellung erfolgte.

Der *Eneasroman* ist auch nur ein Anbau an das große Chronikwerk, er hängt aber enger mit dem Hauptgebäude zusammen. Sein Verfasser ist uns nicht bekannt, man kann aber den genialen Zug in seinem Wesen nicht verkennen. Naturgemäß setzt der *Eneasroman* den *Trojaroman* voraus. Ohne diesen wäre man schwerlich auf den Gedanken verfallen, Vergil zu bearbeiten. Aber der Äneasdichter wahrt sich seine Selbständigkeit. Er und Benoit dichten nebeneinander in edlem Wettstreit. Was der eine versucht, unternimmt gleich der andere besser zu machen, zum Beispiel bei der Beschreibung von Grabdenkmalen oder der Einbalsamierung von Leichen, die aufsehenerregende Funde zum Tagesgespräch gemacht hatten. (Vgl. E. Faral, *Recherches sur les sources latines des romans courtois du moyen age*, Paris 1913 [Auszug hier abgedruckt S. 50 ff.] und meine Abhandlung *Vom gepaarten Achtsilber*, p. 62—67.) Sie dichten eben für den gleichen Hofkreis, der ihrem Vortrag abwechselnd zuhört, und dürften wohl ungefähr zur gleichen Zeit, das heißt um 1165, mit ihrer Arbeit fertiggeworden sein. [1]

In dem gleichen Kreis bewegte sich aber um diese Zeit auch Chrestien von Troyes, und ihr Beispiel dürfte in ihm das heilige Feuer entflammt haben, das ihn zum Dichter weihte und ihm, nach vorbereitenden Studien an Ovid, sein glänzendes Jugendwerk, den Roman von Marke und der blonden Isolde eingab. Wenn wir dies festhalten, ist es nicht schwer, die Entstehungsgeschichte des frei

[1] Was man sich an Farals feinsinnigen und eingehenden Untersuchungen besonders merken muß, das ist der Eifer, mit dem diese Schriftsteller Einzelheiten für ihre Angaben zusammensuchen, aus Ovid, aus Hygin, z. B. beim Urteil des Paris. Sie haben eben die Wißbegierde der Königin zu befriedigen und benützen die ihnen zu Gebote stehende königliche Bibliothek. Das gilt auch für Chrestien.

erfundenen Romans festzustellen, dem die Heldendichtung bereits vorangegangen war. Der Bahnbrecher ist fraglos Benoit; er hat bereits im *Thebenroman* mit frischem Wagemut eine Reihe von kriegerischen und von empfindsamen Zwischenhandlungen eingeschaltet, die ihn als Meister in der Erfindung und Gestaltung erkennen lassen. Seine Glanzleistung ist aber die Briseisepisode im Trojaroman. Ihm schließt sich der Äneasdichter an, der seine Kunst der Schilderung und der Zergliederung der Gefühle noch verfeinert, aber nicht so freigebig und schöpferisch ist. Beide überflügelt aber Chrestien, indem er den Roman vom Gängelband der Nachahmung löst und auf eigene Füße stellt; aber er bleibt doch noch in einem gewissen Schülerverhältnis zu seinen Vorgängern und glaubt sich nichts zu vergeben, wenn er zum Beispiel im *Cligès* in der Soredamorepisode die Laviniaepisode auf sich wirken läßt.

Nach 1165 bleibt aber Benoit de Saint-Maure allein auf dem Plan. Chrestien ist in seine champagnische Heimat zurückgekehrt. Der Äneasdichter ist verstummt. Wace hat sich verstimmt zurückgezogen. Benoit erfreut sich allein noch der Gunst des Königs. Natürlich beginnt er mit dem ersten und zweiten Buch von Wace. Deren Überarbeitung nimmt ihm aber mehr Zeit weg, als er erwartet hatte, und aller Eifer hilft ihm nicht rascher vorwärts. Ihm wird immer banger, die Zeiten werden trüber. Eine schüchterne Anspielung bei einer Pause mitten im fünften Abschnitt auf Widerwärtigkeiten, die er dem König erspart zu sehen wünscht (*senz ainse et senz aversité*), scheint sich auf das gespannte Verhältnis zu Thomas Becket zu beziehen, das 1171 zu dessen Ermordung führte. Banger klingt das Schlußwort des neunten Abschnitts, und dann bricht die Arbeit ab, offenbar im Zusammenhang mit der Erhebung der englischen Königssöhne gegen ihren Vater (1173), an der Benoits Brüder mitschuldig waren. An Benoits Stelle übernimmt 1174 der pseudowacesche Anonymus die Kürzung der Normannenchronik in der leichter zu handhabenden Gestalt der Alexandrinerlaisse; sie kommt aber über das erste Buch von Wace nicht hinaus. Der große Plan ist erledigt, er bleibt unvollendet.

So stellt sich nach erneuter Prüfung die Entstehungsgeschichte der Reimchroniken und der antiken Romane im dritten Viertel des 12. Jahrhunderts dar; sie spielt sich ganz im angevinischen Hofkreis ab und löst als reife Frucht die Dichtertätigkeit Chrestiens und den Schwall der Nachahmungen aus (*Athis und Prophilias* etc.). Vielleicht sind mir die Fachgenossen für diese übersichtliche Zusammenfassung dankbar und üben Nachsicht.

E. Auerbach, Literatursprache und Publikum in der lateinischen Spätantike und im Mittelalter. Francke, Bern 1958, S. 135—162.

CAMILLA
ODER ÜBER DIE WIEDERGEBURT DES ERHABENEN

Von Erich Auerbach

῞Υψος μεγαλοφροσύνης ἀπήχημα
(Perihypsous IX, 2)

Wenn zu Ende des siebenten Buches von Vergils *Aeneis* die Bundesgenossen, die Turnus zum Kampf gegen Aeneas aufgeboten hat, in der Stadt des Königs Latinus eintreffen, da erscheint als letzte eine amazonenhafte Gestalt, die jungfräuliche Volskerkönigin Camilla. Die Verse, die ihre Ankunft schildern, beschließen die aufzählende Beschreibung der ausonischen Helden und Stämme, und mit ihnen endet das Buch. Sie lauten wie folgt (VII, 803—817):

Hos super advenit Volsca de gente Camilla
agmen agens equitum et florentes aere catervas,
bellatrix; non illa colo calathisve Minervae
femineas adsueta manus, sed proelia virgo
dura pati cursuque pedum praevertere ventos.
Illa uel intactae segetis per summa volaret
gramina, nec teneras cursu laesisset aristas,
uel mare per medium fluctu suspensa tumenti
ferret iter, celeris nec tingeret aequore plantas.
Illam omnis tectis agrisque effusa juventus
turbaque miratur matrum et prospectat euntem
attonitis inhians animis, ut regius ostro
uelet honos levis umeros, ut fibula crinem
auro interńectat, Lyciam ut gerat ipsa pharetram,
et pastoralem praefixa cuspide myrtum.

Ihnen gesellt sich zuletzt Camilla, Herrin der Volsker, Mit der berittenen Schar und erzumfunkeltem Fähnlein, Kriegerin sie, die nimmer Minervens Spindel und Wollkorb, Werkzeug weiblicher Hände, berührt, die rüstige

Jungfrau, Hart und kühn, die den Winden mit flinkeren Füßen davonlief. Trüg sie wahrhaftig doch ihr Ansturm über des Kornfelds Reifende Saaten dahin und würd kein Hälmlein verletzen; Über die Woge des Meeres, als wär's im Fluge gehalten, Würde sie laufen und nimmer im Lauf die Sohle benetzen. Aus den Gehöften hervor und den Wohnungen strömen und staunen Mütter und Töchter, jung und alt. Verschlingenden Blickes schaun sie der Schreitenden nach und sehn, wie fürstlich der Purpur Ihr um den schimmernden Hals sich fügt: mit goldener Fibel Band sie das Lockenhaar, sie trug den lykischen Köcher, Führte den Hirtenspeer aus erzumschlagener Myrte. (Deutsch von Rudolf Alexander Schröder)

Dies Stück antiker Dichtung ist sorgfältig gebaut und reich an Laut- und Satzfiguren. Nach den beiden Anfangszeilen, die Herkunft, Namen und gegenwärtige Tätigkeit (das Vorbeiziehen an der Spitze ihrer Reiterscharen) melden, besteht es aus drei anaphorischen Perioden: *non illa* ..., *illa* ..., *illam* ..,; sie beschreiben die Eigentümlichkeit von Camillas Erscheinung. Eingeleitet werden sie von der zu Anfang des dritten Verses machtvoll isolierten Apposition *bellatrix*; sie gibt das Thema. Die erste anaphorische Periode (*non illa*) kommentiert das Thema unmittelbar, mit scharfer Antithese (*non illa colo* . . ., *sed proelia virgo/ dura pati*), wobei besonders die Satz- und Versstellung dieser letzten vier Worte einen Gipfel an Konzentration darstellt; er leitet unmittelbar über zu der Ausführung des Bewegungsmotivs (*cursuque pedum praevertere ventos*), das schon in dem Lautspiel des Vorbeiziehens im zweiten Vers (*agmen agens equitum* . . .) aufklang, und dem die zweite Anapher ganz gewidmet ist. Sie ist konjunktivisch, eine Ausmalung der Bewegungsmöglichkeiten, die Camillas Anblick suggeriert; ein rhythmisch wunderbar ausgewogenes Paar von gleichgebauten, aber leicht variierten Gliedern (Isokola): *Illa//uel . . . per summa volaret . . . nec teneras . . . laesisset . . .// uel medium . . . ferret . . . celeris nec tingeret* . . . Von hier an wechselt der Blickpunkt. Die dritte anaphorische Periode scheint nicht mehr der Erscheinung unmittelbar zu dienen, sondern ihrer Wirkung auf die herbeiströmenden Zuschauer. Doch das Bewegungsmotiv dauert an, *prospectat euntem*, und es wird nicht bei den Gefühlen der Zuschauer verweilt; nur daß sie staunen, wird uns gesagt, und was sie staunend sehen: die vorbeiziehende Camilla; die zarten Schultern im königlichen Purpur, die goldene Fibula im Haar, den lykischen Köcher, den sie trägt, und den Myrtenstab einer Hirtin mit der eisernen Lanzenspitze. Dann wird es still, Camilla ist vorübergezogen.

Der Leser, dem ich zumute, das Vorstehende genau zu lesen, damit er auch die Vergilverse genau lese, wird bemerkt haben, daß es sich nicht um eine systematische Beschreibung handelt, bei der alle oder doch viele Einzelheiten über die Person Camillas gleichsam addiert würden. Im Gegenteil, sehr wenig Einzelnes wird von ihr gesagt. Bei anderen ähnlichen Gelegenheiten liebt es Vergil, zwar nicht Einzelzüge zu häufen, aber doch einiges über Herkunft, Vorgeschichte und mythische Verbindung seiner Helden einfließen zu lassen. Er tut es sogar in der Beschreibung der übrigen Bundesgenossen des Turnus, die unmittelbar voraufgeht, und so entsprach es der epischen Tradition. Für Camilla geschieht nicht einmal das, wenigstens nicht an dieser Stelle; es wird später nachgeholt, im 11. Buch, V. 535 ff., wo Camillas Schutzgöttin Diana selbst davon berichtet. Hier aber hat Vergil, gewiß mit Plan und Absicht, nur das gesagt, was sich in die Handlung des Erscheinens und Vorüberziehens einfügt, und was die Kraft und Leichtigkeit der Bewegung noch unwiderstehlicher macht: das Erscheinen, die Ausmalung möglicher Bewegungen, die den Boden nicht berühren, einiges von dem, was die Zuschauer sehen; abschließend mit der stillen Kraft der letzten Zeile, der Zeile vom jungfräulichen Hirtenstab mit der Lanzenspitze, deren Inhalt und Rhythmus dem Leser den Eindruck gibt, als fasse sie das Große, Ergreifende und Widerspruchsvolle des Ganzen zusammen. Eine zwingende und doch leichte Bewegung, so wie diejenige Camillas, erfüllt die Verse, die von ihr handeln. Dabei ist das Ganze ruhend, in sich bestehend, ohne die geringste Reflexion, reine Erscheinung; in der reinen Erscheinung wiederum das Wesen, ja auch unverkennbar, wenn auch unnachweisbar, das zu dem Wesen gehörende Schicksal mitenthaltend: ein vollkommenes Stück antiker Dichtung.

Nicht ohne Kunst und Plan können solche Verse zustande kommen, aber es handelt sich dabei doch nicht um beständiges Errechnen alles Einzelnen. Ein solcher Reichtum glücklicher Gestaltungen wird von dem erfahrenen und seinem Gegenstand verbundenen Dichter als Ganzes ergriffen, mag auch dabei viel Auswahl und nachträgliche Verbesserung im Spiele sein. All dieser Reichtum ist

Einheit, und sie wirkt als solche einfach; Einfachheit ist aber kein Anfang, sondern ein Ergebnis.

Fast 1200 Jahre später, in dem Jahrzehnt zwischen 1150 und 1160, schrieb ein wohlunterrichteter und begabter Mann geistlicher Bildung in der Normandie ein Gedicht über Aeneas in paarweis gereimten französischen achtsilbigen Versen. Wir wissen seinen Namen nicht, aber jedenfalls stand er dem Hof der Plantagenets nahe, wo die höfische Epik in Bildung begriffen war, und wo sich für sie Mäzene fanden. In dieser Zeit der Anfänge höfischer Dichtung waren die antiken Stoffe sehr beliebt; später wurden sie von den keltischen Sagenstoffen in den Hintergrund gedrängt. Daß die feudale Elitenkultur nicht ohne die Hilfe von Klerikern entstehen konnte, wird gerade durch ihre frühesten Werke, die drei uns erhaltenen klassischen Romane [1], besonders deutlich; denn nur geistlich erzogene Dichter konnten eine so umfassende Belesenheit, ja überhaupt einige Belesenheit besitzen. Laien, auch solche Laien, die den höchsten Kreisen der feudalen Gesellschaft angehörten, besaßen sie nicht; die Kunst des Lesens und Schreibens beherrschten um 1150 nur noch sehr wenige von ihnen.

Der altfranzösische *Eneas* ist ein bedeutendes und einflußreiches Werk; die höfischen Dichter der zweiten Hälfte des 12. Jahrhunderts, Chrétien de Troyes, Gautier d'Arras, Marie de France, haben von ihm viel gelernt, und ebenfalls im 12. Jahrhundert hat ihn Heinrich von Veldeke, der Begründer der deutschen höfischen Epik, noch weiter paraphrasierend, nachgeahmt. Aber der Einfluß des Eneasdichters in Frankreich beruht nicht so sehr auf seiner Vergilnachahmung wie auf seiner Behandlung der Liebesepisoden, für die sein Muster nicht Vergil war, sondern Ovid; bei dem Eneasdichter erscheint zuerst die spielerisch-kokette Liebeskasuistik, die aus Ovid schöpft, und die überall in der höfischen Epik nachgeahmt wird.

Der Auftritt des Erscheinens von Camilla findet sich auch im altfranzösischen Eneas (v. 3959 ff.) [2]. Er ist dort sehr lang; hier folgt der Anfang:

[1] Außer dem *Eneas* der wahrscheinlich schon etwas ältere *Roman de Thèbes* und der etwas spätere *Roman de Troie*.

[2] Ed. J. J. Salverda de Grave, 2 vol., Paris 1925, 1929 (Classiques français du moyen-âge).

Emprés i vint une meschine,
qui de Vulcane estoit reïne;
Camille ot nom la damoisselle,
a mervoille par estoit bele
et molt estoit de grant poeir;
ne fu feme de son savoir.
Molt ert sage, proz et cortoise
et molt demenot grant richoise;
a mervoille tenoit bien terre;
el fu toz tens norrie an guerre
et molt ama chevalerie
et maintint la tote sa vie.
Onc d'ovre a feme ne ot cure,
ne de filer ne de costure;
mialz prisoit armes a porter,
a tornoier et a joster,
ferir d'espee et de lance:
ne fu feme de sa vaillance.
Lo jor ert rois, la nuït raïne
ja chanberiere ne meschine
anviron li le jor n'alast,
ne ja la nuit nus hom n'entrast
dedanz la chanbre ou ele estoit;
tant sagement se contenoit
n'en darriere ne en davant,
que ne en fet ne en sanblant
i peüst an noter folie,
ja tant n'eüst vers li envie.
De biauté n'ert o li igaus
nule feme qui fust mortaus;
lo front ot blanc et bien traitiz,
la greve droite an la vertiz,
les sorciz noirs et bien dolgiez,
les ielz rianz et trestoz liez;
biaus ert li nes, anprés la face,
car plus blanche ert que nois ne glace;
entremellee ert la color
avenalment o la blanchor;
molt ot bien faite la bochete,
n'ert gaires granz, mes petitete,
menu serrees ot les denz,

plus reluisent que nus argenz.
Que diroie de sa bialté?
An tot lo plus lonc jor d'esté
ne diroie ce qu'en estoit,
de la biauté que ele avoit,
ne de ses mors, de sa bonté.
qui vallent mielz que la bialté.
Molt par ert bele la raïne.
Vers l'ost chevalche la meschine;
chevous ot sors, lons jusqu'as piez,
a un fil d'or les ot treciez; . . .

Danach kam ein junges Mädchen, die von Vulcanien Königin war. Camilla hieß das Fräulein, sie war wunderbar schön und besaß sehr große Macht; keine Frau gab es von solchem Wissen. Sie war weise, tapfer und ritterlich und besaß sehr großen Reichtum; sehr wohl regierte sie ihr Land. Sie war jederzeit an Krieg gewöhnt und liebte Rittertum sehr und hielt es aufrecht, solange sie lebte. Niemals kümmerte sie sich um Frauenarbeit, weder um Spinnen noch um Nähen; mehr liebte sie es, Waffen zu tragen, zu turnieren und Lanzen zu stechen, mit Schwert und Lanze dreinzuschlagen. Es gab keine Frau von gleicher Tapferkeit. Am Tage war sie König, in der Nacht Königin. Keine Kammerfrau oder Zofe war am Tage um sie, noch hatte nachts ein Mann Zutritt zu ihrem Zimmer; so verständig benahm sie sich sowohl heimlich wie öffentlich, denn weder in der Tat noch im Anschein hätte man bei ihr Torheit bemerken können; nicht einmal der Neid hätte dies tun können. Keine sterbliche Frau war ihr an Schönheit gleich. Ihre Stirn war weiß und schön geformt, ihr Haupt saß gerade auf dem Nacken (ihr Scheitel gerade auf dem Rückgrat?), ihre Augenbrauen waren schwarz und fein gezeichnet, ihre Augen waren lachend und sehr fröhlich; schön war die Nase in ihrem Gesicht, denn es war weißer als Schnee oder Eis; die Farbe (das Rosige) war angenehm mit dem Weißen gemischt. Der Mund war sehr gut geformt, nicht groß, eher klein; ihre Zähne standen dicht beieinander, leuchtender als Silber. Was soll ich von ihrer Schönheit sagen? Der längste Sommertag würde mir nicht ausreichen über die Schönheit zu sprechen, die sie besaß, noch über ihren Charakter und ihre Güte, die wertvoller sind als Schönheit.

Sehr schön war die Königin; zum Heer ritt die Jungfrau; ihre Haare waren blond, sie reichten bis zu den Füßen; mit einem goldenen Faden hatte sie sie durchflochten.

Dann werden 36 Verse ihrer Bekleidung und 39 der Beschreibung des Pferdes und des Sattelzeugs gewidmet; das Prächtige, Exotische und Wunderbare ist dabei vorherrschend. In der Darstellung des Pferdes streift das Wunderbare ans Groteske. Hierauf wird der Gegenstand folgendermaßen abgeschlossen (v. 4085 ff.):

Camille vint molt richement
an l'ost et amena grant gent:
bien ot o soi de chevaliers
desi que a quatre milliers.
Quant a Laurente vint errant,
temolte ot an la vile grant,
borjois monterent sus as estres,
dames, meschines as fenestres,
et esgardoient la pucelle
qui tant ert proz et tant ert bele
A grant mervoille lo tenoient
tote la gent qui la veoient,
qu'el se deüst onques combatre,
joster ne chevalier abatre.
Parmi Laurente trespassa,
de l'autre part se herberja;
soz la cité a une part,
la fist fichier son estandart;
une liue tot anviron
tienent li tref, li paveillon
et les tentes as chevaliers
et les herberges de lorers.

In so reichem Aufzug kam Camilla zum Heere und brachte viele Truppen mit; sie hatte fast 4000 Ritter bei sich. Als sie auf ihrem Wege nach Laurentum kam, gab es große Bewegung in der Stadt. Die Bürger stiegen hinauf zu den Dächern, die Frauen und Mädchen zu den Fenstern, und betrachteten die Jungfrau, die so tapfer und so schön war. Alle, die sie sahen, hielten es für ein großes Wunder, daß sie je kämpfen, Lanzen brechen und Ritter zu Boden schlagen sollte. Sie ritt durch Laurentum hindurch, sie nahm Quartier auf der anderen Seite; dort ließ sie ihre Standarte aufpflanzen; eine Meile im Umkreis bedecken die Zelte der Ritter und die Quartiere der Sattelknechte (?) . . .

Man sieht sogleich, daß der normannische Dichter zwar den gleichen Vorgang darstellt, aber in ganz anderer Weise. Der Hauptunterschied, aus dem alle anderen sich gleichsam von selbst ergeben, ist dieser: er zerstört den Vorgang als Ereignis, indem er ihn ständig unterbricht. Bei Vergil sind die Angaben über das Wesen Camillas so kurz gefaßt und auf eine solche Weise ausgewählt, daß sie sich in eine fließende Bewegung einordnen. Es ist Camillas Ankunft, was Vergil darstellt, ihr Vorbeiziehen — man kann das keinen Augenblick vergessen. Der französische Dichter unterbricht den Vorgang schon nach der zweiten Zeile (3960); er nimmt ihn nach fast 50 Versen kurz wieder auf (4008: *Vers l'ost chevalche la meschine*), um ihn sofort wieder fallenzulassen; und er beendet ihn schließlich nach einer weiteren Unterbrechung von nahezu 80 Zeilen, in den Versen 4085 bis 4106, nunmehr zwar ohne Unterbrechung, aber mit einer Art von gemächlicher Schwatzhaftigkeit, die zum Vergilschen Rhythmus in vollkommenstem Gegensatz steht. Die Zwischenräume füllt er mit moralisierenden Beschreibungen, die ihm offenbar das wichtigste sind. Die meisten modernen Beurteiler werden sie wohl übermäßig lang, unpassend und ein wenig lächerlich finden.[3] Ob man nun seinen Stil leiden mag oder nicht, er ist jedenfalls auf seine Weise einheitlich durchgeführt: er bewegt sich zwischen Erzählen, Beschreiben und Moralisieren auf einer gemächlichen, mittleren Höhe des Gefühls.

Damit sind wir schon einen Schritt weitergekommen: der Eneasdichter bewegt sich auf einer anderen Höhe des Gefühls und des Tones, also auf einer anderen Stilhöhe als Vergil. Vergil, in der *Aeneis*, bewegt sich nicht im Ruhigen und Mittleren. Vergil ist dort groß und erhaben. Diese Worte sind, in der antiken Stillehre, Fachausdrücke. Das Große oder Erhabene steht dort im Gegensatz zum Mittleren oder Erfreulichen oder Gefälligen (und auch zum Niederen

[3] Vgl. Jessie Crossland in: *Modern Language Review* 29 (1934), 285. Ihr Aufsatz (*Eneas and the Aeneid*, dort 282—290), ist eine sehr nützliche Zusammenstellung der Hauptunterschiede. Ihre Meinung, daß im Laufe der Arbeit sich der Geschmack des Autors von Vergil ab- und Ovid zuwandte, ist vielleicht richtig, trifft aber doch wohl nicht das Wesentliche. Sehr viel verständnisvoller und subtiler ist A. Pauphilet, *Eneas et Enée*, in: *Romania* 59 (1929), 195—211; auf die Probleme, die uns hier interessieren, geht aber auch er nicht ein.

oder Sachlichen oder Alltäglichen). Wir haben davon schon an einer anderen Stelle dieses Buches gesprochen. Das Erhabene soll den Hörer mitreißen und überwältigen; rhetorische Kunstmittel dürfen darin verwendet werden, aber so, daß das Hinreißende des Ganzen es dem Hörer zunächst nicht erlaubt, sie zu bemerken und im einzelnen zu genießen. Das Mittlere aber soll ihm gefallen und ihn ruhig erfreuen, die rhetorischen Kunstmittel sollen sich darin ausbreiten, daß man sie mit Muße genießen mag; Geist, Witz, Psychologie, elegantes Gefühl und lieblich-ausführliche Beschreibung haben hier ihren Platz. Vergils Verse über Camilla, in ihrer unnahbaren und unverrückbaren Vollkommenheit, in ihrer nicht unterbrochenen Bewegungshandlung sind ein Muster des hohen Stils. Wenn Poseidon vom Felsengebirge zu seinem Palast hinabsteigt (Ilias, Anfang von 13: περὶ ὕψους, IX, 8), so klingt es gewaltiger, aber kaum vollkommener, was Höhe und Unnahbarkeit betrifft. Ja, es gibt nicht allzu viele Stellen in der klassischen lateinischen Literatur, die mit so einfachem Zauber Edles ausdrücken und Mitgefühl mit dem Edlen erregen.

Der französische Dichter hat das alles völlig zerstört, hat es in lange, moralisierende und prunkende Beschreibungen aufgelöst. Damit ist er, wie gesagt, auf eine Stilhöhe heruntergegangen, die man in der Antike als mittlere oder „gefällige" bezeichnet hätte. Wir fragen, wie es zu erklären ist, daß er eine solche Veränderung vornahm. Als individueller Entschluß wäre das kaum zu verstehen, da er sein Vorbild doch genau kannte; wie kann jemand solche Verse genau kennen, ohne ihre Kraft zu fühlen? Oder verzweifelte er daran, mit dem Vokabular, der Syntax und der Verstechnik des Altfranzösischen, einer eben erst zum schriftlichen Ausdruck erwachenden Volkssprache, solchen Stil nachahmen zu können — und wählte deshalb einen einfacheren? Das wäre einleuchtender. Aber offenbar stellte sich ihm das Problem gar nicht in dieser Weise; eine persönliche Entscheidung hatte er gar nicht zu treffen. Er bewegt sich mit großer Sicherheit und Behaglichkeit in einer augenscheinlich schon bestehenden Stiltradition, der die antike Vorstellung vom Erhabenen fremd geworden ist.

Wie ist das möglich gewesen? Das wollen wir zu zeigen versuchen, indem wir die Ergebnisse vieler Einzeluntersuchungen nach unserem eigenen Urteil zusammenfassen. Doch selbst die Zusammenfassung wird ein wenig verwickelt werden, und darum sollen hier, damit der Leser den Faden nicht verliere, die wichtigsten Sätze vorweggenommen werden. Es geschah zunächst, schon in der späteren Antike, eine Zerstörung der klassisch-vergilischen Vorstellung vom Erhabenen durch übermäßige Verwendung rethorischer Formen, zu denen auch die prunkvolle Beschreibung gehört; während gleichzeitig das Gefühl für das Große und Tragische der menschlichen Gegenstände ermüdete. Die Überrhetorisierung setzte sich in der mittelalterlichen lateinischen Schultradition der Kirche fort, für die übrigens „große Gegenstände" im antiken Sinne kaum existierten. Die rhetorisierende Tendenz übertrug sich auch auf die vulgärsprachlichen Dichter des 12. Jahrhunderts, die fast alle Kleriker oder klerikal ausgebildet waren. Viele rhetorische Künste waren freilich bei den noch unentwickelten Volkssprachen kaum anwendbar; aber die rhetorische Beschreibung fand in der moralisierenden, gelehrten und gelegentlich grotesk humoristischen Schultradition fruchtbaren Boden.

Die Rhetorisierung der Dichtung begann schon in der klassischen Literatur. Sie war in deren Wesen enthalten. Dichtung und Beredsamkeit sind als Künste des Sprachausdrucks nahe verwandt.[4] Die antike Erziehung der führenden Schichten, die eine Erziehung zur Politik war, beruhte auf dem Studium der Beredsamkeit; sie war die wichtigste Voraussetzung für den Erfolg im öffentlichen Leben. Das führte schon bald zu einer sehr genauen, für unser Gefühl oft pedantischen Ausbildung der rhetorischen Technik; es war nur natürlich, daß diese Technik auch die Dichtung befruchtete und daß sie andererseits in der Dichtung nach wirksamen Beispielen für ihre Verfahrensweisen suchte. Trotz vieler Warnungen, trotz mancher zeitweise wirksamen Gegenbewegungen kam es schließlich gegen Ende der Antike zu einer fast völligen Verschmelzung, deren Spuren sich durch das ganze Mittelalter, ja darüber hinaus, in der Dichtung selbst und in der Terminologie der Literaturästhetik zeigen. Führt doch noch Dantes Traktat über das Dichten in der Muttersprache

[4] Einige antike Formulierungen gesammelt bei E. de Bruyne, *Etudes d'Esthétique médiévale*, Brugge 1949, I. 45—46.

den Titel: *De vulgari eloquentia*, und noch die spätmittelalterlichen Dichterschulen in mehreren Ländern nennen sich Rhetoriker.

Innerhalb des antiken Prozesses einer fortschreitenden Rhetorisierung der Poesie wirkt die erste Generation der augusteischen Dichter, in der Vergil und Horaz die bedeutendsten Personen sind, als eine Gegenbewegung. Sie war freilich als antirhetorische Reaktion durchaus nicht radikal; daß bei Vergil die rhetorischen Kunstmittel nicht fehlen, hat sogar die kurze Analyse unseres Textes gezeigt. Immerhin haben er und seine Altersgenossen die ältere große griechische Dichtung den stark rhetorisierten hellenistischen Werken vorgezogen, und er selbst schrieb das einzige lateinische Epos, in dessen hohem Stil das Rhetorische sich nicht vordrängt. Die Reaktion war kurz; schon der wunderbar formbegabte Ovid überließ sich den rhetorischen Künsten und Spielen. Während des ersten Jahrhunderts wurde auch der hohe Stil vollkommen rhetorisiert; Seneca in der Tragödie, der früh umgekommene Lucan und Statius im Epos haben eine Art von rhetorischer Erhabenheit zustande gebracht. Seneca und Lucan sind sehr wirksam, und sie haben auch viele Jahrhunderte lang gewirkt. Es gibt eine Stillage des Hochtragischen und Grausigen, die sich mit dem schweren Prunk rhetorischer Kunstmittel verträgt; freilich hat sie eher eine statisch erschütternde als eine dynamisch mitreißende Wirkung; und wenn man größere Partien liest, ermüdet man leicht und fühlt den Überdruß, den das fortgesetzt Ausgeklügelte der Formulierung gerade dann am meisten hervorruft, wenn große Ereignisse dargestellt und tragisches Mitgefühl im Leser erregt werden sollen. Jedes Übermaß der Rhetorik ist für das Erhabene und Leidenschaftliche sehr gefährlich; es zerstört Unmittelbarkeit und Dynamik, besonders wenn man fühlt, daß das Gebilde nicht in einem Wurf oder Schwung, sondern durch sorgfältige Anwendung überlieferter Kunstgriffe entstanden ist. Die bedeutenderen unter den antiken Theoretikern der Beredsamkeit haben das sehr wohl gewußt und energisch ausgesprochen; viele von den unbedeutenden haben es ihnen nachgeschrieben; aber das hat die Rhetorisierung und Zerstörung des hohen Stils nicht verhindern können.

Der bedeutendste unter den Theoretikern der Kaiserzeit, der unbekannte Autor der griechischen Schrift über das Erhabene, der wahrscheinlich in die erste Hälfte des ersten nachchristlichen Jahrhunderts gehört, hat sich darüber sehr eindrucksvoll geäußert. Der hohe Stil, so etwa sagt er, sei nicht, wie der mittlere, dazu bestimmt, zu gefallen und zu überreden, sondern mitzureißen und zu begeistern; die Schmuckfiguren müßten darin so auftreten, daß man sie nicht bemerke; sie müßten von der großen, leidenschaftlichen Bewegung verdeckt und überspielt werden, damit nicht der Eindruck von Sophisterei und Kleinlichkeit entstehe. Man dürfe nicht Größe mit prunkhafter Aufschwellung (αὔξησις, lateinisch *amplificatio*) verwechseln; und zum hohen Stil (ὕψος) gehöre leidenschaftliche Bewegung (πάθος) ebenso wesentlich wie die beschreibende Darstellung des Zuständlichen (ἦθος) zum gefällig Mittleren (ἡδονή) [5]. Daß das Mittlere der eigentliche Schauplatz der Redefiguren und der zuständigen Schilderung sei, ist alte Tradition; sie findet sich noch bei Augustin in *De doctrina christiana* und auch in charakteristischer Weise etwa bei dem Kompilator Julius Victor (4. J.) [6], der sie, zum Teil wörtlich, aus Ciceros *Orator* (91—96) entnimmt.

Nun aber war, selbst in der Beredsamkeit, die Entwicklung schon während des ersten Jahrhunderts der Kaiserzeit der Art, daß es an Anlässen und Gegenständen für das Dynamisch-Leidenschaftliche zu fehlen begann. Die Beredsamkeit besitzt, nach der alten Überlieferung, drei Arten von Funktionen: in der Politik, vor Gericht (wobei es sich aber auch meist um Prozesse mit politischem Hintergrund handelt), und bei feierlicher Repräsentation. Die beiden ersten verloren in der Kaiserzeit allmählich ihre Bedeutung, die dritte allein, das „epideiktische" genus, die Prunk- oder Lobrede, blieb übrig. Auch hier hat der Autor über das Erhabene das Entscheidende

5 Peri hypsous I, 4; III, 4; XII, 1; XVII; XXIX, 2. Die letztere Stelle lautet: πάθος δὲ ὕψους μετεχεί τοσοῦτον ὁπόσον ἦθος ἡδονῆς. Hier heißt ἦθος (ebenso wie in IX 15) „Sittenschilderung". An einer überaus interessanten Stelle Quintilians (VI, 2, 8 ff.) heißt es ebenfalls im Gegensatz zu πάθος, „Gefühl", Quintilian gibt dort zu, daß es keinen lateinischen Ausdruck für „Gefühl" gibt.

6 Halm, *Rhetores Latini minores* 438: *Medio autem generi dicendi omnia ornamenta conveniunt, plurimum suavitatis, multum sententiarum, latae eruditaeque disputationes, et communes loci sine contentione dicentur. Hoc solum totum genus e sophistarum fonte defluxit in forum . . .*

gesehen: er erkennt der Prunkrede wohl die Möglichkeit zu, Würde und Gewicht zu besitzen, aber Leidenschaft spricht er ihr ab; ja er sagt (VIII, 3), daß die leidenschaftlichen Redner am ungeeignetsten für die Prunkrede seien.

Auch in der Dichtung verfiel der hohe Stil durch Mangel an Anlässen und durch Rhetorisierung; die prunkhafte Epideixis trat an seine Stelle. In der Krise zu Beginn des fünften Jahrhunderts, zur Zeit Stilichos und Alarichs, gab es noch ein Aufflackern. Der große Dichter dieser Zeit, Claudian, ist zwar auch im Übermaß rhetorisch und prunkhaft, aber etwas von der alten Stilgröße, von echtem Pathos und echter Unmittelbarkeit bricht bei ihm noch durch. Man könnte hier auch Prudentius erwähnen, der Claudians etwas älterer Zeitgenosse war, aber Prudentius gehört viel deutlicher als Claudian in die christliche Literatur der Spätantike, und von dieser wollen wir im gegenwärtigen Zusammenhang nicht handeln. Die christliche Literatur war damals schon im Begriffe, sich einen eigenen, weit einfacheren und weit weniger rhetorisierten hohen Stil zu bilden; davon haben wir im ersten Kapitel* gesprochen, und Prudentius, obgleich in seiner Formensprache eine Übergangserscheinung und nicht ganz zum „sermo humilis“ gehörig, gehört doch eben zum guten Teil dorthin. Hier ist nur von derjenigen Literatur die Rede, die die eigentlich antike Formensprache ohne christliche Beimischung verwendet; zu ihr rechne ich allerdings auch manche Christen wie Claudian selbst und Sidonius; noch im 6. Jahrhundert gehören viele christliche Autoren dazu, die kaum Spuren des sermo humilis zeigen, Boethius vor allem, und noch später manches von Fortunatus. Es ist gerade diese im Verfall begriffene, aber doch in den folgenden Jahrhunderten sehr einflußreiche antikische Formtradition, in der der dynamisch bewegte hohe Stil durch prunkhafte Epideixis ersetzt wird; rhetorisch, moralistisch, statisch, beschreibend und lehrhaft.

Das Beschreibende, das „Ethische“ [7] im Sinne der alten Rhetorik, interessiert uns hier ganz besonders. Wir haben schon oben eine

* [der Originalpublikation; hier nicht abgedruckt.]

[7] Siehe oben Anmerkung 5. Für die Beschreibung gibt es eine ganze Anzahl konkurrierende Ausdrücke in der antiken Theorie: *diatyposis, ekphrasis, energeia, descriptio, illustratio* und noch manches andere. Ethos heißt

Stelle aus der Schrift über das Erhabene zitiert, wonach das „Ethische“ zum mittleren Stil gehört [8]. Das ist eine Übertreibung; nicht durchwegs ist das große Epos dramatisch und pathetisch und der Radikalismus seines Standpunkts zwingt den Autor peri hypsous dazu, die Odyssee als das Werk eines gealterten Dichters zu erklären. Aber so viel ist doch sicher, daß die prunkhafte Beschreibung, wenn sie ins einzelne geht und viel Raum einnimmt, den großen Wurf des hohen Stils zerstört.

Das große Stilmuster der epideiktischen Beschreibung wurde Sidonius (Ende 5. Jh.), der bunte Pfau, wie ihn Alanus de Insulis [9] nannte. Man tut Sidonius übrigens unrecht, wenn man ihn lediglich als rhetorischen Manieristen ansieht; seine Briefe und Verse haben viel Geist und großen Charme, sofern man die Mühe sich einzulesen nicht scheut. Sein Stil drückt aus, was er ausdrücken soll; die vielen Figuren und die schwierige Anordnung, welche Überfülle mit syntaktischer Zusammendrängung verbindet, sind dem Inhalt nicht immer, aber sehr oft gut angepaßt; und was er zu sagen hat, ist lesenswert: das letzte Bild der antiken Gesellschaft und ihres Lebens.

in diesem Zusammenhang eigentlich der dauernde Zustand des Gemüts, der Charakter, im Gegensatz zur augenblicklichen leidenschaftlichen Bewegung, dem Pathos. Und auf diese Weise kommt es zu der Bedeutung der Sittenbeschreibung. Vgl. etwa auch Fortunatians *Ars Rethor* I, 10, bei Halm, S. 88. — Ausführlich über den ganzen Gegenstand handeln H. Brinkmann, *Zu Wesen und Form mittelalterlicher Dichtung*, Halle 1928, S. 54 ff., und E. R. Curtius, *Europ. Lit.* usw., passim; s. dort im Index unter *Ekphrasis*.

[8] Es gehört auch in die Komödie, die Satire und Verwandtes. Eine Warnung vor Beschreibungen im großen Epos gibt auch Horaz zu Beginn der *Ars poetica*. Die *Ars Poetica* war im Mittelalter bekannt und wurde viel zitiert; aber die scherzhafte Fassung der betreffenden Verse ist doch nur für eingeweihte Zeitgenossen bestimmt. Es ist kein Wunder, daß sie später nicht mehr verstanden wurde. Schon Sidonius verstand den Vers über die „purpurnen Lappen“ nicht mehr. Dazu Curtius, loc. cit., p. 525.

[9] *Illic Sidonii trabeatus sermo refulgens / Sidere multiplici splendet, gemmisque colorum / Lucet et in dictis depictus pavo resultat. Anticlaudianus*, III, III.

Er war ein großer Herr aus der gallo-romanischen Aristokratie; sein Schwiegervater Avitus war kurze Zeit weströmischer Kaiser; er selbst wurde später, auch nur für kurze Zeit, Präfekt von Rom; er starb als Bischof von Clermont. Bei ihm findet sich nun das erste bekannte Beispiel einer Personenbeschreibung [10], die nicht nur statisch und ausführlich ist, sondern auch methodisch und sozusagen vollständig: zuerst die Schilderung des Körpers, vom Kopf bis Fuß, ein Stück nach dem anderen; alsdann Beschreibung eines Tagesablaufs, der das „Ethische“, also Lebensweise und Charakter schildert. Sie ist bei mittelalterlichen Stiltheoretikern als Modell zitiert worden. Es handelt sich um das Porträt eines Westgotenkönigs, Theoderichs II., an dessen Hof in Toulouse Sidonius in seiner Jugend längere Zeit tätig gewesen ist. Es ist ein im Stil stark manieristisches, aber doch vergleichsweise individualisiertes und lebhaftes Bild eines bestimmten Menschen, den Sidonius selbst gut kannte; durchaus nicht nur schematisch und „epideiktisch“. Überdies steht es in einem Brief an einen Freund, also in einem Literaturwerk, in dem man mittleren, gefälligen, familiären Stil, nicht hohes Pathos erwartet. Aber darauf kam es bald nicht mehr an, da die prunkvolle Rede an sich gesucht wurde und die alten Stilunterscheidungen nur verzerrt und unverstanden weiterlebten.

Um die Entwicklung der lateinischen Literatur während des frühen Mittelalters zu verstehen, muß man sich ihre Lage vorstellen. Die Gesellschaft, auf der die antike literarische Tradition und praktisch das literarische Leben beruhten, löste sich auf; die Lebensformen und Anschauungen, die ihren Gegenständen, ihren Ausdrucksformen, ihrer ganzen Absicht zugrunde lagen, verschwanden. Die lateinische Literatur antiker Prägung verlor ihr Publikum und ihre Funktion. Sie verlor auch die technischen Möglichkeiten ihrer Verbreitung

[10] Epist. I, 2; teilweise abgedruckt bei E. Faral, *Les Arts poétiques du XIIe et du XIIIe siècle*, Paris 1924, p. 80 f. — Bemerkenswerte Personenbeschreibungen gibt es auch sonst bei Sidonius; ich erwähne besonders den christlichen Gentleman Vectius (4, 9), den jugendlichen Sechziger Germanicus (4, 13) und die pedantisch überrealistische Figur des Verräters (3, 13). Dazu Faral, *S. A. et la technique littéraire du moyen âge* im 2. Bande der *Miscellanea Giovanni Mercati.*

(noch Sidonius spricht von der „Veröffentlichung“ seiner Schriften, I, 11). Seit der merowingischen Zeit in Gallien, seit der langobardischen in Italien gibt es kein gebildetes Publikum mehr. Davon sprechen wir ausführlich im folgenden Abschnitt.

Die Tradition der lateinischen Literatur wurde nur noch im Schulbetrieb der Kirche aufrechterhalten. Das Christentum war ja selbst innerhalb der antiken Kultur gewachsen. Seine Lehre war ein Buch; es besaß eine ständig fortschreitende Literatur für Schriftdeutung, Polemik, Propaganda und Liturgie. Ganz selbstverständlich hatte es von der antiken Literatur die Instrumente des Ausdrucks übernommen. Freilich hatte es sie auf seine besondere Weise umgebildet, wie wir im ersten Abschnitt zu zeigen versucht haben. Aber es war eben doch das literarisch-rhetorische Material der Spätantike, aus dem die christliche Literatur gebaut war. Daß, nach dem Vorbild Augustins und anderer Väter, die antike Rhetorik, und die antike Bildung überhaupt, im Dienst der christlichen Lehre zu verwenden sei, war fast überall anerkannt. Was also im frühen Mittelalter an älteren christlichen Schriften in Klöstern und Bischofssitzen einer kleinen Minorität von Schülern überliefert wurde, und was die frühmittelalterlichen Geistlichen selbst an Schriftkommentar, Polemik, Hagiographie und liturgischer Dichtung produzierten, das alles bestand aus spätantikem Ausdrucksmaterial. Der geistliche Schulbetrieb, der sich übrigens erst ziemlich spät vom heidnischen loslöste, konnte nicht existieren, ohne zugleich die antike Überlieferung, freilich arg reduziert, vereinfacht und versteinert, mit sich zu führen. Und innerhalb dieses Schulbetriebes erhielt sich, was etwa von Liebe und Bewunderung für antike Formung bei einzelnen Personen und Gruppen noch lebte. Das Prestige der antiken Bildung war sehr groß; allerdings existierte bei Rigoristen auch Mißtrauen dagegen. Weder das eine noch das andere, so scheint mir, war eigentlich entscheidend. Die Rigoristen konnten die antike Überlieferung nicht zerstören, ohne zugleich die Weitergabe der christlichen Überlieferung unmöglich zu machen, und die „Humanisten“ des frühen Mittelalters konnten nicht die Gesellschaft aus dem Boden stampfen, die für ein Aufblühen einer Bildung antiken Gepräges erforderlich gewesen wäre.

Jedenfalls aber erhielt sich die antike Formtradition; nicht nur gleichsam eingeschmolzen in der eigentlich christlichen Literatur der Bibelkommentare, Heiligenleben, den homiletischen, polemischen und apologetischen Schriften, den liturgischen Dichtungen; sondern auch in Werken halb oder ganz profanen Inhalts: Chroniken, Herrscherbiographien, Briefsammlungen, pädagogischen Traktaten, in den Urkunden und Korrespondenzen der Kanzleien, in der profanen Dichtung. Die rhetorische Theorie wird, im Rahmen des Triviums, eifrig gepflegt; man findet ihre Spuren bei Isidor von Sevilla, Beda, Alcuin, Lupus von Ferrières und seinen Schülern, Rather von Verona, Gerbert von Aurillac, Meinhard von Bamberg und vielen anderen; seit dem Ende des 11. Jahrhunderts (Marbod von Rennes) erwacht sie zu einer Art neuer Blüte.

Aber die klassische Vorstellung von einem Hohen Stil, der groß und erhaben und leidenschaftlich ist, in dem das Rhetorische nur dienend auftritt, diese Vorstellung ist verlorengegangen. Alle theoretischen Äußerungen zeigen, daß man den gehobenen Stil mit dem reich ornamentierten gleichsetzte. Durch die Inzucht des Schulbetriebes wird der hohe Stil endgültig zum rhetorischen Manierismus. Damit hängt zusammen, daß sich nicht selten Widerstand zeigte gegen die Verwendung dieses gehobenen rhetorischen Stils für christliche Gegenstände: er widersprach der christlichen Tradition. Es gibt nun zwar schon im frühen Mitelalter, etwa bei Rather von Verona und im spätottonischen Manierismus (Bruno von Querfurt), einige Texte, die christlich-existentielle Gegenstände mit extrem rhetorischen Mitteln vorzüglich zum Ausdruck bringen, also einen christlichen Manierismus; aber im ganzen ist die christliche Literatur des gesamten Zeitraumes doch in einem nur maßvoll rhetorischen Stil geschrieben, in dem zwar die klassischen und gleichsam natürlichen Stilmittel wie Anapher, rhetorische Frage, Isokolon, Antithese, Apostrophe und Homoioteleuton (Reimprosa spielte eine bedeutende Rolle) ihren Ort haben; wo aber doch der eigentliche Manierismus, das heißt vor allem die Lautkunststücke und die gewollte Dunkelheit in Wortwahl und Satzbau, vermieden werden. Die Stillage der christlichen Literatur, wir haben es im vorigen Kapitel zu zeigen versucht, ist entscheidend bestimmt durch die ihr gleichsam immanente Konzeption des sermo humilis — und dieser ist zwar durchaus nicht frei von Rhetorik, aber doch *simplex* und *apertus* [11]. Der eigentlich rhetorische Stil aber gilt für ornamental und weltlich.

Diese beiden Feststellungen — nämlich erstens, der gehobene Stil des frühen mittelalterlichen Lateins ist im wesentlichen ornamental und manieristisch, und zweitens, er eignet sich als solcher nicht für christliche Gegenstände — sind für unsere Fragestellung entscheidend. Der eigentlich hohe Stil der klassischen Zeit, ὕψος, paßt nur für hohe, das Herz bewegende Gegenstände; aber das frühe lateinische Mittelalter besaß nur einen solchen Gegenstand. Es hatte weder eine Tragödie noch ein großes Epos. Es konnte sie nicht haben, denn sein einziger hoher Gegenstand war die Geschichte Christi, in der alle Tragödie des Menschen beschlossen war. Die Geschichte Christi aber und alles, was mit ihr zusammenhing, hatte ihren eigenen Stil, den wir sermo humilis genannt haben.

Seit der Mitte des 11. Jahrhunderts beginnt eine neue Blüte der gelehrten lateinischen Literatur; zugleich erwachen auch die romanischen Volkssprachen, zuerst, wie es scheint, auf galloromanischem Gebiet. Epische Dichtung hohen Stils ist in dieser eigentlichen Hochblütezeit des Mittelalters auch im Lateinischen, in Hexametern, versucht worden. Die *Alexandreis* von Gautier de Châtillon und das Gedicht *De excidio Troiae* von Joseph of Exeter, beide aus der anglonormannischen Kultursphäre, beide aus der zweiten Hälfte des 12. Jahrhunderts, sind die bedeutendsten Beispiele. Gautier ist unvergleichlich lebendiger als moralistisch-satirischer Dichter in den rhythmischen und reimenden Formen des Mittelalters, aber auch die Alexandreis ist, trotz mancher allzu didaktischen oder trivialen Stellen, eine interessante Leistung; Joseph von Exeter ist einer der einfallsreichsten und raffiniertesten Techniker der lateinischen Rhetorik und erzielt durch seinen Manierismus starke sinnliche Wirkungen [12]. Aber jedenfalls sind solche Werke doch kaum etwas

[11] Die Worte *simplex, apertus, humilis* für das, was christlichen Gegenständen geziemt, braucht Meinhard von Bamberg in einem Brief, der, obwohl sehr viel spezifischer als die obige Zusammenfassung, doch als Zeugnis angeführt werden kann. Er ist allerdings erst Ende des 11. Jahrh. geschrieben. Er findet sich bei C. Erdmann und N. Fickermann, *Briefsammlungen der Zeit Heinrichs IV.*, Weimar 1950, S. 175.

[12] Über die *Alexandreis* s. Raby, *Secular Latin Poetry*, II, 72 ff.; über

anderes als gleichsam technische Spitzenleistungen; außerhalb der Schulen gab es für sie kein Publikum, mit den großen geistigen Bewegungen der Zeit haben sie nichts zu tun, und eine eigentliche Kunst- und Lebensgesinnung, wie später bei Petrarca, spricht sich in ihnen nicht aus.

Von der frühesten Entwicklung der volkssprachlichen Dichtung auf galloromanischem Gebiet wird man wohl nie eine deutliche Vorstellung gewinnen; die wenigen, durch Glückszufälle erhaltenen Dokumente aus den ersten zwei Jahrhunderten genügen dazu nicht. Sie gehen bis ins 9. Jahrhundert zurück; schon die beiden Gedichte des Manuskriptes aus Clermont-Ferrand (*Passion* und *S-Léger*), wohl dem Ende des 10. angehörig, verraten eine gewisse Routine, als ob dergleichen um diese Zeit schon üblich und verbreitet gewesen sei; und seit der Mitte des 11. gibt es eine ganze Anzahl von Dichtungen verschiedenster Stillage. Nicht alle sind genau datierbar; aber es läßt sich doch aus ihnen, für diese Zeit, auf eine große Mannigfaltigkeit der Ausdrucksmöglichkeiten schließen. Man denke an die älteste Fassung des Alexiusliedes, an das provenzalische Fragment der Sainte Foy d'Agen, an die Anfänge der Chanson de geste, an die Anfänge der provenzalischen Lyrik: das alles fällt wohl noch ins 11. Jahrhundert. Es zeigt sich, daß seit den Gedichten aus der Handschrift von Clermont-Ferrand oder seit dem provenzalischen *Boeci* eine gewaltige Bewegung durch die Volkssprache gegangen ist. Reichtum der Formen, Tiefe und Feinheit des Gefühls, Eleganz und Verve des Ausdrucks haben sich auf das Erstaunlichste entfaltet.

In der Chanson de geste, deren früheste nachweisbare Monumente um 1100 entstanden sein dürften, zeigt sich eine eigene Art epischen hohen Stiles. Gewiß lassen sich Einwirkungen antiker Vorbilder nachweisen; manche Motive aus diesen lebten gewiß noch bei den Volkssängern und Jongleurs schattenhaft weiter, und die rein klerikal-antikische Bildung der Aufzeichner hat ebenfalls mitgewirkt. Aber im ganzen haben die Chansons de geste ihren eigenen

Joseph von Exeter ibid. II, 132 ff. Als Stilprobe aus *De excidio Troiae* erwähne ich die Beschreibung der Helena, deren Schluß Raby, S. 135, zitiert. Es lohnt sich, sie ganz zu lesen. Zu finden in *Dictys Cretensis* etc., ed. S. Dresemius, vol. I, Londini 1825, pp. 474—476.

Stilcharakter, der, wie mir scheint, von dem der klassischen oder spätantiken epischen Dichtungen grundsätzlich verschieden ist. Ich glaube, daß die alte romantische Theorie vom Volksgeist, aus dem diese Dichtungen entstanden seien, trotz vieler einzelner Irrtümer und trotz der unklaren Art, in der das Wort Volk verwendet wurde, das Wesentliche des Sachverhalts richtig gefaßt hat. Die Zeugnisse und Indizien für frühes Entstehen der Chanson de geste hat man nicht entkräften können, im Gegenteil, es sind weitere aufgefunden worden; und es gibt neuere Arbeiten, die für einige der Chansons de geste die geschichtliche Überlieferung und den Weg ihrer legendenhaften Umbildung deutlich nachweisen [13]. Darüber hinaus aber gründet sich meine Überzeugung, bei dem Mangel an zwingenden Beweisen, auf den Sinn für das Natürliche und Wahrscheinliche, wie es aus den Dingen selbst spricht. Es ist nicht natürlich und wahrscheinlich, daß ein Volk jahrhundertelang keine Dichtung in seiner eigenen Sprache besessen haben soll; noch dazu ein Volk, auf dessen Boden eine große literarische Kultur existiert hatte, deren unterliterarisches Fortspinnen postuliert werden darf; ein Volk, dessen Nachbarn, die es mehrmals überlagert hatten und mit denen die Verbindung nie abbrach, ein Heldenepos besaßen. Ferner zeigt die Chanson de geste ganz unverkennbar Lebensformen und stilistische Eigentümlichkeiten, die schon um 1100 archaisch waren: den parataktischen Aufbau, sowohl das Nebeneinander der syntaktischen Formung als auch das harte Nacheinander der Ereignisteile mit dem immer wieder Neuanheben; ferner die feststehenden, immer wiederholten Wendungen, deren typisch formelhafter („formulaic") Charakter auf Ursprung aus mündlicher Überlieferung schließen läßt. Schließlich unterscheidet sich das Hohe an der Chanson de geste von der klassischen Überlieferung auch dadurch, daß es nicht rein ist; es ist überall mit grotesken und schwankhaften Elementen gemischt. Das alles ist auf keine lateinische Überlieferung zurückführbar; nichts in irgendeiner Epoche der klassischen, nachklassischen oder mittelalterlichen lateinischen Literatur (es sei denn *Waltharius* oder, wenn man will, auch *Ruodlieb* ähnelt diesem Stil, auch nicht

[13] Dazu die einschlägigen Arbeiten von René Louis, Rita Lejeune, Martin de Riquer, Maurice Delbouille, Dámaso Alonso und anderen.

etwa irgendein lateinischer hagiographischer Text. Das einzige frühe Heiligenleben, das Ähnlichkeit mit der Chanson de geste zeigt, ist die alte französische Fassung des *Alexiusliedes*. (Die zur Zeit oft vertretene Meinung, es sei das *Alexiuslied* in der Form als Vorbild der Chanson de geste anzusehen, leuchtet mir nicht ein.) Die Chanson de geste ist auch grundverschieden von den didaktischen Werken, Reimchroniken und Romanen in französischen Achtsilberpaaren, die vor unseren Augen während des 12. Jahrhunderts neu entstehen; in diesen letzteren entwickelt sich schon das Leichte, Flüssige, Verbindende, gegenüber dem die Struktur der Chanson de geste unverkennbar archaisch wirkt.

Wie es sich aber auch mit dem hohen Stil der Chanson de geste verhalten habe, so viel ist sicher, daß er, als hoher Stil, im Mittelalter nicht lange weiter wirkte. Seine Stoffe lebten weiter, sie nahmen neue Gestalten an, vermischten sich schließlich mit denen des höfischen Romanes; aber der alte, blockhafte, parataktische und zugleich volkssängerhaft formelhafte Hochstil des Heldenliedes verschwand, sobald sich eine Elitegesellschaft bildete, deren Ausdruck die Volkssprache war. Für diese neue Elitegesellschaft entstand ein neuer Stil des Französischen, der, zwar nicht ein hoher, so doch ein eleganter und gesellschaftlicher war. Wir werden im nächsten Abschnitt genauer darstellen, wie sich im Laufe des 12. Jahrhunderts im Westen des heutigen Frankreich und in England die erste nachantike Elitegesellschaft bildete; noch eine sehr kleine Schicht, fast ausschließlich anglonormannische Hochfeudale; aber zum anglonormannischen Kulturkreis zählen auch Anjou und die wichtigsten Teile des provenzalischen Gebietes, seit Heinrich II. von Anjou und seine Gattin Aliénor von Aquitanien den englischen Thron bestiegen (1154). Als Versmaß der neuen epischen Kunst für die hochfeudale Gesellschaft dient fast ausschließlich der paarweis gereimte Achtsilber. Der Achtsilber ist vermutlich ein Hymnenvers, der auch für hagiographische Werke verwendet wurde; er war von Klerikern in die Volkssprache importiert worden und wurde von ihnen aus seiner ursprünglich strophischen Form in die fortlaufende paarweis gereimte umgebildet, die sich für das Erzählen besser eignete. Die aristokratischen Damen und Herren bedurften der Kleriker, und zwar hochgebildeter und gesellschaftsfähiger Kleriker, um ihre literarische Unterhaltung zu organisieren; die hoffähigen Kleriker waren es ursprünglich ganz allein, die Stoff und Form dazu liefern oder die Anregungen ihrer Auftraggeber ausführen konnten. Die anglonormannische Kultur ist eine Verbindung der Hocharistokratie mit gebildeten und weltläufigen Klerikern, die an geistlichen Schulen gebildet, aber schon mehr Höflinge waren als Geistliche; wie man sich etwa Beneeit de Sainte-Maure und wohl auch Chrétien de Troyes vorzustellen hat. Vom Jongleur mit seiner populären Verve, seiner Skurrilität und Derbheit ist kaum mehr etwas zu spüren. Noch der geniale Guilhem de Peitieu, obwohl ein großer Herr und ein Vorläufer des höfischen Stiles, hatte sehr viel davon — jetzt ist es fast verschwunden.

Der paarweis gereimte Achtsilber ist, wie Ph. A. Becker [14] und andere meinen, ein Lesevers. Das ist richtig, insofern die in ihm geschriebenen höfischen Gedichte der Blütezeit nach 1150 nicht dazu bestimmt sind, von berufsmäßigen Sängern mit Instrumentenbegleitung in großer und beliebiger Öffentlichkeit vorgetragen zu werden. Aber man darf sich auch nicht vorstellen, daß diese Gedichte vorwiegend zur Privatlektüre der Individuen dienten; man darf im 12. Jahrhundert noch nicht von Leserschaft und Veröffentlichung sprechen. Die höfische Literatur ist zum Vorlesen bestimmt. Es gab auch in der anglonormannischen Aristokratie noch nicht sehr viele Personen, die so schnell und mühelos lesen konnten, daß sie es zu ihrem Vergnügen taten, und die Beschaffung von Handschriften war bis gegen Ende des Jahrhunderts noch viel zu schwierig und kostspielig, als daß Laien (einzelne fürstliche Häuser vielleicht ausgenommen) Bücher in etwas größerer Zahl hätten sammeln können. Das beginnt erst im nächsten Jahrhundert, und auch dann nur sehr allmählich. Die Verbreitung der höfischen Werke geschah durch Vorlesen in ausgewählten Kreisen, an den Höfen und auf den Herrensitzen, entweder durch höfische Kleriker (aus deren Kreisen auch die Verfasser stammten), oder auch durch ein lesekundiges und zum Vorlesen begabtes Mitglied des jeweiligen Kreises — in diesem Falle wohl häufig durch Frauen. Dem entspricht auch die Länge der

[14] Ph. A. Becker, *Der gepaarte Achtsilber in der französischen Dichtung, Abhandl. Sächs. Akad. Wiss., Phil. hist. Kl.* XLIII, 1, 1934.

betreffenden Gedichte [15], die für einige Abende Unterhaltung boten, und nur beim Vorlesen kommt ihr Reiz, ihre Lieblichkeit, Biegsamkeit und Eleganz, das zuweilen didaktische, oft auch ein wenig ironische oder schnippische, immer aber gefällige Spiel der Reime zur vollen Wirkung.

Diejenigen, die den paarweise gereimten Achtsilber zuerst für die höfische Erzählung verwandten, waren also Kleriker; sie kannten nicht nur die antiken Stoffe, sie hatten auch Rhetorik nach antikem Muster gelernt und verwendeten deren Kunstbegriffe; das kann man nachweisen, und man hat es nachgewiesen. Man soll darüber nicht vergessen, wie maßvoll und einfach sie in ihrer Verwendung waren. Das Französische, das sie zur Verfügung hatten, und die Gesellschaft, der sie ihre Erzeugnisse vortrugen, waren für eine wirkliche antikisch-rhetorische Formung noch ganz unvorbereitet. Mit einigen Wortklangfiguren, etwa auch mit Anapher, Apostrophe, Antithese, Isokolon und allerhand Amplifikationsmethoden ließ sich damals auch schon im Französischen etwas anfangen. Aber die antike Rhetorik, besonders die poetische, erreicht ihre eigentlich charakteristischen Wirkungen in der Verschränkung der Wortstellung (hyperbaton), der im Französischen sehr enge Grenzen gesetzt sind, und in dem weit ausgedehnten, durch den Reichtum der Flexionsendungen und der syntaktischen Verbindungsmittel geförderten Periodenbau. Von kunstvollem Periodenbau konnte aber damals in einer Vulgärsprache noch keine Rede sein, und der Achtsilber eignet sich auch nicht dafür. Soviel ich weiß, gibt es das im Französischen kaum vor Alain Chartier in der Prosa und vor Scève und *Pléiade* in der Dichtung; zur Blüte kommt es erst im 17. Jahrhundert. Im 12. war ein Dichter, der Laien vorzutragen hatte, noch auf kurze Sätze und gefälliges Nacheinander angewiesen; ein langer Satz konnte höchstens additiv und aufzählend sein; modale Verbindungen mußten sparsam und einfach verwendet werden. Gewiß zeigen die achtsilbigen Romane nicht mehr das harte, blockhafte und verbindungsarme Gefüge der Chanson de geste; sie sind fließend, modulierend, niemals hart abbrechend; aber das Gefüge im ganzen ist

[15] In einer Stunde können bequem etwa 1200 Achtsilber vorgelesen werden.

doch einfach, und trotz mancher elegant verwendeten rhetorischen Figur im ganzen unrhetorisch [16].

Und dennoch ist der höfische Roman in der Tradition des mittleren Stils geblieben. Wenn er aus diesem auch nur wenig von den rhetorischen Künsten übernehmen konnte, so übernahm er doch das Tempo, die gefällige Breite und die moralisierende Amplifikation, mit ihrem Hauptwerkzeug: der ausführlichen Beschreibung. Seine Gegenstände (klassisch-antike und keltische Sage) entnimmt er der heroischen Vorzeit, aber er behandelt sie, im Gegensatz zur heroischen oder grotesken Chanson de geste, in einer mittleren, gefälligen und eleganten Stillage. Es sind rhetorisch gebildete Kleriker, die ihn schaffen, und sie schaffen ihn für ein eben erst zu selbständiger gesellschaftlicher Hochzucht gelangtes, auf das Zierliche und Elegante gerichtetes, zur Selbstbespiegelung geneigtes hocharistokratisches Publikum, in welchem die Frauen den Ton angeben.

Die ersten Gegenstände betreffen englische Geschichte. Im zwölften, dem Kreuzzugsjahrhundert, findet die Geschichtsschreibung großes Interesse und bedeutende lateinisch schreibende Bearbeiter — schon in die erste Hälfte des Jahrhunderts gehört Otto von Freising, der gedankenreichste Chronist des Mittelalters. Daß die normannische Eroberung auch in England die Historiographie befruchtete, läßt sich gut verstehen: die dramatischen Ereignisse der Eroberung und die Konflikte, die die Normannenherrschaft mit sich brachte, aktualisiert das Bewußtsein für die Besonderheit des Landes mit seinen übereinandergelagerten, noch deutlich sich voneinander abhebenden Völkerschichten. Mehrere bedeutende Chronisten gehören in diese Zeit, vor allem William von Malmesbury in der ersten Hälfte des Jahrhunderts, etwas später Roger von Hovedon und William von Newburgh und noch andere. Aber nicht diese, nach den damaligen Möglichkeiten kritischen Historiker sind es, die das Unterhaltungsbedürfnis der aristokratischen Gruppen anregen, sondern ein phantasievoller Kompilator der sagenhaften bretonischen Vorgeschichte, Galfrid von Monmouth, dessen *Historia regum*

[16] Um sich das deutlich zu machen, wolle man etwa Beneeit de Sainte-Maures *Roman de Troie* mit Joseph von Exeters *De bello Troiano* vergleichen. Über Jos. v. Exeter s. Anm. 12.

Britanniae seit dem Ende der 1130er Jahre bekannt und berühmt wurde. Er arbeitet zum Teil nach Quellen und wohl auch nach keltischen Volksüberlieferungen, aber er kombiniert sie willkürlich und schmückt sie in großem Maßstab durch eigene Erfindung aus; völlige Klarheit über das Maß des Beitrags seiner eigenen Einbildungskraft läßt sich nicht gewinnen, da man ja nicht wissen kann, was an früheren Dokumenten verloren ist. Jedenfalls aber gibt er der sagenhaften Vorgeschichte schon die Form des abenteuerlichen Novellierens, das nicht nur die einzelnen historischen Ereignisse absurd verfälscht, sondern auch sich um die konkreten geschichtlichen Probleme gar nicht mehr kümmert und sich außerhalb jeder möglichen geschichtlichen Struktur bewegt. In Galfrids Werk löst sich das Schicksal der Völker auf die eine Serie von individuellen Leidenschaften, Heldentaten und Verbrechen. Gerade in dieser frei wuchernden, bunten und novellierenden Form aber war die Legende für die Unterhaltung der höfischen Gesellschaft brauchbar. Es ist, in diesem Falle, das Stadium des volkstümlichen hohen Stiles gleichsam übersprungen worden. Wo eine Volkssprache ungehindert und durch natürlichen Fortlauf zum schriftlichen Ausdruck gelangt, da werden ihre Legenden zugleich mit der Entstehung einer nationalen Schriftsprache gesichtet und in einer Form redigiert, die den echt historisch-politischen Kern bewahrt und für die ganze Sprachgemeinschaft bedeutsam ist. Im Mittelalter aber wurde durch die literarische Vorherrschaft des Lateinischen die schriftliche Ausbildung der Volkssprachen zunächst hintangehalten [17], ebenso wie durch die Lenkung des inneren Lebens und des Gemeinschaftsbewußtseins auf das universale Christentum die Bildung des Nationalgefühls zunächst zurückgedrängt wurde. Im anglonormannischen Kulturkreis kam noch hinzu, daß auf dem englischen Schauplatz eben erst eine neue Überlagerung durch die französierten Normannen stattgefunden hatte; die Volkssprache der Aristokratie war nicht die des Landes, das Land war noch längst nicht zu einer nationalen Einheit verschmolzen. Und schon in diesem Augenblick erwachte das Unterhaltungsbedürfnis einer Feudalschicht, die sich aus anglonormanni-

[17] Es hat sie freilich später sehr gefördert, ihnen „die Zunge gelöst", wie E. R. Curtius einmal (*Eur. Lit.* p. 388) schreibt.

schen und anderen westfranzösischen Grundherren zusammensetzte. Die Legenden, die ihnen das Werk Galfrids darbot, waren nicht die ihrer eigenen Vergangenheit; sie selbst waren in ihrem politischen Fühlen wohl vorwiegend dynastisch und feudal. Es ist einleuchtend, daß ihnen gerade die frei wuchernde, ungeschichtliche, an keinen nationalen Mythos gebundene, zugleich abenteuerlich fernliegende und zu eleganter Modernisierung einladende Legende das bot, was sie brauchten: literarische Unterhaltung und Selbstspiegelung. Galfrids lateinisches Werk wurde ein großer Erfolg; der Kleriker Wace aus Jersey, ein Mann in mittleren Jahren, der schon durch französische Heiligenleben bekannt war, gab eine freie Bearbeitung davon in französischen Achtsilbern; es ist sehr wahrscheinlich, daß er seine Arbeit zu Beginn der 1150er Jahre vollendet und der jungen Königin Aliénor gewidmet hat. Etwa um die gleiche Zeit versuchten andere höfische Kleriker, von denen uns nur einer, Beneeit de Saint-Maure, dem Namen nach bekannt ist, mit den ihnen vertrauten antiken Stoffen eine ähnliche Wirkung zu erzielen. Offenbar hatten sie zunächst Erfolg, aber auf die Dauer erwies es sich, daß die keltischen Stoffe mehr Entfaltungsmöglichkeiten für eine zeitgenössisch-feudale Modeliteratur boten. Darauf kommen wir später zurück.

Der höfische Roman zeigt den ersten eleganten und gefälligen mittleren Stil in einer nachantiken europäischen Volkssprache. Was er an rhetorischem Raffinement weniger besitzt als seine antiken Vorläufer, das ersetzt er durch das kokette Spiel der Reime. Auch in der Behandlung der Stoffe zeigt sich das Mittlere sehr charakteristisch. Einerseits wird das zeitlich und örtlich Entfernte der Gegenstände und das damit verbundene Exotische, Wunderbare und Abenteuerliche stark betont; andererseits geht es im Psychologischen und Modischen so zu, daß die Menschen ihre sagenhafte Unberührbarkeit und ihr sagenhaftes Übermenschentum verlieren und zu Personen der zeitgenössischen feudalen Gesellschaft werden, die sich als elegante Damen und Herren beschreiben lassen und mit denen sich fabulieren und novellieren läßt. Wir haben es hier zunächst mit dem Beschreiben von Personen zu tun, womit wir nun schließlich wieder zu dem Text zurückkehren, von dem wir ausgegangen sind, der Beschreibung Camillas im französischen *Enéas*.

Alle zeitgenössischen Romane, die antike Gegenstände behandeln (drei sind uns erhalten, s. Anm. 1), haben solche Beschreibungen, die sie zum Teil schon in ihren Quellen vorfanden; alle verwenden darauf viel sinnliche Beobachtungsfreude und Sorgfalt. Sie sind zum Teil ganz und gar aus der Handlung herausgenommen; so ist es mit den Porträts der griechischen und trojanischen Helden bei Beneeit (nach Dares), wo eine richtige Porträtsammlung geboten wird wie bei Theophrast und La Bruyère. Sie ist um so lebhafter und amüsanter, als die einzelnen Porträts nicht durch pedantische Vollständigkeit und übermäßige Länge entstellt sind; die Amplifikation, die die Kleriker als wichtigste Verfahrensweise aus ihrer rhetorischen Erziehung mitgebracht haben, und für die sich der bequeme Achtsilber so gut eignet, weil sich mit ihrer Hilfe viele Reimschwierigkeiten umgehen lassen[18], bleibt in erträglichen Grenzen. Man liest mit Vergnügen, daß Helena ein Schönheitsmerkmal zwischen den Augenbrauen hatte (eine antike Überlieferung), daß Hektor ein wenig stotterte und Aeneas klein und dick war; die Frauenporträts, Helena, Briseis, Hekuba, Polyxena usw. sind bezaubernd; und es ist interessant, in der Mitte des 12. Jahrhunderts ein Porträt wie dieses auf französisch zu lesen:

Polidarius ert si gras
Qu'a granz peines alot le pas.
En plusors choses ert vaillanz,
Mais toz jorz ert tristes pensanz.
Ainz cerchast l'om par mainte terre
Qui plus ogoillos vousist querre.

(Roman de Troie, 5257 ff.)

Polidarius war so fett, daß er nur mit großer Mühe gehen konnte. Er besaß auf mehreren Gebieten große Fähigkeiten; aber er war immer in finsteren Gedanken. In vielen Ländern hätte der suchen müssen, der einen hochmütigeren hätte finden wollen (als ihn).

Es gibt auch Porträts, die geschickt und natürlich in die Handlung hineingearbeitet sind, sie also nicht unmäßig unterbrechen, wie etwa

[18] Noch Dante überwindet Reimschwierigkeiten durch amplifizierende Umwege, was bei ihm oft zu unerwartet herrlichen Wirkungen, zuweilen aber auch zu Sonderbarkeiten führt.

die Beschreibung der beiden Töchter des Adrastus (Thèbes 927—984), wenn der Vater sie zu dem Gastmahl rufen läßt — dabei wird nicht jede einzeln beschrieben, sondern beide zugleich, was sehr stark sinnlich wirkt; das war auch die Absicht des Verfassers, denn er sagt (979 f.):

Guari serront et retenu,
Quis porront tenir nu a nu [19].

Aus solch hübschen und eleganten Beispielen erfährt man, daß es keineswegs unumgänglich notwendig war, so vollständig, methodisch und pedantisch zu sein wie der Dichter des *Enéeas*; [20] es gab andere, die sich nicht so genau nach den rhetorischen Schulvorschriften und Stilmustern richteten. Auch die Amazone Penthésilée in *Roman de Troie* [21] wird viel natürlicher und kürzer eingeführt. Der Enéasdichter ist in seinen Beschreibungen besonders pedantisch; er liebt die moralisch-didaktische Untermalung, die eine so ausführliche Beschreibung gestattet, und vor allem liebt er, für die Dar-

[19] Die Verse 971—72 *Mieus vaut lor ris e lors baisiers / Que ne fait Londres ne Peitiers* zeigen deutlich, daß das Gedicht in den Kreis Heinrichs und Aliénors gehört.

[20] Er beschreibt sie später noch einmal, 6908—6934. — Über die Herkunft der amplifizierenden Beschreibung Camillas aus der zeitgenössischen und älteren Theorie s. Faral, *Recherches sur les sources latines,* 102 ff. E. Langlois und ebenso Faral loc. cit. 93 ff. haben auch gezeigt, daß die Beschreibung von Camillas Anzug und der Aufzäumung ihres Pferdes einige Ähnlichkeit mit der Erscheinung Antigones im *Roman de Thèbes* (Thèbes 3807 ff.) besitzt. Aber diese Ähnlichkeiten einiger Verse sind nicht wörtlich und können sehr wohl, innerhalb der gleichen Zeitmode des Anzugs des gleichen Zeitstils des Ausdrucks, zufällig sein. Im übrigen sind die beiden Stellen grundverschieden. Die der *Chanson de Thèbes* ist viel kürzer, lebhafter und organischer mit der Handlung verbunden. Es handelt sich um den Aufbruch der drei Frauen (Antigone mit Mutter und Schwester) zur Gesandtschaft an das Heer der Belagerer.

[21] Die Legende, daß sich Aliénor von Aquitanien im zweiten Kreuzzug, an dem sie als Gattin Ludwigs VII. von Frankreich teilnahm, in der Rolle der Amazonenkönigin Penthesilea gefallen habe, ist nicht unwahrscheinlich. Ein eigentlich genaues Zeugnis dafür findet sich in den Quellen nicht.

stellung von Kleid und Pferd, exotisch wunderbaren Luxus, wobei er entlegene Gelehrsamkeit verwenden kann. Aber auch die anderen Dichter der „triade classique“ sind weit entfernt vom klassischen hohen Stil. Die antiken Gegenstände sind für sie vor allem Stoffe, die sie den Ausdrucksmöglichkeiten der französischen Sprache ihrer Zeit und den Bedürfnissen der feudal-höfischen Gesellschaft anzupassen suchten. Soweit dabei überhaupt ein antiker Dichter, den sie kannten, als allgemeines Stilvorbild wirken konnte, war es Ovid. Ovid steht dem Novellierstil des Achtsilbers weit näher als die klassischen Epiker. Nun ist der Gedanke, solche Gegenstände wie Troja, die Sieben gegen Theben oder die Aeneis in der Stillage Ovids darzustellen, für einen humanistisch fühlenden Menschen ein Mißgriff. Die höfischen Kleriker des 12. Jahrhunderts kannten zwar Teile der antiken Literatur sehr genau, aber sie waren keine Humanisten.

Auch innerhalb ihrer Nachahmung Ovids besaßen sie kein antikes Gefühl für die verschiedenen Höhenlagen der Gegenstände und des Ausdrucks. Faral hat (*Sources*, 109 ff.) mit großem Scharfsinn zusammengestellt, was der Dichter des *Enéas* alles Ovid verdankt, aber er hat sich mit den materiellen Anklängen oder Übereinstimmungen begnügt. Nun zeigt sich aber oft gerade in diesen Übereinstimmungen, welch ein Abgrund die höfischen Kleriker des 12. Jahrhunderts von ihrem Vorbild trennt. Ich will ein Beispiel geben, damit man deutlich fühlt, was gemeint ist. Zu Beginn des achten Buches der Metamorphosen erzählt Ovid die Geschichte der megarischen Königstochter Scylla, die sich vom Turm der belagerten Stadt ihres Vaters in den Führer der Feinde, König Minos von Kreta, verliebt; sie verfällt dieser Liebe so vollkommen, daß sie in der nächsten Nacht ihrem schlafenden Vater die rote Locke, auf der seine Kraft und sein Leben beruht, vom Haupte schneidet und sie (und zugleich sich selbst) König Minos als Geschenk überbringt. Dieser aber weist sie mit Entsetzen zurück. Die Entstehung der Liebe hat Ovid nach einem bekannten Schema [22] geschildert; sie sieht Minos von ihrem Turm, es werden seine verschiedenen Haltungen und Tätigkeiten geschildert; in jeder findet sie ihn bezaubernd und

[22] Das *seu . . . seu . . .*-Schema, vgl. Horatius *carm.* III, 12.

liebenswert. Das endet mit einem stark erotisch betonten Höhepunkt (32 ff.), der zu dem fürchterlichen Entschluß hinüberleitet:

Cum vero faciem dempto nudaverat aere
Purpureusque albi stratis insignia pictis
Terga premebat equi spumantiaque ora regebat,
Vix sua, vix sanae virgo Niseia compos
Mentis erat; felix iaculum, quod tangeret ille,
Quaeque manu premeret, felicia frena vocabat.
Impetus est illi, liceat modo, ferre per agmen
Virgineos hostile gradus, est impetus illi
Turribus e summis in Gnosia mittere corpus
Castra, vel aeratas hosti recludere portas,
Vel siquid Minos aliud velit; utque sedebat
Candida Dictaei spectans tentoria regis:
„Laeter" ait „doleamne geri lacrimabile bellum,
In dubio est; doleo quod Minos hostis amanti est;
Sed nisi bella forent, numquam mihi cognitus esset.
Me tamen accepta poterat deponere bellum
Obside; me comitem, me pacis pignus haberet.
Si quae te peperit talis, pulcherrime regum,
Qualis es, ipsa fuit, merito deus arsit in illa.
O ego ter felix, si pennis lapsa per auras
Gnosiaci possem castris insistere regis
Fassaque me flammasque meas, qua dote, rogarem,
Vellet emi; . . ."

Doch wenn er den Helm abnahm und das Antlitz zeigte und in purpurnem Gewand im Rücken des durch eine gemalte Satteldecke auffallenden weißen Pferdes saß und dessen schäumendes Maul regierte, da gehörte die nizeische Jungfrau kaum noch sich selbst, besaß kaum noch einen gesunden Sinn. Glückselig nannte sie das Wurfgeschoß, das jener berührte, glückselig die Zügel, die er in der Hand hielt. Ein stürmischer Wunsch ist in ihr, wenn es nur erlaubt wäre, die jungfräulichen Schritte durch das feindliche Heer zu lenken; sie wünscht, vom höchsten Turm ihren Körper ins gnosische Lager zu stürzen, oder die ehernen Pforten dem Feinde zu öffnen, oder was sonst Minos verlangen könnte. Wie sie dort saß, die weißen Zelte des dictäischen Königs betrachtend, da sprach sie: Soll ich mich freuen oder trauern über den tränenvollen Krieg? Das ist zweifelhaft. Ich trauere, weil Minos ein Feind der ihn Liebenden (nämlich meiner) ist. Aber wäre der Krieg nicht gewesen, hätte ich ihn überhaupt gekannt? Doch wenn er mich als Geisel annähme, könnte er vom Krieg abstehen. Mich hätte er als Begleiterin, mich als Pfand des Friedens. Wenn die Frau, die dich zeugte, du Allerschönster, so war wie du, dann entbrannte ein Gott mit Recht für sie. O dreimal glücklich wäre ich, wenn ich auf Flügeln durch die Lüfte gleitend im Lager des gnosischen Königs auftreten könnte und mich und meine Flammen gestehend fragte, mit welcher Mitgift er erkauft zu werden wünschte . . .

Der französische *Enéas*-Dichter, der diese Stelle kannte (vgl. Faral, p. 130), hat zur Aeneis-Fabel die Liebe zwischen Lavinia und Aeneas hinzugedichtet, und er läßt sie ganz ähnlich beginnen wie die ovidische Geschichte Scyllas. Auch Lavinia steht auf dem Turm der Burg ihres Vaters und schaut auf das feindliche Heer in der Ebene (8047 ff.):

Lavine fu an la tor sus,
d'une fenestre garda jus,
vit Eneam qui fu desoz,
forment l'a esgardé sor toz.
Molt li sanbla et bel et gent,
bien a oï comfaitemant
lo loënt tuit par la cité
et de proëce et de bialté;
bien lo nota an son corage.
La ou el fu an son estage
Amors l'a de son dart ferue;
ainz qu'el se fust d'iluec meüe,
i a changié cent foiz colors:
or est cheoite es laz d'amors,
voille ou non, amer l'estuet.
Quant voit que eschiver n'en puet,
vers Eneam a atorné
tot sun corage et son pansé:
por lui l'a molt Amors navree;
la saiete li est colee
desi qu'el cuer soz la memelle.
Tote ert sole la damoiselle,
l'uis de la chanbre ala fermer,
revient a la fenestre ester
ou el recut lo cop mortal;
d'iluec esgarde lo vasal.

Ele comance a tressüer,
a refroidir et a tranbler . . .

Lavinia war oben auf dem Turm, durch ein Fenster sah sie hinunter, sie sah Eneas, der unten war, genau hat sie ihn vor allen anderen angesehen. Sehr schön und edel schien er ihr; sie hat wohl gehört, wie alle in der Stadt ihn rühmen wegen seiner Tapferkeit und Schönheit; sie merkte es sich wohl in ihrem Herzen. Da wo sie war, an ihrem erhöhten Standort, hat Amor sie mit seinem Pfeil getroffen; bevor sie von dort wegging, hat sie hundertmal die Farbe gewechselt. Jetzt ist sie in Amors Schlinge geraten; ob sie will oder nicht, sie muß ihn lieben. Als sie sieht, daß sie es nicht vermeiden kann, hat sie all ihr Herz und ihr Denken auf Eneas gerichtet. Um seinetwillen hat Amor sie heftig verwundet. Der Pfeil ist ihr bis zum Herzen geglitten unter der Brust. Ganz allein war das Fräulein; sie schloß die Tür des Zimmers, sie geht wieder ans Fenster, wo sie den tödlichen Schlag erhalten hatte. Von dort aus betrachtet sie den Ritter. Sie beginnt zu schwitzen, dann wieder zu frösteln und zu zittern . . .

Es folgen hierauf über 300 Verse Selbstgespräch, in denen sie ihren Zustand und ihre Lage analysiert; 40 Verse Beschreibung einer unruhigen Nachtruhe; und schließlich etwa 200 Verse, die ein Gespräch mit ihrer Mutter enthalten; dieser gesteht sie schließlich ihre Liebe zu Aeneas, worauf die Mutter, die Turnus begünstigt, in sehr deutlichen Ausdrücken Aeneas und die Trojaner der Homosexualität beschuldigt. Dann läßt die Mutter sie allein, und nachdem sie noch mehrere Male in Ohnmacht gefallen ist, geht sie wieder an das Fenster:

El s'an rala a la fenestre,
la ou amors l'avoit seisie;
la tente Eneas a choisie,
molt volantiers la regarda,
droit cele part son vis torna.
El n'en pooit son oil torner;
bien tost, s'ele poist voler,
fust ele o lui el paveillon;
ne pooit panser s'a lui non . . .

Sie ging wieder an das Fenster, dort wo Liebe sie gepackt hatte; sie hat das Zelt des Eneas herausgesucht, sehr gern sah sie es an, geradewegs in diese Richtung wandte sie ihren Blick. Sie konnte ihr Auge nicht davon abwenden; sehr schnell, wenn sie hätte fliegen können, wäre sie bei ihm im Zelt. Sie konnte an nichts denken, als an ihn . . .

Alsdann beginnt wieder ein Selbstgespräch über den neuen Gedanken, der ihr gekommen ist, nämlich Aeneas eine Botschaft zu senden. Sie führt ihn schließlich aus, indem sie einen Brief durch einen Bogenschützen ihres Vaters zu den Trojanern hinüberschießen läßt. Das führt uns etwa zu Vers 8800.

Wieder ist, zunächst, die gleiche Bemerkung zu machen wie zu der Vergilstelle, von der wir ausgingen; die Einheit und Spannung des Ovidischen Bravourstücks hat der Enéasdichter vollkommen zerstört. In einem einzigen Schwung, während die Schilderung sich zum Selbsgespräch steigert, führt Ovid von dem Gipfel des Liebesausbruchs zu dem schrecklichen Entschluß, und auch die Ausführung folgt sofort; der französische Dichter reißt die Ereignisse (Ausbruch der Liebe und Botschaft) weit auseinander; und auch die Ereignisse selbst tritt er durch moralisierende und beschreibende Amplifikation so breit, daß sie alle dramatisch ergreifende Wirkung verlieren. Aber nicht die *Tatsache* der Amplifikation beschäftigt uns jetzt, sondern das *Material*, das dazu verwendet wird. Fast das ganze Material ist der Liebeskasuistik entnommen: der Liebespfeil *(desi qu'el cuer soz la memelle)*, seine Wirkung (nämlich wie sie schwitzt und fröstelt, zittert und ohnmächtig wird, schreit und schluchzt und weint), das lange Selbstgespräch mit der immer wieder variierten Darstellung des Problems, die Selbstvorwürfe, Anschuldigungen, Klagen, die von Liebesqualen verstörte Nacht und so fort. Das alles ist ebenfalls ovidisch, mittelbar oder unmittelbar, aber es gehört so ausführlich nicht in den Stil der *Metamorphosen* — diese Dinge gehören in die Hetärendichtung seiner Jugend, die Liebesbücher [23] in Distichen. Nur ganz selten und sparsam wird Liebeskasuistik in den *Metamorphosen* verwendet; auch in der Medeastelle (Met. VII), die Faral (sonst mit vollem Recht) einem Stück des Camillamonologs gegenüberstellt (*Sources* 152), wird das Erotische in wenigen, scharfen und kurzen Antithesen behandelt. Die *Metamorphosen* haben eine höhere Stillage als die Liebesdichtungen der Jugend, sie nähern sich dem Epos; das Spielende, leise Ironische und ironisch

[23] *Amores, Heriodes, Ars Amandi; Remedia amoris.*

Didaktische der Liebesbücher paßt nicht in die *Metamorphosen*, deren Höhenlage sich der des Epos nähert. Der Enéasdichter aber hat die Liebeskasuistik der Hetärenbücher in den epischen Stoff hineingearbeitet (vgl. *Sources*, p. 133 ff.) [24]. Er konnte gar nichts anderes tun, wenn er sie überhaupt verwenden wollte; denn die Gesellschaft, für die Ovids Liebesdichtung (und die augusteische Liebesdichtung überhaupt) geschrieben war, gab es im 12. Jahrhundert nicht — es gab keine eleganten Hetären, die eine Art zweiter Gesellschaft bildeten und literarisches Urteil besaßen (man denke, um bei Ovid zu bleiben, an *Amores* II, 4). Später, in der wirklichen Renaissance, treten sie auf. Der Enéasdichter verpflanzt also die ovidische Liebeskasuistik in eine andere Gesellschaftsschicht und in einen anderen Stil, wo sie sich, so scheint mir wenigstens, noch ein wenig sonderbar ausnimmt. Aber er bereitet damit vor, was bald noch klarer zutage treten soll und auch im provenzalischen Minnesang angelegt ist: die Erhebung der Liebe zu einem Gegenstand hohen Stils — ja zu dem Hauptgegenstand hohen Stils. Das ist eine der wichtigsten Wendungen der europäischen Dichtungsgeschichte. [. . .]

[24] Etwas Ähnliches hätte schon von dem Porträt der Camilla gesagt werden können, denn das Frauenporträt dieser Art stammt auch aus der erotischen Literatur. Durch Sinnlichkeit und Ironie neubelebt, aber doch mit vielen traditionellen Zügen erscheint es in *Adam de le Hales Jeu de la Feuillée*, zu Anfang.

Ph. A. Becker, Von den Erzählern neben und nach Chrestien de Troyes. In: Zeitschrift für romanische Philologie 55 (1935), S. 269—292.

GAUTIER D'ARRAS

Von Philipp August Becker

Von Gautier d'Arras besitzen wir zwei Dichtungen, den Schicksalsroman *Ille et Galeron* und den als Legendenroman endenden *Eracle*. Von letzterem sind schon länger drei Handschriften bekannt: Paris BNfr. 1444, Turin Bn. L. I, 13, BNfr. 24 430 und auch eine mittelhochdeutsche Bearbeitung von einem Meister Otte; von dem ersteren besaß man früher nur die Handschrift BNfr. 375, jetzt ist eine zweite in Wollaton Hall im Besitz von Lord Middleton aufgetaucht; sie erlaubt uns, trotz böser Textentstellungen, die Frage nach der Entstehungszeit der beiden Romane auf sicherer Grundlage wiederaufzunehmen. [1]

Von den beiden Romanen ist keiner in einem Zug geschrieben worden. *Ille et Galeron* wurde für die Kaiserin Beatrix begonnen und für den Grafen Theobald von Blois zu Ende geführt. Vorher aber hatte der Dichter für diesen selben Grafen seinen *Eracle* in Angriff genommen, der später für den Grafen Balduin von Hennegau vollendet wurde. Dies entnehmen wir den Widmungen und Schlußworten der Romane. Das Verhältnis Gautiers zu diesen Gönnern dürfen wir uns nicht als das eines fahrenden Sängers vorstellen, der für seine fertigen Werke nach willigen Abnehmern fahndet; er erscheint vielmehr als ein geschulter Mann, mutmaßlich nach den Begriffen der Zeit, der im regelrechten Herrendienste steht, zuerst am Kaiserhof, dann beim Grafen von Blois und schließlich beim Grafen

[1] *Eracle*, Ausg. von Maßmann, Quedlinburg 1842. *Ille et Galeron* von W. Foerster, Halle 1891 (Roman. Bibliothek 7). Beide Romane von E. Löseth, 2 Bde. Paris 1890 (Bibl. fr. du moyen âge 6. 7). Zur Wollatonhs. E. S. Sheldon in Modern Philology 17, 383 ff. Fred. A. G. Cowper, ibid. 18, 601 ff. Die Turiner Hs. ist beim Brand der Bibliothek vernichtet worden.

von Hennegau. Woher er kam und was ihn aus seiner artesischen Heimat in die Fremde geführt hatte, wissen wir ebensowenig, als was er etwa früher geschrieben haben mochte. Viel dürfte es kaum gewesen sein.

Die Kaiserin Beatrix ist die Gemahlin des Hohenstaufers Friedrich I. Barbarossa. Sie war die Tochter des Grafen Renaud III. von Burgund (Freigrafschaft) und seiner Gemahlin Agatha, der Tochter Simons I. von Niederlothringen. Ihr Vater hatte seinerzeit dem Kaiser Lothar II. den Lehnseid verweigert und war dafür der Grafschaft verlustig erklärt worden, die Konrad von Zähringen zugesprochen wurde; er verstand es gleichwohl, bis zu seinem 1143 erfolgten Tode sich in seiner Stellung zu halten. Bedrohlicher waren für die noch unmündige Erbin die Ansprüche, die ihr Onkel Wilhelm geltend machte und durchzusetzen versuchte. Hier griff Friedrich ein, und 1156 heiratete er Beatrix. Mit ihm zusammen wurde sie am 1. August 1167 in Rom vom Gegenpapst Paschalis III. mit der Kaiserkrone geschmückt. Die erfolgte Krönung setzt Gautiers Widmung voraus.

Aïe Dex sains esperis!
Qu'à la mellor empereris
Qui onques fust, si com je pens,
Otroi mon service et mon sens.
Les plusors fausent en la fin,
Mais là u Dex mist tant de fin
Come en l'empereris de Rome,
Doivent entendre angle et home
Et proier Diu et jour et nuit
Qu'ele n'ait rien qui lui enuit.

Der dienstbeflissene Dichter rühmt vor allem das Geschlecht, von dem die Kaiserin stammt:

La dame est mout sensee et sage,
Et ce lui vient bien de parage:
Car de Viane furent né
Del siècle tout li plus sené,
Li plus gentil, li plus haut home.
Apostole ont esté de Rome,
Si ont esté empereeur

Et roi, ce sevent li pluseur,
De maint roiame et d'outremer
Dont Dix se fist ja roi clamer.

Zur Familiengeschichte der Kaiserin sei daran erinnert, daß Markgraf Eberhard von Friaul von seiner Gemahlin Gisela, der Tochter Ludwigs des Frommen, einen Sohn Berengar hatte, der sich 893 zum König von Italien aufwarf und die Kaiserkrone trug; er fiel 924 unter dem Mörderstahl. Ihm sind die *Gesta Berengarii imperatoris* gewidmet. Seine Tochter Gisela heiratete den Markgrafen Adalbert von Ivrea, und ihr Sohn Berengar II. wurde wieder König von Italien, starb aber, von Otto dem Großen entthront, 966 in Bamberg. Sein Sohn Adalbert heiratete Gerberga, die Tochter Lamberts von Chalon, und begründete den neuen Stamm der Grafen von Burgund. Von den unruhigen Geschicken seiner Nachkommen sei nur erwähnt, daß der dritte Sohn seines Urenkels, Guido von Burgund, zuerst Erzbischof von Vienne wurde und später als Calixt II. die päpstliche Tiara trug. Er ist ein Großonkel der Kaiserin. Ein Bruder von ihm, Raimund, ging nach Spanien und heiratete Urraca, die Tochter Alfonsos I. von Castilien und IV. von Leon, durch die er Vater Alfonsos VIII. († 1157) wurde, der sich vom Erzbischof von Toledo zum Kaiser salben ließ. Wahrscheinlich rechnete man im Hause Vienne auch Bruno von Egisheim (Papst Leo IX.) und Konrad II. den Salier zur Verwandtschaft. Die Krone von Jerusalem trug Gotfried von Bouillon, dessen Mutter Ida eine Tochter von Godefroi d'Ardenne war, von dem auch das Haus Löwen-Brabant abstammt; ihr älterer Bruder hatte eine Schwester Calixt II. zur Frau.

Den Glanz des Geschlechts überstrahlt aber die kaiserliche Würde:

Molt furent haut, mais la lignie
Por cesti n'est pas engignie,
Car de si haute seignorie
N'est dame, que ke nus en die.
Rome la vit ja coroner
Qui nos en puet tesmong doner.
Rome est de grant antiquité,
Et ki dame est de la cité
Ne puet avoir si grant hautece,
Car Rome est de si grant noblece.
Mais ele qui s'i corona
Au jour plus d'oneur lui dona
Que Rome ne li pot doner
De la corone abandoner. [2]

Es folgen noch Vers 103—106 und 111—131 der Ausgaben mit weiteren Lobeserhebungen der Kaiserin; [3] dann heißt es aber weiter, und diese Stelle ist besonders wichtig:

Molt par me torne à grant enui
Quant ainc ma dame ne conui. [4]
Molt me fust encor plus soëf.
Or m'estuet sigler à plain tref
Por cels ataindre qui ains murent
Et qui ainc de moi le conurent.
Tous les premiers volrai ataindre:
Car molt a entre faire et faindre.
Servir la voel si com je sai:
Car à s'onor voel faire un lai
De Galeron, seror le duc,
Et d'Ille, le fil Eliduc.
Madame, ij Bretegnes sunt, etc. [5]

Deutlich sagen diese Verse, daß Gautier von Arras die Kaiserin erst nach ihrer Krönung kennenlernte, was er lebhaft bedauert, weil andere inzwischen durch ihre Leistungen und Verdienste einen großen Vorsprung gewonnen haben, so daß er Mühe haben wird, sie einzuholen oder gar zu übertreffen, wie es sein Wunsch wäre. Zu diesem Zwecke will er das Talent ausnützen, das er hat, und einen Roman von Ille und Galeron dichten, den er also nicht fertig mitbringt, sondern jetzt erst in Angriff nimmt. Wenn wir also annehmen, daß der Roman um 1170 angefangen wurde, haben wir der Sachlage und der Wahrscheinlichkeit ihr Recht vollkommen gewahrt. Denn der glänzend begonnene Römerzug hatte ein trauriges Ende; ansteckende Fiebererkrankungen befielen das Heer und rieben es auf. Unter Beschwerden und Gefahren erreichte das Kaiserpaar den

2 Zusammengestellt aus den von Sheldon l. c. 383 s. und Cowper l. c. 602 s. mitgeteilten Versen und nach den Angaben des letzteren mit Hilfe von Foersters Text.

3 Nach Vers 117 ist einzufügen: *Tant come honors loe et conselle*, nach Cowper.

4 *Ainc* oder *ains*, auch in den folgenden Versen, = vorher, früher.

5 Cowper l. c. 602 s.

Reichsboden über Piemont und Savoyen. Es ist nicht wahrscheinlich, daß Gautier gerade diese bewegte Zeit wählte, um der Kaiserin seinen Roman vorzulegen, und es geht aus der Widmung auch nicht hervor; denn selbst der raffinierteste Widmungsschreiber hätte keine genehmere und schmeichelhaftere Huldigung ausdenken können als den Hinweis auf ihr vornehmes Geschlecht und auf ihre erhabene Würde; eine Kaiserkrönung in Rom ist kein Ereignis, das einer entschwundenen Vergangenheit angehört, solange der Träger der Krone lebt und herrscht.

Gautiers Äußerung und die persönliche Anrede, mit der er die Erzählung beginnt: *Madame, deus Bretaignes sont*, lassen kaum einen Zweifel, daß unser Dichter tatsächlich am kaiserlichen Hof in Stellung gewesen ist. Dafür sprechen auch die Verse im Schlußwort, in denen er beteuert, daß er weder bei der Kaiserin noch beim Grafen von Blois über ungerechte Behandlung zu klagen habe:

Cuidiés, se il me mesfeïst
Et ele ausi, que nel deïsse
Ne en tel painne me meïsse? [6]

Diese Worte schrieb der Dichter, als er nicht nur den Dienst der Kaiserin, sondern auch den des Grafen von Blois verlassen hatte und für seine einstmalige Gebieterin und seinen früheren Gönner Abschriften des endlich fertig gewordenen Romans besorgte.

Für unsere Annahme, daß Gautier im Dienst der Kaiserin Beatrix stand, kann man auch geltend machen, falls jemand es bezweifeln sollte, daß in beiden Romanen die poetische Umwelt, in der sich seine Fiktionen abspielen, die Stadt Rom und das römische Reich ist. Ob altersschwach oder kraftvoll, der Gebieter ist jeweils der römische Kaiser, dessen Macht sich auch auf die Deutschen stützt, an seiner Seite als gern gehörter Ratgeber der verläßliche und dienstwillige Papst und als Gegner der ehrgeizig bis auf italienischen Boden herübergreifende Herrscher von Byzanz oder aufrührerische Städte im

[6] Sheldon l. c. 390. Die stark entstellte Lesung der Handschrift ist: *Cuidiés se il ne me feist Et ele ausi que jel deisse Ne en tel painne me meisse.* — Die *painne* besteht in der Anfertigung zweier Abschriften des Romans.

Osten und die mit Einfall drohenden Perser, letzteres nach der gegebenen Legende. Besonders lebendig ist aber dabei das Bild der Stadt Rom selbst mit seiner unruhigen und in der Erregung zu Gewalttätigkeit neigenden Einwohnerschaft oder mit seinen angesehenen, reichen und frommen Patriziern und der unter ihrem Schutze lebenden stillen und für das karge tägliche Brot unablässig arbeitenden ärmeren Bevölkerung. Ist auch Gautier kein Schilderer von hervorragender plastischer Anschaulichkeit, so wird sich doch der Leser unter dem frischen Eindruck der Dichtung nicht ausreden lassen, daß hier eigenes Erlebnis mit hineinspielt.

Für den zeitlichen Ansatz um 1170 kann man auch auf die Kenntnis der Artuswelt hinweisen (*Ille* 2806), aber ohne daß eine Regung vorhanden wäre, sie selber dichterisch auszubeuten, wie es die jüngere Generation dann unbedenklich tun wird. Noch bedeutsamer ist aber die Anspielung auf Roland, Olivier und Agolant (*Ille* 1611 s.) und die Verwendung des Namens Estout de Langres (ib. 628) ziemlich im Beginn der Dichtung. Beide Stellen weisen augenscheinlich auf den *Pseudoturpin*, und das ist wichtig, weil die bekannte Legendenchronik, wie man annimmt, mit der von Kaiser Friedrich betriebenen und 1165 in Aachen feierlich vollzogenen Heiligsprechung Karls des Großen in Zusammenhang steht. In ihrer angeblichen Niederschrift in Vienne und ihrer Beglaubigung durch Papst Calixt II. darf man wohl eine versteckte Huldigung für die Kaiserin sehen. Im gleichen Sinn kann man schließlich zu *Ille* 1494 ss. daran erinnern, daß es um 1170 wieder eigene Herzöge und Grafen in Normandie, Anjou und Poitou gab, die englischen Königssöhne.

Der Roman von *Ille et Galeron* wurde erst vollendet, nachdem Gautier von Arras den Dienst der Kaiserin verlassen und beim Grafen Theobald von Blois eine neue Anstellung gefunden hatte. Vorher aber hatte der Dichter auf Veranlassung des gleichen Grafen eine neue Dichtung, seinen Roman *Eracle*, in Angriff genommen.

Se Gautiers d'Arras fist ainc rien
Qu'on atourner li doive à bien,
Or lui estuet tel traitié faire
Qui sur tous autres doive plaire. [7]

[7] So schreibt die Hs. A, und dies kann sehr wohl die ursprüngliche Lesung sein. Die andere lautet: *qui seur toutes ses uevres paire.* Es ist der

Que li biens qui en lui abonde
Enlumine trestot le monde. Er. 1—8.

Dieser Fürst ist der *bon conte* Tiebaut von Blois, *le plus vaillant qui soit d'Irlande jusqu'à Rome, le preu, le sage, le courtois*, von dem man sagen kann:

Que nus bons princes n'ait ëu
Qu'on ait el siecle conëu.
Ses peres voit Deu en la face:
Son nom li laissa et sa grace. [8] Er. 59—62.

Nach dem ganzen Zusammenhang und nach der unumstößlichen Zeitbestimmung, die uns durch die Kaiserkrönung von 1167 gegeben ist, kann es sich nur um Theobald V. von Blois, den zweiten Sohn des Grafen Theobald IV. von Blois und II. von Campagne († 1152), handeln. Bei der Erbteilung war seinem älteren Bruder Heinrich I. die Champagne, ihm als dem Jüngeren die Grafschaft Blois zugefallen. 1164 heirateten sie gleichzeitig die beiden Töchter Ludwigs VII. von Frankreich aus seiner seitdem für ungültig erklärten Ehe mit Eleonore von Poitou; Heinrich führte die Erstgeborene, Marie, Theobald die zweite, Adelheid, heim. Aus diesem Anlaß wurde er zum Großseneschall von Frankreich ernannt. Theobald starb 1191 auf dem Kreuzzug, bei der Belagerung von Akkon.

Im Schlußwort des Romans wiederholt Gautier noch einmal seine Angabe:

Li quens Tiebauz où rien ne faut,
Li fiz au bon conte Tiebaut,
Me fist ceste uevre commencier. [9]
Por lui le fis, nel quier noier,
Et por le contesse autresi,
Marie, fille Loëi. Er. 6548—53.
Car li princes est de tel pris
Por cui il a cest fais empris,

Vers, aus dem man den Schluß gezogen hat, daß den beiden Romanen eine Reihe von anderen dichterischen Versuchen vorausgegangen sind, die wir nicht besitzen. Sehr sicher ist die Grundlage zu dieser Annahme nicht.

[8] *Grace* bedeutet hier Segen, wie die sich anschließende Anspielung auf den Segen Isaaks, den Jakob erschlich, beweist.

[9] AT *rimoier.*

Bei den Worten *por lui . . . et por le contesse autresi*, erwartet man eigentlich neben Theobald seine Gemahlin, die Gräfin von Blois, genannt zu hören. Statt dessen wird seiner Schwägerin, der Gräfin von Champagne, gedacht, wo doch der Name Aalis ebensogut in den Vers paßte. Gegen ein Versehen des Dichters hat man eingewendet, daß Gautier den Namen seiner Gebieterin kennen und gegenwärtig haben mußte; man darf jedoch nicht vergessen, daß die Gräfin im gewöhnlichen Leben von ihrer Umgebung nicht mit ihrem Taufnamen, sondern mit ihrem Titel genannt und angeredet wurde. Aber es kann auch ein Lapsus des Schreibers vorliegen. Andererseits kennt man die literarischen Liebhabereien der Gräfin Marie; der Fehltritt der Frau, weil man ihre Freiheit beschränkt, könnte ganz gut eine Eingebung von ihr sein. Es wäre also möglich, daß Gautier die Gräfin von Blois meinte und daß die Namen verwechselt worden sind; es ist aber auch nicht ausgeschlossen, daß der Dichter einen bestimmten Anlaß hatte, der Gräfin Marie zu gedenken und ihre Anteilnahme an seinem Roman besonders hervorzuheben.

Für den Grafen Theobald hat nun Gautier von Arras auch seinen ersten Roman, *Ille et Galeron*, zu Ende geführt, wie wir den durch die Wollatonhandschrift überlieferten Schlußworten der Dichtung entnehmen:

O Ganor vesqui puis li sire
A joie tans dis con Dex volt.
Ne en l'estorie plus n'en ot
Ne plus n'i a, ne plus n'i mist
Galters d'Arras qui s'entremist
D'Eracle, ains qu'il fesist ceste uevre. [10]

Manche Gelehrte sind der Ansicht, daß *Eracle* überhaupt vor *Ille et Galeron*, noch bevor dieser begonnen wurde, geschrieben worden ist; und sie können in den angeführten Worten einen Beweis dafür sehen. Man beachte jedoch, daß es dem Dichter an dieser Stelle nicht darauf ankommt, dem Leser einen Einblick in seine schriftstellerischen Leistungen zu geben, wie Chrestien im Vorwort des *Cligès*.

[10] Sheldon l. c. 390. Die Pariser Hs. bricht mit *s'entremist* mitten im Satze ab.

Gautiers Absicht ist nur, uns wissen zu lassen, daß diesmal die Geschichte seines Helden wirklich zu Ende ist und nichts weiter mehr kommt, und sich gewissermaßen zu entschuldigen, daß er das Werk solange im Zustand eines Torsos gelassen hat. Und wie leicht könnte hier *fesist* für *fenist* verschrieben sein. [11] Aber selbst wenn man es unbeanstandet läßt, liegt in dem *s'entremist* die Vorstellung von einer eingeschalteten Arbeit.

Jedenfalls kommt diese eine Stelle mit ihrer unsicheren Deutbarkeit nicht auf gegen die andere Erwägung, daß man die Beziehung des Dichters zum Grafen von Blois, wie sie uns durch den Anfang von *Eracle* und die Vollendung von *Ille et Galeron* bezeugt ist, nicht ohne triftigen Grund auseinanderreißen darf. Am wenigsten würde es stören, wenn man annähme, daß Gautier von Anfang an im Dienste des Grafen stand und nur eine zufällige Gelegenheit wahrnahm, um seinen begonnenen Roman bei der Kaiserin anzubringen, sagen wir z. B. anläßlich der Annäherung Ludwigs VII. an den Kaiser und ihrer Begegnung in Vaucouleurs (1171), wo der Graf von Blois als Seneschall wahrscheinlich dabeisein mußte. Doch steht diese Annahme im Widerspruch mit dem Eindruck, den wir hatten und der wohl nicht trügt, daß Gautier tatsächlich im Dienst der Kaiserin angestellt war. Ganz unmöglich scheint es hingegen, die neuen Beziehungen zu Balduin von Hennegau anders zu legen als nach der Auflösung der beiden früheren Verhältnisse.

Die Trennung war schon erfolgt, wie wir bereits angedeutet haben, als Gautier die Reinschrift oder die Reinschriften seines *Ille et Galeron* anfertigen ließ, um sie seinen ehemaligen Gönnern zu senden.

Cil Dex, vers cui nus ne se cuevre,
Doinst bien la bone Beatris,
Qui est de Rome empereris,
Cele est la meldre qui soit nee,
En vie se rest mult penee,
Et gart le bon conte Tiebaut.
Cis dui me font et liet et baut. [12]

[11] Die der Hs. geläufige Form des Conj. imp. scheint sonst *feïst, deïsse, meïsse* zu sein.

[12] Sheldon l. c. 390. Auf *baut* folgt eine Lücke, nach der Gautier wieder

Hier folgt ein leider sehr entstelltes Wort über seinen Austritt aus ihrem Dienst, von dem wir drei Verse angeführt haben; und dann heißt es noch:

Mais l'uevre est mult bien emploïe
Au quel d'ax qu'el soit envoïe.
Plus d'onor a l'uns de ces deus
Que de ceste uevre n'a nus d'eus.
Por quant por li le commençai
Et por le conte le finai.
L'uevre n'iert ja en liu contee
Que d'eax ne soit plus amontee
Que il ne doivent par lui estre.
Ne mais ce dient li ancestre
Que bon ami monstrer estuet
Tant d'amor veals con faire puet.
Explicit. [13]

Dieser Stelle können wir entnehmen, daß die Kaiserin noch lebte, als der Dichter die Verse schrieb. *Ille et Galeron* muß also vor 1184 oder 1185 vollendet gewesen sein, und Gautier hatte damals bereits seinen Abschied von Blois genommen. Als er diesen Hof verließ, war indessen sein zweiter Roman, *Eracle*, noch unvollendet. Seinen jetzigen Schluß erhielt er erst später auf wiederholte und dringende Bitten des Grafen Balduin von Hennegau:

Faite m'en a mainte assaillie
Cil qui a Hainau en baillie
Que je traisisse l'uevre à fin. Er. 6554—6.

Der Name des Grafen wird Vers 6584 genannt, ohne nähere Angabe; aber nach der ganzen Situation kann nur Balduin V. (1170 bis 1195) gemeint sein, der seit 1169 mit Margareta, der Schwester Philipps von Elsaß, verheiratet war. Durch sie fiel ihm 1191 nach dem kinderlosen Hinscheiden ihres Bruders die Grafschaft Flandern

auf die Kaiserin zu reden kommt: daran schließen sich die kaum verständlichen Verse an: *Tot ce vigne en celi, Pur ce m'eslonge plus de li Que por rien c'onques me feïst*; dann die drei S. 116 angeführten Verse.

[13] Sheldon l. c. 390 s.

zu. Da Gautier diese zweite Würde nicht erwähnt, muß man wohl an die Zeit vor Juni 1191 denken, was auch sonst wahrscheinlich ist.

In Graf Balduin glaubt der Dichter den Freund gefunden zu haben, auf den er sich unbedingt verlassen kann. *Je l'aim plus que prince et monde*, versichert er, und er preist sich glücklich, daß er es so gut getroffen hat:

Mout par montai en haut degré
Et richement bien m'enpointai
Le jour que premier l'acointai. Er. 6573—5.

Hat man aber einen Freund gewonnen, muß man ihn auch zu erhalten suchen:

Qu'on doit son ami maintenir.
En dis et set ans et demi
Ne trueve on pas un bon ami. Er. 6567—9.

Man kann diese Worte allgemein fassen, d. h. man kann lange suchen, bis man einen richtigen Freund findet. Man kann sie aber auch persönlich verstehen, als ob der Dichter sagte: Seit 17 1/2 Jahren treibe ich mich in der Welt herum, von Hof zu Hof, von Stelle zu Stelle, und erst jetzt, ganz zum Schluß, bin ich auf den Freund gestoßen, auf den ich bauen kann. Man braucht darum nicht mit W. Foerster (p. XVI) annehmen, daß er bereits so viele Jahre im Dienst des Hennegauers steht. Wohl aber könnte man schließen, wenn man 1170 als den Dienstantritt bei der Kaiserin nimmt, daß er die angeführten Worte um 1188 geschrieben haben mag.

Leider ist das, was Gautier von seinem neuen Gönner erwartet, recht unklar ausgedrückt:

Quens Bauduins, à vous m'otroi. [14]
Ains que passent dui an ou troi
Metrai ailleurs, espoir, m'entente.
Sire, je suis de bone atente:
Mais gardez que n'i ait enjan.

[14] So ist wohl mit W. Foerster (p. VII) zu lesen, und nicht *l'otroi* mit E. Löseth, denn im Text steht kein Wort, auf das sich *le* beziehen könnte. In T steht *metrai*, allerdings unter Einfluß von Vers 6586.

Si ma promesse n'est ouan,
Dont gardez qu'ele soit en tens.
Vous savez assez que je pens.
Dieus me doint gré de mon signeur
De çou et d'el adès grigneur. Er. 6584—93.

Der natürliche Sinn dieser absichtlich dunkel gehaltenen Worte dürfte wohl der sein, daß Gautier von seinem neuen Herrn ein bindendes Versprechen auf eine baldige Versorgung erhalten hat, vermutlich mit einer geistlichen Pfründe, die ihm womöglich binnen Jahresfrist, sonst aber in zwei oder drei Jahren zufallen soll. In dem Satz: *ains que passent dui an ou troi, metrai ailleurs m'entente*, sah W. Foerster (p. XVII) eine Ankündigung von *Ille et Galeron*, und er entnahm daraus einen Beweis für die Priorität von *Eracle*; diese Auslegung paßt weder zum Zusammenhang noch zum Wortlaut der Stelle. Eher wäre zu erwägen, ob Gautier nicht an den bevorstehenden Kreuzzug denkt, an dem er teilzunehmen vorhätte.

Fassen wir alles zusammen, was sich aus den angeführten Belegen für Gautiers Lebensumstände und für seine Schaffenszeit ergibt, so haben wir einen feststehenden Zeitpunkt an dem durch den Namen der Kaiserin Beatrix gesicherten Krönungstag, dem 1. August 1167. Daraus ergibt sich, daß die Gönner des Dichters nacheinander die Kaiserin, Graf Theobald V. von Blois und Balduin V. von Hennegau gewesen sein müssen. Für die erstere, die Gautier vor ihrer Krönung noch nicht kannte, wurde *Ille et Galeron* begonnen, für den Grafen Theobald wurde sodann der erste Teil von *Eracle* geschrieben und *Ille et Galeron* vollendet, für den Grafen Balduin erhielt *Eracle* seinen Schluß. In dieser Reihenfolge dürften die beiden Dichtungen bzw. ihre Teilstücke entstanden sein.[15] Die Zeit der produktiven

[15] Man kann sich die Möglichkeiten schematisch veranschaulichen. Bei der Permutation von vier Elementen ergeben sich nämlich 24 mögliche Fälle; davon scheiden sofort 18 aus, wenn je zwei Elemente in ihrer Abfolge gebunden sind, d. h. wenn I′ stets vor I″ und E′ stets vor E″ gehen muß. Da nun außerdem I″ bereits ein E (oder beide?) voraussetzt, so ist auch der Fall I′ I″ E′ E″ ausgeschlossen. Demnach bleiben nur fünf Möglichkeiten übrig, von denen drei das Mißliche haben, daß sich Balduin zwischen Theobald einkeilt, also:

Tätigkeit unseres Dichters liegt fraglos zwischen 1167 und 1191 wahrscheinlich in noch engeren Grenzen (etwa 1170 und 1188); sie umfaßt also, reich bemessen, etwa zwanzig Jahre, und jedes Lustrum läßt einen halben Roman zur Reife kommen. Stimmt diese Auffassung, so ist Gautier keinesfalls ein unmittelbarer Zeitgenosse von Chrestien de Troyes, sondern er gehört bereits einer jüngeren Generation an: was nicht ausschließt, daß er den Meister noch gekannt hat.

Alles in allem liegt Gautiers Bedeutung weniger in seiner Fruchtbarkeit als in seiner Selbständigkeit sowohl in der Stoffwahl als in der Ausführung. Die zögernde Gemächlichkeit, mit der er seine zwei erhaltenen Romane zu Ende geführt hat, macht es nicht eben wahrscheinlich, daß er auf einen größeren Vorrat von fertigen Werken zurückblicken konnte. Doch nimmt er auch so unter den französischen Erzählern des 12. Jahrhunderts mit Recht einen angesehenen Platz ein.

Es dürfte schwerhalten zu sagen, in welcher Schule Gautier seine Erzählungstechnik erlernt hat. Man hat bei ihm den Eindruck eines Dichters mit instinktiver Begabung, der sich gibt, wie er ist. Er erzählt, um zu erzählen, und nicht um künstlerische Wirkungen zu erzielen. Er lebt und webt in seinem Stoff; aber sein Vortrag ist nicht einfach impulsiv, Gautier gehört vielmehr zu den Menschen, die den Hörer ja überzeugen müssen und daher ihren Bericht gern noch mit einem *denn* unterstützen und rechtfertigen. Mit dieser Anlage hängt bei ihm wohl auch die reiche Verwendung von sprichwörtlichen Redensarten zusammen, mit denen er seine Rede würzt und belebt.

Wohltuend ist der Fluß der Erzählung, der im allgemeinen ge-

I′ f. Beatrix, E′ f. Theobald, E″ f. Balduin, I″ f. Theobald;
E′ f. Theobald, E′ f. Balduin, I′ f. Beatrix, I″ f. Theobald;
E′ f. Theobald, I′ f. Beatrix, E″ f. Balduin, I″ f. Theobald.

Dem gegenüber stünde der Fall, daß Gautier von Anfang an in Theobalds Diensten steht und nur gelegentlich der Kaiserin huldigt:

E′ f. Theobald, I′ f. Beatrix, I″ f. Theobald, E″ für Balduin.

Der einfachste Fall ist und bleibt:

I′ f. Beatrix, E′ und I″ f. Theobald, E″ f. Balduin.

mächlich und sicher vorwärts schreitet, doch gelegentlich auch, der Ungeduld zuvorkommend, über das Einzelne hinwegeilt und nur das Wesentliche andeutet. Denn er weiß, was er will; seine Darstellung ist wohlüberlegt und, ohne meisterhaft plastisch zu sein, doch stets klar, lebendig und bewegt. Seine Sprache hat einen guten Klang, sie ist knapp und verständlich; doch bei Schwierigkeiten hilft sie sich gern mit einem Ungefähr über diese hinweg. Die an einzelnen Stellen auffallende Breite und Verschwommenheit geht wohl z. T. auf Zusätze bei späterer Überarbeitung zurück. Der Reim fließt glatt und mühelos; er ist gepflegt, nicht gekünstelt; die Wiederholung des gleichen Reims scheint dem Dichter erst nachträglich anstößig geworden zu sein; die Brechung der Reimpaare erfolgt mehr ruckweise als spontan.

Getragen ist Gautiers Erzählung von einem hohen Anstandsgefühl und Rechtlichkeitssinn. Diese beseelen auch seine Helden und leiten ihre Entschlüsse und Taten. Das gibt ihnen einen idealen Zug. Selbst dort, wo augenblickliche Verblendung ihr Urteil trübt und sie schicksalhaft auf Abwege führt und in Not verstrickt, bleiben ihre Beweggründe edel und menschlich rein. Was Gautier zeichnet, sind die Schicksale und Prüfungen vornehmer und gut gearteter Menschen, denen der Mann mit Mut und Entschlossenheit begegnet, während die Frau sie still duldend trägt, wenn sie nicht durch Ungerechtigkeit verletzt wird. Auf dem Höhepunkt der Handlung findet der Dichter gelegentlich auch eine pathetische Situation voll seelischer Spannung, die selbst in seiner schlichten Kunst ihre Wirkung nicht verfehlt.

Die geläufige Benennung für die romanhafte Verserzählung scheint bei Gautier, wenigstens anfangs, *lai* gewesen zu sein. Die Gabe dazu besitzt er von Natur, mit ihr huldigt er der Kaiserin:

Servir la voel si con je sai:
Car à s'onor voel faire un lai. [16]

Er weiß auch, welcher Beliebtheit diese Dichtgattung sich erfreut, weil sie von der Macht und dem Geheimnis der Liebe redet; aber nicht alle Leistungen sind sich gleich:

[16] Cowper l. c. 602.

Mes s'autrement n'alast l'amors,
Li lais ne fust pas si en cours,
Nel prisaissent tot li baron.
Grant cose est d'Ille à Galeron:
N'i a fantome ne alonge
Ne ja n'i troverés mençonge.
Tex lais i a, qui les entent,
Si li sanlent tot ensement
Con s'ëust dormi et songié. Ille 928—36.

D. h. Hätte die Liebe nicht eine andere Seite, so stünde die Romandichtung nicht so im Schwange und würde nicht so allgemein geschätzt, wie es der Fall ist. Ein Prachtstück ist in dieser Hinsicht die Geschichte von Illes Neigung zu Galeron, sie ist frei von Hirngespinsten und müßigen Längen und ohne jede Spur von Lüge. Es gibt andere Erzählungen, bei denen man sich vorkommt wie nach einem wirren Traum.

Der *lai* ist die Dichtung selbst, von ihrer Stoffquelle ist in keiner Weise die Rede.

Es ist aber Zeit, daß wir uns den beiden Gedichten zuwenden.

Ille et Galeron beginnt mit einer Vorgeschichte, die für sich ein kleiner Roman ist. Mit zehn Jahren verliert Ille seinen Vater, und da sein Lehensherr, der Herzog Conan von Bretagne, ein Schwächling ist und ihm keinen Schutz gegen seine Widersacher, Hoël mit seinen Neffen, bieten kann, begibt sich der Knabe an den französischen Hof, wo er in Erinnerung an seinen Vater gut aufgenommen wird. Er wächst heran und erhält vom König den Ritterschlag. Mit zwei Gefährten, die er zu sich nimmt, zeigt er in Turnieren seine Tüchtigkeit und seine Bescheidenheit. Eines Tages bietet ihm der König ein Lehen an; aber Ille müßte sich verachten, wenn er sein Eigen fahren ließe und fremdes Gut annähme; wollte der König ihn mit Geld und Leuten unterstützen, dann würde er sein Recht in der Heimat verfechten. Beides wird ihm gewährt, und Ille macht sich mit seinen Gefährten und zehn französischen Rittern auf den Weg, nachdem er seine Getreuen zu Hause heimlich benachrichtigt hat. Bei einer Brücke wollen sie sich treffen. Doch die Sache ist verraten worden; Hoël überfällt die zwanzig Ritter, die Ille entgegenziehen;

dieser erscheint aber beizeiten und trägt schließlich den Sieg über die Übermacht davon. Nun fallen auch die übrigen Leute seines Vaters, die Hoël hatten huldigen müssen, ihm zu, so daß er bei Hofe erscheinen und sein befreites Lehen von Conan in Empfang nehmen kann. Bei der Gelegenheit sieht er Galeron zum erstenmal. Ein neuer Anschlag gegen ihn auf dem Rückweg wird ebenfalls vereitelt. Der Herzog, dem sein Erfolg nicht mißfällt, zieht ihn an seinen Hof und macht ihn zum Seneschall. Als solcher stellt Ille die Ordnung in der Bretagne wieder her. Immer tiefer wird indessen die Liebe zwischen ihm und Galeron, aber keines wagt zu reden, er wegen des großen Abstandes zwischen ihm und ihr, sie aus weiblicher Zurückhaltung. Aber der Herzog verfällt von selbst auf den Gedanken, seine Schwester, die seine einzige Erbin ist, mit seinem Seneschall zu verbinden, und findet natürlich keinen Widerspruch. Nur die früher abgewiesenen Freier, der Herzog von Normandie und die Grafen von Anjou und Poitou, nehmen es übel; doch Ille schlägt ihren Angriff ab und hat damit das Ziel seiner Wünsche erreicht.

Hier nun schürzt sich der Knoten. In einem Turnier (oder bei einem neuen Kampf W.) hat Ille das Unglück, daß er das linke Auge verliert. Fest überzeugt, daß Galeron ihn, so entstellt, nicht mehr lieben kann, und unfähig, den Gedanken an ihre Geringschätzung zu ertragen, sucht er sein Mißgeschick vor allen Menschen zu verbergen. Auf einem fernen Landgut läßt er sich von einem ihm unbedingt ergebenen, heilkundigen Kleriker pflegen; aber Galeron, die von dem Unfall hört, ohne erfahren zu können, was eigentlich geschehen ist, eilt an sein Krankenlager, und da ihr der Zutritt verwehrt wird, schleicht sie sich gegen Abend in sein Zimmer ein, hört seine stillen Klagen und, wie sich während seines Schlummers der Verband verschiebt, sieht sie auch den Schaden. Beim Erwachen erkennt Ille sie zuerst nicht, dann aber tröstet er sie mit ausweichenden Worten; sie ihrerseits vermeidet jede Anspielung auf seinen Zustand, um ihn nicht zu kränken. So trennen sie sich auf die Nacht; aber am Morgen läßt er sein Pferd satteln und entfernt sich unbemerkt. Aus gegenseitiger Rücksichtnahme hat keines das erlösende Wort gesprochen.

Einsam und unerkannt reitet Ille über Normandie, Frankreich und Langres bis nach Rom, wo der altersschwache und gebrechliche

Kaiser dem überlegenen Angriff des Kaisers von Konstantinopel entgegensieht. Als einfacher Kriegsknecht bietet Ille seine Dienste an; aber trotz der armseligen Waffen, die man ihm gibt, verwandelt er bald durch seinen Heldenmut den Hohn, der ihn empfangen hat, in bewunderndes Staunen. Auf seinen Rat ziehen sich die Römer in den Schutz einer Burg zurück und machen von dort glückliche Ausfälle. Wie bei einem derselben der Seneschall fällt, übernimmt Ille seine Vertretung und führt die Römer zur offenen Feldschlacht, in der er trotz schwerer Verluste und eigener Verwundung einen glänzenden Sieg erringt. Der alte Kaiser läßt sich dem Heimkehrenden entgegentragen und bestätigt ihn in der Würde des Seneschalls.

Inzwischen hat sich Galeron, sobald Illes Flucht bemerkt wurde, aufgemacht, um ihn zu suchen. Mit vierzehn Rittern durchstreift sie Britannien, Wales, Schottland, Auvergne, Dänemark, Friesland, Ungarn, Sachsen und Slawonien, bis sie zuletzt, nachdem alle ihre Begleiter gestorben sind, ebenfalls nach Rom kommt. Hier nimmt ihr der Papst die Beichte ab, ohne daß sie sich dabei nennt. Dann aber bezieht sie im Palast eines vornehmen Römers, wo sie vor Belästigung sicher sein kann, eine ärmliche Wohnung im Untergeschoß, wo sie unter lauter armen Leuten vom Ertrag ihrer Handarbeit lebt und nur ausgeht, um dem Gottesdienst beizuwohnen. Sie ahnt nicht, wie nahe sie dem ist, den sie verloren glaubt; und Ille seinerseits konnte von ihr auch nur erfahren, daß sie fortgegangen war und nicht mehr zurückgekehrt.

Jetzt geschieht, was kommen mußte. Illes Heldentaten und seine stattliche Erscheinung haben trotz des eingebüßten Auges einen tiefen Eindruck auf die Kaisertochter Ganor gemacht. Bald hat sie nur noch Gedanken für ihn; sie kann ja nicht ahnen, daß sein Herz nur für Galeron schlägt. Auch der Kaiser überlegt sich, daß er das Reich in keine besseren Hände legen kann als in die seines ebenso tapferen als klugen und allgemein beliebten Seneschalls. Auf seine Veranlassung spricht der Papst mit Ille, stößt aber zu seinem grenzenlosen Erstaunen auf eine glatte Ablehnung. Erst bei einem zweiten Versuch gesteht Ille den Grund seiner Weigerung. Aber der Papst weiß Rat. Sie wollen beide ihre Beauftragten nach der Bretagne schicken, und wenn dann Galeron trotz allen Nachforschens verschollen bleibt, so hat Ille keinen Grund mehr, Ganors Hand und mit ihr die Aussicht auf die Kaiserkrone auszuschlagen; wegen der Ehe nimmt es der Papst auf sein Gewissen. Gesagt, getan, und da das Suchen keinen Erfolg hat, wird der Tag für die Vermählung festgesetzt. Schon am Vorabend beginnt in Rom die große Festfreude, und diesmal hört auch Galeron die Nachricht. Ihr schwinden die Sinne; noch mehr aber quält sie ihr Gewissen; denn wenn sie schweigt und Ille, derweil sie lebt, eine zweite Ehe eingehen läßt, macht sie sich mitschuldig an der Sünde. Mühsam schleppt sie sich zur Peterskirche, wo die Einsegnung stattfinden soll, und wartet am Tor auf sein Erscheinen. Die Türhüter wollen sie abweisen, aber Ille wehrt ihnen und steht nun vor seiner Frau, die sich zu erkennen gibt und ihre Gewissensnot gesteht; gern will sie sich für sein Glück opfern, wenn der Papst sie in eine fromme Abtei geben wollte, wo sie bis zu ihrem Lebensende für sein Seelenheil beten könnte. Aber Ille hat nur einen Gedanken, ob Galeron ihn noch liebt, ob sie ihm seine Flucht verzeiht und wieder mit ihm leben möchte. Sobald er aus ihren Worten diese Gewißheit entnimmt, führt er sie hinter den Hochaltar und läßt den Papst dahin rufen; dieser erinnert sich alsbald an das, was Galeron ihm von ihren Schicksalen gebeichtet hat und was er von ihrem musterhaften Leben weiß. Mit Rücksicht auf die leidenschaftliche Erregbarkeit der Römer rät er ihnen, sich heimlich zu entfernen; er werde verlautbaren, der Seneschall sei von einem Unwohlsein befallen worden, die Feier müsse verschoben werden.

Mit diesem Triumph der treuen Liebe endete vielleicht der erste Teil des Romans, und es fragt sich, ob die Fortsetzung, die er erhalten hat, im ursprünglichen Plan des Dichters lag. Notwendig ist sie nicht. Die einfache Rückkehr nach der Bretagne, wo inzwischen Galerons Bruder, der Herzog, gestorben ist, die Wiederherstellung der Ordnung in dem von Fehden zerrissenen Land und ein Ausblick auf das glückliche Zusammenleben der wiedervereinten Gatten und auf den Kindersegen, der ihre Ehe krönt, wäre vollkommen entsprechend gewesen als Abschluß des von Gautier ausgedachten Schicksalsromans. Unbefriedigt blieb das Gefühl des Hörers oder Lesers nur in dem einen Punkt: Sollte Ganor mit ihrer treuherzigen Liebe das Opfer abgeben ohne jede Hoffnung auf Ersatz oder auf Entschädigung? Das wäre schwer zu ertragen. Denn Galerons ideale Selbstlosigkeit, die sich auch mit dem Verzicht abgefunden hätte, barg diese Gefahr in sich, daß sich die Teilnahme für sie abkühlte und sich der jugendlichen, glückfreudigeren Ganor zuwendete.

Wie dem auch sei, der Roman, wie er uns jetzt vorliegt, bringt zunächst einen breit ausgesponnenen Bericht über den Abschied von Rom, der bereits auf das Kommende vorbereitet. Zuerst wird der Ehrenmann, der Galerons Beschützer und Wohltäter war, geehrt und belohnt; auch die Genossen ihrer Armut werden reichlich bedacht; dann kommt der Gang zum Kaiser, der dem Scheidenden das Versprechen abnimmt, daß er seiner Tochter im Notfall seinen Beistand nicht versagen wird, und der noch schwerere Abschied von Ganor, der er das gleiche zusagt. Auch die Trennung von der Einwohnerschaft Roms ist bewegt. Festlich und freudig ist der Willkomm in der Bretagne, die ihre Gebieter schwer vermißt hat. Die römische Begleitung kann bei ihrer Rückkehr die Herzlichkeit des Empfangs nicht genug rühmen, was Ganors Schmerz neu aufleben läßt. Jahre vergehen. Galeron hat Ille zwei Söhne geschenkt, die Geburt einer Tochter ist aber so schwer, daß sie in der Todesangst gelobt, den Schleier zu nehmen. Ille bleibt zurück mit der Wehmut des entschwundenen Glücks und mit der nicht ruhenwollenden Erinnerung an Ganor. Da bereiten sich neue Ereignisse vor. In Rom ist der alte Kaiser gestorben; der verwitwete Kaiser von Konstantinopel will Ganor zwingen, ihm ihre Hand zu reichen; er hatte eine Base von ihr zur Frau gehabt und sie zu Tode gequält. Der Augenblick ist gekommen, Ille an sein Versprechen zu erinnern, und Ganor macht sich selber auf den Weg nach der Bretagne. Aber Ille hat durch Pilger von der Bedrängnis der Kaisertochter gehört, und unter dem Vorwand einer Wallfahrt nach Santiago bricht er mit dreißig erlesenen Rittern auf; in Vienne erfährt er, daß am Tage vorher die römische Kaisertochter vorbeigekommen ist. Ohne sich aufhalten zu lassen, eilt er weiter nach Rom, wo nach dem Verschwinden Ganors die größte Verwirrung herrscht. Die Römer werden von den Griechen in einer Burg belagert; es muß in Kürze zur Schlacht kommen. Ille übernachtet bei einem zuverlässigen Kastellan, und am folgenden Tag wartet er, bis die Schlacht in Gang ist und die Römer anfangen zu weichen, um mit den Seinen einzugreifen und den Römern zu einem glänzenden Sieg zu verhelfen. Ganor, die unverrichteterdinge heimgekehrt ist, soll auf dem Weg zum Heere durch ihre bestochenen Begleiter dem Griechenkaiser ausgeliefert werden; aber Ille wird beizeiten gewarnt, und Ganor, die von seiner Anwesenheit nichts ahnt, erkennt ihn als ihren Befreier. Nun können sie sich angehören.

Es ist ein müßiges Beginnen, einen Roman, wie historisch er sich auch gibt, aus jüngeren oder weiter zurückliegenden Begebenheiten herleiten zu wollen. Ein Roman ist für sich selber da. Wohl aber lohnt es sich zu erkunden, welche Vorstellung von der historischen Umwelt der Dichter seiner Erfindung zugrunde gelegt hat. In unserm Falle ist es klar, daß ihm die Bretagne der jüngsten Vergangenheit vorschwebt: seit 1040 hatten drei Conan das Herzogtum innegehabt, und jedesmal hatte die männliche Nachfolge versagt; einmal trat die Schwester, zweimal die Tochter das Erbe an; letzteres war auch 1170 beim Tode Conans IV. der Fall. Sonst sind nur Namen wie Hoël, Ille und Eliduc bretonisch; hinter ihnen steckt aber keine historische Erinnerung.[17] Zeitloser sind die Vorstellungen vom römischen und griechischen Kaiserreich; die beiderseitigen Herrscher sind nicht einmal mit einem Namen genannt. Man kann vielleicht sagen, daß sich Erinnerungen aus spätrömischer Zeit beim Dichter mit Eindrücken aus der jüngsten Vergangenheit vermischt haben mögen, wie z. B. die Belagerung der von den Griechen zu einem starken Waffenplatz ausgebauten Stadt Ancona beim Römerzug von 1166 und der nachfolgende Sieg der Kaiserlichen über die Römer bei Tivoli, wo diesen der bereits sicher scheinende Sieg durch einen kühnen Angriff im Rücken durch Reinald von Dassel entrissen wurde.[18] Aber niemand wird etwa glauben, daß ihm bei der

[17] An die schöpferische Mitwirkung alter bretonischer Lieder glaubte seinerzeit F. Lot, Romania 25, 585 ff. Er erinnert daran, daß Hoël, Graf von Nantes, 981 durch einen Emissär des Grafen Conan von Rennes, namens Galuron, ermordet wurde, und vermutet, daß alte Lieder den Namen erhalten haben, den Gautier auf eine Frau übertrug.

[18] Vgl. H. Prutz, *Friedrich I.* II, 66 ff. u. 72. Andere Parallelen, die Fred. A. G. Cowper, Modern Philology 19, 35 ff. heranzieht, sind wenig haltbar.

Zeichnung des hilflosen, halbgelähmten Vaters Ganors der rüstige und tatkräftige Barbarossa vorschwebte.

Gautiers Erzählung beruht in der Hauptsache auf zwei Motiven: der Trennung infolge des Turnierunfalls und dem Konflikt der zwei Lieben. Das erste Motiv erinnert an einen der Fälle, die im Kreise der Gräfin von Champagne erörtert und entschieden wurden und die Andreas Capellanus in seiner Schrift *de arte amandi et de reprobatione amoris* gesammelt hat: ob nämlich der Verlust eines Auges oder eines anderen Körperschmucks beim Turnier die Dame berechtigt, sich von ihrem früher geliebten Verehrer abzuwenden, was die Vizegräfin Hermenjart von Narbonne in Abrede stellt, weil es gerade die Tapfersten sind, die von solchen Zufällen betroffen werden.[19] Da Andreas im Anfang des 13. Jahrhunderts schrieb und die Vizegräfin bis 1197, die Gräfin Marie sogar bis 1198 gelebt haben, scheint die Frage nicht unberechtigt, ob es nicht eben der von unserem Dichter erzählte Fall ist, der die Damen zur grundsätzlichen Erörterung der Streitfrage veranlaßt hat; denn der erste Teil von *Ille et Galeron* ist um 1170 entstanden, als Gautier noch keine Beziehungen zum champagnischen Hof hatte. Die umgekehrte Annahme, daß es die in diesem Kreis ventilierte Frage ist, die von Gautier aufgegriffen und dichterisch verwendet wurde, hat eine geringere Wahrscheinlichkeit, weil es sich für den Dichter nicht um ein Problem handelt. Für seine Heldin steht es außer Frage, daß sich echte Liebe ohne weiteres über solche Zufälligkeiten, ja über noch viel Schwereres hinwegsetzt. Nur Ille allein quält sich mit dem Gedanken, ob sie ihn nun nicht fühlen lassen wird, wie die Wunde ihn entstellt; und er kann diesen Gedanken nicht ertragen, weil er sich seiner niedrigen Geburt bewußt bleibt und weil er Galeron über alle Maßen liebt. Gerade weil sie so tief ist, ist seine Liebe so empfindlich.

Das zweite Motiv, der Konflikt zweier Lieben, ist von altfranzösischen Dichtern mehrfach behandelt worden. Besonders nahe steht Gautiers Erzählung, zeitlich und stofflich, dem *Lai d'Eliduc* von Marie de France. Der gemeinsame Name Eliduc läßt es ausgeschlossen erscheinen, daß die beiden Dichtungen ohne Beziehung

[19] In gleichem Sinne spricht sich auch der Dichter aus. Die Textstellen bei W. Foerster l. c. p. XXIX.

zueinander wären. Aber die allgemein verbreitete Annahme, daß Gautier den Marieschen Lai oder dessen Quelle benutzt und nach seinem Sinne über- und umgearbeitet habe, ist nicht die einzige Möglichkeit, die zu erwägen ist. Man bedenke nur, daß das, was Gautier beschäftigt, nicht das Problem ist, ob die rechtmäßige Gemahlin in einem gegebenen Fall in eine Teilung ihrer Rechte mit einer anderen Frau willigen kann: diese Zuspitzung finden wir erst bei Marie de France. Was er uns bietet, ist die rührende Geschichte der Trennung zweier sich treu ergebener, aber durch einen momentanen Wahn auseinandergeführter Ehegatten und von ihrem unverhofften Wiederfinden in dem Augenblick, wo die Frau als verschollen gilt und der Mann im Begriff steht, auf allgemeinen Zuspruch eine neue Ehe zu schließen. Wenn die genetische stoffgeschichtliche Betrachtung überhaupt einen methodologischen Wert haben soll, so wird man in Anschlag bringen müssen, daß Gautiers Darstellung den primäreren Eindruck macht, während die Fassung von Marie de France als die kompliziertere und somit von Rechts wegen als die jüngere anzusehen wäre. Aber wir wollen die Entlehnungsfrage vorläufig offenlassen und ihre Erörterung auf eine geeignetere Gelegenheit verschieben.

Die Schleiernahme Galerons, die die Schlußepisode einleitet und Illes Heirat mit Ganor ermöglicht, ist kein freiwilliges Zurücktreten der angetrauten Frau vor der anderen; sie ist die Folge eines in den Ängsten und Schmerzen der Gebärstunde, mit dem Tod vor Augen eingegangenen Gelübdes. Es ist gleichgültig, ob sie im ursprünglichen Plan des Dichters lag oder nicht; sie kommt dem Leser insofern nicht überraschend, als Galeron bei ihrer Aussprache mit Ille am Tor der Peterskirche ihren Verzicht spontan angeboten hatte. Aber es fragt sich, ob sie ihn hätte ausführen können. Selbst der Papst war nicht berechtigt, eine legitime Ehe zu trennen, nur um dem Manne das Eingehen einer neuen zu ermöglichen. Etwas anderes ist es mit einem Gelübde in Todesnot, wenigstens nach der Anschauung der Zeit. Ein ähnlicher, aber doch wieder anders gearteter Fall trug sich 1179 zu, in dem Maria von Boulogne, die Tochter König Stephans von England, den Schleier nahm, worauf ihr Gemahl, Mathias von Elsaß, der Bruder des Grafen Philipp von Flandern, eine neue Ehe mit Eleonore von Vermandois einging. Vielleicht lag hier mehr ein Akt der Sühne vor, weil Maria vor ihrer Ehe Äbtissin von Romesey gewesen war und das Kloster verlassen hatte, um zu heiraten.

Eracle, Gautiers zweiter Roman, zerfällt ebenfalls in zwei Teile, die nicht notwendig zueinander gehören. Sie fließen auch aus zwei verschiedenen Quellen. Der erste Teil verwendet, mit selbstverständlicher dichterischer Freiheit, die Geschichte der Kaiserin Eudokia, die Gautier aus dem *Chronicon paschale* kennen konnte.[20] Athenais, die Tochter des Philosophen Leontius, hatte von ihrem Vater eine ausgezeichnete Erziehung erhalten, wurde aber von der Erbschaft ausgeschlossen. Sie kam mit ihrer Tante an den Hof in Byzanz, um das Testament anzufechten, und hatte das Glück, mit ihren Talenten die Gunst Pulcherias, der Tochter des Kaisers Arcadius und Mitregentin ihres Bruders Theodosius des Jüngeren, zu erwerben. In der Taufe nahm Athenais den Namen Eudokia an, und 421 heiratete sie Theodosius. Später aber beargwohnte dieser ihre Treue wegen eines Apfels, den er ihr geschenkt hatte und den sie an den Magister officiorum Paulinus weitergab; dieser hatte ihn unvorsichtigerweise dem Kaiser wieder angeboten. Historisch ist, daß der Kaiser ihn töten ließ. Eudokia zog sich nach Palästina zurück, wo sie sich mit theologischen Fragen und geistlichen Dichtungen beschäftigte und 460 starb.

Der eigentlichen Erzählung vom Ehebruch der Kaiserin geht wieder eine Vorgeschichte voraus, die jene an Umfang um ein Drittel übertrifft und vom Dichter mit sichtlicher Liebe ausgeführt worden ist: sie ist einer der gelungensten und originellsten Abschnitte der Dichtung. Ihr Held ist Eracle, das sehnsüchtig erflehte und unter wunderbaren Umständen gezeugte Kind des reichen römischen Senators Meriados und seiner Frau Cassine; drei Tage nach seiner Taufe wird ihm von einem Engel ein Brief in die Wiege gelegt, den er erst eröffnen soll, wenn er ihn selber lesen kann. In dem Briefe steht, daß ihm die dreifache Gabe verliehen ist, den wirklichen Wert von

[20] Es sind Auszüge aus den unter Konstantin nach Byzanz gebrachten und hier fortgesetzten römischen Konsularfasten, die bis 630 reichen. Pauly-Wissowa s. v. Ausg. von L. Dindorf, Bonn 1832. Vgl. F. Gregorovius, *Athenais*. ²Leipzig 1882.

Steinen, Pferden und Frauen zu erkennen. Mit zehn Jahren verliert Eracle seinen Vater, und seine fromme Mutter opfert nach und nach den ganzen hinterlassenen Besitz für sein Seelenheil, zuletzt auch ihr Kostbarstes, ihren eigenen Sohn, den sie mit seiner freudigen Einwilligung für 1000 Byzantiner an den Seneschall verkauft. Nun soll er seine Gaben erweisen, was auch glänzend gelingt. Der unscheinbare Stein, den er aussucht, hat die Kraft, wie die angestellten Versuche zeigen, seinen Träger vor allem Schaden durch Feuer, Wasser oder Waffen zu bewahren; das Füllen, das er bevorzugt, wäre das edelste Tier geworden, wenn man ihm nicht bei der ersten Probe unmäßig viel zugemutet hätte. Nun soll Eracle unter den Töchtern der nach Rom bestellten Edelleute aus dem ganzen Reich die Gemahlin für den Kaiser auswählen; aber auch hier durchschaut er das Geheimste und findet keine würdig; hingegen läßt ihn ein zufälliger Gang durch die Altstadt die Perle entdecken, die er sucht; es ist Athenais, die verwaiste Tochter eines römischen Senators, die unter der sorgsamen Pflege ihrer Tante fromm und bescheiden herangewachsen ist. Sie wird des Kaisers Gemahlin und hätte das in sie gesetzte Vertrauen auch gerechtfertigt, wäre sie nicht falsch behandelt worden.

Sieben Jahre vergehen, da zwingt ein frecher Überfall auf eine Stadt draußen im Reich den Kaiser Lais zu einer längeren Abwesenheit. Eracle begleitet ihn. Von Mißtrauen verblendet, ordnet der Kaiser, trotz Eracles eindringlicher Warnung, die peinlichste Beaufsichtigung der Kaiserin an, die ihr jede Freiheit benimmt. Aber niemand kann hindern, daß bei einem Volksfest, das ganz Rom auf die Beine bringt, auch die Kaiserin nach altem Brauch erscheint. Unter den jungen Männern, die auf Instrumenten spielen oder tanzen, zeichnet sich der Senatorensohn Paridès vor allen anderen aus. Die Kaiserin bemerkt ihn, und ihr Interesse feuert ihn noch mehr an. Beide entbrennen in glühender Liebe zueinander und sind dem Verschmachten nahe. Eine Alte, die neben dem Senatorenpalaste wohnt, erbarmt sich des jungen Mannes und überbringt eine Botschaft von ihm an die Kaiserin in einem Korb frischer Kirschen; diese antwortet mit einem Briefchen, das sie in eine Pastete versteckt. Zur Oktav des Festes richtet sie es so ein, daß sie sich durch ihr feuriges Pferd gerade vor dem Hause der Alten in einen Wasserbehälter abwerfen läßt; und während man Kleider zum Umziehen für sie holt, ist sie mit Paridès, der auf sie gewartet hat, vergnügt zusammen. Vor Eracle bleibt die Wendung, die die Dinge nehmen, nicht verborgen; noch vor der Heimkehr unterrichtet er den Kaiser über den Erfolg seines ungerechten Mißtrauens. Athenais leugnet ihren Fehltritt auch nicht; und der Kaiser, der seinen Irrtum einsieht, begnügt sich damit, seine Ehe zu lösen und das schuldhafte Paar zusammenzugeben.

Für Gautier war jedenfalls dieser Teil seiner Dichtung ein Stück verbürgter Geschichte; aber er behandelt es nicht als Geschichte, sondern als Roman, als eine geschmückte Erzählung, die er nach freiem Ermessen gestaltet, wie er es eben versteht. Den Namen Athenais behält er bei, den Kaiser nennt er willkürlich Lais, des Reimes wegen. Die kühne dichterische Behandlung des Ehebruchmotivs, das ohne Abschwächungsversuch sachlich und anschaulich durchgeführt wird, findet ihre moralische Rechtfertigung in der Lehre, die sich aus der irrigen Behandlung der Frau ergibt. Manch pessimistisches Urteil über die Frauen entschlüpft dabei dem Dichter und verrät uns in ihm einen erfahrenen Menschenkenner. Als notwendige Ergänzung kommt nun das Motiv der drei Wundergaben hinzu; denn der Dichter brauchte für die gute Artung seiner Auserwählten eine Bürgschaft: nur unter der Bedingung war die Lehre gültig.

Man hat sich vielfach bemüht, die Herkunft dieses eigenartig, märchenmäßig anmutenden Motivs zu finden; aber das Ergebnis ist bisher wenig zufriedenstellend. Wenn im Mahabharata Nala sich dem König Rituparna als guter Pferdelenker, guter Ratgeber in schwierigen Angelegenheiten und guter Koch vorstellt und zu einer Wagenfahrt, die der König zu machen hat, unansehnliche Pferde aus dem Stall zieht, die es aber leisten, so ist gewiß eine Ähnlichkeit vorhanden, aber niemand kann den Weg angeben, auf dem Gautier zur Kenntnis dieser indischen Erzählung hätte gelangen können; und dann fehlt doch eigentlich das Typische und Wesentliche.[21] Es gibt auch eine byzantinische Versanekdote von Ptocholeon, dem

[21] Vgl. E. Littré, Hist. litt. de la France XXII, 791 ss. E. Faral, Romania 46, 531.

Philosophen, der sich selbst als Sklaven verkauft und sich mit der Gabe, den Wert oder eher Unwert von Steinen, Pferden und Menschen zu erkennen, durchhilft; unter anderem sagt er dem König auf den Kopf zu, daß er der Sohn eines Lakaien ist, was durch das Geständnis der Mutter bestätigt wird. Die Erzählung, die in ihrer älteren Fassung nur 384 Verse hat, dürfte nach ihrer metrischen Form aus dem 14. Jahrhundert sein.[22] Wer verbürgt uns da, daß es nicht Gautiers Einfall ist, der in dieser Gestalt nach dem Morgenland gewandert ist und noch heute dort unter den Arabern und in Rußland umläuft? Denn es ist nicht die einzige Motivgestaltung, die diesen Weg gegangen ist,[23] und man wird einmal staunen, wenn die Zeit einer unbefangenen Prüfung der Motiventlehnungen gekommen sein wird, wieviel hübsche Einfälle das Abendland gerade in dieser Zeit geliefert hat, die anderwärts willige Aufnahme fanden. Wenn die Gabe zu märchenhafter Motiverfindung auf einem Urinstinkt der Menschheit beruht, so ist es wahrlich nicht abzusehen, weshalb diese Gabe und dieser Instinkt gerade den Franzosen des endenden 12. Jahrhunderts gefehlt haben sollten, wo sie uns doch, nach dem langen Winterschlaf der Phantasie, die moderne Romandichtung mit der dazugehörigen Erfindung geschenkt haben.

Auch der kürzere Schlußteil des Romans beruht auf Geschichte oder wenigstens auf kirchlicher Legendentradition. Der Held dieses Abschnitts ist der Kaiser Heraklius (610—628), von dem erzählt wird, daß er das vom Perserkönig Chosroes II. 615 aus Jerusalem entführte heilige Kreuz wiedergewonnen und zurückgebracht habe. Der Überfall auf Jerusalem und die Verschleppung des Kreuzes sind geschichtliche Tatsachen. Mit dem Kaiser Heraklius wird der Knabe Eracle des ersten Teils, von dem wir uns dessen nicht versahen, gleichgesetzt. Er war, so erzählt uns der Dichter, dermaßen zu Ansehen gekommen, daß er nach der Ermordung des griechischen Kaisers Foucars durch Chosroes gleichzeitig mit einem anderen, in Afrika begüterten Mann zum Kaiser berufen wurde, so daß zwei Kaiser auf dem Throne saßen. Historisch verhält sich die Sache so, daß Heraklius mit den Truppen seines Vaters, der in Afrika Statt-

[22] Krumbacher, *Byzantinische Literatur*, S. 807 f. Faral l. c.
[23] Z. B. Bovon d'Hamstone.

halter war, 610 den wegen seiner Grausamkeit allgemein verhaßten Phokas stürzte.

Mit dem Charakter der Erzählung ändert und hebt sich auch der Ton der Dichtung; er bekommt einen heroischen Anstrich. Zur historischen Orientierung des Lesers wird zuerst die Geschichte von der Auffindung des heiligen Kreuzes durch die Kaiserin Helena und der Bestätigung seiner Echtheit durch die Erweckung eines Toten auf Veranlassung eines Juden, der daraufhin glaubt und auf den Namen Kyriakus getauft wird. Dann sehen wir Cosdroès in seinem gotteslästerlichen Größenwahn, wie er künstlich Donner, Regen und Wind erzeugt, um das Volk in seinem Irrglauben zu erhalten. Kaum ist Heraklius zum Kaiser gewählt und hat begonnen, Ordnung im Reich zu schaffen, schickt Cosdroès seinen Sohn gegen ihn. Durch einen Engel gewarnt, entbietet Heraklius seine Heerscharen und rückt den Persern an die Donau entgegen. Eine breite Brücke führt über den Strom, an dessen beiden Ufern die Heere lagern. Die Entscheidung nimmt Heraklius selber in die Hand, indem er den jungen Cosdroès zu einem Zweikampf auf der Brücke herausfordern läßt. Ihr heldenhaftes Ringen endet mit dem Tod des Ungläubigen. Die Perser lassen sich taufen. Unaufhaltsam dringt Heraklius bis nach Persien vor, wo er das verschleppte Kreuz mit tiefer Ergriffenheit wiederfindet. Den verblendeten König, der von seinem Wahn nicht lassen will, enthauptet er. Die unermeßliche Beute an Gold und Edelsteinen wird unter die Kriegsleute verteilt und zum Bau einer christlichen Kirche verwendet. Mit einem Teil des Heeres bringt Heraklius das Kreuz nach Jerusalem. Wie er aber im Triumph durch das Goldene Tor einziehen will, schließen sich die Stadtmauern. Nicht als Sieger, nur im Büßergewand darf er die Stadt betreten, wo einstens der Heiland am Kreuz gestorben und auf dem Füllen einer Eselin eingeritten war. Zur Erinnerung an diese Geschehnisse wird das Fest der Kreuzeserhöhung eingesetzt. Dann kehrt Heraklius nach Konstantinopel zurück, wo er für seine Eltern noch viele fromme Stiftungen macht und man ihm nach seinem Tod ein Reiterstandbild errichtet.

Früher war man des Glaubens, daß Gautier von Arras die Fabel und die Einzelheiten seiner Dichtung einem byzantinischen Roman verdanke, von dem allerdings jegliche Spur fehlte. Heute weiß man, dank dem überzeugenden Aufsatz von E. Faral, daß die unmittelbare Quelle für den Schlußteil in den liturgischen Lektionen der beiden Feste der Kreuzeserfindung und der Kreuzeserhöhung zu suchen ist.[24] Der Text der Lektionen für das erstgenannte Fest ist der Legende des hl. Kyriakus (Acta Sanctorum Maii t. I, p. 445 ss.) entnommen, der Text für das andere Fest stammt aus den sog. Homilien des Hrabanus Maurus (Migne, Patr. lat. 110, col. 131). Daß man es nicht schon früher bemerkt hat, liegt an einem Versehen der Ausgabe, die den Namen Heraklius in Gracchus verdruckt hat. Auf die richtige Spur wurde Faral durch den Passionarius der Marienkirche in Reims, Hs. 1403 (K. 781) der Stadtbibliothek, geleitet.

Das Fest der Kreuzerhöhung ist älter als die Legende. Es wurde schon seit längerer Zeit in Jerusalem gefeiert zum Gedenken an die Einweihung der von Konstantin erbauten Basilika am heiligen Grab. Im 7. Jahrhundert fand es auch Eingang in Rom, nachdem Papst Sergius, wie der *Liber pontificalis* meldet, in der Schatzkammer der Peterskirche ein Bruchstück des heiligen Kreuzes entdeckt hatte. Die Verbindung des Festes mit der Legende von der Verschleppung des Kreuzes durch Chosroes und von seiner Wiedereinbringung durch Heraklius ist zwar nicht bezeugt, könnte aber damals aufgekommen sein. E. Faral hat sie erst bei Hrabanus Maurus gefunden. Es gibt aber einen anderen Beleg, der uns um hundert Jahre weiter hinaufführt. Er steht in Bedas *Chronica* (Mon. Germ. hist. Auct. ant. XIII, 310 ad 537 und 539), wo Heraklius und Chosroes und die Wiedergewinnung des hl. Kreuzes erwähnt werden mit Hinweis auf die *Vita s. Anastasii Persae* als Quelle. Nun wissen wir aber von Beda selbst aus dem Verzeichnis seiner Schriften am Schluß seiner Kirchengeschichte, daß er eine schlechte Übersetzung der *Vita*, die es gab, durch eine eigene ersetzt hat: *librum vitae et passionis s. Anastasii male de Graeco translatum et pejus a quodam imperito emendatum prout potui ad sensum correxi.* Bedas Arbeit ist verlorengegangen; aber es ist nicht nur möglich, sondern höchstwahrscheinlich, daß Hrabanus Maurus oder, wenn die betreffende Homilie nicht von ihm sein sollte, jemand aus seiner Schule das Bedasche Werk

[24] E. Faral, *D'un Passionnaire latin à un roman français. Quelques sources immédiates du roman d'Eracle.* Romania 46, 512—536 (1920).

noch gekannt und für liturgische Zwecke exzerpiert hat. Damit schließt sich aber der Kreis. Nicht nur das Fest der Kreuzeserhöhung, sondern auch dessen Beziehung zu Heraklius und Chosroes durch Vermittlung der *Vita s. Anastasii Persae* dürfte schon im 7. Jahrhundert unter Papst Sergius I. († 701) in Rom eingebürgert worden sein; den Weg in die Lektionen des Festes fand der Bericht über Beda und Hraban.

Daraus ergibt sich aber für Gautier, wie Faral richtig gesehen hat, daß seine Quellen zwar entfernt byzantinischer Herkunft sind; aber es war nicht nötig, daß ihre weitere Verarbeitung in Byzanz erfolgte, da sie im Abendland durchaus heimisch waren. Insofern es nun auf die Vereinigung der verschiedenen Elemente ankommt, die in Gautiers Roman eingegangen sind, so sieht man wiederum nicht, weshalb man ihm nicht selber ihre Verschmelzung zutrauen soll. Er war ja zweifellos Geistlicher und wird als solcher die Lektionen für die beiden Kreuzfeste gekannt haben; und dann hat er mehrere Jahre am Hof der Kaiserin verbracht und war gewiß hier am ehesten in der Lage, einmal einen Blick in das *Chronicon paschale* zu tun und sich einigermaßen mit der oströmischen Kaisergeschichte zu befassen. Hier war jedenfalls Interesse für solche Dinge vorhanden.[25]

Suchen wir zum Schluß die literarische Bedeutung von Gautiers schriftstellerischer Leistung, soweit sie uns vorliegt, zu erfassen, so werden wir sein Verdienst vor allem darin sehen, daß er als einer der ersten die Wendung vom höfischen Abenteuer- und Liebesroman im Rahmen der Artuswelt, wie Chrestien ihn zu Ansehen gebracht, zum Schicksalsroman allgemeiner Prägung vollzog. Ob es mit bewußter Absicht geschah oder aus Verlegenheit, ist nebensächlich. Die Hauptsache ist, daß der Roman sich wieder mehr der gegebenen Wirklichkeit zukehrt, sowohl in der Umwelt der Begebenheiten als im Erleben der Helden. Das Vorspiel von *Ille et Galeron* hat seinen Schauplatz in der historischen Bretagne in nicht zu abgerückter Zeit;

[25] Auf Lokalkenntnis in Konstantinopel weisen nur die Angaben über das mitten in der Stadt errichtete Reiterstandbild für Heraklius. Nach Faral p. 530 ist eigentlich das Reiterstandbild des Kaisers Justinian auf dem Forum gemeint, das mitunter für das des Kaisers Heraklius gehalten wurde. Autopsie scheint hier nicht notwendig.

der Hauptteil aber spielt im kaiserlichen Rom in einer chronologisch schwer bestimmbaren Region. *Eracle* versetzt uns dafür, ohne es besonders kenntlich zu machen, es sei denn durch die Namen Athenais, Phokas und Heraklius, in das Rom der späteren Kaiserzeit mit einem Ausblick nach Byzanz, Persien und Jerusalem. Die Konflikte aber, um die sich seine Erzählung spinnt, sind die Vertreibung des vaterlosen Kindes aus seinem Erbe, die Verstrickung des in die Fremde gezogenen Mannes in die Lockungen einer zweiten Ehe und die Verleitung der Frau zum Ehebruch durch ungerechte Freiheitsentziehung. Dazu kommt dann das Märchenmotiv von den drei Wundergaben, das uns eine andere Seite von Gautiers Phantasiebegabung offenbart, und die dichterische Behandlung des Legendenthemas von der Rückgewinnnung des verschleppten Kreuzes, die leicht in die Sphäre der heroischen Epik hinübergreift. Die verschiedenen Stoffe zeigen uns auch die Fähigkeit Gautiers, in gleicher Weise auf Buchtradition zu bauen oder die freie Erfindung spielen zu lassen. Wahrlich, alles in allem, keine alltägliche Leistung für einen Dichter.

Wissenschaftliche Zeitschrift der Friedrich-Schiller-Universität Jena 5 (1955/56) Gesellschafts- und Sprachwissenschaftliche Reihe 2/3, (Festschrift für Eduard von Jan zum 70. Geburtstag), S. 343—352.

DAS PSYCHOLOGISCHE IN DEN ROMANEN GAUTIERS VON ARRAS

Von FRANZ RAUHUT

Mit seinem Zeitgenossen Chrestien de Troyes kann sich der Pikarde Gautier d'Arras zwar nicht in der Anschaulichkeit der Darstellung, wohl aber in der psychologischen Leistung messen. Die Meinungsverschiedenheiten Heinermanns, Beckers, Cowpers [1] und anderer hinsichtlich der Abfassungszeit seiner zwei Romane sollen hier nicht behandelt werden. Aus den komplizierten Verhältnissen der Widmungen möchte Becker schließen, daß entgegen der üblichen Auffassung *Ille et Galeron* das frühere Werk ist, der *Eracle* aber noch vor dem Abschluß des *Ille* begonnen wurde. Doch leuchtet mir die vorherrschende Auffassung besser ein, da der *Eracle* wegen des Einflusses der Chanson de geste auf ihn einen teilweise altmodischen Eindruck macht, auch in künstlerischer Hinsicht etwas unreif wirkt, der *Ille* dagegen eine tiefere und künstlerisch bessere Leistung darstellt. Hinzu kommt, daß die höfische Verfeinerung der Liebe im *Eracle* zwar schon eine Rolle spielt, aber erst im *Ille* auf der Höhe ist, was das Vorhandensein der ersten Romane Chrestiens, besonders des 1171/72 oder bald danach geschriebenen [2] *Cligès*, voraussetzt.

Der *Eracle* [3], der 1164 oder bald danach begonnen wurde, kann

[1] Th. Heinermann, *Zur Zeitbestimmung der Werke Gautiers von Arras und zu seiner Stellung zu Chrétien von Troyes*, ZfSL, 59, 1935; Ph. Aug. Becker, *Von den Erzählern neben und nach Chrestien de Troyes*, ZrPh, 55 f., 1935 f. [das Kapitel über Gautier hier abgedruckt S. 112 ff.]; F. A. G. Cowper, *More Data on Gautier d'Arras*, PMLA, 64, 1949.

[2] Stefan Hofer, *Chrétien de Troyes: Leben und Werke des altfranzösischen Epikers*, Graz—Köln 1954.

[3] Benützte Ausgabe: Œuvres de Gautier d'Arras p. p. E. Löseth, tome premier: Eracle (Bibl. Fr. du M. A., 6), Paris 1890.

in künstlerischer Hinsicht nicht befriedigen, da er aus verschiedenartigen Teilen unorganisch zusammengesetzt ist. Es sind folgende:

1. Ein Heiligenleben, Herkunft und Knabenalter des Eracle (= Heraclius) werden wie eine Heiligenlegende erzählt. Die Frömmigkeit der Mutter, die ihr Söhnchen verkauft, um mit dem Erlös das Allerletzte für die Seelenruhe des verstorbenen Ehemannes zu tun, ist unmenschlich und erinnert uns an den Asketen Alexius. Aber dann erhält die Geschichte einen andern Charakter und mündet erst am Schluß, in dem es sich um die Rückbringung des wiedererlangten Kreuzes Christi handelt, in die Heiligenlegende zurück. Es wird so viel Frömmigkeit gepredigt, daß der Verfasser gut ein Kleriker sein könnte, wofür Becker ihn auch hält [4].

2. Ein Märchen. Ein Knabe verliert seine Freiheit, gelangt aber durch seine Sehergaben (intuitives Erkennen des Wertes von Edelsteinen, Pferden und Frauen) zu höchstem Ansehen bei einem Herrscher. Dieses Märchen macht einen orientalischen Eindruck, ist auch im *Mahabharata* in ähnlicher Fassung vorhanden, aber eine Überlieferung von Indien bis zu Gautier ist nicht nachgewiesen. Märchenhaft ist auch der künstliche Himmel, in dem der heidnische Perserkönig Cosdroé thront und in dem er Regen, Donner und Wind machen kann (von der *Karlsreise* an finden wir in der altfranzösischen Epik solche Wunderwerke, mit denen eine exotistische Phantasie den Orient ausgeschmückt hat).

3. Ein Liebesroman.

4. Eine Erzählung von einem fanatischen Glaubenskrieg gegen die heidnischen Perser nach dem Vorbild der Chanson de geste, was in einem höfischen Roman altmodisch und stilwidrig ist.

Psychologisch gestaltet ist nur der Liebesroman, für den der Dichter den historischen Ehebruch von Athanais, der Gemahlin des Kaisers Theodosius, in freier Weise verwendet [5].

Zunächst ist festzustellen, daß Gautier in der „querelle des femmes“ (wie Abel Lefranc das Schrifttum des Mittelalters über den Wert oder Unwert der Frau im allgemeinen genannt hat) auf der Seite der Frauenfeinde steht, wenn auch nicht konsequent, wie sich

[4] ZrPh, 55, S. 291.

[5] Betr. Quellen des *Eracle* s. Becker in ZrPh, 55, S. 286 ff.

zeigen wird. (Die Geringschätzung der Frauen im allgemeinen ist übrigens kein Psychologicum, sondern ein Ideologicum.) Der römische Kaiser Laïs fürchtet sich als gekrönter Panurge vor dem Heiraten, denn anstatt einer Rose kann man eine Brennessel erwischen (V. 1274—78). Die Frauen haben große Begehrlichkeit nach Ehre und Ausstattung seit jener ersten, die uns dadurch Jammer gebracht hat (V. 2098—105). Frauen achten nicht auf raison (V. 2174). Daher nimmt der Kaiser die betreffende Sehergabe seines Ratgebers Eracle in Anspruch, damit er die vollkommenste Frau der Welt zur Gattin erhält. Unter tausend schönen Mädchen des Adels findet dieser keines, das alle Tugenden vereinigt, was keine Ehre für das weibliche Geschlecht ist, aber auf der Straße entdeckt er dann zufällig dieses Ideal in Menschengestalt in Athenaïs, die er dem Kaiser mit den Worten empfiehlt: Das ist die Blume und der Edelstein dieser Welt, wenn sie auf dem Punkt bleibt, auf dem sie jetzt ist. Der Kaiser heiratet sie und alles ist in Butter. Die Kaiserin übt fromme Mildtätigkeit und stiftet Klöster. Aber anläßlich eines Feldzugs muß sich der Kaiser für längere Zeit von seiner Gemahlin trennen. So leidenschaftlich ist er in sie verliebt, daß er Untreue während seiner Abwesenheit befürchtet. Eracle sagt ihm als guter Menschenkenner, daß der Ehemann, dann einer so tugendhaften Frau sicher ist, wenn er ihr Freiheit läßt. Aber der Kaiser ist wegen seiner Liebe so töricht (was der Dichter betont), daß er seine Gemahlin in einen Turm einschließen und raffiniert bewachen und beobachten läßt.

Nun verwendet der Erzähler das psychologische Mittel, das im *Eneas-Roman* (etwa 1160—65) zum erstenmal im höfischen Roman, aber etwa gleichzeitig (oder schon vorher) auch in der Ovid-Bearbeitung *Piramus et Tisbé* erscheint und von Chrestien de Troyes für seinen *Cligés* übernommen wird: den Monolog, der der betreffenden Person zur Bewußtwerdung ihres leiblich-seelischen Zustands dient und gleichzeitig der Leser- und Hörerschaft Einblick in die Psyche dieser Person gewährt. In einem langen Selbstgespräch macht sich die Kaiserin Gedanken, die die Auflehnung bei ihr vorbereiten: Warum hat man mich eingeschlossen? Ich weiß von keinem Vergehen. Neid muß mir geschadet haben. Wie unglücklich ich bin! Der mich eingeschlossen hat, muß mich hassen! Warum tut man mir diese Schande an? Die Teilnahme der Kaiserin an einem Fest unter Bewachung ist die Gelegenheit für das fällige Sich-Verlieben der dafür empfänglich Gewordenen in einen Jüngling, den der Dichter selbstverständlich mit außerordentlicher Schönheit ausstattet. Hier erhält wieder ein langer monologue intérieur (V. 3520—735) seinen künstlerischen Platz: Es wäre ein gutes „Abenteuer", von diesem geliebt zu werden! Besser ein wenig Freude als die ganze Welt besitzen und in Trauer leben! Ihr Gewissen macht ihr Vorwürfe, aber sie rechtfertigt sich damit, daß der Kaiser durch ihre Freiheitsberaubung schuld ist. Ich verliere meine Ehre, doch ich kann nicht anders, denn ich habe keine Ruhe mehr in meinem Herzen. Aber wer sein Herz nicht in der Gewalt hat, erniedrigt seinen Leib und seine Sippe! Na ja, wenn ich eine *folie* begehe, bin ich nicht die erste und werde auch nicht die letzte sein. Schließlich beruhigt sie ihr Gewissen sophistisch mit folgender Liebeslehre: *amour* nimmt alles Niedrige weg und lehrt *courtoisie* (das höfische Minne-Ideal); daher gibt es keine schlechte Tat in der Liebe und dies ist sogar Gott wohlgefällig; ich werde also mit *amour fine* lieben. Dieser monologue intérieur ist so gestaltet, daß die Person sich in zwei teilt, um mit sich selbst zu diskutieren [6].

Dem monologue intérieur der Kaiserin entspricht der des Jünglings Paridés, der sich bei der gleichen Gelegenheit in sie verliebt. Ach, mein Herz hat mich verlassen, es ist in fremden Händen [7]. In der Nacht hören wir wieder einen Monolog der Kaiserin: Dieses Abenteuer stößt mir nur zu, weil man mich einsperrt.

> Denn Frau und Kind tun oft
> das, was man ihnen am meisten verbietet,
> das in der Welt, was die schlimmsten Folgen für sie hat;
> das wollen sie tun und sie tun es immer.

Diese frauenfeindliche Äußerung sollte der Autor allerdings nicht

[6] Das finden wir auch schon im *Eneas-Roman* (bei Lavinia, noch besser aber im *Cligés* (bei Soredamor und Alexander).

[7] Dieses Motiv findet sich in den Varianten: das Herz geht mit der geliebten Person oder zu ihr fort, bzw. es bleibt bei ihr zurück. Früheres Vorkommen: *Eneas* (Lavinia): Er hat mein Herz aus der Brust gestohlen und trägt es mit fort, mein Herz geht mit dem seinigen fort. Später: im *Cligés* heißt es betr. Cligés und Fenice: Das Herz wird dem andern gegeben und geht mit ihm fort.

der Kaiserin selbst in den Mund legen. Das Absinken aus höchster Tugendhaftigkeit in Sünde geschieht freilich schnell.

Es folgen bei dem Jüngling die physischen Symptome der Verliebtheit, aber kurz zusammengefaßt: Schlaflosigkeit, Appetitlosigkeit, Zusammenfahren (heute würde man sagen: Nervosität), Schluchzen und Schwitzen (V. 3940 f.). Diese Symptome spielen eine große Rolle in der Liebesdarstellung des ersten Romanstils, wo sie die notwendige physiologische Ergänzung oder besser Voraussetzung zur Psychologie sind und rasch zu Konvention und Klischee werden. In ihrer Gesamtheit sind es folgende Symptome, die die Liebe als etwas wie eine Krankheit erscheinen lassen: schmachtend ansehen, gähnen, seufzen, schnaufen, weinen, schluchzen, schreien, zittern, zusammenzucken, sich strecken, die Farbe wechseln, erröten, erbleichen, kalt werden, schwitzen, Vergleich mit einem Fieber, ohnmächtig werden, Mattigkeit, Appetitlosigkeit; bei Verzweiflung Hände ringen und Haare raufen; im Bett: Schlaflosigkeit, Glut, sich wälzen, bald auf dem Gesicht bald auf dem Rücken liegen, sich bald auf- bald wieder zudecken, sich quer oder mit dem Kopf ans Fußende legen, aus dem Schlaf auffahren, Illusion die geliebte Person nackt in den Armen zu halten und dabei die Bettdecke umarmen [8].

Als Pendant zu dem nächtlichen Monolog der Kaiserin ist ein solcher des Jünglings fällig: Als ich von dem Fest scheiden mußte, mußte ich von meinem Herzen scheiden (Variante eines oben schon vorgekommenen Motivs). Du, Amour, hast mich in drei Tagen gelb und bleich gemacht (wieder ein physisches Symptom). Der Tod würde meine Schmerzen beenden. Existenzerschütterung bis zur Todessehnsucht, also eine Werther-Stimmung, ist das stärkste Symptom einer tiefen Liebe und spielt daher eine große Rolle im Frühstil des Romans [9]. Abgesehen vom Falle Dido wird der Selbstmord allerdings vermieden.

[8] Diese Zusammenstellung ist gemacht nach: *Eneas-Roman* (Dido und Lavinia), *Piramus et Tisbé* (Tisbé), *Narcisus* (Dané und Narcisus), *Troja-Roman* (Diomedes und Archilles), *Philomena* (Tereus), *Cligés* (Alexander und Soredamor). *Troja-Roman* V. 17 625: der Verliebte (Achilles) ist wie „krank". Anreger für diese physische Symptomatik war Ovid.

[9] Beispielsweise sagt der verliebte Achilles im *Troja-Roman* (V. 20 812): „Ich weiß nicht, was ich sagen soll, aber ich bin im Sterben."

Eine kluge alte Nachbarin untersucht des Paridés Zustand, erkennt, daß er keine tödliche Krankheit, sondern Liebeskummer hat, und entlockt ihm sein Geheimnis. Dabei spricht sie frauenfeindliche Sätze aus (V. 4170—73): Eine Frau liebt nicht den, der in sie verliebt ist, sondern den, der sie ergreift, oder den, der sich aus ihrer Liebe nichts macht. Die Alte bietet ihre Kuppeldienste an (diese Celestina oder Frau Marthe Schwertlein hat schon zeitgenössische Kolleginnen im *Ur-Tristan* und im *Cligés*). Zu unserer Überraschung entwickelt die Kaiserin sofort große Intelligenz im Erfinden einer List, die alle Überwachung täuscht und eine Liebesstunde in einem unterirdischen Versteck [10] ermöglicht. Hier stehen wieder ein paar frauenfeindliche Bemerkungen: Ist diese Frau kühn oder toll? Sie ist kühn aus Tollheit (V. 4533—44). Eine Frau hüten ist Narrheit (V. 4601—3). Am interessantesten aber sind die Worte der sich hingebenden Frau: In welch große Sünde haben wir uns gestürzt! Gott und die Welt verliere ich um Euretwillen. Gottes Antlitz ist über uns. Eracle (mit seiner Sehergabe) weiß sicher schon, was ich getan habe. Sind diese Worte ein Schuldbekenntnis vom religiösen Standpunkt aus, so entspricht das Verhalten des Mannes der provenzalischen Minnelehre: er drückt seine Ergebenheit gegenüber der Geliebten durch die Geste der Lehnshulde aus, indem er seine beiden Hände in die ihrigen mit den Worten legt (V. 4658 f.): „Meinen Leib und meine Seele gebe ich Euch durch diese zwei Hände, die ich hier zusammenfüge." Danach ist Liebe ein Dienst mit dem Symbol des feudalen Dienstverhältnisses.

Von dem durch Eracle unterrichteten Kaiser zur Rechenschaft gezogen, bewähren die zwei den Heroismus ihrer Liebe. Die Kaiserin, die sich zunächst allein zu verantworten hat, sagt nichts zu ihrer Verteidigung, sondern fleht nur um Gnade für den Geliebten, dessen Namen sie verschweigt. Laßt ihn in Freiheit und tötet mich, wenn Ihr wollt, durch Feuer oder Ertränken! Auf des Kaisers Drängen nennt sie Paridés doch, droht aber, falls er bestraft würde, ihm durch Selbstmord nachzufolgen. Der Kaiser hält dem Schuldigen

[10] Dieses Motiv könnte aus der *Historia regum Britanniae* (1135 abgeschlossen) von Galfrid von Monmouth, bzw. aus dem von dorther beeinflußten *Cligés* stammen.

vor: Du willst also mit Unehre sterben? Antwort (V. 4941—45): „Ich denke nicht, daß mit Schande stirbt, wer um wahrer feiner Liebe willen stirbt. Lieber solchen Tod als niedriges Mitleid, lieber so sterben als lange für nichts leben." Und die Kaiserin erklärt: Aus Liebe habe ich gehandelt. — Liebst du ihn noch? — Wenn ich ihn je geliebt habe, wie könnte ich ihn dann nicht mehr lieben wollen? Als ich Euch untreu wurde, habe ich ihn *finement* geliebt. Und wer so liebt, kann sich davon nicht leicht trennen. Von der ganzen Welt würde ich mich trennen, wenn ich eine Woche lang mit ihm zusammen sein könnte. Das versteht der Kaiser nicht; er hält ihr nur vor, daß er sie aus Armut herausgezogen und zur Kaiserin gemacht hat.

Eracle greift ein, indem er dem Kaiser vorhält, daß er durch das Einsperren seiner Gemahlin an dem Vorgefallenen schuld ist; er rät, sie einfach freizugeben. Der Kaiser überwindet sich: er tennt sich von ihr und gibt sie sogar Paridés zur Frau, womit die Liebesgeschichte abrupt zu Ende ist.

So gehaltvoll und fesselnd diese Liebesgeschichte ist, sie befriedigt uns nicht, weil sie in einem Zwielicht der gefühlsmäßigen und verstandesmäßigen Beurteilung erscheint und daher wesentliche Fragen offen läßt.

Wir haben hier einen der ersten Ehebruchsromane (die andern aus jener Frühzeit des Romans sind der verlorene *Ur-Tristan*, der *Cligés* und der *Karrenritter*). Auf den Ehebruch überträgt der Verfasser die damals neu ausgebildete Psychophysiologie der Liebe. Weiterhin motiviert er in psychologischer Hinsicht den Ehebruch gut durch das Einsperren von seiten des eifersüchtig-mißtrauischen Ehemanns — eine über jeden Zweifel erhabene Leistung des Dichters. Ist darin etwa die These enthalten, daß falsche Behandlung der Ehefrau von seiten ihres Mannes den Ehebruch rechtfertigt [11]? Tout comprendre ist nicht immer tout pardonner. Die bei allen möglichen Gelegenheiten angebrachten Äußerungen einer Geringschätzung des weiblichen Geschlechts im allgemeinen sprechen eine zu deutliche Sprache, um die Ehebrecherin in moralischer Hinsicht nicht in negati-

[11] S. Friedrich Schürr, *Das altfranzosische Epos . . .*, München 1926, S. 341.

ver Beleuchtung erscheinen zu lassen. Die Stellung auf der frauenfeindlichen Seite dürfte den Dichter als Kleriker kennzeichnen. Um so weniger ist von ihm eine Rechtfertigung des Ehebruchs zu erwarten, welches auch die das Vergehen erklärenden Umstände sein mögen.

Andererseits wird die ehebrecherische Liebe als heroische Leidenschaft dargestellt und erscheint dadurch als positiver Wert, was mit der frauenfeindlichen Gesinnung des Autors schlecht harmoniert. Diese Frau heiratet nicht aus Liebe, sie wird einfach geheiratet; der eifersüchtige Ehemann bringt die bisher äußerst Tugendhafte durch Einsperren auf abwegige Gedanken und daraufhin entsteht eine tiefe Liebe zu einem andern mit beiderseitiger Bereitschaft zum Sterben füreinander. Das ist eine Tristan-und-Isolde-Leidenschaft, die allerdings dann erst den stärksten Eindruck machen würde, wenn beide den Tod erleiden würden. So aber wird völlig überraschend ein Happy-End arrangiert. Aber der Verzicht des Ehemanns auf seine untreue Ehefrau zugunsten des schuldigen andern ist in psychologischer Hinsicht zum mindesten wenig wahrscheinlich. Nach katholischer Auffassung der Ehe ist er sogar unmöglich, stimmt auch nicht mit der geschichtlichen Quelle überein, insofern Theodosius den Mann, den er im Veracht hatte, der Geliebte der Kaiserin zu sein, töten ließ. Insofern der betrogene Ehemann ein großherziges Verzeihen betätigt, kann der Ausgang des Liebesromans christliches Empfinden befriedigen; aber gerade dadurch wird ein unglücklicher Ausgang, der allein psychologisch und ästhetisch befriedigen würde, vereitelt.

Enthält also der *Eracle* einen Roman mit der damals schon nicht mehr ganz neuen Liebespsychologie, eine Leistung, in der sich Konvention und Originalität mischen, so ist *Ille et Galeron* [12] ein Roman von hoher Originalität der Psychologie, eine der bedeutendsten Schöpfungen des französischen Schrifttums. Becker kann recht haben, wenn er meint, daß dieser Roman etwa 1170 begonnen und vor 1184/85 vollendet wurde.

[12] Benützte Ausgabe: Ille et Galeron von Walter von Arras: Afr. Abenteuerroman des XII. Jahrhunderts . . . hrsg. von Wendelin Foerster (Rom. Bibl.: VII, 1), Halle 1891.

Die Vorgeschichte erzählt die Schwierigkeiten bis zur glücklichen Heirat. Die Hauptperson ist Ille, der Sohn eines Lehnsmanns in der Bretagne. Mit zehn Jahren Waise geworden, wird er seines Erbes beraubt, geht an den Hof des französischen Königs und vollbringt nach erlangter Reife die schwierige Rückeroberung seines erbrechtlichen Lehens. Dadurch gewinnt er die Achtung und Gunst seines Lehnsherrn, des Herzogs Conain von der Bretagne, der ihn zu seinem Seneschall macht.

Schon hat sich Ille in Galeron, des Herzogs schöne Schwester, und diese sich in den schönen jungen Mann verliebt, aber beide wagen sich einander nicht zu erklären. Wie könnte er auch an eine Verbindung mit der Schwester seines Lehnsherrn, die so hoch über ihm steht, denken! Und dem Mädchen ist es wegen ihrer Höfischkeit unmöglich, sich als erste zu erklären (V. 1223—26):

> Denn es schickt sich nicht, daß eine Frau sagt:
> „Ich will Eure Freundin werden",
> falls einer sie nicht vorher gebeten hat
> und lange in ihrem Dienst gewesen ist.

(Also Zurückhaltung des Mädchens und Frauendienst des Mannes.) Hier schiebt der Dichter eine lange Betrachtung über die höfische Liebe ein. Ein Monolog Illes und einer auf seiten Galerons gewähren Einblick in den Seelenzustand der Verliebten (in dem uns schon bekannten Frühstil des Romans): beide halten ihre Liebe für hoffnungslos. Aber der unverheiratete Herzog kommt von selbst auf den Gedanken, seine Schwester, die künftige Erbin des Herzogtums, mit seinem Seneschall zum Lohn für treue Dienste zu verheiraten und überredet die beiden in lebendigen und reizvollen Gesprächen. Gleich findet die Hochzeit statt und vereint ein überglückliches Paar. Wie vorher um sein Erbe, muß Ille jetzt auch um das Glück seiner Ehe kämpfen: mächtige Feudalherren, deren Werbung Galeron abgewiesen hat, brechen eine Fehde vom Zaun, werden von Ille jedoch rasch besiegt.

Der Hauptteil ist die Geschichte der Ehe. Die Gliederung in Vorgeschichte einer Ehe und Eheroman erinnert an die gleiche Gliederung im *Erec* und im *Yvain*; vielleicht hat der *Erec* in dieser Hinsicht Gautier beeinflußt.

Noch vor Schluß der Vorgeschichte bereitet der Dichter den Hauptteil stimmungsmäßig mit der sentenziösen Bemerkung vor (V. 1537 f.): In der Liebe waltet ein Geheimnis: eine Stunde Freude gibt sie und die andere ist Leid. (Man denkt an die berühmte Formel im *Nibelungenlied.*) Ille zieht zu einem Turnier, dort glänzt er, verliert aber ein Auge. Nun quält ihn der Gedanke, daß die außerordentlich schöne Herzogstochter ihn nicht mehr lieben wird.

Hier handelt es sich um ein Psychologicum von größter Wichtigkeit, zu dessen Verständnis wir uns Illes Charakter in seiner Gesamtheit klarmachen müssen. Er ist ein vollkommener Ritter im höfischen Sinn: ein Ausbund aller guten Eigenschaften, die von einem solchen gefordert werden. Er vereinigt Tapferkeit, Ehre, Freigebigkeit, Wohlerzogenheit, Schönheit, kurzum Höfischkeit [13]. Es heißt auch, daß er ein „guter" Mensch ist und „Maß" hat (V. 3360 bzw. 3517). Er ist auch *humain* [14], d. h. einem Waffenlosen tut er nur Gutes. Im Regieren (als Seneschall eines Herzogs und später eines Kaisers wie auch selbst als Herzog) sorgt er für Gerechtigkeit und Ordnung, straft Schuldige *par sens et par mesure* (V. 5071) und übt die christliche Tugend der Caritas durch Mitleid mit den leidenden Mitmenschen, beweist also Klugheit und Güte. In der Liebe ist er in jeder Situation tadellos, und zwar so, wie es die höfische Sitte und wie es die christliche Moral verlangen. Und doch werden wir sehen, daß er hierin als Mensch lange Zeit versagt. Geschieht das vielleicht wegen einer andern Eigenschaft, wegen seiner großen Bescheidenheit, die bei einem Ritter auffällt, da der Kriegerstand sonst durch Stolz und vielfach durch Hochmut gekennzeichnet war? Wenn alle sonstigen Vorzüge Illes die hohen Herren der höfischen Romane im allgemeinen charakterisieren, hat er die Bescheidenheit als sein Individuelles, was mit Nachdruck (V. 214—41) ausgeführt wird:

[13] Ausgesprochen wird das V. 193, 257, 1585—88, 3065, 3317, 3360 f., 3497, 4534 f. Man beachte besonders die Ausdrücke für „wohlerzogen" und „Wohlerzogenheit": *ensigniés, afaitiés, afaitement.*

[14] V. 210. Das Lob, *humain* zu sein, war für den Ritter zwar nicht üblich, findet sich aber doch gelegentlich in der ritterlichen Dichtung. Übrigens werden hier (V. 210 f.) als Synonyma zusammengestellt *humain, franc, douç* und *debonaire.*

er ist „der am wenigsten Redende, der je auf ein Pferd gestiegen ist", kein *janglere*, d. h. kein Prahler oder Schwätzer; er erzählt überhaupt nicht, was er geleistet hat; über einen *chevalier jangleor* dagegen lacht man viel. Doch unterbrechen wir die Charakteranalyse und sehen wir, wie das Geschehen weitergeht.

Der bescheidene Mann sagt sich also, daß die Herzogstochter ihn wegen seiner körperlichen Entstellung nicht mehr lieben wird, ist also auch seelisch verwundet. Er verheimlicht die Art seiner körperlichen Wunde und zieht sich, ohne seine Frau zu benachrichtigen, auf einen Landsitz zurück. In einem schönen Monolog sagt er: Trennen wird sich von mir sie, von der ich mich nicht trennen kann. Aber auf die Kunde, daß ihm ein rätselhaftes Unglück zugestoßen ist, eilt sie herbei, wird jedoch nicht zu ihm gelassen. Es folgt eine großartige Episode. Mit List dringt die Ehefrau in das Krankenzimmer ein, versteckt sich darin und hört das Selbstgespräch des Unglücklichen. Während er dann schläft, kann sie sehen, daß er ein Auge verloren hat, und muß laut weinen, worüber er aufwacht. Er wagt ihr nicht zu sagen, was ihm fehlt, und sie ist so zartfühlend, nicht zu sagen, daß sie es schon gemerkt hat; denn sie liebt ihn nicht weniger innig als er sie. Der Dichter prägt die sentenziöse Lehre (V. 1872—4): Niemand darf einem Freund von dessen Unglück sprechen, wenn er ihn in solchem Kummer sieht. Daher sucht sie den Unglücklichen mit allgemeinen Reden zu trösten: Den Tapferen (*preus*) stößt leichter ein Unglück (*mesaventure*) zu als den Niedrigen; aber wer keine *pröece* aufrechterhält, kann sich's gutgehen lassen und sich auf die faule Haut legen; wenn einem *preu* keine Widerwärtigkeit zustößt, kann man seine *pröece* weder erkennen noch ermessen [15]. In

[15] In der Einleitung zu seiner Ausgabe des Ille, S. XXIX, führt Foerster eine Stelle der mlt. Schrift *De arte amandi et de reprobatione amoris* von Andreas Capellanus (um 1200) an. Darin wird ein Fall von Liebeskasuistik berichtet, der im Kreis der Gräfin der Champagne erörtert und entschieden wird (ist es tatsächlich ausgeschlossen, daß solche Streitfragen an Feudalhöfen besprochen und durch das Urteil einer Dame entschieden wurden?): Darf eine Liebende ihren Liebhaber verschmähen, weil er in tapferem Kampf ein Auge oder einen andern „Schmuck seines Körpers" verloren hat? Die Vizegräfin Hermenjart von Norbonne fällt das Urteil, daß eine solche Frau jeder Ehre unwürdig ist, da gerade den Tapferen

der nächsten Nacht sagt sich Ille, daß sie sein körperliches Übel erkannt haben muß. Sein bohrendes Grübeln über die hohe Abkunft und die außerordentliche Schönheit seiner Frau und über den niederen Adel seiner eigenen Person und seine körperliche Entstellung bringt ihn zu der Überzeugung, daß er ihre Liebe verlieren wird, und er zitiert bei dieser Gelegenheit den frauenfeindlichen Gedanken aus dem *Eneas-Roman*: Ich habe sagen hören, „daß eine Frau ein sehr flatterhaftes Herz hat und oft ihr Gefühl wechselt“ [16]. In der Nacht verläßt er heimlich das Haus (aber „sein Herz läßt er hinter

solches Unglück zuzustoßen pflegt und da die Kühnheit des Mannes die Frauen am meisten zur Liebe anzustacheln pflegt. Becker, der den Bericht des Kaplans für historisch hält, fragt sich, ob Gautier von dem Streitfall erfahren und ihn deshalb als Motiv in seinem Roman verwertet hat oder ob die Damen auf die Lektüre des *Ille* hin sich über den Fall gestritten haben, und meint, daß sich das nicht entscheiden lasse (ZrPh, 55, S. 285). Daß nun gerade dieser Fall an einem Feudalhof erörtert wurde, braucht nicht zu stimmen; um so wahrscheinlicher ist dann, daß der mlt. Autor ihn dem afr. Roman entliehen hat, da die Übereinstimmung auffallend weit geht.

16 V. 1924—26:

Jou öi ja dire .i. respit
Que feme a mout le cuer volage
Et mue sovent son corage.

Die literarischen Vorbilder dieses frauenfeindlichen Topos sind: *Aeneis*, IV, 569 f.: *Varium et mutabile semper femina. Eneas-Roman*, V. 1600:

Fols est ki en femme se fie.

Ebd., V. 9960:

car cuers de femme tost se mue.

Von dem vielen, was man hier noch anführen könnte, nur folgendes. Im *Troja-Roman* wird (V. 13 437 ff.) ausgeführt, daß Frauen keine Treue kennen. Die Höhe des Zynismus wird in dieser Hinsicht im zweiten Teil des *Rosenromans* erreicht. Bekanntlich werden Franz I. die Verse zugeschrieben:

Souvent femme varie,
Bien fol est qui s'y fie.

Das wird bekanntlich von Hugo für sein Drama *Le Roi s'amuse* (IV, 2) aufgegriffen, was uns zu Verdis Oper *Rigoletto* führt: *La donna è mobile tal piuma al vento* (= Ach wie so trügerisch . . .).

sich zurück", wie es mit einem oben schon vorgekommenen Gemeinplatz jener Zeit heißt) und begibt sich nach Rom. Seine Frau aber sucht ihn tief unglücklich in vielen Ländern.

Becker ist der einzige, der das Wesentliche an Ille, der Hauptperson des Romans, gesehen hat, wenn er von „Minderwertigkeitsbeklemmung" spricht [17]. Es ist nötig, bei der Wissenschaft der Psychologie Hilfe für das Verständnis der sich hier ergebenden Fragen zu suchen. Der große Wiener Psychoanalytiker Alfred Adler (1870—1937) hat das Verdienst, das „Minderwertigkeitsgefühl", für das er später auch den populären Namen „Minderwertigkeitskomplex" gebraucht, als wesentlichen Teil seiner Individualpsychologie eingehend dargestellt zu haben. Durch seinen großen Einfluß blieb diese Problematik Gegenstand fachlicher Untersuchungen und hat neuerdings eine zusammenfassende, umfassende und kritischklärende Darstellung durch Oliver Brachfeld [18] gefunden, dessen Buch *Minderwertigkeitsgefühle beim Einzelnen und in der Gemeinschaft* zum tieferen Verständnis des *Ille* hier gute Dienste leistet.

Die Psychologie lehrt die Wichtigkeit des „Selbstwertgefühls" für das Individuum, besonders für sein Leben in der Gesellschaft. Aber dieses Gefühl wird beeinträchtigt durch (wirkliche, aber auch eingebildete) Unterlegenheit, dadurch entsteht ein „Minderwertigkeitsgefühl": „das Minderwertigkeitsgefühl ist eine Störung des Selbstwertgefühls" [19]. Das Minderwertigkeitsgefühl kann negativ oder positiv wirken. Die negative Wirkung ist eine Entmutigung, bei der man die Flinte ins Korn wirft: „Unterkompensation". Das Normale aber ist die positive Wirkung, das reagierende Streben

[17] ZrPh, 56, S. 257.

[18] Oliver Brachfeld veröffentlichte: 1. *Les sentiments d'infériorité*, Genève-Annemasse 1945 (zugrunde liegt eine kürzere spanische Fassung, die 1936 erschienen ist); dasselbe Buch in englischer Fassung: *Inferiority Feelings in the Individual and the Group*, London 1951; deutsche Fassung als Übersetzung der englischen und französischen durch Hermine Rohner mit Ergänzungen durch den Autor: *Minderwertigkeitsgefühle beim Einzelnen und in der Gemeinschaft*, Stuttgart 1953, 2. *Los complejos de inferioridad de la mujer*, Barcelona 1949; 3. *Los „Complejos"*, Caracas (Venezuela) 1951; u. a. einschlägige Arbeiten.

[19] Brachfeld, *Minderwertigkeitsgefühle*, S. 337.

nach Ersatz oder Ausgleich: „Kompensation", bzw. „Überkompensation" (die Norm übersteigendes Ergebnis). So hat das Minderwertigkeitsgefühl die „Rolle einer bewegenden Kraft", insofern es als „psychische Achse" das Leben des betreffenden Individuums mehr oder weniger bestimmt: „Der magnetische Pol, der die Leitlinien des Charakters bestimmt, ist das vom Subjekt angestrebte Leitbild . . ." [20] Es gilt, daß „jemand, der an einem heftigen Minderwertigkeitsgefühl leidet, nicht einfach ein Mensch ist, dem etwas abgeht, sondern ein in seinem Wesen verändertes Individuum" [21]. Das Minderwertigkeitsgefühl verursacht einen „Schwund seiner Gemeinschaftsfähigkeit" [22], aber es strebt doch wiederum nach Geltung in der Gemeinschaft. „So erzeugt das Minderwertigkeitsgefühl zuerst *Entmutigung* und kann danach, im Umschlagen des seelischen Erlebnisstroms, zu neuer *Ermutigung* führen" [23].

Adler geht so weit, in dem Minderwertigkeitsgefühl ein wesentliches Agens des menschlichen Strebens überhaupt zu sehen: „Mensch sein heißt: Minderwertigkeitsgefühle haben und nach Überlegenheitssituationen streben" [24].

Das beliebte Wort *Komplex* wurde von Adler lange vermieden, aber schließlich doch verwendet, und zwar mit einem Bedeutungsunterschied: die „Minderwertigkeitskomplexe" sind ihm eine chronische oder gesteigerte Form der Minderwertigkeitsgefühle [25], was er so ausdrückt: „die bleibenden Folgen des Minderwertigkeitsgefühls und ihr verstärktes Weiterbestehen" [26]. Wenn auch Brachfeld keinen Unterschied zwischen „Minderwertigkeitsgefühl" und „Minderwertigkeitskomplex" gelten lassen will, darf ich mir wohl erlauben, dem Wort „Minderwertigkeitskomplex" die Bedeutung zu geben: Minderwertigkeitsgefühl, das die Verhaltensweise eines Menschen einige Zeit oder dauernd bestimmt (denn ein Minderwertigkeitsgefühl muß ja nicht in jedem Fall diese Wirkung haben).

[20] Ebd., S. 119 f.
[21] Ebd., S. 145.
[22] Ebd., S. 338.
[23] Ebd., S. 338.
[24] Ebd., S. 150, s. auch S. 322.
[25] Ebd., S. 136.
[26] Angeführt nach Brachfeld, ebd., S. 147.

Kein Zweifel, Ille bekommt ein Minderwertigkeitsgefühl, das gleich zu einem Komplex wird. Sein Fall ist sehr individuell. Er vergleicht [27] sich mit seiner Frau und wertet: sie stammt aus dem Hochadel und ist eine außerordentliche Schönheit, er aber ist aus niederem Adel und seine Schönheit ist durch die körperliche Entstellung empfindlich beeinträchtigt. Dagegen läßt sich einwenden, daß er als tapferer Krieger viel geleistet hat und daraus Sebstvertrauen gegenüber seiner Frau schöpfen könnte. Aber wir wissen ja auch, daß er bescheiden ist. In seinem Fall liegt vor, was Brachfeld [28] folgendermaßen formuliert: „Das Minderwertigkeitsgefühl erzeugt jedoch, falls es nicht zu Kompensationen kommt, eine ganz andere Haltung — die Selbstverkleinerung oder *Mikromanie.*" In einem Selbstgespräch sagt Ille (V. 1699—1703):

Solange ich zwei Augen hatte,
war ich klein und wußte wenig
um die Schwester des Herzogs zu erlangen.
Vorher hatte wenig der Sohn des Eliduc [29];
jetzt hat er noch weniger als die Hälfte.

In seiner völligen Entmutigung wirft er die Flinte ins Korn: er flieht einfach. Wir müssen ihm vorwerfen, daß er dadurch ein schweres Unrecht gegenüber seiner Frau begeht. Er liebt sie innig und müßte es doch zunächst einmal darauf ankommen lassen, ob sie ihn so liebt, daß sie über seinen körperlichen Mangel hinwegkommt: es fehlt ihm an Vertrauen, an selbstloser Hingabe. Etwa wegen übertriebenen Zartgefühls von seiner Seite? Dagegen spricht, daß er gerade bei dieser Gelegenheit vor sich selbst den frauenfeindlichen Gedanken von der Unbeständigkeit des weiblichen Herzens geltend macht, der uns, wenn er aus seinem Mund kommt, schockieren muß. Hier stimmt etwas bei ihm nicht: die Sentenz muß ihm dazu dienen, ein dumpfes Gefühl von schlechtem Gewissen vor sich selbst zu ver-

[27] Brachfeld, ebd., S. 149: „Auch das Minderwertigkeitsgefühl kann als Ergebnis eines vorausgehenden Vergleichs entstehen, aber es muß nicht notwendig so sein." Ebd., S. 190: Der Krüppel leidet infolge seiner Minderwertigkeitsgefühle an der „Neigung, zu viel zu denken".

[28] Ebd., S. 277.

[29] Name von Illes Vater.

decken. Dieser Mann ist bescheiden, leidet sogar an Selbstverkleinerung, aber dabei ist er empfindlich, allzu empfindlich. Das wird uns zu unserer Überraschung an viel späterer Stelle klar, wenn er dem Papst seine Vergangenheit erzählt und erklärt (V. 3688—95):

> Lieber verdiene ich mir mein Essen,
> als daß ich schlechte Herrschaft erdulde,
> wo ich Herr und Haupt zu sein pflege;
> denn nichts ist so drückend,
> wie dort niedrig zu werden,
> wo man als geschätzter Mann gilt,
> und denen unterworfen zu sein,
> von denen man bedient werden muß.

Hinter der äußeren Bescheidenheit verbirgt sich also ein Stolz. Sagen wir genauer: in Illes Charakter sind Bescheidenheit und Stolz gemischt. Er ist zu leicht verletzt, und so ist es letzten Endes Egoismus, was ihn veranlaßt, seine Frau zu verlassen: er fürchtet, daß die Herzogstochter, auf ihre hohe Abkunft und auf ihre außerordentliche Schönheit pochend, ihren niedriger geborenen und körperlich entstellten Mann künftighin kommandieren wird. Da er so denkt, müssen wir auch sagen: er hat ein Unterlegenheitsgefühl, ein Schwächegefühl gegenüber seiner Frau, wenn es auch gering sein mag. So entspringt sein Minderwertigkeitskomplex weniger dem Verlust des einen Auges als einem sehr verborgenen empfindlichen Egoismus. Diese Charakterschwäche hat zur Folge, daß er sich — und zugleich seiner Frau — ein schweres Leben bereitet. Wir werden sehen, ob er durch dieses geläutert wird. Jedenfalls verdient die dichterische Kraft Gautiers Bewunderung, da die Gestalt Illes so vollebendig in seiner Phantasie lebt. Heutige Romanleser können es nicht besser verlangen.

Bei dem Geflohenen sehen wir seinen Komplex vorerst negativ weiterwirken. Inkognito bietet er dem Kaiser von Rom seine Dienste für den Krieg gegen den ins Land eingefallenen Kaiser von Griechenland an: er will nur als bescheidener Söldner um Nahrung und Kleidung dienen. Der Kaiser muß über ihn lachen, der Seneschall gibt ihm alte, verrostete Waffen, und die dicken römischen Ritter spotten über den armseligen Gefährten. Wie's aber losgeht, zeichnet er sich gleich durch Tapferkeit und Kameradschaftlichkeit aus und die Meinung über ihn schlägt um. Dem Seneschall, der ihn fragt, wer er ist, erwidert er: „Ein armer Mann." In gefährlicher Lage um Rat gefragt, antwortet er (V. 2277—80): Ihr wißt, ein Armer hat gut reden, man glaubt ihm nicht, aber was ein reicher Mann sagt, ist immer richtig. In dieser sentenziösen Bemerkung ist etwas Ressentiment zu spüren, das verrät, daß die Bescheidenheit dieses Mannes nicht ungemischt ist. Trotzdem gibt er einen Rat und der Seneschall sagt: Der muß ein „hoher Mann" in seinem Land sein. Der Rat wird befolgt und bewährt sich glänzend. Ille bleibt inkognito, wird aber gleich mit hohen Ehren behandelt. Der Seneschall fällt und die Römer bieten Ille das frei gewordene Amt an, er nimmt aber nur die Stellvertretung an: der Kaiser soll später entscheiden. In der Entscheidungsschlacht erringt Ille durch schlaue Strategie und äußerste Tapferkeit den Sieg, so daß die übriggebliebenen Feinde zu Schiff fliehen müssen. Von den Fenstern einer Festung aus sehen Frauen und Mädchen Illes Heldentum mit an, und manche Herzen fliegen ihm zu, er aber denkt an das süße Geschöpf, von dem er sich in seiner Torheit getrennt hat. Der Kaiser erfährt von den großen Verdiensten des von ihm verlachten Einäugigen, bittet ihn um Entschuldigung und bestätigt ihn als Seneschall seines Reiches. Aber Illes Herz gehört immer Galeron, so daß er sich seiner ehrenvollen Stellung nicht freuen kann.

Wir erleben also, wie der Minderwertigkeitskomplex nach anfänglicher Depression positiv wirkt: er hat eine Kompensation zur Folge. Die Kompensation betrifft sowohl die persönliche Leistung wie die Geltung in der Gesellschaft. Das In-Dienst-Treten geschieht noch in mikromaner Stimmung, aber bei der nächsten Gelegenheit erwacht die Tüchtigkeit in ihm und damit auch das Streben, der Welt zu zeigen, was ein Einäugiger alles leisten kann. Das geht bis zur Überkompensation, insofern zur Tapferkeit die Intelligenzleistung des improvisierten Strategen hinzukommt. Der Dichter spart nun auch nicht mit den Formen der gesellschaftlichen Anerkennung: Ehre, weibliche Sympathie und das höchste Amt nach dem Kaiserthron (eine ähnliche, aber höhere Stellung, als er in der Heimat innehatte) werden dem Einäugigen zuteil, wie um ihm zu beweisen, daß er mit seiner Flucht unrecht hatte.

Ist Galeron auch nicht so wichtig wie Ille, so hat der Dichter doch nicht versäumt, sie ebenfalls mit seiner psychologischen Kunst lebendig und interessant zu gestalten. Sie gibt die vergebliche Suche nach dem Verschwundenen schließlich auf und sagt sich (V. 3081—100): Ich bin schuld, daß er geflohen ist. Hochmut bei Frauen ist Gott verhaßt und ich bin doch so eitel! Was habe ich an Pelzen und Seide getragen und wie habe ich mich geschnürt! Deshalb mußte Ille seine Verstümmelung so ernst nehmen, daß er floh. Ich muß zum Papst gehen und mir von ihm eine Buße auferlegen lassen. Dazu bemerkt Helene Jacobius[30]: „Glaubt doch die junge *Galeron*, daß dem *Ille* das Unglück, sein Auge zu verlieren, nur deshalb zugestoßen sei, weil sie Gott durch ihr eitles, hoffärtiges Wesen erzürnt habe." Jedenfalls ist diese Stelle des Romans der psychologische Schlüssel für Galerons Verhalten: ein übertreibendes Sündenbewußtsein wegen Eitelkeit gibt ihr die Einbildung, daß sie an der Flucht des Entmutigten schuld sei.

Hier kann dem Dichter der Vorwurf nicht erspart werden, daß er den Kleiderluxus der Frau nicht geschildert hat, sind doch gerade Toilettenbeschreibungen ein Hauptcharakteristikum des höfischen Romans, zumal in seinem Frühstil. Man könnte vermuten, daß die einzige Handschrift, in der uns der *Ille* überliefert ist, nur wegen ihrer Lückenhaftigkeit die obligate Beschreibung nicht enthält; aber das ist unwahrscheinlich, da Gautiers Phantasie gerade hinsichtlich der Aufgabe, anschauliche Schilderungen zu liefern, allgemein versagt.

Galeron steht charakterlich sehr hoch. Wir haben ihr großes Zartgefühl gegenüber dem verwundeten Ehemann gesehen, während diesem ein gleiches abzusprechen ist. Da sie ihn nicht weniger innig liebt als er sie, hat sie zu ihm von seiner Wunde nicht gesprochen. (Hätte sie es getan, so wäre seine Flucht wohl verhindert worden — so kann großes Zartgefühl schweres Leid verursachen.) Diese feinfühlende Frau übertreibt vor sich selbst die geringe Schuld, die sie hat, denn ihr Kleiderluxus ist doch höchstens durch Eitelkeit und

[30] *Die Erziehung des Edelfräuleins im alten Frankreich nach Dichtungen des XII., XIII. und XIV. Jahrhunderts* (Beih. z. ZrPh, 16) Halle 1908, S. 21.

nicht durch Hochmut verursacht. Warum soll die Tochter eines Herzogs und Schwester eines Herzogs sich keine prächtigen Toiletten leisten, was doch einfach standesgemäß ist? Hochmut müssen wir ihr zweifellos absprechen: nie bildet sie sich ein, etwas Besseres zu sein als ihr Mann. Ein übertreibendes Zartgefühl veranlaßt also bei ihr einen Minderwertigkeitskomplex religiöser Art [31], und das ist Galerons Entsprechung zu dem Komplex ihres Mannes. Als Büßerin pilgert sie nach Rom, beichtet dem Papst und bleibt hier als demütige Büßerin: so will sie für wirkliche bzw. vermeintliche Sünde der Hoffahrt und des Hochmuts Buße tun. Ille und Galeron leben nun in derselben Stadt, ohne etwas voneinander zu wissen. Galeron ist entschlossen, Keuschheit zu geloben, wenn sie ihren Mann nicht mehr findet.

Die kompensierende Wirkung der Schicksalsgunst geht für Ille noch weiter. Die schöne Erbtochter des Kaisers namens Ganor verliebt sich in ihn. Er scheint ihr so schön, daß sie über das Fehlen des einen Auges hinwegsieht (wie es V. 3320 f. heißt). Der Dichter scheut sich nicht mit dem Sich-Verlieben eines schönen hochstehenden Mädchens in den Helden ein früheres Motiv seines Romans zu wiederholen, und er wiederholt auch das Motiv, daß das Mädchen sich in Achtung der höfischen Sitte dem Mann nicht erklärt, sowie jenes, daß der hochstehende Vater von sich auf den Gedanken kommt, seine Tochter dem bescheidenen, aber hochverdienten Mann zur Frau zu geben. Man könnte nicht sagen, daß dieses Wiederholen eine Schwäche der Dichtung ist, man erhält eher den Eindruck, daß durch die Wiederholung unterstrichen wird: der bescheidene Ille ist ein so wertvoller Mensch, daß solche Schicksalsgunst sich für ihn wiederholen muß. Freilich ist diesmal ein Hindernis vorhanden: Ille ist verheiratet und wendet sein Herz von seiner Frau nicht ab. Aber, heißt es mit einem oben schon vorgekommenen und damals bereits gemeinplätzigen Motiv, ihr Herz geht mit Ille fort. Durch den Papst selbst läßt der Kaiser seinem Seneschall die Hälfte seines

[31] Brachfeld (*Minderwertigkeitsgefühle*, S. 22) spricht von dem religiösen Gefühl des Unvollkommen- und Gering-Seins vor Gott. Der oben dafür gebrauchte Ausdruck soll dieses religiöse Grunderlebnis in keiner Weise herabsetzen.

Reiches mit der Hand seiner Tochter anbieten (wie im Märchen). Glatte Ablehnung: Raison und Recht verbieten mir anzunehmen. Worauf der Papst erwidert (V. 3505 f.): Der Schönste und Tapferste wird und muß die Schönste erhalten. (Dieser Satz aus dem Mund des höchsten Priesters ist wichtig als Beweis der Grundlosigkeit von Illes Minderwertigkeitskomplex.) Da der Kaiser nun sein Angebot erhöht (Rom, die herrlichste Stadt der Welt, und sogar jetzt schon alle Macht der Krone), berichtet Ille, in die Enge getrieben, dem Papst von seiner Vergangenheit, wobei sein Komplex, aber mit seiner Bescheidenheit auch sein empfindliches Selbstgefühl deutlich werden — es ist psychologisch reizvoll, wie Komplex und Selbstgefühl den Bericht über die eigene Vergangenheit färben (V. 3666 bis 710): Ich habe in meiner Heimat eine sehr höfische und schöne Frau geheiratet, die „meine Lehnsherrin" [32] und die Erbin des Herzogtums war. Von hohen Feudalherren war sie umworben, aber keiner gefiel ihr. „Ich weiß nicht, was der Herzog in mir sah. Mir gab er sie, ein Wunder tat er, und ein größeres sie, die mich nahm." Darauf verlor ich ein Auge. Weil ich im Vergleich zu der Herzogstochter ein so niedriger Mann war, „fürchtete ich, daß sie sich in Stolz versteigen und mich meines Auges wegen verstoßen würde", und ich floh. Darauf folgt die schon besprochene aufschlußreiche Stelle: „Ich verdiene mir lieber mein Essen, als daß ich schlechte Herrschaft erdulde, wo ich Herr und Haupt zu sein pflege . . ." „Und ich war nicht klug genug um ihr Herz zu verstehen", denn sie hat „geruht", in vielen Ländern nach mir zu suchen. Diese Rede zeigt, daß Ille inzwischen die treue Liebe seiner Frau und sein Unrecht ihr gegenüber erkannt hat. Sein beichtartiges Bekenntnis läßt auch merken, daß er sich über seinen Egoismus klargeworden ist und daß er bereut. Wir haben es also jetzt mit einem geläuterten Ille zu tun, dessen Bescheidenheit ganz echt geworden ist. Er gesteht auch, daß er in seinem Liebeskummer sein Leben oft der Todesgefahr ausgesetzt hat, um es zu verlieren, was der Papst als Versuchung des Teufels erklärt.

Der Papst unternimmt nun die Ordnung der Angelegenheit im Sinne des Kaisers: er bestimmt Ille, in der Heimat nach der Ehefrau

[32] V. 3669: *ma damoisele.*

suchen zu lassen und bei negativem Ausgang die Kaiserstochter zu heiraten; die Verantwortung vor Gott nehme er, der Papst, auf sich. Die Boten bringen die Kunde, daß Galeron spurlos verschwunden ist, daß aber auch der Herzog tot und das Herzogtum in Bedrängnis ist. An dem für die Hochzeit angesetzten Tag erfährt Galeron endlich von Illes Anwesenheit in Rom und von dem, was unmittelbar bevorsteht. Nach der (in der Literatur obligaten) Ohnmacht infolge des Schocks sagt sie sich, daß er sie zurückstoßen, sich ihrer schämen könnte, daß aber Sünde wäre zu schweigen. Sie macht sich Vorwürfe (V. 4081 ff.): Ich war nicht gescheit, daß ich auf seine Abkunft achtete; denn wer auch sein Vater war, er ist mehr wert als ein Kaiser. „Aus reichem Herzen reiche Eroberung, reiches Wort und reiche Tat . . . O du Blume der Ritterschaft und Spiegel des Herrschertums!“

Dieser Selbstvorwurf befremdet uns sehr, da Galeron doch immer bewiesen hat, daß sie bei Ille über seine Unebenbürtigkeit hinwegsah. Er erklärt sich aus einer Selbsttäuschung der Büßerin durch die Wirkung ihres Komplexes. So steht seinem Glauben, ihrer nicht würdig zu sein, ihr Glaube, seiner nicht würdig zu sein, gegenüber.

Wieder kommt eine großartige Episode. Galeron stellt sich an den Eingang der Peterskirche, in der die Trauung stattfinden soll, hält den eintretenden Ille auf und hat mit ihm ein seltsames Gespräch, das psychologisch ausgezeichnet geführt ist: jeder weiß zuerst nicht, wie der andere denkt, aber durch das Gespräch kommt es zur gegenseitigen Klärung. „Ich bin Galeron, deine Magd.“ (Diesen Satz bekommt der Mann zu hören, der wegen seines Minderwertigkeitskomplexes vor ihr geflohen ist!) Lange habe ich dich gesucht und seit vier Jahren lebe ich hier als Büßerin. Und nun redet sie (um sich als Büßerin wegen ihrer einstigen Eitelkeit und ihres eingebildeten Hochmuts zu demütigen) wie eine Griseldis oder wie ein Käthchen von Heilbronn: sie wünscht ihm für seine ehrenvolle Stellung alles Gute, sie spricht von seinen vorzüglichen Eigenschaften, auch von seiner Schönheit (!). Du mußt die Tochter des Kaisers heiraten und ich gehe ins Kloster. Er: Gott verzeihe mir, daß Ihr in Armut für mich leidet! Liebt Ihr mich noch? — Lieber Herr, wenn ich jetzt sagen würde, wie ich dich liebe, dann würde man das für Schmeichelei halten. Die Bretagne mag haben wer will, ich will jetzt nur einen Schleier und eine weiße Kutte als Rekluse und Nonne. Meine größte Furcht ist jetzt, daß du dich in deinem Herzen meiner Armut und Not schämst (V. 4241—44). Die größte Ehre für mich ist, daß du geruhst mit mir zu sprechen und meine Bedürftigkeit zu sehen (V. 4249—51). Da küßt er sie verstohlen. Aber er braucht noch eine letzte Klarheit über ihre Liebe: Wenn ich die Sache um Eurer Liebe willen aufgebe, würdet Ihr mich noch lieben trotz meines Mißgeschicks (gemeint ist der Verlust des Auges)? — So gebe Gott mir seine Liebe, wie meine Liebe wegen nichts, was dir widerfahren, je abgenommen hat. — Ihr habt meinetwegen Grafen und Herzöge ausgeschlagen, ich werde für Euch noch mehr tun: ich werde das Reich und die Tochter des Kaisers ausschlagen. Unserm Ille ist jetzt durch die Erfolge seiner Leistungen und durch die völlig ungetrübte Liebe der von ihm Verlassenen klargemacht worden, daß sein Minderwertigkeitsgefühl unberechtigt war und ist, und dadurch ist es fortan überwunden. Der Roman bringt aber noch genug des Interessanten.

Der Verzicht auf die Hand der Kaiserstochter ist wegen der Stimmung der Römer gefährlich, wird aber mit Hilfe des Papstes glücklich durchgeführt. Aber schwierig ist der Abschied von der unglücklichen Ex-Braut. Hier schaltet der Dichter vorerst folgende Bemerkung über Ille ein (V. 4653—61): Recht, Gesetz, Raison und der Priester stimmen darin überein, daß er seine Ehefrau lieben muß. Aber „Frau und Liebe zerstören oft die Übereinstimmung aller dieser vier. Frau und Liebe sind von solcher Art, daß sie oft gegen das Rechtliche handeln.“ Diese Bemerkung soll Späteres vorbereiten, ist aber wegen ihres frauenfeindlichen Charakters nicht ganz passend. Nun, Ille sucht die weinende Ganor mit dem Hinweis auf seine Herkunft aus niedrigem Adel zu trösten. Aber da hält sie ihm eine lange Rede, durch die er überhaupt erst von ihrer Liebe zu ihm erfährt und überdies, daß dieses gesellschaftlich hochstehende Mädchen in Fragen der Liebe überhaupt keinen Standesunterschied kennen will (V. 4711—49): Was liegt mir an Eurem Vorfahr? Ich liebe niemand deshalb, weil man ihn königlich nennt. „Und wenn Euer Vater *vilains* (!) ist, so seid Ihr deshalb nicht weniger wert. Jeder hat *in seinem Herzen* das, weshalb man ihn erniedrigt oder ehrt ...“ [33] Habt Ihr mich je nach Eurem Vater fragen hören? „Aber will ich denn Euren Vater haben? Oder Euch Eures Vaters wegen lieben? Lieber würde ich, mein Lieber, um Euretwillen die Eurigen lieben, auch wenn sie Schufte und Blödel wären, als Euch nur um ihrer aller willen.“ Wenn ich Euch liebe, denke ich nicht an Euren Vater und nicht an meinen. „Bei dem Gott, der über uns ist, geliebt habe ich Euch ganz nur um Euretwillen ...“ Aber eine Narrheit ist, daß ich Euch von meinem Herzen erzähle. — Schließlich fällt die Kaiserstochter dem Seneschall ihres Vaters ohnmächtig in die Arme und wegen seiner Güte widerstreiten in ihm die Liebe zu seiner Frau und das Mitleid mit seiner Ex-Braut. Wie dem Kaiser, verspricht Ille auch dessen Tochter auf einen Hilferuf im Fall der Not zu kommen, und zieht mit seiner Frau in seine bretonische Heimat.

Gewiß haben die Worte der Kaiserstochter den Zweck, dem bescheidenen Ille, der an seinem Wert gezweifelt hat, gerade diesen seinen persönlichen Wert völlig klarzumachen. Aber darüber hinaus sind diese Worte von außerordentlicher Bedeutung. In der Feudalität des 12. Jahrhunderts sind sie unerhört: völlige Mißachtung des Geburtsadels und dafür Wertung des Menschen nur nach der rein menschlichen Qualität des Individuums. Immerhin war der Gedanke an sich nichts Neues. Schon im antik-lateinischen Schrifttum spielte der kritische Gedanke, daß nicht Adel der Geburt, sondern Tugend den Wert des Menschen ausmacht, eine Rolle, und im 13. Jahrhundert wurde er von klassisch belesenen Klerikern und dann auch von Laien hervorgeholt und im mittellateinischen bzw. volkssprachlichen Schrifttum mit Betonung ausgesprochen. Das sieht man besonders bei dem aufstrebenden Bürgertum der italienischen Städte, aber auch in Frankreich, z. B. im zweiten Teil des *Rosenromans* [34]. Daß auch Gautier d'Arras diesen Gedanken kennt, spricht dafür, daß er wohl Kleriker war. Aber unerhört ist doch, daß er diesen Gedanken in einem Roman einer Kaiserstochter in den Mund

[33] V. 4719 f.:

A cascun en son cuer demore,
Por coi on l'aville [u] honore;
...

[34] Die wesentlichen Gedanken sind: Adel = Tugendhaftigkeit; Seelenadel, Herzensadel geht über Geburtsadel. Hier nur eine Zusammenstellung

legt: das ist Zukunftsmusik, die von seinem feudalen Publikum nicht verstanden werden konnte. Zu einem kulturgeschichtlich wichtigen, geradezu brennenden Thema sollte der Standesunterschied erst in Theater und Roman des 18. Jahrhunderts werden.

Bei dem Empfang Illes in seiner bretonischen Heimat stellt seine römische Begleitung fest (V. 5038 f.): Dieser gilt überall mehr als ein Kaiser. Er stellt die gestörte Ordnung wieder her, und die Römer erklären nach ihrer Rückkehr (V. 5121): Ein solcher Mann sollte die Krone tragen. Die Kaisertochter aber hat ein Selbstgespräch über ihre unglückliche Liebe und darüber, daß die Liebe sie mehr als ein Fieber quält (die schon konventionelle Psychophysiologie der Liebe).

Galeron schenkt ihrem Ille schöne Kinder, aber die Geburt des dritten ist so schwierig, daß sie in ihrer Todesangst gelobt, ins Kloster zu gehen, und es auch ausführt. Hat *er* sie einmal verlassen, so verläßt jetzt *sie* ihn, freilich aus ganz anderem Motiv. Die religiöse

besonders wichtiger Belege und Hinweise. Juvenal, 8. Satire, V. 20:

> . . . *nobilitas sola est atque unica virtus.*

Florilegium Gottingense (aus dem MA), 203:

> *Virtus nobilitat hominem, virtute relicta*
> *Migrat in exilium nobilitatis honor.*

De eruditione principum (in Paris unter Dominikanern verfaßt und um 1265 vollendet): *Vera nobilitas animi est secundum illud: Nobilitas sola est animum quae moribus ornat. Rosenroman*, von Jean de Meung verfaßter zweiter Teil, V. 18 607—896: Rede der Natur über das Wesen des Adels, worin es heißt, daß Adel nicht von Geburt kommt, sondern *bonté de cueur*, Tugendhaftigkeit ist. Der provenzalisch dichtende Italiener Sordello:

> . . . . .
> *Pero nobles cors e gentils*
> *Es de totz bos faiz segnorils.*

Guido Guinizelli lehnt in seiner berühmten Kanzone *Al cor gentil repara sempre Amore* den Geburtsadel zugunsten des Seelenadels, der Tugendhaftigkeit ist, ausdrücklich ab, ebenso Dante in seiner Kanzone *Le dolci rime d'amor*. In der *Vita Nuova* (§ 19) fällt der Ausdruck *nobilitade de la sua anima*. S. folgende Veröffentlichungen: Karl Vossler, *Die philosophischen Grundlagen zum „süßen neuen Stil“* . . ., Heidelberg 1904, S. 24 ff.; Kommentar zu den Versen 18 607—896 des *Rosenromans* in der Ausgabe von Ernest Langlois (SATF), 5 Bde., Paris 1914—24.

Hingabe macht sie völlig selbstlos. Die Tochter eines Herzogs und Schwester eines Herzogs, von außerordentlicher Schönheit, übrigens eine „gebildete“ und „sehr kluge“ Frau [35], anfänglich eitel, gelangt also infolge einer tiefen seelischen Erschütterung zu völliger Weltflucht.

Dadurch erhält Illes Leben eine neue Richtung. Der von seiner Frau verlassene Ehemann denkt an die schöne Kaiserstochter, die er mitsamt der Krone ausgeschlagen hat. Aus Rom, wo derweil der Kaiser gestorben ist und das Reich wieder von dem griechischen Kaiser bedrängt wird, weil die Erbtochter Ganor seine Werbung abgewiesen hat, kommt Nachricht von der Notlage, und Ille macht sich interessanterweise zur Hilfeleistung auf, noch bevor ihn eine diesbezügliche Bitte erreicht. Im gleichen Sinn symptomatisch ist, wenn er seiner Nonne gewordenen Frau eine Pilgerfahrt nach Santiago de Compostela weismacht. Das hat eine vorübergehende Verwirrung zur Folge, insofern die ihn suchende Kaiserstochter und der Herzog einander verfehlen. Ganor ist eine tatkräftige Frau, wenn sie sich bemüht, Ille einfach selbst zu holen. In ihrer Liebe ist sie das Gegenteil der selbstlosen Galeron; als sie erfährt, daß seine Frau Nonne geworden ist, freut sie sich. Nun schildert der Dichter durch eine Allegorie (V. 5611—55) den Widerstreit der Liebesgefühle in seinem Helden, der ein Mann zwischen zwei Frauen ist: er ist ein Turm oder der Kastellan des Turmes; in dem Turm drin ist die erste Liebe, belagert wird der Turm von der zweiten; aber eine Nonnenliebe hat kein Recht im Herzen eines Burgherrn, die Liebe zur Kaiserstochter siegt. Ille, der erfahren hat, daß Ganor auf der Reise zu ihm hier durchgekommen ist, sagt im Selbsgespräch: Das habe ich mir nicht gedacht, daß Ihr für einen Mann wie ich eine solche Reise zu machen „geruht“. Keine noch so hohe Ehrung kann die Bescheidenheit Illes zerstören oder beeinträchtigen.

Selbstverständlich befreit er die Römer durch einen glänzenden Sieg aus der Bedrängnis. Ein letztes spannendes Moment: Ganor kommt nach Rom zurück, wo man von der günstigen Entscheidung noch nichts weiß, und treulose Untertanen wollen sie dem griechischen Kaiser ausliefern. Aber da erklärt sie: einen schlechten Mann

[35] V. 1602: *aprise*; V. 1875: *mout senee*.

will sie nicht, auch wenn er Rom in seiner Gewalt hat, wohl aber einen *prodome*, und ein solcher ist der Herzog, der höfisch, schön und überall, wohin er kommt, Herr ist. So wird dem bescheidenen Mann, der an einem Minderwertigkeitskomplex gelitten hat, zuletzt ein Zeugnis der Höchstwertigkeit ausgestellt. Darauf folgt die selbstverständliche allerhöchste Ehrung: der Papst traut Ille mit Ganor, und Ille ist fortan Kaiser und lebt in einer glücklichen zweiten Ehe.

Es ist klar, daß der Dichter seinem geläuterten Helden ein überkompensierendes Schicksal zuteil werden läßt, was für die Gefühle des Publikums seines Romans eine Wunscherfüllung im Stil des Märchens bedeutet. (Dabei ist allerdings fraglich, ob das Publikum, damals und heute, mit der Hinwendung des Helden zu einer zweiten Frau leicht einverstanden ist.) Daß die erste Frau schließlich ins Kloster geht, liegt auf der Linie ihrer seelischen Entwicklung: die Erschütterung durch die Flucht ihres Mannes hat sie ja zu einer religiösen Demut bekehrt. (Daß sie dabei Mann und Kinder im Stich läßt, wollen wir nicht erörtern.)

Aber ist die Sache kirchenrechtlich in Ordnung? Für das Folgende benütze ich die Feststellung, die einer meiner Hörer, Pater Adalbert Schaller, freundlicherweise ad hoc gemacht und mir schriftlich gegeben hat. „Nach kirchlichem Recht ist 1. das Gelübde ungültig; 2. die erste Ehe keinesfalls gelöst. Letzteres ergibt sich 1. aus dem heutigen kirchlichen Recht. Can. 1118: *Matrimonium validum ratum et consummatum nulla humana potestate nullaque causa praeterquam morte dissolvi potest*. 2. Aus dem kirchlichen Recht der damaligen Zeit. Dieses war dargelegt in dem sog. *Decretum Gratiani*, einem Sammelwerk des Kamaldulensermönches Gratian, der ... zu Bologna ... das Kirchenrecht ... dozierte und um das Jahr 1150 sein Werk verfaßt hat nach der scholastischen Methode. Dieses Rechtsbuch genoß allgemeines Ansehen, wurde zum Gegenstand der wissenschaftlichen Behandlung gemacht." Aus dem Eherecht dieses Werkes führt Pater Schaller folgende Canones an (alle sind enthalten in Decreti Secunda Pars, Causa XXVII): 1. Quaestio I, casus XLI: *Coniugia uouentium non sunt dissoluenda*. 2. Quaestio II, casus XIX: *Causa religionis coniugia solui non debent*. (D. h. „Um eines Eintritts in einen Orden willen dürfen Ehen nicht gelöst werden.") 3. Quaestio II, casus XXI (die Besprechung eines konkreten Falles wird mit folgender Begründung abgeschlossen): *Nam, nisi fornicationis causa, uirum uxorem dimittere nulla ratio concedit, quia, postquam copulatione coniugii uiri atque mulieris unum corpus efficitur, non potest ex parte conuerti et ex parte remanere in saeculo.* Kein Zweifel, daß Gautier die Schwierigkeit seiner Romanhandlung im Widerspruch mit der kirchlichen Lehre gelöst hat. Aber vermutlich war er sich dessen nicht bewußt. Das scheint gegen die Vermutung, daß er ein Kleriker war, zu sprechen, aber man darf wohl auch geltend machen, daß viele Kleriker jener Zeit ungenügend unterrichtet waren. Es wäre noch nachzuprüfen, ob nicht in der damaligen Praxis Fälle wie der in dem Roman erdichtete gelegentlich vorkamen. Im damaligen schöngeistigen Schrifttum haben wir gleich noch einen solchen, im *Eliduc*, einem der interessantesten Lais der Marie de France. Die Ähnlichkeit zwischen dem Roman und dem Lai ist so groß, daß man eine Abhängigkeit annehmen muß (wofür auch der in beiden Dichtungen vorkommende Name Eliduc spricht). Foerster (in der Einleitung zu seiner Ausgabe des *Ille*) ist von einem Einfluß Maries auf Gautier überzeugt, aber Becker hält ein umgekehrtes Abhängigkeitsverhältnis für möglich, was bei der Arbeitsweise der Dichterin sogar wahrscheinlich ist [36].

Ille et Galeron ist ein höfischer Roman, insofern Menschen der feudalen Gesellschaft für diese Gesellschaft imaginiert sind. Dabei ist er ein psychologischer Individualroman, insofern tief in die Psyche der dargestellten Individuen hineingeleuchtet wird. Mir ist keine frühere Darstellung eines Minderwertigkeitskomplexes im Schrifttum unserer abendländischen Kultur bekannt. Daß eine solche gerade im höfischen Roman auftaucht, ist kein Zufall, da der Kriegerstand eine geschlossene Gesellschaft mit einer strengen Werteskala der Existenz und der Leistungen war: sich hier „minderwertig" zu fühlen und deshalb Leistungen zu vollbringen war nur allzu natürlich. Gautier stellt individuelle Schicksale in dem Stand der Feudalität dar und das ist eine kulturgeschichtlich bedeutende Leistung. Und doch war sein Roman wohl zu fein, um beim damaligen Publikum Verständnis zu finden: während der *Eracle* immerhin in

[36] Leider ist mir unzugänglich: E. Hœpffner, *Le roman d'Ille et Galeron et le lai d'Eliduc*, in: Studies pres. to M. K. Pope, 1939.

drei Handschriften überliefert ist, liegt der *Ille* in einer einzigen vor und wird im Schrifttum jener Zeit nirgends erwähnt; nur Marie de France zeigt, daß sie ihn kennt, da sie ihn für ihren *Eliduc* verwertet.

Bei aller zeitlichen und gesellschaftlichen Bedingtheit der Dichtung läßt sich vom *Ille* doch auch sagen: durch das psychologische Thema des Minderwertigkeitskomplexes überragt er jene Zeit und jene soziale Gegebenheit, er ist überzeitlich. Man könnte sich vorstellen, daß ein geschickter Bearbeiter die Romanhandlung aus dem ritterlichen und höfischen Milieu herausnähme, um sie in eine heutige Umwelt hineinzustellen, ohne daß von dem menschlichen Gehalt etwas Wesentliches verlorenginge.

Nachtrag (1975)

Meine in dem Aufsatz geäußerte Vermutung, daß in der damaligen Wirklichkeit Auflösungen von Ehen wie in dem Roman im Widerspruch zur kirchlichen Lehre vorkamen, wird durch folgende historische Feststellung bestätigt: Phil. August Becker, *Drei Daten aus dem Leben und Dichten des ältesten Troubadours*, RF, 60, 1948, S. 451 f.: „Ihre Mutter, eine Tochter Lancelins von Beaugency, verlor sie in der zartesten Kindheit durch den Tod, und bevor sie selber heiratete, hatten drei Frauen nacheinander die Verstorbene an der Seite ihres Vaters ersetzt, immer nur für kurze Zeit; das Ende war immer die Lösung der Ehe oder der Eintritt ins Kloster." Das betrifft die Sitten etwa Ende des 11. Jh.s.

Ich verweise auf die Neuausgabe: *Ille et Galeron* par Gautier d'Arras, p. p. Frederick A. G. Cowper (Soc. d. Anc. Textes Fr.), Paris (Picard) 1956.

Etudes de langue et de littérature du moyen age offertes à Félix Lecoy. Champion, Paris 1973, S. 483—498.

STRUCTURE ET SENS DE ›GUILLAUME DE DOLE‹

Par JEAN CHARLES PAYEN

Le roman de *Guillaume de Dole*, qui a fait l'objet d'une remarquable édition de Félix Lecoy [1], a été particulièrement bien étudié par Rita Lejeune dans son ouvrage sur l'œuvre de Jean Renart [2]. Mais il reste beaucoup à dire sur ce texte difficile dont les critiques n'ont pas encore éclairci toutes les obscurités [3]. Un récent travail de maîtrise, accompli sous ma direction à l'Université de Caen [4], apporte, à mon sens, des éléments nouveaux sur la technique romanesque de Jean Renart, et a l'intérêt de dégager un parallélisme de structure entre l'*Escoufle* et *Guillaume de Dole*. Je voudrais rendre compte ici de certaines analyses et des conclusions qui valorisent ce mémoire; avec l'accord de son auteur, je nuancerai certaines de ses affirmations et je prolongerai certaines de ses intuitions. Disons d'ores et déjà que ce qui ressort principalement de cette étude est le caractère assez élaboré de la technique narrative propre à Jean Renart et la pauvreté de son idéologie amoureuse : les vrais mérites du poète sont ailleurs, et tout d'abord dans les qualités de son écri-

[1] Paris, Champion, C. F. M. A., 1962.

[2] *L'œuvre de Jean Renart*, Paris, 1935 (Bibliothèque de la Faculté de philosophie et lettres de l'Université de Liège, fasc. 61), p. 35 ss.

[3] Entre autres F. Lecoy (notes dans la Romania, t. 80, 1959, p. 253 ss. et t. 82, 1961, p. 244 ss.); moi-même (*ibid.*, t. 84, 1963, p. 576 ss.); Pierre Le Gentil, *A propos de « Guillaume de Dole », Mélanges Maurice Delbouille*, Gembloux, Duculot, 1964, p. 381 ss. Voir aussi Michel Dubois, Romania, t. 85, 1964, p. 112 ss. (sur le mot *taleboté*); F. Lecoy, Romania, t. 82, 1961, p. 379 ss. (sur la date du roman); A. Fourrier, *Les armoiries de l'empereur dans « Guillaume de Dole », Mélanges Rita Lejeune*, Gembloux, Duculot, p. 1211 ss.

[4] Michel Jacqueline, *Structure et sens de « Guillaume de Dole »*, mémoire de maîtrise dactylographié, Caen, 1971.

ture. Quant à sa courtoisie, elle n'est que de façade, et sert surtout de prétexte. Jean Renart n'est pas un romancier courtois, comme je tenterai de le démontrer aussi à propos du *Lai de l'Ombre*, où l'ambiguïté du langage et plus généralement de la démarche courtoise est d'une certaine manière dénoncée, pour ne pas dire condamnée. Les réflexions, qui suivent s'inscrivent dans le cadre d'une recherche plus générale sur la remise en question des mythes courtois au début du XIIIe siècle [5]. Elles n'ont d'autre ambition que d'apporter quelques éléments dans un vaste débat qu'on ne saurait épuiser en quelques pages. Je souhaite surtout qu'elles constituent un hommage au maître qui m'a jadis initié, par ses cours sur le *Lai de l'Ombre*, à l'art subtil d'un romancier qui m'est toujours apparu depuis comme l'un des plus grands auteurs du XIIIe siècle.

Dans *Guillaume de Dole* et dans l'*Escoufle*, l'action repose initialement sur la rencontre de deux hommes qui se prennent d'amitié réciproque et dont l'un est de rang supérieur à l'autre; elle se décompose en quatre moments: un prélude qui relate cette rencontre, un premier thème tendant vers un mariage qui cimentera l'union des deux familles, un deuxième thème allant en sens opposé, et un finale qui aboutit au mariage après la disparition de l'obstacle.

Ces quatre moments sont séparés par un système de dialogues entre le seigneur et son compagnon (remplacé dans le troisième dialogue de l'*Escoufle* par le héros promis au mariage). Une explication finale couronne le quatrième épisode. Dans chacun de ces moments, le schéma narratif est rigoureusement le même, la principale différence résidant dans la plus ou moins grande ampleur des descriptions. L'importance des scènes joyeuses y est notable, encore qu'elles n'interviennent qu'en période de détente ou de pré-détente: tournois ou jeux champêtres s'imposent quand le malheur n'est pas encore senti; la joie éclate évidemment à la fin de l'œuvre, lorsque le malheur disparait.

[5] Voir mes articles: *La destruction des mythes courtois dans le roman arthurien* dans *Revue des langues romanes*, t. 78, 1969, p. 213 ss. et *Lancelot contre Tristan, ou la conjuration d'un mythe subversif*, à paraître dans les *Mélanges Pierre Le Gentil*.

Les différents actants et leurs fonctions peuvent être ainsi répertoriés:

Actants et fonctions	Identité Dans l'*Escoufle*	 Dans *Guillaume de Dole*
Vassal (jouant un rôle décisif dans le projet de mariage).	Richard de Montivilliers	Guillaume de Dole
Personnage promis au mariage dans la famille du vassal.	Fils : Guillaume	Sœur : Liénor
Personnage promis au mariage dans la famille du seigneur.	Fille : Aélis	Empereur : Conrad
Seigneur (est aussi l'actant qui décide du mariage).	Empereur	Empereur : Conrad
Opposants	Impératrice Conseillers.	Sénéchal
Adjuvants	Isabelle le messager d'Aélis, etc.	Nicole le valet de Liénor.

Conrad, dans *Guillaume de Dole*, cumule les deux fonctions de seigneur et de promis au mariage, ce qui lui permet d'être présent durant tout le déroulement du roman. Au contraire, le rôle effectif de Richard de Montivilliers, celui de l'empereur dans l'*Escoufle* ou celui de Guillaume de Dole lui-même s'arrêtent avant le quatrième épisode, lorsque commence l'action efficace de Guillaume et d'Aélis dans l'*Escoufle*, ou de Liénor dans *Guillaume de Dole*. La double fonction de Conrad, qui ne cesse d'apparaître comme un personnage actif, le désigne donc d'ores et déjà comme l'actant principal du roman dont il est le protagoniste de fait.

Venons-en maintenant à l'examen comparé des épisodes.

Épisode I: Rencontre du seigneur et du vassal, accidentelle dans l'*Escoufle*, provoquée dans *Guillaume de Dole*. Le seigneur propose au vassal une épreuve: guerre dans l'*Escoufle*, tournoi de Saint-Trond dans *Guillaume de Dole*.

Épisode II: Exploits de Richard (*Escoufle*) et de Guillaume (*G. de D.*). Leur prouesse annule tout risque de mésalliance [6]. D'où le projet de mariage entre les deux familles, projet qui prend corps dans l'*Escoufle* en deux étapes: noces de Richard, puis naissance de son fils Guillaume et d'Aélis, fille de l'empereur. Dans les deux œuvres, c'est l'empereur lui-même qui propose l'alliance conjugale au cours du dialogue qui conclut cette partie [7].

[6] *Cf.* les réflexions de Conrad après avoir constaté la prouesse de Guillaume au tournoi:

Ne veut mes fere plus d'aloigne
Qu'il ne li diё sa pensee,
Que tant estoit la chose alee
Qu'il set bien qu'il est trop prodom.
Si set par ceuls de son lignage,
S'il n'avoit fors d'un vasselage,
S'ert il bien digne d'un roiaume!

[7] Dans l'un et l'autre cas, l'empereur expose d'une manière presque identique l'artifice (une sorte de don contraignant) par lequel il obtiendra que ses barons acceptent la mésalliance:

Escoufle, v. 2193 ss. (édition H. Michelant et P. Meyer, Paris, S. A. T. F., 1894):

Si lor dirai par coverture
Que je ne sai quele aventure
Est a venir de moi ne d'eus;
Por ce si me doignent entr'eus
.I. don qui poi les grevera . . .

G. de D., v. 3073 ss:

Si lor proierai belement
Qu'il me doignent entre'aus .I. don
Par amors et par guerredon.

La similitude d'expression (et de procédé) a été relevée par G. Charlier dans son article: « *L'Escoufle* » et « *Guillaume de Dole* », *Mélanges Maurice Wilmotte*, Paris, 1910, t. 1, p. 81 ss., et par Rita Lejeune, *op. cit.*, p. 453.

Épisode III: Intervention négative des opposants. Le souverain convaincu par eux signifie à son compagnon initial sa décision de renoncer au projet de mariage, ce qui bloque l'intrigue

Épisode IV: Suppression de l'obstacle. Dans l'*Escoufle*, la durée de l'action est étirée sur sept ans, et Jean Renart multiplie les péripéties. Il dénoue la situation en faisant disparaître l'actant qui est le maître de l'intrigue, c'est-à-dire l'empereur. Dans *Guillaume*, cette partie est beaucoup plus ramassée.

Épilogue: Règlement des questions en suspens, bref dans *Guillaume*, très long dans l'*Escoufle* (la punition du sénéchal et la description du mariage sont plus rapidement expédiées que la reconquête par Aélis et Guillaume de leurs fiefs respectifs).

On comprend dès lors la différence de proportion entre l'*Escoufle* et *Guillaume*. Si l'introduction et les épisodes I et III y sont sensiblement égaux, et si l'épisode II est beaucoup plus étendu dans *Guillaume*, l'épisode IV de l'*Escoufle* occupe à lui seul 4500 vers sur les 9000 de l'ensemble. C'est pourquoi l'on est tenté de considérer, comme Rita Lejeune, que tout ce qui le précède est un simple prologue [8]. Quant à l'épilogue de l'*Escoufle*, il peut prendre figure d'épisode autonome. L'*Escoufle* semble donc un roman passablement déséquilibré.

Il n'en va pas de même de *Guillaume de Dole*, où l'on constate la répartition suivante:

Prologue :	650 v.
1er épisode:	1250 v.
2e épisode :	1200 v.
3e épisode :	600 v.
4e épisode :	1300 v.
Epilogue :	650 v.

La moindre importance de l'épisode III s'explique par une accélération du rythme romanesque sur laquelle je reviendrai en son temps.

Ce qui m'importe pour l'instant est de bien marquer l'opposition entre l'*Escoufle* et *Guillaume*. Cette opposition est sensible à travers la différence de spatio-temporalité. L'intrigue de l'*Escoufle* s'étend

[8] *Op. cit.*, p. 171.

sur trente ans et se déroule de la Normandie et de l'Allemagne à la Palestine. *Guillaume* au contraire se déroule en trois mois environ et dans un espace géographique beaucoup plus restreint [9].

Unité d'action aussi, assurée par la présence constante de l'empereur Conrad. *Guillaume* est donc une œuvre mieux construite et plus homogène.

Le fonctionnement de l'intrigue est beaucoup plus complexe dans l'*Escoufle* que dans *Guillaume*, parce que ce fonctionnement se fonde volontiers sur la contingence et non sur l'action délibérée des personnages. Ce sont souvent des coups de théâtre sur lesquels les actants n'ont pas de prise qui font progresser le récit: ainsi de la double intervention de l'escoufle et de la mort du comte Richard. Au contraire, dans *Guillaume*, c'est le dialogue, et le dialogue seul, qui provoque des rebondissements principaux. Une fois de plus se vérifie le rôle du discours dans l'évolution du roman; je me plais à y voir une caractéristique majeure de la narration médiévale [10].

Quand on examine de plus près la structure interne de *Guillaume*, on s'aperçoit que si l'épisode II (le tournoi) revêt un aspect particulier et ne s'insère pas directement dans l'action centrale, les épisodes I et IV sont au contraire construits selon un même schéma qui est le suivant: entretien entre messager et destinateur du message, entretien entre messager et destinataire, nouvel entretien entre messager et destinateur [11]. L'épisode III ne comporte évidemment pas de

[9] L'action oscille entre un pôle fixe, Dole (où habite la famille de Guillaume et de Liénor) et un pôle mobile, la cour de Conrad, qui se déplace dans la région rhénane et mosane, entre Tref-sur-Meuse (v. 1975 ss.) et Mayence (v. 3633).

[10] *Cf.* mon article: *Le clos et l'ouvert dans la littérature française médiévale*, Perspectives médiévales, I, 1975.

[11] *Cf.* dans le premier épisode, l'entretien entre Conrad et Nicole (vv. 882—895), l'entretien entre Nicole, Guillaume, Liénor et la mère des deux jeunes gens (vv. 973—1281) et l'entretien entre Conrad et Nicole (vv. 1382—1441). Dans le quatrième épisode, on trouve le même schéma: entretien entre Liénor et le valet (vv. 4290—4336), entretien entre le valet et le sénéchal (vv. 4386—4450), entretien entre Liénor et le valet (vv. 4456—4476).

premier entretien entre messager et destinateur, puisque le sénéchal prend l'initiative de sa démarche [12].

Une telle analyse fait ressortir l'erreur de Gaston Paris, qui n'a vu dans *Guillaume* qu'une illustration du thème de la gageure, alors que celui-ci n'intervient que de manière occasionnelle et pour relancer l'action [13].

L'art de Jean Renart est également très sensible à travers le jeu de l'entrelacement, qui remplit dans *Guillaume* une tout autre fonction que dans le roman arthurien, où son rôle est surtout de multiplier les personnages et les péripéties. L'entrelacement est alors un facteur de dispersion [14] et non, comme ici (et comme dans le roman moderne) un moyen de cohésion et d'unité.

L'entrelacement dans *Guillaume* se justifie par le fait que le personnage instigateur de l'action dans chaque épisode ne participe pas directement à cette action. Ainsi, dans l'épisode I, vient d'abord le dialogue entre l'empereur et Nicole (personnage instigateur) (vv. 880—903), puis le cheminement de Nicole (vv. 904—911), puis le réveil du roi (vv. 912—929), puis de nouveau la démarche de Nicole. D'autres brefs retours sur le personnage à l'origine de l'action se trouvent dans l'épisode IV (vv. 4457—4475) où Liénor s'entretient

[12] Le troisième épisode ne comporte donc que deux entretiens entre le sénéchal et la mère de Liénor (vv. 3293—3388) et entre le sénéchal et Conrad (vv. 3475—3600).

[13] Voir son article: *Le cycle de la gageure*, dans *Romania*, t. 32, 1903, pp. 480—511. Voir particulièrement p. 489. Rita Lejeune s'est dégagée d'une optique aussi arbitraire, mais n'a proposé, pour rendre compte de la première partie de *Guillaume* sur le plan des structures générales, que le motif de la dame lointaine et de l'*amor de lonh*, dont j'ai démontré par ailleurs que son utilisation romanesque était très étrangère à sa fonction primitive chez Jaufré Rudel: voir mon article *Espace et temps de la chanson courtoise d'oc*, dans *Présence des troubadours*, t. II n⁰ 5 (nouvelle série) des *Annales de l'Institut d'Etudes occitanes*, p. 143 ss., et plus précisément pp. 160—163.

[14] Voir Eugène Vinaver, *A la recherche d'une poétique médiévale*. Paris, Nizet, 1970, p. 131 ss. (sur le double principe multiplicité et de cohésion mis en pratique dans le doman arthurien en prose par le jeu conjugué des entrelacements d'une part et des anticipations et rappels d'autre part).

avec le messager). On constate une remarquable alternance, du v. 3228 au v. 4198, entre les dialogues qui font progresser l'intrigue et les passages où Jean Renart s'attarde à évoquer l'impact des événements sur Conrad et Guillaume. Ces passages sont souvent introduits par une expression stéréotypée [15]. Il y a là un procédé qu'utiliseront de nos jours les maîtres du « suspense »; mais surtout, ces parenthèse permettent l'intervention de notations psychologiques, d'ailleurs assez convenues [16]. Une fois de plus apparait cette autre

[15] Voici le tableau de cette alternance:

Action	*Flashes* sur Conrad et Guillaume
3228: Entretien entre le sénéchal et la mère de Liénor. Départ du sénéchal.	
	3390: réveil de Conrad.
3460: Entretien entre Conrad et le sénéchal.	
	3600: Monologue de Conrad.
3657: Entretien entre Conrad et Guillaume.	
	3737: douleur du roi.
3768: Entretien de Guillaume et du neveu.	
	3865: Séjour de Guillaume et de Conrad à Mayence. Tristesse de Conrad.
3908: Explication entre le neveu, Liénor et la mère de Liénor.	
	4110: Vie de Guillaume et de Conrad à Mayence.
4189: Arrivée de Liénor à Mayence.	

Quelques exemples de transitions stéréotypées:

Or feroit bon savoir meshui
Comment li bons rois se contint. (v. 3390—91)
Or referoit mout bon savoir
Comment ses freres se contint. (v. 4110—11)

[16] *De l'amor a la demoisele*

constante du roman médiéval: qu'il sépare le psychologique et le narratif et isole en quelque sorte l'analyse intérieure des passions, considérée comme marginale par rapport au récit. Ce qui ne veut pas dire qu'elle soit négligeable: elle contribue à créer un climat dramatique, et c'est à dessein que Jean Renart insiste sur la joie de Conrad et de Guillaume à la veille de l'arrivée du sénéchal qui va ruiner tous leurs espoirs:

Onques n'avoit été plus liez 3438
Li bons rois ne plus enchantez.
Puis que cil Guillames fu nez
N'ot si bon siecle a nul sejor.
A grant joie atendoit le jor
Et l'assambleë de Maience.

J'ai parlé tout à l'heure de « suspense ». Je dois souligner le caractère extrêmement « cinématographique » de la scène qui prépare le dénouement. Les deux personnages de Liénor et de Conrad sont présentés successivement (vv. 4476 ss.: départ de Liénor pour le palais; v. 4561 ss.: tristesse du roi contrastant avec l'animation de la cour. V. 4602 ss.: arrivée de Liénor; v. 4660 ss.: on annonce à Conrad cette arrivée et il va au devant de la jeune fille. V. 4709 ss.: rencontre pathétique, Liénor dénoue ses cheveux et tombe aux pieds du roi). Au fur et à mesure que les personnages se rapprochent, l'émotion augmente [17], non sans une certaine redondance, d'ailleurs

Qu'encor l'en tient soz la mamele . . . (v. 3763—64)
Encor l'en ert li feus el cors . . . (v. 3899)

Cf. vv. 793—794:
Amors l'a cuit d'une estencele
De cel biau non mout pres du cuer . . .

Vv. 920—921:
Por l'amor bele Liënor
Dont il avoit al cuer le non . . .

Vv. 1640—1641:
Mes de la preus, la debonaire
De cui avoit le feu ou cors . . .

[17] Les sentiments de Liénor se réduisent d'abord à la simple inquiétude:
Por ce q'ele crient q'el n'i faille,

signifiante, puisqu'elle fait participer toute l'assistance au drame qui se joue [18]. Le dialogue entre Liénor et Conrad s'engage précisément à l'instant où, du fait de cette savante préparation, les sentiments sont portés à un point extrême de pathétique: triomphe d'une émotivité fréquente chez Jean Renart et perceptible jusque dans le *Lai de l'Ombre* [19].

Le caractère « cinématographique » de *Guillaume* est accentué par l'importance des descriptions, sur lesquelles je reviendrai tout à l'heure. Je dirai seulement pour l'instant qu'une étude systématique de ces descriptions est désormais superflue, puisque ce point a été très bien traité dans le précieux ouvrage de Miss Faith Lyons [20]. Il est cependant opportun de noter que l'abondance des notations descriptives manifeste chez Jean Renart un goût évident du luxe, j'allais dire du grand spectacle, et qu'elles interviennent en liaison étroite avec la narration, dans la mesure où elles concourent à la progression dramatique. Le tableau de la fête champêtre constitue un excellent amorçage du récit; le tournoi de Saint-Trond a une

Sachiez de voir sans devinaille,
En est un poi en esmaiance . . . (v. 4556—58)

Puis apparaissent les larmes:

Por ce li fet les oils moullier
De chaudes larmes la pitiez . . . (v. 4636)

De même, la tristesse du roi monte lentement vers le paroxysme du v. 4660:

A poi que li rois ne forsane . . .

[18] Vv. 4642—43:

Si vos di que por s'amistié
En i plorerent plus de .c.

[19] *Cf.* la montée de l'émotion chez le chevalier (v. 398: implorations émues: v. 481: apparition des larmes: v. 512: cris pathétiques; P. Ménard dit à propos de ce passage: « Loin d'être une feinte subtile, ses larmes témoignent de son désarroi ou plutôt d'une minute de douloureuse détresse ». Voir son ouvrage: *Le rire et le sourire . . .*, Genève, Droz, 1969, p. 105 ss.).

[20] *Les éléments descriptifs dans le roman courtois au XIIIe siècle*, Paris, Klincksieck, 1965, p. 108 ss. Voir aussi, plus loin, les notes 30 à 35.

fonction valorisante; la peinture de la cour lors du dénouement donne à celui-ci un cadre plus vaste: la tragédie, puis la joie des amants, deviennent une tragédie collective, puis une liesse générale auxquelles l'auditeur ne peut guère se dérober [21].

Il le peut d'autant moins qu'il est invité à participer au récit par les interventions d'auteur qui sont souvent impératives et réitérées[22]. Il faut distinguer cet interventionnisme tantôt grave et enjoué d'un autre interventionnisme moins fréquent et plus ironique: celui des interrogations [23], celui de la parodie épique si fréquente chez Chrétien de Troyes [24]. Mais la « distanciation esthétique [25] » s'opère dans *Guillaume* d'une manière plus habile encore. Jean Renart feint d'être étranger à son récit et de ne pas savoir où il va, ni ce que pense tel ou tel de ses personnages [26]. Ce qui ne l'empêche pas d'orienter son intrigue comme il l'entend, ni de recourir au besoin

[21] *Cf.* v. 5104 ss.: la joie de Conrad se traduit par un chant, qui amène à son tour un autre chant qu'entonne toute la cour. « Ce fu *Te Deum laudamus* », écrit Jean Renart (v. 5116). *Cf.* aussi la nouvelle succession de chansons, v. 5188 ss.

[22] Elles ont souvent pour but de nouer entre l'auteur et son auditoire un rapport de complicité: elles sont souvent répétées à peu de distance (v. 2922: « Sachiez li prodoms a plus chier . . . »; v. 2925: « Ce sachiez, qu'il les raensist . . . »); elles contribuent à créer un certain pathétique (vv. 1274—75: « Or sachiez que, quand ils monterent, Il y ot ploré maintes larmes »; v. 1282: « Or sachiez que tuit en plorerent »; v. 1288: « Ce sachiez, mout i a lessiee Sa mere et sa seror dolente »). Un autre mode d'expression du pathétique est l'usage des exclamatives (vv. 1636—37: « Ha! se il osast por honor, Com il parlast ja volentiers! », vv. 5474—75: « Ha! Dex, com l'en a cieus hasté, Qui li vont la novele dire! »). De tels procédés sont fréquents chez Béroul et chez les romanciers de la participation affective.

[23] *Cf.* v. 74: « Et savez dont je mout le pris? » *Cf.* aussi les v. 246, 489, 4533. . .

[24] V. 166: « Lors oïssiez soner cez cors . . . »; v. 233: « Lors veïssiez genz acesmer . . . »; v. 5159: « Lors veïssiez corre as destriers . . . ».

[25] *Cf.* Peter Haydu, *Aesthetic distance in Chrétien de Troyes*, Genève, Droz, 1968.

[26] V. 884: « Ce ne sai ge s'il li fu grief »; vv. 4497—98: « Je ne sai pas por coi j'aloig L'afere . . . ».

à l'anticipation voilée, si chère aux romanciers de son temps, qui sont en fait les démiurges de leur matière [27].

L'art de Jean Renart n'est donc classique qu'en apparence. Le classicisme exige en effet que l'écrivain, tout en restant sans cesse le maître de son récit, s'en efface et agisse comme si l'intrigue s'imposait à lui au point qu'elle réduise son rôle à celui d'un témoin objectif et modeste. C'est ainsi, par exemple, que Madame de La Fayette compose *La Princesse de Clèves*. Une telle conception de l'acte littéraire est très étrangère à l'esthétique romanesque du Moyen Age. Le romancier a besoin d'une certaine fantaisie qui lui permette de jouer avec son texte, pour y adhérer ou s'en détacher, pour le maîtriser ou feindre d'être dépassé par lui. Cette fantaisie n'est pas seulement contradictoire avec tout effort d'impersonnalité; elle disqualifie par avance, sauf dans les œuvres courtes (*Lai de l'Ombre*, *Châtelaine de Vergi*) toute tentative de véritable concentration. L'espace et le temps de *Guillaume*, avons-nous dit, sont plus resserrés que ceux de l'*Escoufle*; mais le rythme romanesque, c'est à-dire le rapport entre la durée nécessaire au déroulement de l'intrigue et la longueur des épisodes qui exigent cette durée, est extrêmement variable et même arbitraire. Il y a accélération du récit dans l'épisode III (30 jours pour 600 vers) et ralentissement considérable au contraire dans l'épisode IV et l'épilogue (12 jours pour 1950 vers) [28]. Or l'épisode III correspond à une certaine tension du récit (manœuvres du sénéchal). Mais l'auteur, en menant rondement la mise en place des éléments qui vont permettre à l'action de re-

[27] V. 4109: « Si fera il, gel sai de voir . . . ».

[28] La fête du prologue dure quinze jours (v. 558). La durée du voyage de Conrad et Jouglet n'est pas précisée. Nicole met ensuite quinze jours pour aller à Dole et en revenir (v. 1615). Quinze jours après a lieu le tournoi (v. 1645). Puis le temps du trajet entre Saint-Trond et Cologne n'est pas précisé. Conrad reste quinze jours à Cologne (v. 3151). Le sénéchal se rend à Dole en cinq jours (v. 3246). Mais était-il demeuré toute la quinzaine à Cologne avec Conrad? Nous ne savons pas quand l'empereur arrive à Mayence, mais les vers 4600—4601 (« Si li pert mout bien a la face Qu'il n'amenda .XV. jors a ») laissent entendre que la crise s'est déclenchée depuis une quinzaine. Le quatrième épisode dure sans doute une dizaine de jours. Soit en gros trois mois, ainsi répartis :

bondir, s'intéresse moins à la machination elle-même qu'à ses conséquences, comme s'il avait hâte d'en venir à la suite et à la façon dont la situation va se débloquer. Inversement, dans l'épisode IV, le ralentissement du rythme permet non seulement l'intervention d'un pathétique dont j'ai tout à l'heure souligné l'importance; mais il permet aussi à l'auteur d'insister sur la joie du dénouement heureux: s'y traduit ce goût de la fête déjà sensible lors des jeux champêtres initiaux, et que je retrouve à la fin de beaucoup d'œuvres médiévales (ne serait-ce qu'*Erec et Enide*).

Jean Renart est un romancier de la liesse. Non point celle des débordements populaires telle que l'évoque Mikhaïl Bakhtine [29], mais celle des cours aristocratiques, avec leur luxe matériel et leur raffinement courtois. Il peint avec aisance un type de bonheur: celui des voyages somptueux [30] ou celui des tables abondantes [31]. Ce bonheur se fonde sur un sens esthétique très sûr: pour Jean Renart comme pour Keats, *A thing of beauty is a joy for ever*. D'où ce regard gourmet qu'il porte sur les belles étoffes [32], les chevaux richement harnachés [33], les pierres précieuses [34] et surtout la splendeur

Prologue: 15 jours pour environ 600 vers
Episode 1: un peu plus de 15 jours pour 1250 vers
Episode 2: moins d'un mois pour 1200 vers
Episode 3: un mois pour 600 vers
Episode 4 et épilogue: une douzaine de jours pour 1950 vers.

Je rappelle en effet que le mariage suit immédiatement la fin de l'épisode IV, et que la punition du sénéchal intervient dès le lendemain.

[29] *L'œuvre de François Rabelais et la culture populaire au Moyen Age et sous la Renaissance*, trad. Andrée Robel, Paris, Gallimard, 1970.

[30] Interrompus pour « séjorner » dans des endroits plaisants: Tref-sur-Meuse, c'est-à-dire Maestricht (v. 1975 ss.), ou dans les châteaux de la région de Cologne (v. 3392 ss.).

[31] V. 367 ss.

[32] V. 234 ss. *Cf.* aussi la description des vêtements de Liénor, v. 5324 ss. (mais elle s'inspire de la description, par Chrétien, de la robe d'Enide, à la fin d'*Erec*).

[33] *Cf.* le cheval de Liénor, v. 4485 ss.

[34] *Cf.* les joyaux qui ornent la ceinture de Conrad, vv. 255—257. A noter l'abondance des références à l'argent (v. 64, 84, 257, 1836, 1879, 1896, 2480, 2852, 4834, 4442, 4831, 4937, 4897, etc.).

de la femme, décrite avec une sensualité contenue [35]. La cour du roi Conrad apparaît donc comme un paradis aristocratique, où chevaliers, serviteurs et baladins [36] n'ont aucun souci grâce à la générosité du prince. C'est là une ambiance qui correspond à la fois à ce qu'attend Jean Renart, en tant que poète, d'un protecteur puissant, et à ce que rêve aussi le milieu probablement chevaleresque auquel il s'adresse.

Ce faisant, il critique le pouvoir royal existant: celui de Philippe-Auguste, à travers une *laudatio temporis acti* assez nostalgique: jusqu'au XVIIIe siècle, l'âge d'or est dans le passé. A Philippe-Auguste, Jean Renart reproche sans doute son mépris des ménestrels et le manque d'élégance de sa cour [37], mais il critique peut-être aussi, comme beaucoup d'autres poètes [38], la façon dont le roi se détourne de l'aristocratie pour faire appel à des conseillers bourgeois. Dans l'*Escoufle* déjà, l'empereur commettait la faute de laisser son royaume au pouvoir des vilains, et Richard de Montivilliers luttait contre cette politique. Dans *Guillaume* se découvre la sollicitude de Conrad à l'égard des vavasseurs [39]. Et le personnage de Guillaume de

[35] Splendeur des dames de la cour, v. 359 ss. Beauté de Liénor, telle que l'évoque Jouglet, v. 715 ss . . . L'érotisme de Jean Renart est toutefois plus discret que celui de Chrétien: la nuit de noces est évoquée à travers le jeu de références littéraires à Tristan et à Lanval (v. 5507 ss.).

[36] Jouglet, familier de Conrad, obtient dans *Guillaume*, le statut que Jean Renart voudrait voir conférer aux gens de sa profession. Il reçoit du roi un manteau (v. 723), une robe (v. 868), une cotte (v. 873), et de Guillaume une chape et un manteau d'hermine (vv. 1816—1821 et 1906).

[37] Voir Rita Lejeune, *op. cit.*, p. 60 ss. (à partir de passages comme les v. 551 ss. concernant Eudes de Ronquerolles).

[38] Par ex. l'auteur de la branche I du *Roman de Renart*, lorsqu'il prête à son protagoniste un virulent discours contre les rois qui délaissent leurs barons pour écouter les « vilains », (v. 1235 ss. de l'édition Mario Roques, Paris, Champion, C. F. M. A., 1970).

[39] Vv. 88—90:

Quant il savoit viel vavassor
Ne dame vevë en poverte,
A ciaus estoit sa main overte.

Cf. aussi le v. 589:

Des vavassors fesoit baillis . . .

Dole est représentatif de ces *bachelers* sans fortune qui rêvaient d'accéder aux plus hauts honneurs par leur prouesse et par le mariage [40]. Ici ce sont les noces de Liénor et de Conrad qui assurent la promotion non seulement de Guillaume, mais de tout son lignage. Promotion interne au sein du milieu aristocratique, les plus défavorisés ayant à lutter contre les hommes en place: d'où le rôle peu flatteur du sénéchal [41]. Il n'y a rien là de très neuf: presque tous les romanciers médiévaux sont à cet égard des romanciers politiques.

Je ne considère pas non plus comme original tel ou tel trait d'impertinence à l'égard de la religion [42]. Le roman médiéval n'est ni provocateur, ni dévot, sauf exceptions. Il décrit un univers conforme à la représentation d'une aristocratie chevaleresque plus tournée vers l'amour et l'action que vers une vie authentiquement spirituelle. Jean Renart fait évoluer ses personnages dans un monde profane qui est celui de la jeunesse et de la chasse au bonheur, mais il insiste sur la piété de Liénor [43] et souligne la foi des vavasseurs *qui aiment Deu et criement honte* (v. 590).

40 *Mout amez et mout seignoriz* 5637
Est li bons Guillames, ses freres.
L'empereres fist de sa mere
Mout grant joië, quant ele vint:
L'empereres bien la maintint
Dedanz la cité de Maience . . .

Sur la promotion par le mariage à laquelle aspirent les petits chevaliers, voir G. Duby, *Dans la France du Nord-Ouest au XIIe siècle. Les jeunes dans la société aristocratique*, dans *Annales E. S. C.*, t. 19, 1964, p. 835 ss.

41 *Cf.* Brian Woledge, *Bons vavasseurs et mauvais sénéchaux*, dans *Mélanges Rita Lejeune*, p. 1263 ss.

42 *Cf.* v. 224 ss.:
Il ne pensent pas a lor ames,
Si n'i ont cloches ne moustiers
(Qu'il n'en est mië granz mestiers)
Ne chapelains, fors les oiseaus.

43 *. . . (elle) prië Deu si fetement* 4988
Com el n'i a deservi perte
Qu'il i face miracle aperte . . .

Il est vrai que les circonstances sont ici particulièrement dramatiques puisque l'héroïne attend le jugement de Dieu.

Il a renoncé à l'illusion cultivée par Chrétien de Troyes d'une éthique courtoise où la *fin'amors* serait le moteur de la prouesse héroïque. Et le tournoi même apparait plus chez lui comme un moyen pour les chevaliers de gagner leur vie que comme le lieu des exploits destinés à glorifier l'amour: autre trait de réalisme démythificateur [44].

Quand Jean Renart sacrifie aux mythes courtois, il s'intéresse beaucoup plus à la stratégie amoureuse qu'à la glorification d'une « érotique » par ailleurs absente de l'*Escoufle* et de *Guillaume*, où la passion des amants ne saurait déboucher que sur le mariage. Certes, dans le *Lai de l'Ombre*, la dame consent finalement à l'hommage du chevalier; mais le *Lai de l'Ombre* est autre chose qu'un art d'aimer; il apparaît d'abord comme la version courtoise d'un thème de fabliau: celui du trompeur trompé, ou plutôt du séducteur séduit. Il démontre d'autre part les limites du discours courtois, et dénonce le rêve impossible des troubadours: ce n'est point par le dire, masque du paraître, que la communication s'établit entre l'homme et la femme; le véritable amour ne s'accomplit que dans la communication silencieuse, lorsqu'enfin l'être se révèle par d'autres voies que la parole.

En effet, le *Lai de l'Ombre*, s'il relate la naissance d'une relation courtoise entre la dame et le chevalier, ne me semble pas un véritable roman courtois dans la mesure où le projet de l'écrivain tend beaucoup plus à manifester l'échec du langage amoureux qu'à peindre les sentiments des personnages. Tout s'y passe en dialogues incisifs entre une femme qui se tient sur ses gardes et un séducteur pris au piège qui essaie en vain de manifester sa bonne foi, jusqu'au

[44] Guillaume s'enrichit considérablement au tournoi de Saint-Trond par les rançons des chevaliers qu'il a défaits. *Cf.* les v. 2691 ss. (il vient de renverser un adversaire et donne son cheval à Jouglet). Voir aussi v. 2709, vv. 2822—3, v. 2845 ss., etc. Mais la condition de tournoyeur n'est pas de tout repos (*cf.* vv. 2680—81, où Guillaume est assailli de coups:

Q'en sa testiere, q'en l'escu
L'en fierent ne sai .VII. ou .VIII.

et vv. 1658—59, où il avoue avoir perdu son heaume quand lui-même a été fait prisonnier lors d'un tournoi antérieur).

moment où tout discours étant devenu inutile, c'est le geste seul — don de l'anneau à l'image reflétée dans le puits — qui dénoue la situation et permet l'avènement de l'épilogue. Jean Renart s'y révèle donc plus comme un dialoguiste hors pair et comme un maître de la *conjointure* que comme un romancier de la courtoisie militante, si tant est que de tels romanciers aient existé au Moyen Age avant que paraisse le nostalgique roman de *Flamenca* [45].

Le *Lai de l'Ombre* va même jusqu'à démythifier: le chevalier y apparaît initialement comme un séducteur, et donc comme un homme qui utilise la *fin'amors* à des fins très intéressées. Il ne veut séduire, à l'origine, que parce que, comme Nemours dans *La Princesse de Clèves* ou Valmont dans *Les liaisons dangereuses*, il se fait gloire de son triomphe éventuel sur une femme apparemment inaccessible. Mais il se pique au jeu: la démarche courtoise est ainsi dénoncée comme dangereusement ambiguë, dans la mesure où elle bascule aisément de l'activité ludique à l'aliénation passionnelle. Et le héros est prisonnier de sa réputation: la défiance de la jeune femme est déjà une attitude de belle dame sans merci. Le langage galant est impuissant à la persuader, parce que ce langage est trop souvent celui de la mauvaise foi. Le dénouement heureux ne doit pas faire illusion: Jean Renart aime clore ses œuvres sur une explosion de joie; mais le bonheur des amants n'est exemplaire que parce qu'il récompense une ferveur exceptionnelle. L'abondance des hyperboles dans ce passage me semble à cet égard très signifiante [46].

[45] Je veux dire que le *Lai de l'Ombre* ne fait pas l'apologie de la *fin'amors* et n'utilise l'érotique courtoise que comme un prétexte. Il n'est pas de romanciers médiévaux qui adhérent sans réserves à l'idéologie courtoise avant celui de *Flamenca* (voir mes articles: *Les valeurs humaines chez Chrétien de Troyes*, dans les *Mélanges Rita Lejeune*, p. 1087 ss., *La destruction des mythes courtois* et *Lancelot contre Tristan* . . . déjà signalés dans la note 5). Sur l'*ars amandi* contenu dans le tardif roman de *Flamenca*, v. René Nelli, *Un art d'aimer occitanien au XIIIe siècle: le roman de Flamenca*, Toulouse, Privat, 1966.

[46] *Cf.* les propos de la dame après l'offrande de l'anneau à l'ombre:

Onques mes, devant ne après 918
N'avint, puis qu'Adams mort la pome
Si bele cortoisie a homc . . .

Il serait abusif de prétendre que l'*Escoufle* soit un véritable roman de l'épreuve amoureuse, et que *Guillaume de Dole* sacrifie au mythe de l'*amor de lonh*. La séparation consécutive au rapt de l'anneau dans l'*Escoufle* n'est jamais ressentie ni par Guillaume, ni par Aélis comme la condition nécessaire d'une sorte de *catharsis* dont leur passion sortirait grandie en même temps qu'eux-mêmes y trouveraient leur épanouissement. De ce point de vue, Jean Renart réagit (volontairement ou non?) contre les prétentions moralistes de Chrétien. Et que Conrad s'éprenne de Liénor sur la foi de simples discours n'a rien à voir avec la douloureuse érotique de Jaufré Rudel; d'un côté un simple thème romanesque un peu paradoxal, mais déjà courant, et de l'autre, un déchirant art d'aimer fondé sur tout un platonisme latent (dialectique de l'absence et de la quête) et sur la projection dans un ailleurs du *lai* (le là-bas) où réside la dame, avec toutes sortes de conséquences sur lesquelles j'ai déjà insisté par ailleurs [47].

Jean Renart n'est ni un moraliste de l'amour, ni un peintre de la passion. Chez lui, tout au moins dans l'*Escoufle* et dans *Guillaume*, toute l'intrigue amoureuse n'est menée, en fin de compte, que pour aboutir au mariage. L'amour ainsi compris et son aboutissement conjugal, signe de réussite, n'est pour des héros représentatifs de leur caste qu'un moyen d'accéder aux plus hauts honneurs. Il n'est donc qu'un thème littéraire, traité superficiellement et agréablement, non pour lui-même, mais pour la satisfaction d'un public plus soucieux de promotion que de sentimentalité.

Jean Renart s'est essayé avec le *Lai de l'Ombre* à la littérature proprement courtoise, mais il n'a pu s'empêcher de prendre par rapport aux poncifs de cette littérature un recul qui me semble proprement celui du romancier vis à vis du poète: le romancier n'est généralement pas dupe des mythes poétiques parce qu'il pénètre mieux la réalité des êtres. Mais dans l'*Escoufle* et dans *Guillaume de Dole*, l'auteur ne cherche même plus à démythifier. Sa véritable

... C'onques hom si bien ne si bel 927
Ne conquist amor par anel
Ne miex ne doit avoir amie ...

[47] *Cf.* ci-dessus, note 13.

érotique est peut-être celle des jeux galants de la fête champêtre à laquelle se livre la cour au début de *Guillaume*: érotique du bonheur de vivre, plus proche de l'*amor goliardicus* que de la *fin'amors*!

Robert W. Hanning, The Social Significance of Twelfth-Century Chivalric Romance, in: Medievalia et Humanistica, Studies in Medieval & Renaissance Culture, New Series, No. 3, 1972, S. 3—29. Übersetzt von Wolfgang Bergerfurth.

DIE GESELLSCHAFTLICHE BEDEUTUNG DES HÖFISCHEN ROMANS IM 12. JAHRHUNDERT

Von Robert W. Hanning

Es darf heutzutage als allgemein anerkannt gelten, daß die höfischen Romane des 12. Jahrhunderts für jeden, der sich für die dynamische Entwicklung der europäischen Kultur in jener „Renaissance des 12. Jahrhunderts" interessiert, Dokumente darstellen, die einer genaueren Untersuchung wert sind. [1] Im vorliegenden Aufsatz möchte ich die Konventionen des Rittertums, so wie es in der Literatur des 12. Jahrhunderts dargestellt wird, untersuchen — d. h. die Darstellung von Liebe und Tapferkeit im Kampfe als einander wechselseitig hervorrufenden Betätigungen — wie auch die spezifischen Besonderheiten der Romanhandlung, und ich möchte aufzeigen, wie diese beiden Grundelemente des Romans interpretiert werden können zur Erklärung der Bedeutung jener literarischen Form für die höfische Gesellschaft des 12. Jahrhunderts, ihr erstes Publikum. Insbesondere werde ich über die Stellung des höfischen Topos „Liebe erweckt Tapferkeit, und Tapferkeit erweckt Liebe" in der höfischen Literatur vor der Entstehung des eigentlichen Romans einen Überblick geben und die Grenzen seiner Verwendung durch die Dichter in der höfischen erzählenden Literatur aufzeigen. Anschließend werde ich eine anwendbare Definition der Gattung des Romans

[1] Bezüglich neuerer kritischer Würdigungen vgl. R. W. Southern, *The Making of the Middle Ages* (London 1953, Nachdr. 1959), Kap. 5 "From Epic to Romance"; F. Heer, *The Medieval World*, übers. von J. Sondheimer (Cleveland, 1962), S. 123—157 (mit eigenwilliger Beurteilung). Wie bei der Lektüre festzustellen, unterscheide ich in der vorliegenden Arbeit durchweg zwischen höfischen Romanen (*chivalric romances*) und anderen höfischen Dichtungen des 12. Jahrhunderts (*courtly narratives*), die die episodische Romanform nicht verwenden.

vorschlagen, die dessen Eignung als literarisches Vehikel zur Erforschung der sich aus der Selbsterkenntnis ergebenden dynamischen Konsequenzen hervorheben und dem höfischen Roman innerhalb des breiten Spektrums der Romantypen seinen Platz anweisen soll. Schließlich werde ich Teilanalysen von Chrétien de Troyes' *Yvain* und des anonymen *Partonopeus de Blois* im Hinblick auf die Handhabung jenes höfischen Topos in diesen Texten und den Aufbau einer Handlung um die Bewußtseinskrise des Helden herum anbieten. Meine Schlußfolgerung wird sein, daß der höfische Roman die Überzeugung seines Publikums verkörpert, die Selbstbetrachtung sei der Schlüssel zu erfolgreichem Handeln zum Zwecke der Selbstverwirklichung, und daß das Publikum sich einer Spannung zwischen erfahrenen persönlichen Bedürfnissen und aufgezwungenen öffentlichen oder fremden Werten bewußt ist.

I

Die erzählende höfische Dichtung entstand im frühen 12. Jahrhundert als eine unter der Patronage mächtiger Herren und Damen des Hochadels zum Zwecke der Unterhaltung und Belehrung erschaffene volkssprachliche Literatur. [2] Von Anfang an ist die höfische Literatur von der lateinischen Literatur, die der klerikalen Kultur des 12. Jahrhunderts zuzurechnen ist, und von der archaischen volkssprachlichen Dichtung der *chansons de geste* zu unterscheiden. [3] Allein die höfische Literatur verknüpfte kühne Entlehnungen aus jenen beiden anderen Traditionen mit gleichzeitigen für die Selbsterkenntnis nutzbar gemachten Tendenzen zu einem ver-

[2] Zur Patronage vgl. J. Benton, "The Court of Champagne as a Literary Center", *Speculum*, XXXVI (1961), S. 551—591; W. F. Schirmer, „Die kulturelle Rolle des englischen Hofes im 12. Jahrhundert", *Studien zum literarischen Patronat im England des 12. Jahrhunderts* (Köln u. Opladen, 1962), S. 9—23; und M. D. Legge, *Anglo-Norman Literature and its Background* (Oxford, 1963), S. 1—8. Frau Legges Buch bietet die beste Einführung in die Entstehung der höfischen Literatur in Nordeuropa.

[3] Vgl. Legge, S. 8—18.

feinerten Idealismus und zu einem Realismus in der Beschreibung, der bei der Darstellung der Wirklichkeit häufig komische Züge herausstellt. [4] Unter den immer wiederkehrenden Situationen, die sich im Laufe des 12. Jahrhunderts in der erzählenden höfischen Dichtung herausbilden, ist jene eine der interessantesten, in der Liebe und Tapferkeit so aufeinander einwirken, daß sie einen einzigen Leittopos bilden. Nachdem er erstmals in den dreißiger Jahren des 12. Jahrhunderts kodifiziert worden war, sollte der höfische Topos mit der Entstehung des Romans zu einer entscheidenden Kraft innerhalb der höfischen Literatur werden. Das Vordringen jenes Topos zu dieser hervorragenden Position ging jedoch schrittweise vor sich, wie die folgende Rekapitulation zeigen soll.

Das früheste überlieferte Beispiel des höfischen Topos findet sich im neunten Buch von Galfrid von Monmouths *Historia Regum Britanniae* (1138?), einem lateinisch geschriebenen Werk, das seinen Stoff und seine Betrachtungsweise in eklektischer Weise von klerikaler Geschichtsschreibung, klassischer Epik und neu aufkommender höfischer Empfindsamkeit bezog. [5] Bei der Schilderung der Feiern, die mit Artus' feierlicher Begehung des Pfingstfestes verbunden sind, sagt Galfrid, der Artushof habe die gesamte Elite der europäischen Ritterschaft angelockt, die nach der Ehre strebe, dem König zu dienen, die sich in bezug auf Kleidung und Benehmen verfeinerten Maßstäben anpassen und sich durch kühne Taten der Gunst der Damen am Hofe würdig erweisen wolle. Die Beziehung zwischen Rittern und Damen läßt die ersteren kühner und die letzteren keuscher und tugendhafter werden; jeder strebt danach, des anderen würdig zu sein. [6] Dann beschreibt Galfrid ein Turnier, in dem die Ritter kämpfen, während Damen sie von den Mauern Caerleons aus

[4] Zu den von der höfischen Literatur in der Volkssprache ausgehenden Impulsen vgl. C. Muscatine, *Chaucer and the French Tradition* (Berkeley und Los Angeles, 1957), S. 11—57.

[5] Alle Stellenangaben beziehen sich auf die Ausgabe von A. Griscom (New York, 1929); vgl. Buch IX, Kap. 13.

[6] Griscom, S. 457 (IX. 13): *Quicumque vero famosus probitate miles in eadem erat unius coloris vestibus atque armis utebatur . . . Efficiebantur ergo [mulieres] caste et meliores, et milites pro amore illarum probiores.*

beobachten und sie durch kokettes Verhalten anspornen.[7] Die hier evozierte Welt des Rittertums verrät Galfrids Wissen darum, wie elementare menschliche Triebe, sexuelle wie aggressive, im Rahmen einer präzisen, wenn auch stilisierten Ikonographie harmonisiert werden können zur Erschaffung eines zugleich symbolischen wie auch eleganten Moments der Selbsterkenntnis. Obschon symbolhaltig, stellt dieser Abschnitt auch eine Abschweifung dar, die an dieser Stelle für die wahren Anliegen der *Historia*, nämlich nationale Selbstbehauptung und imperiale Eroberung, letztlich ohne Bedeutung ist. Nur kurze Zeit nach diesem höfischen Schauspiel erscheint eine Gesandtschaft aus Rom, die Artus' Macht herausfordert; ein Kriegsrat wird einberufen, und in diesem verurteilt Herzog Cador von Cornwall die Jahre des Friedens (während derer, wie wir uns erinnern, höfisches Rittertum und Verfeinerung der Sitten ihre Blütezeit hatten) als eine Periode der Trägheit und des Verfalls.[8] Niemand widerspricht dieser Meinung, und in dem entscheidenden Feldzug Britanniens gegen Rom, der bald darauf folgt, findet sich kein Hinweis darauf, daß höfisch-ritterliche Überlegungen irgendeinen der Krieger angespornt hätten. So stellt der Topos von Rittern und Damen nur einen reizvollen, aber isolierten Auswuchs an einer Handlung dar, deren Hauptthemen nichts mit höfischem Rittertum zu tun haben.

Die nächsten Belege für den höfischen Topos in volkssprachlicher höfischer Literatur bezeugen seine Anziehungskraft auf Hofdichter und deren Publikum, ohne daß dieser Topos darum in eine Erzählhandlung umgewandelt worden wäre. Waces *Roman de Brut* (1155) und der *Thebenroman* (1150—1155?) bieten die nächsten Beispiele.[9]

[7] Griscom, S. 458 (IX. 14): *Mox milites simulacrum prelii sciendo equestrem ludum componunt; mulieres in edituo murorum aspicientes in furiales amores flammas ioci irritant.*

[8] Griscom, S. 461 (IX. 16): Cador sagt, *ubi usus armorum videtur abesse alee autem et mulierum inflammationes ceteraque oblectamenta adesse dubitandum non est etiam id quod erat virtutis . . . ignavia commaculari.*

[9] Zu Wace vgl. die Ausgabe von I. Arnold (2 Bde. [Paris, 1938—40]); zum *Thebenroman* die Ausgabe von G. Raynaud de Lage (2 Bde. [Paris, 1966—68]). Die Datierung des *Thebenromans* ist eine ungefähre; vgl.

Waces Übersetzung von Galfrids *Historia* verändert die Handlung seiner Vorlage nicht wesentlich, aber sie stellt sie in einen weitgespannten Kontext von höfischem Kommentar und bald subtilem, bald nüchternem, ernstem wie komischem Stoff. [10] Waces wiederholter Gebrauch des Wortes *cortois* an jener Stelle, an der er Galfrids Schilderung der höfischen Betätigungen und Motivationen der Ritter und Damen um König Artus übersetzt (V. 10 493—10 516), bestätigt, daß dieses für ihn und sein Publikum ein Moment von symbolhafter Tragweite darstellt, das die *maniera* einer verfeinerten und ihrer selbst bewußten Aristokratie in ein effektvolles Bild faßt. [11] Und wenn Cador später — wie schon bei Galfrid — behauptet, der Friede habe die Briten verweichlicht, so erfindet Wace hierzu eine Antwort Gauvains (der in späteren Romanen häufig als Fürsprecher konventioneller höfischer Werte in Erscheinung tritt), in der er den Frieden verteidigt und seine Rede mit einem das Rittertum definierenden Verspaar beendet (der ersten Äußerung dieser Art von einer Figur in einem höfischen Literaturwerk): *Par amistiez et par amies / Font chevalier chevaleries* (V. 10 771—10 772) — „Aus Liebe und um ihrer Geliebten willen begehen Ritter ihre Taten". Im anschließenden Krieg gegen die Römer läßt Wace jedoch weder Gauvain noch irgendeine andere Gestalt nach höfischen Prinzipien handeln; die Dichotomie zwischen dem Friedenstopos und der Kriegshandlung bleibt unaufgelöst.

Höfisches Verhalten während des Krieges gewinnt erstmals im *Thebenroman* im Zuge der Anpassung des antiken Epenstoffes an

Raynaud de Lage, I, xxvi—xxx. Waces *Brut* wird im allgemeinen nach einer Anspielung in der Einleitung von Layamons *Brut* datiert.

[10] In der Episode, in der Artus feierlich die Krone trägt, vervielfacht Wace prächtige und subtile Einzelheiten und fügt auch eine realistische, anklagende Beschreibung von Leuten ein, die während der Festlichkeiten dem Glücksspiel nachgehen (V. 10 557—10 596).

[11] Wace äußert sich genauer als Galfrid über die einzelnen Aktivitäten von Artus' Rittern während des Turniers (*behorder*, V. 10 521—10 538) und auch über das entsprechende, angemessene Verhalten der Damen: *Qui avoit ami an la place / Tost li tornoit l'uel et la face* (10 541—10 542). — „Wer einen Geliebten auf dem Platze hatte, wandte ihm bald das Auge und das Gesicht zu."

den Geschmack eines höfischen Publikums, die der anonyme Dichter vornimmt, Bedeutung. Die Struktur des *Thebenromans* bleibt weitgehend episodisch innerhalb des Rahmens seines überkommenen Stoffes, der eine einfache, großartige und schicksalhafte Handlung nacherzählt, eine historische Sage, die für ein früheres (römisches) Publikum zutiefst von Bedeutung war. Die vom Dichter hinzugefügten oder veränderten Episoden lenken die Aufmerksamkeit von der Haupthandlung ab, ohne jedoch wirklich deren Stelle einzunehmen, und innerhalb dieser lockeren, letztlich unbefriedigenden Struktur kann sich der höfische Topos frei entfalten. Er wird nicht nur mehrmals als ein Faktor zum Ausdruck gebracht, der im Kriege heroische Aktivität motiviert, sondern der Topos entwickelt sich darüber hinaus sichtbar zu einer Nebenhandlung.[12] In der *Thebais* des Statius, der Quelle für die Handlung des *Thebenromans*, liebt die Thebanerprinzessin Ismene einen jungen thebanischen Krieger namens Atys, doch erfahren wir von ihrer Liebe erst, als Atys in der Schlacht gefallen ist und der Dichter der trauernden Ismene eine pathetische Totenklage in den Mund legt. Hiervon ausgehend führt der französische Dichter die Liebesgeschichte zwischen Ysmaine und Athes weiter aus und erfindet zusätzlich eine neue, komplementäre Liebeshandlung zwischen Ysmaines Schwester Antigone und Parthonopeus, einem edlen jungen Krieger aus dem Heer, das Theben belagert. Die Weiterentwicklung dieser Figurenkonstellationen gestattet es, neuartige Szenen in die höfische erzählende Dichtung einzufügen, z. B. die erste Begegnung zwischen Antigone und Parthonopeus, während die Prinzessin an einer Friedensmission von der eingeschlossenen Stadt zum Heer der Belagerer teilnimmt.[13] Da die

[12] Wörtliche Anspielungen finden sich V. 1153 ff., 1765—1766, und 4379—4384. Hinsichtlich einer fruchtbaren Diskussion darüber, wie der Topos allmählich zum Vehikel wirklicher menschlicher Empfindungen und Handlungen wird, vgl. R. R. Bezzola, *Les origines et la formation de la littérature courtoise en occident (500—1200)*, 3e partie (Paris, 1963), I, S. 275—278.

[13] Bezzola, S. 276, nennt diese Begegnung zutreffend eine „pastourelle courtoise". Sie enthält keine Spur jenes Elementes der Selbsterforschung, das in den ovidianischen Erzählungen und in den weiter unten behandelten höfischen Romanen feststellbar ist.

Liebesbeziehungen mitten in der Schlacht um die Stadt zu blühen beginnen, wird Galfrids stilisiertes Bild der kämpfenden und dabei von höherer Warte durch Damen beobachteten Ritter hier zu einer menschlichen Situation, in der die von der Stadtmauer aus zuschauende Ysmaine auszurufen vermag:

Ce est Athes que je la voi,
veez com broche a cel tornoi!
Sor toute rien amer le doi,
car tout ice fet il por moi. [14]

„Athes ist es, den ich da sehe, seht wie er zu jenem Turnier sprengt (d. h. zur Schlacht um die Stadt!)! Ich muß ihn mehr lieben als jeden anderen Menschen, denn all dies tut er für mich."

Später sehen wir die beiden Schwestern auf ihrem Beobachtungsposten, während sie sich in einer freundschaftlich, aber mit Nachdruck geführten Debatte über die aus der *prouesce* ihrer jeweiligen Liebhaber resultierenden Verdienste engagieren, wobei Antigone beklagt, daß sie die Freuden der Liebe nicht so leicht wie Ysmaine auch physisch genießen könne, da Parthonopeus in diesem Kriege auf der gegnerischen Seite stehe (V. 5867—5897).

Genau an diesem Punkt kollidiert der vermenschlichte höfische Topos mit den Erfordernissen des traditionellen Stoffes. Die Nachricht von Athes' Tod in der Schlacht erreicht Ysmaine, während sie ihrer Schwester von einem vorahnungsvollen Traum erzählt, den sie gehabt hat. Etwas später im Ablauf der Erzählung wird Parthonopeus auf einem Streifzug getötet, während die Handlung unbarmherzig auf die allgemeine Katastrophe und den abschließenden mörderischen Zweikampf zwischen den eigentlichen Protagonisten, den Brüdern Polynices und Eteocles, zusteuert. Höfische Ritter-

[14] V. 4685—4688. Sie sagt ferner, daß sie sich ihrem Geliebten hingeben werde, *ou face bien ou ge foloi* — „ob ich nun gut oder töricht handle" (V. 4691—4692) und unterstreicht damit die sinnliche Realität der Leidenschaft, die Galfrid in seiner Beschreibung der Damen auf den Mauern von Caerleon weniger konkret darstellt (vgl. Anm. 7). Athes trägt Ysmaines *manche de siglaton* (V. 4679—4682), ihren Brokatärmel, was auf die Bemerkung Galfrids zurückgeht, daß Ritter und Damen Kleider in übereinstimmenden Farben trugen (IX. 13), und sie lebendig weiterentwickelt.

schaft ist nicht mehr ein für die Erzählung als Ganzes, innerhalb deren sie in Erscheinung tritt, unerheblicher Zierat, sie ist vielmehr zum Symbol für ein Streben nach Glück geworden, das durch die mächtigeren Gebote des geschichtlich vorgegebenen Schicksals zunichte wird. Die enge Nachbarschaft von Antigones Klage über den Aufschub ihrer sexuellen Befriedigung und Athes' Tod kennzeichnet das höfische Rittertum innerhalb der fiktiven Welt des *Thebenromans* als ironischen Topos. [15]

Etwa zur gleichen Zeit, als der Dichter des *Thebenromans* höfisch-ritterliche Beziehungen schuf, die sich im Rahmen einer höfischen erzählenden Dichtung in Raum und Zeit dynamisch weiterentwickeln, bildete die ovidianische Erzählung (*conte*) das dem höfischen Topos zugrunde liegende Thema — die Macht der Liebe, eine innere Erfahrung des Menschen, beeinflußt sein Verhalten nach außen — aus und schuf dadurch einen neuen Typus höfischer Literatur, dessen Neuerungen für die spätere Blüte und die große Bedeutung des eigentlichen höfischen Romans entscheidend waren. Die Erzählung (*conte*) entlehnte von Ovid ihre Stoffe und ihre — bisweilen stark pathosgeladene, bisweilen von kultivierter Ironie sprühende — Beschreibung der Wirkung der Liebe auf die Gefühle und Handlungen des Liebenden. [16] Mit Hilfe dieser ererbten Mittel erforschte sie einen völlig neuen Gegenstand: die Freuden und Kümmernisse der Entdeckung des Ich durch die Liebe. [17] Der *conte* machte sich rhetorische, dialektische und allegorische Verfahren zunutze, die in der lateinischen Geisteswelt jener Zeit gang und gäbe waren, [18] um Geschichten wie jene von Narziß oder Pyramus und

[15] Der französische Dichter beschreibt zuerst Athes' Tod und dann die Unterhaltung der Schwestern im Turm. Da die erste Szene dem Publikum bekannt ist, muß es die zweite aus ironischer Perspektive betrachten.

[16] Das Standardwerk über die ovidianischen Quellen höfischer erzählender Dichtungen einschließlich der *contes* ist E. Faral, *Recherches sur les sources latines des contes et romans courtois* (Paris, 1913), S. 3—157. Bezüglich neuerer Arbeiten s. u. Anm. 18.

[17] D. h. er ist neu in höfischer erzählender Dichtung. Bezüglich ähnlicher Erkundungen in der provenzalischen Lyrik vgl. F. Goldin, *The Mirror of Narcissus in the Courtly Love Lyric* (Ithaca, 1967), S. 69—106.

[18] Zu diesen Entlehnungen aus der Gelehrtenwelt vgl. H. C. R. Laurie,

Thisbe neu zu formen als Parabeln dafür, wie die Sehnsucht nach dem anderen in einem Liebenden ein erhöhtes Bewußtsein seiner eigenen Identität und Wirklichkeit hervorruft. Die Spannung zwischen dem Seelenzustand des Helden oder der Heldin, der (bzw. die) sich danach sehnt, sich durch Vereinigung mit dem geliebten Wesen zu vervollkommnen, und der Erkenntnis, daß äußere Kräfte (Zurückhaltung heischende Konventionen, familiäre Verbote) als Hindernisse der Erfüllung der Sehnsucht entgegenstehen, ruft Monologe der Selbstanalyse und eine Handlung hervor, in der der Held oder die Heldin in der Außenwelt agiert, mit dem Ziel, die Kluft zu schließen, die die innere Welt des Bewußtseins beeinträchtigt: nämlich die Kluft zwischen der gegenwärtigen Lage des Ich und der erträumten Erfüllung.[19] Im *conte* verbindet die Liebe die Innen- und die Außenwelt, aber die durch sie bewirkte Aktion ist pathetisch und ungenügend; der Liebende wird entweder durch die Mißgunst des Schicksals und der Gesellschaft (wie in *Piramus et Tisbé*) oder durch das Fehlen menschlichen Verständnisses und Mitleids (wie im *Narcisus*) vernichtet.

Im *Eneasroman* dagegen wurde erstmals die innere Dynamik des ovidianischen *conte* mit der äußeren Dynamik des höfischen Rittertums, wie sie im *Thebenroman* entwickelt worden war, zu einer Einheit verschmolzen.[20] Die ausgedehnten Zusätze zur Vergilschen

"Narcissus", *Medium Aevum*, XXXV (1966), 111—116; ders., "Piramus et Tisbé", *Modern Language Review*, LV (1960), 24—32; C. Muscatine, "The Emergence of Psychological Allegory in Old French Romance", *PMLA*, LXVIII (1953), 1160—1182; und F. Branciforti, ed., *Piramus et Tisbé* (Florenz, 1959), S. 13—65.

[19] Vgl. z. B. *Piramus et Tisbé*, V. 269—301, wo Tisbé zwischen den Forderungen der Liebe und des Gehorsams gegen die Eltern hin- und hergerissen ist und immer mehr zum Handeln neigt, das ihr Piramus zuführen soll, *ou bel me soit ou m'en repente* (299) — „gleich ob es mir gefällt oder ob ich es bereue".

[20] *Eneas*, ed. J. J. Salverda de Grave (2 Bde. [Paris, 1925, 1929]). Der Einfluß des *Eneasromans* ist eingehend untersucht worden von A. Dressler, *Der Einfluß des altfranz. Eneas-Romans auf die altfranz. Literatur* (Leipzig, 1907); aus neuerer Zeit vgl. H. C. R. Laurie, "*Enéas* and the *Lancelot* of Chrétien de Troyes", *Medium Aevum*, XXXVII (1968), 142—156.

Vorlage, in denen der Eneasdichter die Liebeshandlung zwischen Eneas und Lavine entfaltet (V. 7857—9274, 9313—9342, 9839 bis 10 090), lassen auf brennendes Interesse an den Qualen der Verliebtheit schließen, das klinisch und sentimental, ironisch und mitfühlend zugleich ist. Beide Protagonisten müssen sich mit ihrem Verlangen auseinandersetzen, seine Natur und seinen Gegenstand erkennen und den seiner Erfüllung entgegenstehenden Hindernissen mutig entgegentreten. Diese ovidianische *tour de force* wird der epischen Handlung sowohl durch Lavines Mutter Amata (die bei Vergil Aeneas haßt und als Gatten Lavanias Turnus vorzieht) als auch durch den Zweikampf zwischen Aeneas und Turnus aufgepfropft, der über das Schicksal der Trojaner in Latium entscheidet, womit die *Aeneis* endet. Im *Eneasroman* wird die Feindseligkeit der Königin gegenüber Eneas zu einem äußeren Hindernis, das Lavine sich dessen bewußt werden läßt, was sie wirklich begehrt (nämlich Eneas, den sie vom Turmfenster aus gesehen hat — eine Kombination aus ovidianischen Quellen und höfischer Ikonographie), und wie sie sich verhalten muß, um ihn zu bekommen (nämlich aufbegehrend und unehrenhaft).[21] Ihr verzweifelter Entschluß, Eneas ihre Liebe zu offenbaren (mit Hilfe eines Briefes, der um einen Pfeil gewickelt und mit diesem von ihrem Turm aus abgeschossen wird), ruft auch in ihm Liebe hervor und spornt ihn an, Turnus zu besiegen, um sie zu gewinnen (vgl. 8982—8996, 9046—9066; letztgenannter Abschnitt ist eine Litanei auf die Bedeutung der Liebe für die Tapferkeit, während Lavine den höfischen Topos V. 9340—9342 in knapper Form zum Ausdruck bringt).

Der *Eneasroman* verwandelt den Sieg des Epenhelden in ein Exemplum der höfischen Ritterschaft, das dadurch an Bedeutung

[21] Vgl. V. 8445—8662, wo Lavine stockend, Silbe für Silbe, ihrer Mutter den Namen ihres Geliebten preisgibt, und wo diese behauptet, Eneas sei Sodomit und werde ihre Liebe nicht erwidern. Schließlich fällt das bedrängte Mädchen in Ohnmacht, und die Königin verläßt sie; als Lavine aufwacht, kommt sie geschwind zu dem Entschluß, daß sie ihre Ehre in den Wind schlagen und dem trojanischen Helden ihre Liebe offenbaren müsse (V. 8708—8719). Zur ovidianischen Quelle des Mädchens im Turm vgl. Faral, S. 130.

gewonnen hat, daß es mit der Idee der Selbstentdeckung durch die Liebe verknüpft wurde. Doch ist die Verwandlung keineswegs vollkommen; der wahre Eindruck des Lesers der Lavine-Episode ist der, daß Gespräche über die Liebe — d. h. innere und äußere Dialoge in verschiedenen Ernstheitsgraden — mit Macht in eine epische Handlung eingedrungen sind, um die Aufmerksamkeit des Publikums vom Handlungsablauf abzulenken oder um bestenfalls den Stoff zu modernisieren, ohne die Widersprüche zwischen Vergils Betroffenheit über die harten Forderungen des Schicksals an den *pius* genannten Helden und den optimistischeren Auffassungen des höfischen Topos aufzulösen. [22]

Unaufgelöste Widersprüche kennzeichnen in der Tat jeden der bisher aufgeführten Belege für den höfischen Topos. Die Ungastlichkeit weitgespannter Handlungen gegenüber dem Eindringen eines Topos, der in der Fiktion die höfische Sehnsucht nach einer Ethik zum Ausdruck bringt, in der private und öffentliche Notwendigkeiten (Liebe und Ehre) miteinander versöhnt werden, erlegte einer gänzlichen Erkundung der Möglichkeiten für eine solche Ethik Beschränkungen auf; erst mit dem Aufkommen des eigentlichen höfischen Romans trat diese wirklich in Erscheinung. Historische Stoffe — wie die Stoffe Galfrids und Waces —, in denen Ebbe und Flut nationaler Schicksale nachgezeichnet wurden, zeigten in ihrem Handlungsverlauf, daß zwar Helden Geschichte machten, aber auch, daß die Geschichte die Helden vernichten konnte. In einem solchen Kontext starker unpersönlicher Kräfte konnten Forderungen nach der Autonomie eines von Liebe beseelten höfischen Heldentums schwerlich vertreten werden. [23]

[22] Insbesondere muß festgehalten werden, das Lavine während der Schlacht, die zu Eneas letzter Begegnung mit Turnus führt, und auch während des Duells selbst überhaupt nicht erwähnt wird. Der Dichter des 12. Jahrhunderts behält Vergils Begründung, warum Eneas Turnus tötet, bei (Rache für die Tötung des Pallas durch Turnus), trotz der Tatsache, daß sie zumindest indirekt zu Eneas' offenkundiger höfischer Motivation im Widerspruch steht (vgl. V. 9343—9838; insbes. 9792—9814).

[23] Die Geschichtsschreibung Galfrids habe ich erörtert in *The Vision of History in Early Britain* (New York, 1966), S. 121—172.

Ähnlich behinderte auch die Geschichte von Theben, von Troja und von Rom, die für die antikisierenden Romane die Stoffe lieferte, die im höfischen Topos liegenden dramatischen Möglichkeiten. Das höfische Rittertum vertritt die Auffassung, daß eine personale Beziehung die öffentliche Aktion auslösen könne, aber auch, daß der letzte Sinn und die letzte Wirkung von persönlicher Art bleibe; wie Galfrid es darstellt, werden die Ritter kühner und die Damen keuscher und ehrbarer. Bei einem höfischen Stoff sollte unsere Fragestellung letztlich immer darauf zielen, inwieweit die Ritter und Damen tatsächlich nach den angesetzten Normen leben, durch die sie miteinander verbunden sind. Eine epische oder historische Erzählung konzentriert sich jedoch auf einen Teil des Sagen- oder Traditionenmaterials, das sie mit ihrem Publikum gemein hat, und sie gewinnt dadurch einen dominierenden Kontext, innerhalb dessen persönliche Taten und Beziehungen der Personen untereinander definiert oder beurteilt werden. Der klar erkennbare Lauf der Geschichte bis zum Fall Trojas oder zur Gründung Roms gibt uns zu verstehen, wie wir die Taten Hektors oder Achilles' oder die Liebesgeschichte zwischen Dido und Aeneas zu beurteilen haben. Je gelungener ein Dichter in einem solchen Kontext den höfischen Topos in Aktion vorführt, desto ironischer (wie im *Thebenroman*) oder zersetzender (wie im *Eneasroman*) wird die Beziehung des Topos zur überlieferten „Über-Handlung", zur übergeordneten historischen Handlung.

Mit der Entstehung des eigentlichen höfischen Romans in der zweiten Hälfte des 12. Jahrhunderts wurde eine Erzählform geschaffen, innerhalb deren der höfische Topos gedeihen konnte, und innerhalb deren folglich die Ideale der höfischen Gesellschaft auf der Ebene der Metapher durch Selbstbetrachtung zutiefst erforscht werden konnten. Die Handlung des Romans kennt keinen über das Leben seiner Helden hinausweisenden Kontext; sie gestattet die gleichzeitige Präsentation äußerer heroischer Abenteuer und einer Innenwelt, in der eine aus Liebe geborene Selbstbetrachtung die Beherrschung der kriegerischen Strebungen gestattet. Die Entdeckung seiner Identität und seines Schicksals, die der Held erlebt — und beide bilden zwei Aspekte des gleichen Phänomens —, ist ein Akt der Selbstverwirklichung; die Formung seiner Kräfte, die der Erreichung der einmal erkannten Ziele dient, ist Selbstverwirklichung einer längerwährenden und schwierigeren Art. Im höfischen Roman weitet sich der höfische Topos dahingehend aus, daß er zum Hintergrund für die Interaktion dieser beiden Typen der Verwirklichung wird. Wie dies vor sich geht, wird deutlicher, wenn wir uns die Art und die Möglichkeiten der Romanhandlung vergegenwärtigen.

II

Die höfischen Dichter des 12. Jahrhunderts haben die Art von Erzählungen, die von den Fachleuten heute Roman (engl. *romance*) genannt wird, nicht erfunden. (Zwar erfanden sie den Terminus, aber sie gebrauchten ihn nur dazu, Werke in der französischen Volkssprache von solchen in lateinischer Sprache zu unterscheiden.) Der höfische Roman spiegelt die literarischen Konventionen der höfischen Gesellschaft des 12. Jahrhunderts wider — den höfischen Topos mit seinen heroischen Idealen, die durch die Liebe verwandelt werden, die Verwendung von Elementen des Wunderbaren bei Ereignissen und Beschreibungen, die Beschränkung des Interesses auf Helden aus einer bestimmten sozialen Schicht [24] — im Rahmen einer Erzählform, die durch die Geschichte der abendländischen Literatur hindurch immer und immer wieder in Erscheinung tritt. Wie ich im vorangehenden Abschnitt gesagt habe, ist die Handlung das ausschlaggebende Kennzeichen des Romans, die in Raum und Zeit weit auseinanderliegende Ereignisse um das Leben eines Helden gruppiert, u. zw. ohne irgendeinen größeren, beherrschenden Erzählkontext (wie er etwa beim Epos oder im viktorianischen Roman vorliegen würde). Durch das Fehlen einer sichtbaren logischen Abfolge in der Verknüpfung der einzelnen Begebenheiten wird die Handlung zu einer episodischen wie auch biographischen. Die einfachste Unterscheidung zwischen den verschiedenen Romanhandlungen ist

[24] Über das Wunderbare vgl. Faral, S. 307—388; E. Auerbach untersucht die ständischen Beschränkungen und Standesinteressen des höfischen Romans in dem Kapitel „Der Auszug des höfischen Ritters" in *Mimesis* (Bern, 1946; 5. Aufl. Bern und München 1971), S. 120—138.

diejenige zwischen dem aktiven (gewöhnlich heroischen) Roman, in dem die Abenteuer des Helden — d. h. seine Lebenserfahrung in ihrer ganzen Buntheit — willentlich herbeigeführt und mit Hilfe seiner Stärke bestanden werden, und dem passiven Roman, in dem die Abenteuer auf das Wirken der Fortuna zurückgehen (Schiffbrüche, durch die Familien getrennt werden, Zigeuner, die Kinder von der Wiege weg stehlen, usw.) und von schwächlichen oder zahlenmäßig unterlegenen Protagonisten lediglich ertragen werden müssen. (Die griechischen Romane wie *Daphnis und Chloe* oder Xenophons *Ephesiaka* gehören vornehmlich zu den passiven.)

Nach der Grundstruktur des episodisch aufgebauten Romans entfernt sich ein Held von einer Situation der Stasis und bewegt sich anschließend wieder zu dieser zurück, wobei er eine Zwischenperiode voller oft beliebiger Abenteuer durchläuft, die durch Entbehrung, Exil, Zufall oder Suche geprägt ist. Der Roman ist folglich eine Erzählform, die eine zyklische Auffassung des Lebens einschließt, die in unserer Wahrnehmung des nie endenden jahreszeitlichen Zyklus von Tod und Wiedergeburt oder von Verlust und Wiedergewinnung der Fruchtbarkeit in der Natur (und unseren entsprechenden rituellen Gedenkfeiern) verwurzelt ist. [25] So wie der Mythos vom Goldenen Zeitalter, von seinem Verlust und seiner ersehnten Rückkehr eine gesellschaftsbezogene Version zyklischer Rhythmen darstellt, der ins Geschichtliche verlagert wurde und so als nur einmal vorkommend gesehen wird, so stellt der Roman eine individuelle, biographische Version jener Rhythmen dar, die in die Geschichte einer Person verlagert wurden. In jedem dieser Fälle jedoch bringt die Einmaligkeit des Zyklus eher als seine periodische Wiederkehr ein Element linearer Vorstellungen in die Erfahrung ein, das sich zu der der Handlung innewohnenden Zirkularität im

[25] Die zyklische Natur von Romanhandlungen ist oft beobachtet worden. In Chrétien de Troyes' *Yvain*, der weiter unten behandelt wird, sind die Abenteuer des Helden um seine mehrmalige Rückkehr zu einer wundersamen sturmverursachenden Quelle herum angeordnet, wobei gleichzeitig die innere Entwicklung des Helden in bezug auf sein Selbstverständnis und sein ethisches Verhalten dargestellt wird.

Zustand der Spannung befindet.[26] (Außer durch seine biographische Basis unterscheidet sich der Roman vom Mythos des Goldenen Zeitalters noch dadurch, daß er das Gros der Handlung in die Periode der Entbehrung, d. h. in die der Abenteuer zwischen dem glücklichen Anfang und dem glücklichen Ende verlegt.)

Die dem Roman innewohnende Möglichkeit zur Komplexität und kultivierten Geistigkeit beruht auf der Tatsache, daß das menschliche Leben ein sich in der Dimension der Zeit bewegendes Phänomen ist, daß es in biologischer Hinsicht irreversibel und in bezug auf Lernerfahrungen von kumulativer Natur ist. D. h. der Mensch erfährt in mehrfacher Hinsicht ein Wachstum, und die Linie seines Wachstums ist innerhalb der Romanhandlung eine zusätzliche lineare Kraft, die die Zirkularität der Handlung von Entbehrung und Wiedergewinnung oder von Exil und Heimkehr, die von der Darstellung des Helden durch den Autor abhängt, in zunehmendem Maße zu beherrschen, wenn auch niemals ganz auszulöschen vermag. Ist der Held ohne bestimmtes Alter und zeigt er keine innere Wandlungsfähigkeit (so wie in *comic books* oder anderen phantastischen Erzählungen), so ist da nur geringe Linearität im Roman zu verzeichnen; dies gilt auch, wenn der Autor die Tatsache des Wachsens oder Alterns einfach ignoriert, wenn er beispielsweise die Abenteuer eines schiffbrüchigen Kaufmanns nacherzählt, der schließlich in seine Heimatstadt zurückkehrt, oder die Abenteuer von Ehegatten, die durch den Krieg getrennt werden und später durch Zufall wieder zusammenfinden. Die Einbeziehung der Idee des Wachsens und Werdens (in der Zeit) in die Welt der Abenteuer eines Romanhelden (im Raum) sorgt dafür, daß er niemals als genau dieselbe Person dahin zurückkehrt, „von wo er auszog". Handelt der Roman von einem Königssohn, der schon im Kindesalter von einem Schurken seines Erbes beraubt und in die Verbannung ge-

[26] Zum Mythos des Goldenen Zeitalters vgl. H. Levin, *The Myth of the Golden Age in the Renaissance* (Bloomington, Ind., 1969). Die christliche Heilsgeschichte hat mit dem Mythos vom Goldenen Zeitalter viele Züge gemeinsam, einschließlich einer Spannung zwischen linearer und zyklischer Geschichtsauffassung. Vgl. J. Danielou, *Sacramentum Futuri* (Paris, 1950), S. 3—52.

schickt wird, dann erlaubt ihm sein physisches Wachstum in der Zeit, sein Land zurückzugewinnen, sobald er zu einem mächtigen Krieger geworden ist (wie in den Romanen von Horn und Havelock dem Dänen). Ähnlich läßt geistiges Wachstum „den tapferen Mann allmählich weise werden" und befähigt ihn, eine Aufgabe zu bestehen, vor der er früher absolut versagt hatte. Auch moralisches Wachstum ist möglich.

Jede dieser Veränderungen kann bewirken, daß der Held bei seiner Rückkehr nicht mehr als die Person wiederzuerkennen ist, die vor langer Zeit fortgezogen ist; dies will sagen, die Frage nach der Identität ist häufig ein Hauptthema des Romans. In einer wahrhaft zyklischen Welt, in der alle Leute den gleichen Kreislauf von Tod und Wiedergeburt durchlaufen, wäre Identität nicht möglich. Beschreibt die Handlung sowohl eine weitgespannte Kreisbewegung bis zum Ausgangspunkt zurück als auch gleichzeitig die fortwährende Entwicklung des Menschen, dann führt dies zu Paradoxa der Identität. Der Held bleibt während der ganzen Erzählung dieselbe Person, doch kann sich seine Identität im Verlauf seiner Abenteuer infolge einer Veränderung seiner Persönlichkeit (Verlust des Gedächtnisses, moralische Besserung), durch Verkleidung oder Verstellung oder einen Schicksalsschlag verändern (etwa wenn der Königssohn geraubt und von Zigeunern aufgezogen wird). Eines der Ziele des Romans besteht darin, unsere verschiedenen Identitäten in der Zeit und durch sie zusammenfallen zu lassen, unter Berücksichtigung verschiedener Faktoren wie Geburt, persönliche Qualitäten (d. h. die Summe unserer Tugenden und Laster), Verhältnisse (wer sind wir nach dem Urteil der Welt?), Wunschträume oder Schicksal (wer sollen wir sein oder wieder werden?). Im Roman ist Identität Gegebenheit, Prozeß und Ziel zugleich — Vergangenheit, Gegenwart und Zukunft.

Die am weitesten entwickelte Ansicht über das Werden des Menschen in der Zeit ordnet sich die erfahrungsgegebenen zirkularen Vorgänge soweit unter, daß sie zu Meilensteinen an der Fortschrittsstraße zur Vervollkommnung der Persönlichkeit werden, u. zw. durch das fruchtbare Zusammenwirken unserer persönlichen Qualitäten und unserer Erfahrungen. Dies bedeutet moralisches Wachstum, und sein Katalysator ist die Selbsterkenntnis, jenes mysteriöse Wissen um die innere Identität, vermöge dessen ein Individuum im Kontinuum seines Lebens und im Kontext seines Charakters sich selbst seinen Platz anweist und erstmals zu verstehen beginnt, zu welchem Ziel die Verkettung seiner Tugenden (oder Laster) und die äußeren Umstände es führen. Dementsprechend ist die vollendetste Form des Romans diejenige, in der der Held zur Selbsterkenntnis gelangt ist und dies wiederum — und nicht irgendeine von außen herbeigeführte Katastrophe oder eine nur des eigenen Vorteils oder der Ehre wegen unternommene Abenteuerfahrt (afrz. *queste*, engl. *quest*) — die Phase der Abenteuer auslöst, die ihren Höhepunkt in einer „Rückkehr" findet, die, auch wenn sie einen weitgezogenen Kreis vollendet, in Wahrheit die erstmalige Verwirklichung eines erfüllten, vollkommenen Ichs kennzeichnet. Bei der Verwirklichung der Selbsterkenntnis im Roman spielt die Liebe eine besondere Rolle, denn sie erfüllt den Helden mit Sehnsucht nach dem geliebten Wesen und treibt ihn gleichzeitig zum Handeln an, um die Kluft zu überbrücken, über die das Verlangen seinem Objekt entgegen hinausgreift. Da es das Ziel der Liebe ist, aus zwei zuvor getrennten Ichs eine neue „Person" zu erschaffen, bilden die äußeren Abenteuer auf der Irrfahrt zur Liebe zugleich eine Metapher für das große innere Abenteuer des Ichs: sein Streben, zu dem Bilde zu werden, das es sich von seiner triumphierenden Vollkommenheit gemacht hat.[27]

Die zwei Formen des Romans, die sich am sichtbarsten mit dem Werden des Helden in der soeben beschriebenen Weise befassen, sind der religiöse Roman und der höfische Roman des 12. Jahrhunderts. In beiden Fällen sind die äußeren Abenteuer potentiell metaphorisch und haben ihren letzten Bezug im Innenleben, d. h. im Kampf um die Vollkommenheit und die Sehnsüchte des Ichs. Die beiden Typen lassen sich am besten in bezug auf ihre äußeren Ziele unterscheiden.

Der religiöse Roman sucht die uneingeschränkte Beziehung zu Gott, die Erlösung heißt; bei ihm bedeutet „Rückkehr" die im Tode stattfindende Heimfahrt zum Himmel, zum Schöpfer, von dem

[27] Eine provozierende Erörterung der Beziehung zwischen Liebe, Selbsterkenntnis und Selbstvervollkommnung, von der ironischen Perspektive des Narzißmythos aus betrachtet, findet sich bei Goldin, S. 20—68.

ausgehend die Seele ins irdische Leben gelangt war. Die Hinwendung zu Gott wird dadurch hervorgerufen, daß der Held seine Sündhaftigkeit erkennt und Gott ihm als begehrenswertes Ziel erscheint; dies bedeutet seine Wiedergeburt in der Gnade (zuweilen symbolisiert durch seine Taufe), an diesem Punkt angelangt, läßt er alle weltlichen Vergnügungen hinter sich und bricht — tatsächlich oder im Geiste — auf „ins Abenteuer", um zur völligen Vereinigung mit Gott zu gelangen, die er nunmehr als das wahre Ziel seines zur Erfüllung gelangten Ichs erkannt hat.

Im höfischen Roman ist das Ziel der Irrfahrt des Helden eine irdische Geliebte (oder die Versöhnung oder Wiedervereinigung mit ihr), und die Entwicklung hin zu diesem Ziel — das ebenfalls das erfüllte und zur Vollkommenheit gelangte Ich des liebenden Helden ist — wird durch eine Krise im Selbstverständnis des Helden verursacht, auf die ich weiter unten bei der Erörterung besonderer Fälle zurückkommen werde. Es verdient festgehalten zu werden, daß höfische Dichter zur Blütezeit der höfischen Literatur, im 12. und 13. Jahrhundert, auch religiöse Romane schrieben, die in derselben Versform und im gleichen Stil verfaßt wurden wie die höfischen Romane, sowie einige erzählende Dichtungen (wie den anglonormannischen *St. Brendan* und den *Guillaume d'Angleterre,* offenbar ein Werk Chrétien de Troyes'), die gleichermaßen als weltliche und als religiöse Romane bezeichnet werden könnten. [28] Auch wenn wir die außerordentlich zahlreich vertretene didaktische und Erbauungsliteratur jener Zeit nicht besäßen, die die Wiederentdeckung des Innenlebens in der europäischen Kultur und das Streben nach seiner Vervollkommnung bezeugt, würden höfische Dichtungen in Romanform diesen für die Entwicklung einer Gesellschaft so wesentlichen Aspekt offenbaren.

[28] Die besten religiösen Romane der Epoche sind *St. Alexis* (im archaischen Stil verfaßt) und *St. Eustache*; eine weltliche Version des letzteren liegt vor im mittelenglischen Roman *Sir Ysumbras.*

III

Nunmehr sind wir eher imstande, die feste Verbindung des höfischen Topos mit der Handlung im höfischen Roman des 12. Jahrhunderts zu beurteilen. Indem er die Handlung des Romans auf die Beziehung zwischen Liebe und Tapferkeit gründete, verlockte der höfische Dichter sein Publikum dazu, seine eigenen Bestrebungen und sein Selbstverständnis mit dem Sinnen und Trachten des Helden zu identifizieren, dessen Handeln anerkannte höfische Ideale in die Tat umsetzte. Dergestalt wurden die Krisen des Helden zu solchen des Publikums, nur metaphorisch ausgedrückt. Der Krisen im höfischen Roman sind zwei: sie betreffen das Verhältnis von ritterlicher Pflicht und Selbstbetrachtung und das Verhältnis zwischen dem ritterlichen Helden und der Gesellschaft, die allein ihn für seine Taten auszeichnen kann.

Die Selbstbetrachtung setzt im höfischen Roman immer dann ein, wenn das glatte Wechselspiel von Liebe und Tapferkeit (wie in Galfrid von Monmouths ursprünglichem Paradigma) auf Grund von Spannungen zwischen den Forderungen der Liebe an den Ritter und Forderungen der Ehre, der Tapferkeit oder von Pflichten, die mit dem sozialen Status des Ritters in Zusammenhang stehen, zusammenbricht. Spannung führt zur Krise, zur Selbstbetrachtung, und die Selbstbetrachtung zu einem neuen Stadium, zum Haß auf die eigene Person oder zur Selbstentfremdung. Die sich aus dieser Abfolge von Zuständen ergebenden Konsequenzen werden durch heroische Abenteuer ergründet, die wir dank symbolhaften Anspielungen auch als Metapher für heroische Selbstbeherrschung interpretieren dürfen, die im Dienste der Vervollkommnung des Ichs steht. Während dieses Vorgangs wirft der Dichter mehrfach die Frage nach der Beziehung zwischen dem Helden und der ihn umgebenden Gesellschaft auf. In den Romanen ist der Hof entweder die Heimat des Helden oder das vermeintliche Gelobte Land, dem er sich zuwendet, um Ehre und Anerkennung zu gewinnen. Kultiviert und verschwenderisch, ist der Hof zugleich ein gefallener oder mit Makeln behafteter, und dies nirgends mehr als an der Stelle, wo er dem Helden bestimmte Werte zwingend auferlegt, oder wo er sich der privaten Glückssuche des Helden widersetzt. Die Spannungen im Verhältnis des Ritters zum Hof bringen die Befürchtung der höfischen Gesellschaftsschicht zum Ausdruck, daß individuelle Entfaltung und Leistungen für die Gesellschaft nicht leicht in Einklang zu bringen seien, obwohl dies gewöhnlich in den höfischen Romanen des 12. Jahrhunderts auf einer bestimmten Ebene gelöst wird.[29]

Chrétien des Troyes' Romane werden zu Recht als die größte Leistung der höfischen Literatur des 12. Jahrhunderts betrachtet; unter ihnen wird *Yvain* heutzutage am meisten geschätzt.[30] Dieser Roman ist Chrétiens zweite geradezu klassische Realisierung des höfischen Topos in Form einer vollständigen Romanhandlung, während *Erec* deren erste darstellt. Der erste Abschnitt der Handlung führt in beiden Werken über ein einleitendes Abenteuer zu einem Zustand der Enttäuschung und daraufhin zu einer persönlichen Krise des Helden, die der äußeren Katastrophe in weniger anspruchsvollen Romanen entspricht und die in den beiden genannten Werken als gleich wie auch als gegensätzlich angesehen werden darf. Im *Erec* entscheidet sich der Held für ein Leben, das der Liebe gewidmet ist, zu Lasten der Tapferkeit, und es kostet ihn seine Ehre, seine Identität vor der Öffentlichkeit. Im *Yvain* wählt der Held die durch Tapferkeit erworbene Ehre, verliert aber die Liebe seiner Dame und seinen Verstand. Die Krise in der Mitte des *Yvainromans* ist eine Art Wasserscheide, über die hinweg der Held sich weiterentwickelt von einem von der Ehre geprägten Verhaltenssystem zu einem anderen, von der Liebe geprägten.

Yvain erlangt als Löwenritter nicht nur eine qualitativ neue Identität; er verankert außerdem seine neue Identität in einer neuen Interpretation des Ziels der Tapferkeit (Dienst statt Ehre), und mittels seiner Taten und der Reaktion anderer auf diese bringt er eine neue Hierarchie ritterlicher Wertvorstellungen in der Artus-

[29] Die Verstoßung eines Ritters durch den Hof oder durch die ganze Außenwelt kann mit dem gleichgesetzt werden, was ich früher die sich aus den Umständen ergebende Identität des Romanhelden genannt habe. Chrétien erforscht diese Dimension der Identität eingehend in seinem *Lancelot* mittels des Motivs des Karrens, den der Held besteigt, wodurch er sich vor der gesamten höfischen Welt mit Schande bedeckt und als *chevalier de la charrete* eine neue Identität erlangt.

[30] Benutzt wird hier die Ausgabe von M. Roques (Paris, 1960).

gesellschaft zustande, so daß die Versöhnung individueller Wünsche mit gesellschaftlichen Normen zumindest möglich erscheint. Der Schlüssel zur Metamorphose des ritterlichen Helden und seiner höfischen Welt im *Yvain* ist die Selbstbetrachtung, und von dieser hängt die Beherrschung heroischer (oder genauer gesagt, aggressiver) Strebungen durch moralische Beurteilung im Dienste zwischenmenschlicher Beziehungen, die in der einen oder anderen Form Liebe verkörpern, unmittelbar ab. Schließlich werden die heroischen Strebungen durch ein Streben nach Liebe oder Dienst gänzlich übertroffen; die Artuswelt ist nicht mehr im ironischen Sinne eine „goldene", [31] sondern scheint wirklich zu einer goldenen zu werden und als äußere Metapher für die erreichte innere Harmonie des Helden zu fungieren.

Wie die Fassade einer gotischen Kathedrale erschafft auch die Struktur des *Yvain* durch kluge und feinsinnige Anordnung Einheit aus der Mannigfaltigkeit. Da gibt es z. B. zwei einleitende Abschnitte. Deren erster enthält negative Beispiele für die höfische Gesellschaft — Artus' Hof voller Unordnung und Disharmonie (V. 42—149) — und für ein individuelles Abenteurerleben aus der Tapferkeit heraus — nämlich Calogrenants glücklosen Zug zur sturmverursachenden Quelle vor sieben Jahren (V. 173—580). Die zweite Einleitung zeigt Yvain auf derselben Abenteuerfahrt wie Calogrenant, doch weniger zufällig motiviert; denn die Ehre seines Vetters und damit seine eigene steht — wenn auch mit Verspätung — auf dem Spiel. Ironischerweise muß er insgeheim Ehre zu gewinnen suchen, damit der König, sollte er von seiner Fahrt hören, ihm nicht die Möglichkeit, durch Tapferkeit Ruhm zu erlangen, versagen kann, indem er das Abenteuer Gauvain oder Keu zuteil werden läßt (V. 677—690).

[31] Vgl. den Anfang des *Yvain*, wo Chrétien Ehre und Liebesdienst am Artushof verschwenderisch preist und ihn anschließend in Aktion als einen Ort der Unordnung und der Umkehrung normaler Rangfolgen beschreibt: Artus verläßt unehrenhafterweise seine Ritter am Pfingstfest (dieses entspricht dem Fest, bei dem Artus in Galfrids *Historia* feierlich die Krone trägt) und geht mit seiner Frau schlafen, während Keu vor dem Schlafzimmer unter den Rittern Zwietracht sät und Calogrenant genötigt ist, von einem Abenteuer zu erzählen, das ihm Unehre einbrachte.

An dieser Stelle beginnt die eigentliche Handlung des Romans; Yvain tötet den Ritter, der die Quelle verteidigt, verliebt sich in Laudine, die Gattin des Toten, und gewinnt sie mit Hilfe Lunetes, ihrer einfallsreichen Zofe, die Yvain wegen der Gastfreundschaft gewogen ist, die er ihr früher einmal am Artushof erwiesen hatte.[32] Dieser erste Abschnitt der Handlung wirft bereits Fragen nach den Elementen des Rittertums und nach der Bedeutung der Selbstbetrachtung auf, auf die die späteren Teile des Romans eine Antwort geben müssen. Dadurch daß Yvain sich in Laudine verliebt, erhält das Abenteuer, das er so fröhlich unternommen hatte, ein neues, unvermutetes Ziel: er muß sie gewinnen. Dieser Prioritätenwechsel enthüllt dem Helden und dem Publikum zugleich, daß die früheren Werte und Wunschvorstellungen des Helden nicht geeignet waren, die Paradoxa aufzulösen und den widersprüchlichen Notwendigkeiten seiner neuen Lage zu begegnen. Er liebt die Frau, die ihn wegen seines Erfolges auf dem Gebiet der Tapferkeit haßt, und ist daher ihr Freund und ihr Feind zugleich. Er möchte mit irgendeinem Zeichen seines Triumphes an den Artushof zurückkehren, um dort Ehre zu erlangen, aber er möchte andererseits auch auf Laudines Burg gefangen bleiben (wie es der Fall ist), damit er sie sehen und vielleicht für sich gewinnen kann. Gegen alle Logik bestehen in seiner Lage Liebe und Haß, Freude und Verzweiflung nebeneinander, wie ein glänzender, komisch-ernster ovidianischer Monolog verdeutlicht (V. 1343—1544). Die Komplizierung des höfischen Topos durch Chrétien spiegelt sich in der geschickten Handhabung der traditionellen Ikonographie: anstelle einer Dame in einem Turm, die die Qualen der Liebe spürt, während sie einen Ritter unten kämpfen sieht, fühlt hier ein im oberen Gemach einer Burg gefangengehaltener Ritter Liebesweh, während er eine Dame unten beobachtet, die als Ergebnis seiner Tapferkeit an Wahnsinn grenzenden Kummer erleidet.

[32] Vgl. V. 1001—1015. Dies ist die erste Ankündigung des Themas der Verschachtelung von Gastfreundschaft und Dienst, das sich als zentrales Thema dieses Romans erweisen wird. Seine letzte und eindrucksvollste Nennung stammt ebenfalls von Lunete, u. zw. V. 6685—6699.

Mit ihrer Ankunft an der Quelle geben Artus und sein Hof Yvain zugleich Gelegenheit, Ehre zu erlangen und sich an Keu zu rächen, ohne daß er deswegen Laudine verlassen muß. Doch der sich für Laudine daraus ergebende Bedarf an einem außergewöhnlich tapferen Ritter, der die Quelle gegen die Eindringlinge verteidigt, und Lunetes Geschicklichkeit, mit der sie ihrer schmerzerfüllten, aber doch pragmatisch denkenden Herrin gegenüber Yvains Sache vertritt, gestatten es ebenso, daß Yvains persönliche Krise mit trügerischer Leichtigkeit gelöst wird. Diese fragwürdige Lösung beantwortet keine der von Chrétien aufgeworfenen bedeutenderen Fragen nach dem Verhältnis von Liebe und Tapferkeit oder demjenigen von Yvains privaten und öffentlichen Wunschvorstellungen. Die Quelle und das ihr zugeordnete Ritual einer unkritischen, amoralischen Tapferkeit bilden den suspekten Mittelpunkt jener fiktiven Welt, den Motor ihrer Zerrissenheit und Zwietracht, aber sie stellen auch die Möglichkeit für ihre Versöhnung dar — das gegenständliche Symbol der unreflektierten Tapferkeit. Welches Bewußtsein widerstreitender Werte und Ziele Yvain erlangt, als er sich verliebt, ist wegen der geschickten Behandlung dieser ersten Krise im *Yvain* nicht zu entscheiden.

Nach der Hochzeit läßt sich Yvain von Gauvain, seinem engsten Freund, dazu überreden, Laudine zu verlassen, um durch Teilnahme an Turnieren — einer Form der Tapferkeit, die noch weniger als die Verteidigung der Quelle auf individuelle Bedürfnisse oder Wünsche abzielt — in der Welt Ehre zu suchen. Yvain verspricht, nach einem Jahr zu Laudine zurückzukehren, aber er ist bei den Turnieren so erfolgreich, daß er den Termin vergißt. Endlich erinnert er sich an die Verpflichtung gegenüber seiner Frau, aber zu diesem Zeitpunkt hat diese schon eine Zofe ausgesandt, die ihn einen Verräter zeiht. Schockiert entflieht Yvain im Zustand des Wahnsinns der Gesellschaft. Fern von Liebe und Gesellschaft durchläuft er eine Reihe episodenhafter Abenteuer, die ihren Höhepunkt in der Rückkehr erreichen, u. zw. zunächst zum Artushof, dann zu Laudine; durch die Versöhnung mit ihr erlangt er wieder — oder genauer gesagt, zum erstenmal — wahres persönliches Glück.

Es ist hier nicht Raum genug, um die Bedeutung von Yvains Abenteuern im Einzelnen zu erforschen, durch die Chrétien die Verwandlung der Tapferkeit von einem Instrument moralischer Zerrissenheit im Leben des Individuums wie der Gesellschaft zu einem Mittel im Dienste jener, die in Not sind, und zu einem Element in einer neuen, moralischen Gesellschaft verfolgt, die auf Beziehungen selbstloser gegenseitiger Hilfe unter Individuen gegründet ist. Auch kann ich nur ganz kurz auf die Geschicklichkeit des Dichters hinweisen, mit der er das Problem der heroischen Selbstbeherrschung darstellt, jenes zentrale Thema der die innere Reflexion des Helden behandelnden Romane, u. zw. mittels einer geradezu aristotelischen Nebeneinandersetzung von Situationen, die zuwenig Beherrschung versinnbildlichen (ein Verhalten, das die Absichten und Ziele des Helden zunichte macht), und von solchen, die allzu große Befangenheit symbolisieren (die Zügelung der eigenen Kräfte durch innere oder äußere Zwänge, die zur Unfähigkeit führen).[33] Ich werde mich darauf beschränken aufzuzeigen, wie in Chrétiens Darstellung Yvains Selbstbetrachtung zum beherrschenden Element für seine Karriere und damit auch für die Romanhandlung wird, und wie schließlich am Ende des Werkes die Verwirklichung der vollkommenen Selbstbeherrschung durch den Helden sich in der Verwandlung der gesamten höfischen Welt widerspiegelt.

Den Bewußtseinsschock erleidet Yvain auf der Höhe seines Ruhms, als der Triumph seiner Tapferkeit ihn zum Mittelpunkt einer vom Begriff der Ehre beherrschten Welt hat werden lassen

[33] Als Löwenritter widmet sich Yvain dem Dienst für Damen, die in verschiedenartige bedrohliche oder erniedrigende Situationen geraten sind. Seine Beziehungen zu dem Einsiedler im Walde, zu seinem Löwen und natürlich auch zu Lunete sind Muster eines Dienstes von gegenseitigem Nutzen — von angebotener Gastfreundschaft und in Erwiderung angebotener Verteidigung. All diese Züge der Abenteuer stellen Kommentare und Umkehrungen seines verräterischen, selbstsüchtigen Verhältnisses zu Laudine dar. Bilder der Zerstörung auch außerhalb des Quellabenteuers beinhalten zugleich Laudines Kummer und vor allem den selbstzerstörerischen Wahnsinn Yvains mit. Bilder von Zwang und Haft schließen die zahlreichen Fälle von Gefangenschaft mit ein, die in dem Werk auftreten: Yvain in Laudines Burg, der Löwe, der eingesperrt wird, damit er seinem Herrn nicht helfen kann, die jungen Mädchen im Keller des *chastel de pesme avanture* usw.

(V. 2681—2695). [34] Plötzlich erinnert er sich an sein Laudine gegebenes Versprechen, das er gebrochen hat, und fast unmittelbar darauf erscheint deren Zofe, um seine Treulosigkeit öffentlich bekanntzugeben und von ihm die Rückgabe des Ringes ihrer Herrin zu verlangen, womit das Ende der Liebe zwischen Held und Heldin symbolisiert wird (V. 2696—2782). Die Furcht vor Schande hatte Yvain daran gehindert, auf die eigene Entdeckung seines Vergehens zu reagieren (V. 2704—2705); nun da die Schande öffentlich bekanntgeworden ist, wird sein Kummer zum Selbsthaß (V. 2792), begleitet vom übermächtigen Wunsch, der Gesellschaft zu entfliehen (V. 2786—2791). Selbstmordgedanken (V. 2793—2797) weichen schließlich dem inneren Ansturm des Wahnsinns (V. 2806—2807), und Yvain entledigt sich seiner Kleider und flieht in den Wald, wo er wie ein vernunftloser Wilder lebt, mit Pfeil und Bogen jagen geht und seine Beute roh verzehrt.

Yvains Wahnsinn ergibt sich aus seiner plötzlichen Erkenntnis, daß er Tapferkeit über Liebe, öffentliches Ansehen (Ehre) über privates Glück gestellt hatte. (Chrétien weist sorgsam darauf hin, daß sein Held in Anwesenheit von Artus und seinem Hof insgeheim erkennt, daß er sein Laudine gegebenes Wort gebrochen hat, noch bevor das Fräulein angekommen ist und ihn öffentlich beschuldigt hat.) Sein gestörtes Verhalten ist sowohl eine äußere Mimesis der Folgen seines früheren Verhaltens — er war von Sinnen und fast zum Tier geworden, als er Laudine verließ und vergaß [35] — als auch eine Reaktion der Entfremdung und Verzweiflung auf seine Erkenntnis hin, wer er wirklich war (ein tapferer und geehrter

[34] Artus macht Yvain ausfindig, der sein Lager außerhalb der Burg aufgeschlagen hat, in der der König sich aufhält; so kommt der Ort der Ehre eher zum Helden als umgekehrt.

[35] Man beachte die köstliche Ironie in V. 2861—2863, in der die Rückkehr des wahnsinnigen, wild lebenden Yvain zur Hütte des Eremiten, der ihm Wasser gegeben hatte, so erklärt wird: *mes n'est nus, tant po de san ait, / qui el leu ou l'en bien li fait, / ne revaigne molt volentiers.* — „Aber es gibt niemanden, mag er noch so wenig Verstand haben, der nicht sehr gern an den Ort zurückkäme, wo man ihm Gutes tut." — Vgl. V. 6774, in dem der reuige Yvain zu Laudine sagt, *folie me fist demorer* — „Torheit ließ mich verweilen".

Ritter, aber ein Verräter gegenüber seiner Frau) und welchen Preis er dafür bezahlt hatte. Dadurch, daß er die gewaltige Kluft erkennt zwischen dem, was er erreicht hat, und dem, was er wirklich will (d. h. Laudines Liebe), definiert Yvain sich selbst von neuem im Sinne eines erstrebten Glücks, das an die Stelle der erlangten Ehre treten soll, d. h. im Sinne einer erkannten, aber noch nicht erreichten Identität, deren letzter Bezug persönlicher und privater Natur ist. Die „innere Distanz" zwischen seinem verwirklichten neuen Zustand und dessen ersehntem Ziel ist für Yvain so unüberwindlich, daß sie als negative Reaktion Wahnsinn und Flucht in die Wälder herbeiführt, d. h. eine innere wie auch eine äußere Flucht vor dem verhaßten Ich, dessen häßliche Entstellung im von erinnerter Liebe geworfenen Lichtschein des Bewußtseins offen zutage tritt. Yvains innere Krise ist eine negative Spielart der religiösen Bekehrung, ein entsetztes Sichabwenden von dem alten gnadenerleuchteten Ich; das Fehlen der Gnade (oder ihrer weltlichen Entsprechung) ist es, das den Helden wahnsinnig werden läßt. (Am Ende des Romans, V. 6771, wird Yvain sich als Sünder [*pecheor*] bezeichnen, dem Laudine gnädig sein möge.) Alle Reaktionen Yvains im Wahnsinn haben eine innere Bedeutung: mit dem Fortlaufen und dem Sichentblößen, mit dem Tragen von Pfeil und Bogen gibt er seine gesellschaftliche Identität und die hassenswerte Bedeutung oder Form auf, die diese Identität seinen kriegerischen Strebungen aufgeprägt hatte. Nun wird er mit unhöfischen Waffen der Jagd nachgehen, um überleben zu können, anstatt mit der Rüstung angetan um der Ehre willen auf Turnieren zu kämpfen. Die Ablehnung seines bisherigen Ichs schließt die Ablehnung der Gesellschaft und ihrer Kultur, die dieses Ich durch ihre Wertbegriffe geformt hatten, mit ein; fortan ißt er das Fleisch roh, ein Akt, der einen Zustand vor aller Zivilisation symbolisiert, und er lebt für sich allein in einem vor-gesellschaftlichen Zustand. Kurz und gut, bei Yvain führt Schuld (negative Selbsterkenntnis) zu Wahnsinn (Selbstentfremdung), der zugleich die Ablehnung des Rittertums oder zumindest seiner gesellschaftlichen Basis darstellt.

Aus dieser Analyse folgt, daß Yvains Abenteuer seine Fortschritte in der Haltung sich selbst gegenüber und in der Beherrschung seiner Kräfte als Krieger widerspiegeln, aber ebenso seine Fähigkeit, eine neue Art der Beziehung zur Gesellschaft zu finden, die es ihm gestatten wird, sein Glück und seine Erfüllung anders als in völliger Isolierung zu suchen. In der Abenteuerphase des *Yvain* führt Chrétien seinen Helden nicht nur durch Stadien der Selbstbeherrschung,[36] sondern er erschafft zugleich auch seine fiktive Welt von neuem auf der Basis eines neuen Ethos des Dienstes, gegründet auf verschiedene Arten der Liebe, deren jeder die Tapferkeit auf nutzbringende Weise untergeordnet werden kann. (So bringt Yvain von ihm erlegte Tiere zur Klause des barmherzigen Einsiedlers, rettet Lunetes Leben aus Dankbarkeit für ihre Wohltaten, und seine freundschaftlichen Gefühle für Gauvain veranlassen ihn, dessen Nichte vor den Nachstellungen des Harpin de la Montaingne zu bewahren [V. 3766 ff.]). Die Klimax des *Yvain* ist demnach eine doppelte: der erste Teil zeigt Yvain auf dem Rückweg zum Artushof, dessen Wertordnung die geläuterte Auffassung des Helden widerspiegelt; der zweite, abschließende Teil führt den Helden zu Laudine, zur Versöhnung, zurück und zur Synthese aus seiner früheren und seiner neuen Identität.

Yvain kehrt zum Artushof zurück, um als Löwenritter, als treuer Freund und Verteidiger verfolgter Damen seine entscheidende Schlacht zu schlagen — wobei er exemplarisch für ein neues, ethisch fundiertes Rittertum des Dienstes steht. Unerkannt tritt er als Verteidiger einer jüngeren Schwester, der Unrecht zugefügt worden ist, den gerichtlichen Zweikampf an, während der Anspruch ihrer unrecht handelnden älteren Schwester von Gauvain vertreten wird, Yvains früherem Freund. Der symbolische Sinn dieses Kampfes zwischen zwei Arten der Tapferkeit ist evident, und er wird von Chrétien außerordentlich geschickt zum Ausdruck gebracht: von Gauvain überredet, Ehre durch Tapferkeit zu erlangen, hatte Yvain

[36] Der Löwe, dessen Treue zu Yvain ihn dazu bringt, daß er sogar seine elementaren Jagdinstinkte beherrscht (V. 3412 ff.), ist ein Symbol der Selbstbeherrschung; auch verwirft Yvain den Selbstmord (selbstzerstörerische Tapferkeit), um die zu Unrecht beschuldigte Lunete zu retten (V. 3486 ff.), und tut damit einen weiteren Schritt vorwärts auf dem Wege zur Beherrschung kriegerischer Triebkräfte und zu ihrem Einsatz für positive Ziele.

Laudine verlassen, und nun können sich die zwei Freunde, aus verschiedenen Gründen getarnt, nicht mehr wiedererkennen, so wie auch das von dem einen unter großer Mühsal entwickelte neue Rittertum in keiner erkennbaren Verbindung zu der ehrliebenden, amoralischen Tapferkeit steht, der der andere huldigt. Der Kampf ist hart, aber ohne eindeutiges Ergebnis, und als sich die beiden Antagonisten schließlich erkennen, weicht der aus der kriegerischen Begegnung erwachsene Haß der Liebe alter Freunde,[37] die angesichts ihrer wechselseitigen Zuneigung bereit sind, die Ehre des Sieges dem anderen zuzugestehen (V. 6269—6302). Artus selbst schlichtet nun die Fehde zwischen den beiden Schwestern, indem er erkennt, wer im Unrecht ist, und die ältere Schwester mit List dazu bringt, ihre Schuld einzugestehen (V. 6376—6392). Seine Erkenntnis und seine Klugheit sind erfolgreich, wo die Tapferkeit versagt hat, und bringen den Rittern und ihm selbst Ehre ein (V. 6432—6437).[38] Diese Episode zieht den Schleier von einer neuen Werthierarchie hinweg. Die Tapferkeit nimmt die niedrigste Stufe in dieser Hierarchie ein, Gerechtigkeit, Liebe und Versöhnung dagegen die höchste. In dieser „schönen neuen Artuswelt" ist Gauvain, der frühere Apostel der Ehre, bereit, die Ehre der Liebe zu opfern (und braucht es deswegen nicht wirklich zu tun), während Artus nicht mehr der

[37] Vgl. V. 5992 ff., wo Chrétien die paradoxe Situation geschickt ausnutzt, in der zwischen zwei Personen Haß regiert, die sich eigentlich mögen — bzw. die Freunde wären, wenn sie sich erkennen könnten. Der Sinn des Paradoxons ist klar: aggressive, destruktive Tapferkeit ist eine Folge der Unwissenheit (einschließlich der Unwissenheit über die eigene Person), wohingegen mit dem Bewußtsein der Identität sich der Primat der Liebe einstellt.

[38] Wenn der König zur älteren Schwester sagt, er werde Gauvain zum Verlierer des Kampfes erklären, wofern sie nicht seinen Urteilsspruch anerkennen werde (V. 6408—6422), so enthüllt er damit ein neues Bewußtsein in dem Sinne, daß nur Gerechtigkeit mit Ehre belohnt werden sollte. Seine Anweisung an die ältere Schwester zeigt, daß er sich bewußt ist, daß Versöhnung ihrerseits die Gerechtigkeit krönt: *si l'amez come vostre fame, / et ele vos come sa dame / et come sa seror germainne* (V. 6435—6437) — „liebt sie nun wie Eure Vasallin, und sie liebe Euch wie ihre Herrin und wie ihre leibliche Schwester".

unbekümmerte, leichtfertige Monarch früherer Episoden ist, sondern statt dessen zu einem gerechten, verständigen und daher mächtigen König wird.

Die Wiederherstellung einer Verwandtschaftsbeziehung, in der Eigennutz und Ungerechtigkeit Liebe und gegenseitiges Dienen zerstört haben, deutet auf den zweiten Teil der Lösung des Romans voraus. Yvain verläßt den Artushof und begibt sich zu der Quelle, entschlossen dort so lange Sturm zu entfesseln, bis Laudine sich gezwungen sieht, ihm gnädig zu sein. Diese verzweifelte Liebestat führt dazu, daß Lunete zu ihm kommt, um ihm zu berichten, daß sie Laudine überredet habe, dem Löwenritter bei der Wiedererlangung der Gunst seiner Dame zu helfen zum Ausgleich für seine Bereitschaft, ihre Quelle gegen den unbekannten Ritter zu verteidigen, der ihr Land bedroht. [39] Lunetes stetige Treue zu Yvain und ihr nie versagender Einfallsreichtum bringen auf diese Weise eine endgültige Versöhnung zwischen dem Ritter und ihrer Herrin in einem Stadium zuwege, das den Gipfel des moralischen Aufstiegs des ritterlichen Helden darstellt: in Frieden. [40] Yvains letzte, symbolische Geste der Tapferkeit an der Quelle ist wiederum treuer Freundschaft untergeordnet, während Einsicht und Klugheit die ersehnte Heilung einer unterbrochenen Beziehung zwischen Liebe und Dienst bewirken. Lunetes Bemühungen bei der Herstellung des Friedens sind von höherem Rang als diejenigen von Artus, da ihr Ergebnis die Vollendung des ersehnten Ichs durch den Helden und die Integration seiner Identitäten ist. Dergestalt überwindet Yvain die Entfremdung von sich selbst und seiner Welt und erschafft ein neues Ich als Grundlage einer neuen Welt geläuterter höfischer Werte. Durch ihn feiert der höfische Roman die Geburt und den Triumph des seiner selbst bewußten Ichs, das er zum Ausgangspunkt und Symbol universaler Harmonie erklärt.

[39] Bei einer früheren Begegnung mit Laudine (V. 4582—4598), bei der er sich nicht zu erkennen gab, gestand der Löwenritter, daß er die Gunst seiner Dame verloren hätte, und daß er seine Abenteuer nicht eher beenden wollte, als bis er sie zurückgewonnen hätte.

[40] Das Wort *pes* „Frieden" erscheint im Text in den Versen 6769, 6783, 6789, 6801 und bezieht sich insbesondere auf den Frieden zwischen Yvain und Laudine.

IV

Einer der interessantesten höfischen Romane des 12. Jahrhunderts außerhalb des Korpus der Werke Chrétiens ist *Partonopeus de Blois*, von einem anonymen Dichter in den achtziger Jahren des Jahrhunderts verfaßt.[41] Seine Handlung ist voller Chrétien-Reminiszenzen, doch spricht er durchaus mit eigener Stimme und verwendet in neuartiger Weise dramatische Möglichkeiten, die dem höfischen Topos innewohnen.

Zu Beginn des Romans ist der Held, Partonopeus, Graf von Blois und Neffe des französischen Königs, ein tapferer und hübscher Knabe von dreizehn Jahren. In einem unbemannten Schiff zu einer mysteriösen Stadt voller prächtiger, aber leerer Paläste getrieben, geht Partonopeus in deren prächtigstem zu Bett, und in der Dunkelheit wird er von einer Frau besucht, die für ihn unsichtbar ist. Er wohnt ihr bei, und sie gibt sich als die junge byzantinische Kaiserin Melior zu erkennen, die, von ihren Vasallen dazu gedrängt, einen Gatten zu wählen, den jungen Grafen erkoren und ihn auf magische Weise zu sich geführt hat. Die augenscheinliche Leere der Stadt ist ebenfalls Ergebnis ihrer Magie, und sie erzählt ihm dann, daß er, falls er sie heiraten wollte, zweieinhalb Jahre in der Stadt allein bleiben müßte (bis er alt genug wäre, von ihr zum Ritter geschlagen zu werden); während dieser Zeit könnte er sich ihrer des Nachts erfreuen, aber er dürfte nicht versuchen, ihr Gesicht zu sehen. Diese Bedingungen müßten eingehalten werden um zu verhindern, daß ihre Vasallen entdeckten, daß sie aus Liebe bloß einen Knaben zum Gatten erkoren und ihm ihre Gunst geschenkt hat, noch bevor sie ihn zum Ritter geschlagen oder ihn geheiratet hätte. Die Entdeckung würde ihnen beiden Schmach und Tod bringen.

Von Liebe überwältigt stimmt Partonopeus Meliors Plan zu, aber nach einem Jahr bittet er sie um die Erlaubnis, in seine Heimat nach Frankreich zurückzukehren. Sie gesteht ihm dies zu und meint, er werde dort imstande sein, die Franken vor feindlicher Invasion zu

[41] Ed. J. Gildea (2 Bde. in 3 Einzelbdn. [Villanova, Pa., 1967—70]). Vgl. A. Fourrier, *Le Courant réaliste dans le roman courtois en France au moyen-âge* (Paris, 1960), S. 315—446.

schützen und großen Ruhm zu erlangen. Ihre Vorhersage bewahrheitet sich, aber in Frankreich ist Partonopeus einer neuen Gefahr ausgesetzt: seine Mutter und sein königlicher Oheim gewinnen die Überzeugung, seine Geliebte sei ein böser Geist, und sie bestehen darauf, daß er nicht zu ihr zurückkehren solle. Mittels eines Liebestranks zwingen sie ihn beinahe, die schöne und reiche Nichte des Königs zu heiraten, aber seine Liebe zu Melior bewahrt ihn im letzten Augenblick davor, und erschüttert und reuevoll kehrt er nach Chef d'Oire, Meliors Stadt, zurück. Als er einige Monate später erneut um die Erlaubnis bittet, nach Frankreich zurückzukehren, warnt ihn Melior davor, denn diesmal werde er den Ränken seiner Verwandtschaft erliegen und sie verraten. Der junge Mann läßt diese Prophezeiung außer acht, kehrt heim und wird von seiner Mutter und dem Bischof von Paris bald überzeugt, daß Melior ein böser Dämon sei, der nach seiner Verdammnis trachte. Sie versehen ihn mit einer wundersamen unauslöschbaren Laterne, mittels derer er sie sehen kann, wenn er das nächste Mal mit ihr zu Bett gehen wird, und sowie Partonopeus nach Chef d'Oire zurückgekehrt ist, benutzt er sie — und stellt lediglich fest, daß Melior jung und schön ist, und daß er sein Versprechen gebrochen und sie verraten hat. Seinem Haß auf sich selbst kommt Meliors Zorn und Verzweiflung gleich; durch den Verrat ist ihr Zauber beeinträchtigt worden, und plötzlich finden sich die Liebenden von den Höflingen von Chef d'Oire umgeben. Während Melior jeden Augenblick erwartet, daß ihre Vasallen kommen und ihnen den Garaus machen werden, erscheint statt dessen ihre schöne und kluge Schwester Urraque und drängt darauf, daß Melior ihre Klagen abbrechen, Partonopeus seine Torheit vergeben und eiligst Pläne machen solle, ihre Vasallen zu täuschen, damit sie Partonopeus als Meliors Ehemann akzeptierten.

Weder Partonopeus noch Melior werden durch Urraques an Lunete erinnernden Rat getröstet; die Kaiserin weist ihren Geliebten ab, und er kehrt von Chef d'Oire im Zustande schwerster Selbstvorwürfe und Niedergeschlagenheit nach Frankreich zurück. Sein Verfall setzt sich in der Heimat fort, und im Zustande melancholischer Gemütsverwirrung, die sein Äußeres zu dem eines Wilden hat werden lassen, begibt er sich in die Wildnis, wo er hofft, von wilden

Tieren verschlungen zu werden. Statt dessen begegnet er zufällig Urraque, die ihn trotz seiner beklagenswerten Verwandlung erkennt und ihn vor der Verzweiflung bewahrt, indem sie ihn überzeugt, daß Melior ihm vergeben habe (was nicht der Wahrheit entspricht), aber ihrer Vasallen wegen nicht wage, ihn zurückzurufen. Nachdem Partonopeus seinen Lebenswillen zurückgewonnen hat, begleitet er Urraque zu ihrem Wohnsitz auf der Insel, und die listige Prinzessin überzeugt nun ihre Schwester davon, daß Partonopeus tot sei und sie ihre Vasallen darum bitten müsse, ein Turnier abzuhalten, dessen Gewinner ihr Gatte sein werde. Die Ankündigung des Turniers steckt den Rahmen für die höfische Lösung der Krise des Romans ab: von Melior in unkenntlicher Verkleidung zum Ritter geschlagen, kann Partonopeus nun im Turnier mitkämpfen, und nach zahlreichen Abenteuern tritt er tatsächlich in die Schranken, wo seine Liebe zu Melior ihn zum Triumph führt. Er gibt sich seiner Geliebten zu erkennen, versöhnt sich mit ihr und heiratet sie inmitten großer Festlichkeiten. [42]

Partonopeus ist ein Roman über den Reifungsprozeß eines jungen Mannes. Am Anfang der Geschichte ist der Held ein verheißungsvoller Jüngling, aber noch unerfahren in der Liebe und im Kriegsdienst. Die erste Episode stellt eine hervorragende Versinnbildlichung seiner Einführung in die Geheimnisse der Liebe dar, eine Initiation oder Wiedergeburt ins Reich der Leidenschaft hinein, die eine vom Leben und den bis dahin gekannten Beziehungen und Aktivitäten völlig getrennte private Welt erschafft. Melior hat die Welt der Liebe in der Weise strukturiert, daß sie für die Welt der Ehre (ihre Vasallen) ein Geheimnis bleiben muß, bis sie sich schließlich dieser Welt der Öffentlichkeit unter Beachtung von deren Spielregeln darbieten und ihren Segen empfangen kann. Der Antagonismus und die Trennung zwischen einer Welt der Liebe voller

[42] Die Gestalt der Urraque und ihre Funktion gehen auf Lunete zurück; im *Partonopeus* bricht der Held ebenso wie im *Yvain* ein seiner Geliebten gegebenes Versprechen und beschwört damit eine Krise herauf; im zweiten Teil des Romans wird Partonopeus ebenso wie Lancelot in einem Turm gefangengehalten, aus dem er durch die Hilfe der Ehefrau seines Bewachers entkommen kann, um an einem Turnier teilzunehmen, usw.

Vergnügungen, die aber rundherum durch Verbote eingeengt ist und stets nur eine beschränkte Wahrnehmung der Realität gestattet, und einer bedrohlichen Welt der Ehre und der öffentlichen Verantwortung vermittelt dem Publikum ein antihöfisches Paradigma, das offenkundig mit dem Heranwachsen des Helden zu körperlicher Reife modifiziert werden muß.

Die sinnlich befriedigende, aber keineswegs erkenntnisfördernde Welt junger Liebe, in die Partonopeus sich hineingestellt findet, spiegelt sowohl seine eigene als auch Meliors Unreife in ihren Tabus und ihrem ängstlichen Bemühen wider, die feindliche äußere Realität zu meiden. Seine edle Natur, die Melior dazu bewogen hat, ihn als Geliebten und Gatten zu erwählen, und die mit ihrer Zauberkraft zusammengewirkt hat, um ihn in eine nähere Beziehung zu ihr zu bringen, [43] löst nun die entscheidende Phase des Ineinandergreifens seiner privaten Welt der Liebe und der öffentlichen Welt der Verantwortungen aus, in der ein höfischer junger Held durch seinen Willen zur Teilhabe angespornt wird. Als Partonopeus nach Ablauf eines mit seiner Geliebten verbrachten Jahres nach Frankreich zurückkehrt, erlangt er Ehre durch Tapferkeit, die durch die Liebe geweckt worden ist. [44] Aber er erkennt ebenfalls, daß die Menschen, deren Wertvorstellungen ihn vor seiner Entdeckung eines privaten Schicksals durch die Liebe beherrscht hatten, seine Liebesauffassung angreifen und damit seine Fähigkeit, die wahre Natur und das wirkliche Ziel seiner Wünsche zu erkennen, d. h. sich selbst zu verstehen, auf die Probe stellen. Seine Mutter und die „Vaterfigur“ im Feudalsystem, der König, widersetzen sich seiner privaten Identität und schlagen an ihrer Stelle die Identifizierung mit einer Pseudo-Liebe in Form einer gesellschaftlich sanktionierten und dem

[43] Betreffend den Beginn ihrer Liebe zu ihm vgl. V. 1363—1384; zu ihrem Lob auf seine vornehme Abstammung und *noblesce* vgl. V. 1501 bis 1514. Vgl. ferner V. 921 ff., die schildern, wie ein *pensers de noblesce*, ein edler Gedanke, ihn dazu führte, den schönsten Palast von Chef d'Oire auszuwählen, um in ihm zu essen und zu schlafen — Meliors Palast.

[44] Vgl. V. 3401—3430, wo Liebe Partonopeus dazu bringt, eine entscheidende Schlacht zu gewinnen, womit in diesem Roman erstmals der höfische Topos veranschaulicht wird. Vgl. auch die ausführlichere Darstellung des Topos V. 7560—7576.

Anschein nach erstrebenswerten Heirat vor. Die Verlockungen, symbolisiert durch den Liebestrank,[45] mittels derer die Gesellschaft Einfluß auf das Schicksal des jungen Hofmannes gewinnen will, sind attraktiv und gefährlich. Die Liebe hat jedoch Partonopeus genügend Selbstbewußtsein geschenkt, daß er erkennen kann, daß hier nicht das Ziel seiner Wünsche liegt, und durch die Erinnerung an Melior überwindet er die Wirkung des Liebestranks.[46]

Jedoch kann Partonopeus' Liebe seiner Furcht vor der Verdammnis nicht standhalten, und wo Blutsverwandtschaft und Feudalbeziehung ihm nichts anhaben konnten, geht er seinem geistlichen Vater, dem Bischof von Paris, in die Falle. Dadurch, daß er in bezug auf seine Liebe der Einsicht des Bischofs mehr vertraut als seiner eigenen, gibt Partonopeus sein autonomes Urteil auf und akzeptiert die Laterne als Führer zur Erkenntnis, die ihm ironischerweise nur die Erkenntnis ermöglicht, daß sein Streben nach Liebe richtig war und seine Bereitschaft, sich von einem anderen Kodex von Werten beeinflussen zu lassen, nur einen Akt schrecklichen Selbstbetrugs darstellte.[47]

Wie im *Yvain* ruft auch im *Partonopeus* der Augenblick der Krise

[45] Fourrier, S. 390, versucht, für den Liebestrank eine rationale Erklärung zu geben im Sinne der berauschenden Wirkung von Wein auf einen fünfzehnjährigen Jungen. Er geht insofern fehl, als Partonopeus in dieser Szene durch alles, was die Gesellschaft ihm bieten kann, in Versuchung geführt wird, damit er deren Pläne befolgt und sein privates Schicksal aufgibt. Der Trank steht für die Verlockung der Selbstvergessenheit, die in die Einwilligung in das gute Leben am Hofe mit eingeschlossen ist.

[46] Vgl. V. 4061—4064: *Quant cil ot s'amie [Melior] nomer, / Tantost se prent a porpenser, / Et en la guise del porpens / Li est tos revenus li sens* — „Als jener seine Geliebte nennen hört, beginnt er sogleich nachzudenken, und mit dem Nachsinnen ist ihm sein Verstand gänzlich zurückgekommen".

[47] Die Laterne ist Partonopeus als Anregung und Symbol einer geistlichen Erkenntnis gegeben worden, die gegen die Fallstricke des Teufels schützen soll. Als Partonopeus bemerkt, *Qu'il a ovré moult folement* (V. 4532), daß er sehr töricht gehandelt hat, wirft er die Laterne gegen die Wand, und sie erlischt daraufhin (V. 4536), ein Vorgang, der auf anschauliche Weise zeigt, daß sein Verrat eine neue moralische Dunkelheit über seinen Liebestraum geworfen hat. Vgl. hierzu V. 4531—4542.

ein negatives Selbstbewußtsein hervor; der Übergang des Helden zum Haß auf sich selbst und zur Verzweiflung [48] folgt in beiden Romanen aus einem gebrochenen Versprechen, das der Held seiner Geliebten gegeben hatte. Wie Yvain flieht Partonopeus vor seiner eigenen *folie*; seine Flucht von Chef d'Oire nach Frankreich und von dort in die Wildnis steht auch hier als äußere Metapher für die Flucht vor dem Ich, das er als hoffnungslos unvollkommen und als Verräter an seinen wahren Zielen betrachtet. (Yvains Existenz als aktiver Wahnsinniger, der wilde Tiere jagt, parodiert auf groteske Weise die Tapferkeit, die er zuvor über die Liebe gestellt hatte, während Partonopeus' passiver, melancholischer Wahn und sein sehnlicher Wunsch, von wilden Tieren gefressen zu werden, an seine frühere Passivität und an die Machenschaften jener Figuren erinnert, die die Zwänge und die Werte seiner öffentlichen Welt verkörpern.)

Dies soll nicht heißen, das Moment der Krise im *Partonopeus* entbehre der Originalität. Der Dichter verbindet Partonopeus' Treulosigkeit mit der plötzlichen Sichtbarkeit von Meliors öffentlicher Welt und mit Urraques Erscheinen auf der Bühne, deren Vorzüge sich für das Zustandekommen einer glücklichen, höfischen Lösung des Romans als so bedeutsam erweisen werden. Mit anderen Worten, er will andeuten, es handle sich um eine *felix culpa*, einen glücklichen Sturz, durch den die Liebenden der ganzen Komplexität ihrer Beziehung zur Außenwelt und ihrer Wertordnung gewahr werden; aus dieser Erkenntnis heraus, wie schmerzhaft sie auch immer war, können sie schließlich dahin gelangen, daß sie ihre eigene Unvollkommenheit und die Feindseligkeit der Gesellschaft gegenüber ihrer privaten Liebe akzeptieren [49] — eine Feindseligkeit, die

[48] In seinem langen Monolog (V. 4783—4820) gesteht Partonopeus nicht nur ein, daß er sich seiner *traison* (V. 4790), seiner *felonie* (V. 4793) und *folie* (V. 4798), seines Verrats, seiner Treulosigkeit und Torheit bewußt ist, sondern er bringt wiederholt seinen Wunsch zu sterben und seine Überzeugung zum Ausdruck, daß das Leben durch das Bewußtsein zu einem Tod bei lebendigem Leibe werde (V. 4805—4816). Vgl. V. 5203—5258, wo sich ein weiterer Monolog findet, der die gleiche Selbstverdammung zum Ausdruck bringt.

[49] Als Partonopeus seine *folie* vor Melior beklagt und um Gnade bittet, sagt der Dichter: *A ces paroles vint li jors, / Qui lor devise lor amors*

weder so schrecklich noch so unüberwindlich ist, wie Unwissenheit und Naivität sie hatten glauben machen. Der Zauber der Liebe ist durch den Sturz der Helden unwiderruflich zerstört worden, aber ebenso die Liebesillusionen, und der Weg ist frei zur Entdeckung, auf welche Weise die Gesellschaft zum Vorteil der Liebe überlistet und beeinflußt werden kann, während ihre Gebote, Ehre zu erringen, dem Anschein nach beachtet werden. [50]

Alle positiven Möglichkeiten, die in der Krise von Partonopeus' Selbstbewußtsein enthalten sind, sind in Urraque vereinigt, die nunmehr in die Handlung eingeführt wird, zur Mäßigung rät (V. 4963—4978), für Partonopeus' menschliche Schwäche Verständnis zeigt (V. 4943—4950) und Pläne vorträgt, die seine *folie* wettmachen und dem Widerstand der Vasallen Meliors gegen ihren ersten Versuch privater Erfüllung begegnen sollen (V. 5001—5038). Mit Urraques Augen sehen wir Melior nicht als Feenkönigin, sondern als gereiztes junges Mädchen, das die Notwendigkeit der Toleranz in der Liebe noch nicht begriffen hat; es wird uns auch bewußt, daß heroische Wut oder Selbstkasteiung ebensowenig endgültige Reaktionen auf eine Verfehlung in der Liebe sind, wie auch bei ihrer Entstehung, Verheimlichung und Isolierung keine endgültigen Verhaltensweisen bleiben dürfen. Held und Heldin werden an der Erschütterung ihrer Liebesbeziehung in gleichem Maße schuldig. Beide sind schuldig, weil sie den Normen und Pressionen der Gesellschaft zuviel Achtung zollten: die Furcht vor ihren Vasallen hatte Melior

(V. 4821—4822) — „Bei diesen Worten kam der Tag, der ihnen ihre Liebe zuteil werden läßt". Der Hinweis auf eine Erhellung ist unmißverständlich, und die doppelte Bedeutung von *deviser*, nämlich „teilen" und „anordnen" verweist ebenfalls darauf, daß die Liebenden an einem neuen Anfang wie auch an einem Ende angekommen sind.

[50] Vgl. V. 4667—4670, wo Melior Partonopeus berichtet, daß sein Verrat den Verlust jenes Teils ihrer hervorragenden Ausbildung in den Künsten verursacht habe, durch den sie imstande gewesen war, Zaubereien wie jene hervorzubringen, mit deren Hilfe sie Partonopeus vor ihren Vasallen verborgen hatte. Über ihre *engiens*, *ars* und *livres*, ihre List und Klugheit, ihre Kunst und ihre Bücher, verfüge sie dagegen noch; es sind dies die Hilfsmittel, deren sich auch Urraque bedienen wird, um die Liebe im zweiten Teil des Romans zum Triumph zu führen.

veranlaßt, den isolierenden Zauber für ihre Liebesbeziehung zu schaffen und ihrem Geliebten das Versprechen abzunehmen, nicht herausfinden zu wollen, wer sie sei, während sein Respekt vor dem Rat seiner Angehörigen ihn dazu bringt, das Versprechen zu brechen. Die Bewußtseinskrise macht außerdem dem Publikum deutlich, wie beschränkt und unvollkommen ihr früheres Glück gewesen war, und die Gegenwart Urraques macht uns klar, daß aus dem Verlust der Unschuld Gutes erwachsen kann.

Der Rest des *Partonopeus de Blois* berichtet vom Triumph der Klugheit und der *mesure* Urraques über die selbstzerstörerische Entfremdung zwischen Melior und Partonopeus und anschließend vom Triumph des Rittertums über die ihm in den Weg gelegten Hindernisse. In der letzten großen Krise des Werkes (V. 5947 ff.) begegnet Urraque zufällig Partonopeus in der Wildnis und bringt ihn allmählich mit Klugheit und großem menschlichem Verständnis zur Genesung. Der junge Graf ist zu diesem Zeitpunkt zu einem Wilden geworden, den sie nicht wiederzuerkennen vermag; paradoxerweise ist er durch eine negative Selbstauffassung in einen solchen Zustand verminderten Bewußtseins geraten, so daß er sie auch nicht erkennt. So schlimm ist die Flucht vor seinem Ich, daß er nicht seinen Namen nennen, sondern höchstens als *trahitres provés*, als erwiesener Verräter gelten mag (V. 6024); er identifiziert sich ausschließlich mit seinen früheren Fehlern. Hierin liegt seine Besessenheit begründet, die Urraque überwinden muß, um sein Leben zu retten, und als er bei der Nennung ihres Namens in Ohnmacht fällt und sie ihn daraufhin erkennt, weckt sie seine Lebensgeister mit der (unwahren) Behauptung, Melior habe sie ausgesandt, um ihn zu suchen und ihn zu ihr zurückzubringen. Bei dieser Nachricht gewinnt Partonopeus den Willen zum Leben und seine positive Auffassung von einer zu erstrebenden und vervollkommnungsfähigen Identität zurück. Dank Urraque, gesteht er ein, *sui ge tos revenus en moi* (V. 6116), sei er wieder ganz zu sich gekommen. Er schwört Urraque ewige Ergebenheit, womit er zum Ausdruck bringt, daß er sich endgültig im Bann ihrer hervorstechenden Tugenden, nämlich ihres Einfallsreichtums und ihrer optimistischen Einstellung befindet (V. 6099—6103); er verläßt die Wildnis und begibt sich zu ihrer Burg auf einer außerordentlich fruchtbaren und reichen Insel, die für seine frischen Kräfte und seinen neuen Lebenswillen ein Echo bildet (V. 6197—6214).

Erst nach diesem Wendepunkt beginnt der höfische Topos im *Partonopeus de Blois* systematisch zu wirken. Für den unbekannten höfischen Dichter kann das Rittertum nur Bestand haben, wenn diejenigen, die sich ihm verschrieben haben, sich ihrer eigenen Grenzen und der Grenzen ihrer „Alltagswelt" wohl bewußt sind und dabei als soziale Wesen mit zutiefst persönlichen Sehnsüchten der Herausforderung dieser Welt zu begegnen imstande sind.

V

Anstatt die Abenteuer und das abschließende Turnier im *Partonopeus* im Einzelnen zu beschreiben, die das direkte Ineinandergreifen von Liebe, Tapferkeit und Klugheit herausarbeiten (was man vielleicht das Rittertum des Scharfsinns nennen könnte [51], das durch das Bewußtsein und die Geschicklichkeit der drei Protagonisten ermöglicht wurde, möchte ich diese Erörterung mit der Feststellung abschließen, wie flüchtig die glückverheißende Verbindung von Rittertum und Selbstbetrachtung war, die den höfischen Roman im 12. Jahrhundert definierte und die Sehnsucht seines Publikums nach dem Einklang zwischen persönlicher Erfüllung und den Erfordernissen einer sozialen Existenz widerspiegelte, in deren Mittelpunkt die Ehre steht. Im *Partonopeus* wird bereits ein gewisser Bruch in der metaphorischen Einheit der poetischen Vorstellung des höfischen Dichters sichtbar; die Rolle des Erzählers greift störend in die feinsinnige Ausgewogenheit öffentlicher und privater Bedeutungen ein, die die Handlung hervorgebracht hat. Der Erzähler berichtet dem Publikum, er sei in eine grausame Dame verliebt, die überhaupt nicht willens sei, ihm Mitleid zu zeigen; an mehreren Stellen des Werkes meldet er sich zu Wort, um die Lage Partonopeus' mit seiner eigenen zu vergleichen und sie zu dieser in Kontrast zu setzen (z. B. V. 1861—1886; 3423—3448; 4039—4052; 4537 bis

[51] [Engl. *chivalry of ingenuity*; vgl. Cervantes' Romantitel *El ingenioso hidalgo Don Quixote de la Mancha* (Anm. d. Übers.)]

4548; 7519—7552). Die Wirkung dieser neuen Dichotomie zwischen dem Optimismus der Dichtung und dem Pessimismus der „Erfahrung“ liegt darin, dem Publikum — wenn auch auf gekünstelte Weise — zu verdeutlichen, daß die Kunst nicht mehr Metapher, sondern ein Phantasiegebilde sei, daß sie der inneren Wirklichkeit widerspreche, anstatt daß sie sie zur Darstellung bringe.

In Renaut de Beaujeus Roman *Le Bel Inconnu* (um 1190?) [52] vergrößert sich die Kluft zwischen Erzähler und Erzählung. Als der Erzähler an dem Punkt angelangt ist, an dem der Held (dessen Abenteuersuche zugleich Suche nach seiner Identität und nach dem Bewußtsein für sein Schicksal ist) zwar heimlich eine Feenkönigin liebt, aber mit Billigung des Artushofs eine andere, durch Abenteuer gewonnene Frau heiratet, beendet er seinen Roman mit dem Hinweis, er werde die Geschichte fortsetzen und Guinglain zu seiner *amie* zurückführen — falls seine eigene Geliebte, deren Herzlosigkeit er im Text häufig beklagt, ihm *un biau sanblant*, einen freundlichen Blick, schenke (V. 6247—6266; vgl. V. 1—10; 1237—1271; 4189—4210). Damit, daß Renaut ein literarisches Klischee (den Appell des Erzählers an die grausame Geliebte — ursprünglich ein Topos der Lyrik) gegen ein anderes (den höfischen Topos) ausspielt, verrät er eine Kunst und stützt sich zugleich auf ein Publikum, die beide genügend Abstand gewonnen haben, um die Bearbeitung und Ausschlachtung literarischer Themen als sich selbst rechtfertigende künstlerische Betätigungen genießen zu können, unabhängig von allem metaphorischen Gehalt, mit dem die Themen befrachtet werden könnten. Das Ergebnis ist ein manieristischer Typus des höfischen Romans, der das Ende der „klassischen“ Phase der Gattung kennzeichnet.

Das Ende des 12. Jahrhunderts wurde auch noch Zeuge einer gänzlich anderen Entwicklung der erzählenden höfischen Dichtung in den Händen von höfischen wie nichthöfischen Autoren, nämlich der Reintegration des Rittertums in historische Rahmenhandlungen,

[52] Ed. G. Perrie Williams (Paris, 1929). Ich werde diesen Roman und den *Partonopeus de Blois* in einer demnächst erscheinenden Arbeit über den höfischen Roman des 12. Jahrhunderts noch mehr ins Einzelne gehend erörtern.

deren Gegenstände der Aufstieg und Fall von König Artus' Tafelrunde und die Geschichte von der Pseudo-Erlösung der Gralsgesellschaft sind. Die großen Prosazyklen aus dem frühen 13. Jahrhundert interpretieren die von Chrétien und seinen Zeitgenossen ererbten Ideale im Kontext der Entwicklung und des Verfalls der Gesellschaft. Die zisterziensische *Queste del Saint Graal* und die *Mort Artu* fällten sehr verschiedene, doch gleichermaßen ablehnende Urteile über das weltliche Rittertum; keine Gesellschaft, so scheint es, konnte den Ehebruch der Frau des Königs mit dessen bestem Ritter dulden — nicht einmal die von Artus begründete und von Merlin beratene. Ebensowenig konnte ein ritterlicher Held, wie edel er auch immer sein mochte, eine solche Liaison unterhalten und dabei die höhere persönliche Erfüllung erfahren, die die Gralsvision verhieß. Hier werden die Voraussetzungen, die dem höfischen Roman in seiner ersten Blütezeit zugrunde lagen, zurückgewiesen.

Höfische Romane wurden noch mehrere Jahrhunderte lang immer wieder verfaßt, aber niemals wieder verbanden sie literarische Kultiviertheit und metaphorische Dichte miteinander, um die Ideale eines Publikums zum Ausdruck zu bringen, wie sie es in der zweiten Hälfte des 12. Jahrhunderts in Frankreich und England im Dienste der höfischen Gesellschaft getan hatten.

Vox Romanica 27 (1968) S. 77—95. Wiederabgedruckt in: Langue, texte, énigme, Editions du Seuil, Paris 1975, S. 219—236.

DE LA CHANSON AU RÉCIT: ›LA CHASTELAINE DE VERGI‹

Par PAUL ZUMTHOR

Si est en tel point autressi
Com li chastelains de Couci
Qui au cuer n'avoit s'amor non,
Dist en un vers d'une chançon:
Par Dieu, Amors, fort m'est a consirrer
Du dous solaz et de la compaingnie
Et des samblanz que m'i soloit moustrer
Cele qui m'ert et compaingne et amie:
Et quant regart sa simple cortoisie
Et les douz mos qu'a moi soloit parler,
Comment me puet li cuers ou cors durer?
Quant il n'en part, certes trop est mauvés . . . [1]

Il s'agit là d'une des chansons les mieux attestées du châtelain de Couci: celle qui porte le n° I dans l'édition A. Lerond [2]. Elle est insérée en son entier (avec addition d'un envoi) dans le *Roman du Chastelain de Couci et de la dame de Fayel* [3]; la strophe citée par *ChV* l'est aussi dans le *Roman de la Violette* de Gerbert de Montreuil [4]. Elle est l'objet d'une tradition manuscrite relativement importante [5]. Seule la chanson V de Lerond peut lui être comparée

[1] Ed. F. Whitehead, *La chastelaine de Vergi* (ci-après citée *ChV*), Manchester [3]1961, v. 291—301.

[2] Paris 1964; texte et apparat critique, p. 57—61.

[3] Ed. M. Delbouille, *SATF* 1936, p. 238—240.

[4] Ed. D. L. Bufum, *SATF* 1928, p. 184. C'est la troisième strophe de la chanson dans tous les manuscrits, à l'exception du chansonnier C qui lui donne la seconde place.

[5] Le texte complet nous a été conservé dans 13 chansonniers, et dans deux manuscrits du *Roman du Chastelain de Couci*: cf. Lerond, *op. cit.*, p. 29—30 et 57.

(attestée, en tout ou en partie, par treize chansonniers, elle est insérée, elle aussi, dans le *Roman du Chastelain de Couci*, et de plus dans le *Guillaume de Dôle* de Jean Renart qui en donne la strophe 1) [6]. Le texte de la chanson I, str. 3, qui nous intéresse ici, est sémantiquement bien assuré: les seules variantes remarquables concernent la désignation du bien d'amour dont le poète craint d'être privé: *ChV* énumère *solaz, compaingnie, samblanz, cortoisie; douz mos;* d'autres manuscrits ajoutent *déduit*; seule la *Violette* fournit un vers 6 franchement différent, introduisant un éloge physique de la dame:

et son douc vis et son viaire cler

Cet ensemble de faits paraît témoigner de la notoriété de cette chanson, qui, selon toute apparence, fut au XIIIe s. un classique du lyrisme de cour.

La strophe 3, citée ainsi par *ChV*, constitue dans ce bref récit l'unique élément de farciture lyrique. La fonction qu'il remplit est donc nécessairement différente de celle dont il est chargé dans le *Roman de la Violette*: dans cette œuvre, en effet, Gerbert de Montreuil, qui imite de près la technique créée par Jean Renart [7], ne cite pas moins de 40 à 44 chansons [8]; *Guillaume de Dôle* en contenait 46. Il s'agit là de véritables anthologies, artistement entremêlées, à titre ornementaire, à un récit qui leur est, en lui-même, étranger. La multiplication et la rèpartition à peu près régulière de ces farcitures contribuent à les détacher du contexte dont elles se dégagent en vertu d'une sorte d'effet de relief: elles brodent sur la trame de l'œuvre une série de motifs plus ou moins hétérogènes, et constituent, par rapport à l'enchaînement du récit, comme un contrepoint. Que tel ait bien été le dessein du poète apparaît à la monotonie même de la formule de ligature dont il se sert pour introduire

[6] Ed. F. Lecoy, *CFMA* 1962, p. 29. — La chanson XIX, dont la première strophe est insérée dans *Guillaume de Dôle*, v. 3751—3759, est d'attribution douteuse: cf. Lerond, *op. cit.*, p. 152—153; le n° XXXI, dont *Méliacin* cite la strophe 1, est à rejeter (*op. cit.*, p. 215). Je laisse ici de côté les autres chansons figurant dans le *Roman du Chastelain de Couci*; cf. éd. Delbouille, p. LXIII ss.

[7] Cf. Buffum, *op. cit.*, p. LXXXII ss., et Lecoy, *op. cit.*, p. XXII ss.

[8] Le nombre varie selon les manuscrits.

ces fragments lyriques: Gerbert de Montreuil aussi bien que Jean Renart nous annoncent qu'un personnage *chante* (ou: *commence*) *ceste chanson* (ou: *ce vers*; ou simplement *ceste, cesti)*; très rarement (huit fois chez Jean Renart, cinq fois chez Gerbert) on trouve un verbe de sens voisin (*dire, noter*) [9]. Il serait difficile d'admettre que ce n'est pas là un effet voulu: la formule remplit une fonction de clé stylistique, elle signale le passage d'un registre à l'autre, accuse le contraste. On peut présumer qu'elle avait, dans cet ordre d'idées, une utilité particulière, lors de la lecture publique de l'œuvre: soulignant ou facilitant le passage de la déclamation au chant, ou l'intervention d'instrumentistes, etc. Il en va tout autrement dans *ChV*, encore que l'auteur ait pu s'inspirer du procédé de Gerbert de Montreuil [10]. La farciture lyrique, ici valorisée par son unicité, l'est aussi par sa situation, vers la fin du premier tiers du récit, au moment où les ressorts psychologiques de l'action sont tendus, et où les divers facteurs du drame sont en place. De plus, la chanson n'est pas mise sur les lèvres du personnage qui est alors en scène, mais simplement accompagnée d'une référence à son auteur, le châtelain de Couci. Il s'agit ici d'une sorte de *citation d'autorité*, peut être comparable à celles que l'on rencontre dans la poésie latine du même temps [11]. La strophe citée est destinée à expliciter et, dans une certaine mesure, à justifier les sentiments ressentis par le chevalier [12]. Sa fonction ornementaire est subordonnée à cette utilité-là.

Le sens de ces huit décasyllabes est complet. Ils forment un tout

[9] Je crois inutile de donner ici la référence de tous ces vers. Les variantes stylistiques les plus notables de la formule sont *Guillaume de Dôle*, v. 5105 (*li est ciz chans cuer volez*), et Violette, v. 4342 (*d'une chanson li souvient*).

[10] Sur les relations possibles entre la *Violette* et *Ch V*, cf. J. Frappier, *La châtelaine de Vergi, Marguerite de Navarre et Bandello, Publications de la Faculté des lettres de Strasbourg, Mélanges* II (1945), spéc. p. 97—100, et F. Whitehead, *op. cit.*, p. XI—XII et N 2.

[11] Cf. P. Zumthor, *Langue et techniques poétiques à l'époque romane*, Paris 1963, p. 102—103.

[12] L'une des pièces lyriques de *Guillaume de Dôle* (v. 3744 ss.) est, de ce point de vue, dans une certaine mesure comparable: c'est . . . la chanson V du *Châtelain de Couci.*

expressif, parfaitement adapté à la situation: regret d'une séparation qui apparaît comme inéluctable et entraînera ha perte des divers biens octroyés par l'amour (les rendez-vous, le bel accueil, les tendres paroles, le plaisir); perspective d'une mort amoureuse. C'est là, par le moyen d'un décalage registral, comme une intervention prophétique, une préfiguration condensée des événements à venir. Le lien contextuel entre ces vers et le récit où ils s'enchâssent est donc particulièrement étroit. Mais l'on peut présumer l'existence simultanée, dans la mémoire de l'auteur, et sans doute de ses auditeurs, d'autres liens contextuels: avec la chanson du châtelain de Couci en son entier. D'où un effet de rayonnement double: la chanson se trouvant, comme en filigrane, évoquée par le récit.

La structure thématique de la chanson I, d'une extrême simplicité, comporte deux séries de brèves variations sur les motifs de la séparation et du bien amoureux, la succession de ces séries constituant une gradation. Le pivot en est la strophe 3 [13]. La strophe 1 déroule, en termes généraux, une déploration que reprend la strophe 2 en la précisant à l'aide des motifs du congé, de la terre lointaine et du service amoureux. Suit (strophe 3) l'évocation du bien que l'on perdra. La strophe 4 reprend, au passé, le motif du service et celui des biens d'amour, qui amène (strophe 5) celui des « losengiers » et, de nouveau, celui de la terre lointaine. La strophe 6 conclut par un adieu. Les strophes 4 et 5, par le retour qu'elles opèrent sur le passé suggèrent comme une explication causale de la strophe 3: elles en commentent allusivement les motifs dans l'ordre, si l'on peut dire, diachronique. Il y est en effet question d'une longue et pénible conquête de la Dame, ainsi que de tentatives, provisoirement écartées, d'envieux et de traîtres: il s'est donc déroulé un « avant »; le poète redoute un « après ». Le présent consiste en une modulation affective entre ces deux termes entrevus: modulation qui trouve sa forme la plus pure dans la strophe 3. Or, n'est-ce pas là justement la situation où l'auteur de la *ChV* a saisi son héros: entre une conquête

[13] Je suis ici l'ordre des strophes proposé par Lerond, conformément à 12 manuscrits. Si l'on met, avec C, 3 à la seconde place, le rythme thématique change mais l'effet de gradation est maintenu, et le sens général de la chanson reste inchangé.

qui, nécessairement, a eu lieu à un moment quelconque, mais dont il ne nous dit pas un mot, et un avenir catastrophique qui formera la conclusion du récit? En d'autres termes, le texte complet de la chanson I, spécialement les strophes 4 et 5, éclairent, dans la mémoire de l'auditeur, les perspectives du roman. Je ne veux pas dire que rien ne permette de dissocier les deux œuvres, ni que le roman serait incompréhensible sans la chanson. Mais leur rapprochement est, me semble-t-il, voulu par l'auteur, et comporte un effet poétique révélateur. On ne saurait assez fortement souligner à ce propos le caractère littéraire de *ChV*, caractère qui, après les recherches de J. Frappier et les mises au point de Whitehead [14], paraît désormais, hors de discussion. L'utilisation, qu'a pu faire l'auteur, du lai de *Lanval* ou de la *Violette*, sinon de *Guingamor* ou de quelque fabliau, voire, en conclusion, de *Piramus et Tisbé* ou même d'un *Tristan*, est entièrement subordonnée à une fin propre, de nature artificielle et qu'il est difficile de définir autrement qu'en termes de *fine amor*: *ChV* est proche, en ce sens, de *Flamenca* ou même du *Chevalier à la Charette*, mais avec d'autant plus de rigueur que l'auteur s'embarrasse de moins de matière; plus proche encore du *Lai de l'Ombre*, mais mieux structuré que celui-ci, dans la mesure où elle est plus manifestement concentrée sur un thème unique [15]. Tel fut, chacun en convient, le génie de cet auteur inconnu: « Few works with so artificial a plot as the *Chastelaine* leave a stronger impression of verisimilitude. »[16] C'est dans cette perspective que je propose de rapprocher, du récit, notre chanson: certes l'auteur de *ChV* était assez imprégné d'idéologie et de rhétorique courtoises pour n'avoir pas besoin de s'inspirer explicitement de telle chanson particulière. Mais on ne saurait contester l'existence d'un jeu subtil d'allusions poétiques, jeu qui relève de ce que son style a de plus personnel.

Le contenu du roman peut être aialysé selon deux lignes thématiques: je les nommerai provisoirement, par commodité et sans vouloir préjuger de rien par ces mots, la ligne de la *fine amor* et la

[14] Cf. ci-dessus, N 10.

[15] Cf. en particulier Whitehead, *op. cit.*, p. XXIV—XXX et XLII—XLIII.

[16] Cf. Whitehead, *op. cit.*, p. XLII.

ligne du *fabliau*. A chacune de ces deux lignes se rattache une série d'événements et de personnages particuliers, à cela près qu'elles se nouent dans la figure centrale du chevalier: celui-ci, en effet, à la fois amant de la Dame et vassal du duc, joue son rôle simultanément dans la *fine amor* et dans le *fabliau*.

La ligne thématique de la *fine amor* est particulièrement pure. La dame n'est rien qu'objet d'amour: le seul mot du texte qui pourrait faire allusion à l'existence d'un mari est ambigu [17]. La série des gestes faits et des émotions ressenties en commun par elle et par son ami ont constitué, jusqu'au moment où commence le récit, un ensemble parfaitement clos: joie due aux rendez-vous clandestins, préservée par le pacte et le secret juré. L'emploi du petit chien comme messager élimine toute présence humaine étrangère au couple. Ni confident, ni serviteur: le château où se dissimulent ces amours est un lieu vide, réduit à une linéarité sereine. Tous les éléments de la situation s'épaulent et s'impliquent l'un l'autre. L'auteur leur confère une totale autonomie: aucune motivation externe; ce sont des valeurs données, absolues [18]. La scène même du rendez-vous (v. 374—476), nœud du récit, est stylisée de manière que les facteurs dramatiques, rejetés dans le contexte ne troublent en rien la succession des motifs lyriques: joie de l'accueil, *soulaz*, puis tristesse de la séparation.

La ligne du fabliau est plus complexe, à la fois dans son origine et dans sa signification apparente. Matériellement, elle tient sans doute à des traditions narratives telles que le thème de la « fée-maîtresse » et celui de « la femme de Putiphar » [19]: mais, ici, pas trace de féerie; pas plus que pour la *fine amor*, la moindre motiva-

17 Le mot *seignor*, v. 714, pourrait désigner le duc.

18 Cf. les remarques de Whitehead, *op. cit.*, p. XXV.

19 Cf. Whitehead, *op. cit.*, p. XII—XIV. Sur la « fée-maîtresse », cf. E. Brugger, *The celtic element in the lays of Lanval and Graelant, MPh. 12* (1914), 587 ss.; cf. aussi C. Segre, *Lanval, Graelant, Guingamor*, Modène 1957, sur les relations possibles de ces trois ouvrages. Le thème de «la femme de Pultiphar » apparaît, on le sait, dans *Guingamor*: les rapprochements proposés entre ce lai et *ChV* par Whitehead, *op. cit.*, p. XIII, ne sont guère probants.

tion externe; ce thème-là aussi est donné, comme un parfait artifice que rien n'a à justifier en dehors de l'œuvre, et qui n'a d'existence que par celle-ci [20]. Une femme désire le jeune chevalier; celui-ci refuse; elle l'accuse auprès de son mari; pour se disculper, l'accusé trahira son secret. Le premier de ces épisodes n'a pas le moindre rapport interne avec aucun des motifs de la *fine amor*: les sentiments et l'action de la duchesse restent étrangers à la mentalité courtoise; ils lui sont même à tel point étrangers que la seule manière de les rendre perceptibles dans la lumière de la *fine amor*, c'est de les assimiler aux sentiments et aux agissements des « losengiers ». D'où la figure ambiguë de la duchesse, qui tient à la fois de la mégère du fabliau et de la *fausse amie*. La coexistence de cette ligne thématique avec la première relève (au niveau des personnages amoureux) du hasard: elle est imposée par l'auteur en vertu de son pouvoir arbitraire de composition. C'est seulement au niveau du duc que cette composition trouve sa rationalité et sa nécessité interne: le mari auquel on se plaint est en effet aussi le seigneur de celui qu'on accuse, et ce dernier, lié envers lui par son serment vassalique, se trouve pris entre deux fidélités contradictoires: ou bien il brise le pacte d'amour et perd la bienveillance de sa dame; ou bien il brise le pacte féodal et, puni de bannissement, doit s'exiler en terre lointaine, perdant, à la manière du châtelain de Couci, tous les bien de l'amour. Les seules motivations psychologiques explicites offertes par le récit se rapportent au serment d'hommage et l'on peut penser que c'est autour de ce point central et à partir de lui que l'auteur organisa les éléments divers qu'il avait décidé d'élaborer simultanément. La contradiction, en effet, où se trouve pris le chevalier est, du point de vue d'une idéologie courtoise intransigeante, insoluble; l'antinomie est absolue, pour l'individu sur lequel pèsent en commun ces obligations différentes. L'auteur transfère donc le problème au niveau du duc: celui-ci, en sa qualité seigneuriale, lie expressément,

sor l'amor et sor la foi
que je vous doi sor vostre hommage (v. 334—335),

[20] Cf. les remarques préliminaires de J. M. Ferrier, *The forerunners of the French novel*, Manchester 1954, p. 4.

les deux serments en une même obligation: il n'y a plus, dès lors, deux parties différentes, liées séparément avec le chevalier; mais, en fait, trois personnes liées en commun par un double contrat.

L'initiative prise ainsi par le duc et l'instauration de cette situation nouvelle précèdent immédiatement, dans le récit, le rendez-vous des amants, lequel est suivi a son tour de la querelle entre la duchesse et le duc à qui elle se refuse. On a là, exactement au centre du roman (v. 332—618), trois scènes en triptyque: de part et d'autre du tableau central, exaltant la joie d'amour, deux volets à sujets, mettons, de fabliau, auquel il suffirait de bien peu de chose pour basculer dans le comique. Ce qui les maintient dans la gravité de ton et leur confère même une profondeur particulière, c'est le rapport d'utilité dramatique qui les attache au thème courtois.

Au cours de cette triple scène, on voit ainsi se tresser les deux lignes du récit. Il en résulte une conséquence: attaché au serment vassalique, le serment d'amour passe dans le même ordre de choses que celui-ci. Les causes et les conséquences de l'un et de l'autre ne se distinguent plus clairement. Le sentiment cesse d'être pur chatoiement affectif pour rayonner en action. Ce qui, dans la terminologie de la *fine amor*, est métaphore devient réalité: d'où la double mort finale qui range *ChV* dans la classe de ce que J. Frappier a nommé le « roman tragique » [21]. Whitehead a noté avec justesse combien ce dénouement enrichit, a posteriori, le récit, en accuse les caractères et approfondit l'expression de la *fine amor* [22].

Néanmoins, les deux lignes demeurent distinctes. Le jeu de contrastes et d'entrelacement qui les oppose est vraiment un jeu: une subtile combinaison d'éléments purs. Ce caractère de l'œuvre apparaît bien à la lumière d'une étude de son vocabulaire. On constate en effet l'absence de tout élément descriptif (à l'exception de la scène du rendez-vous) dans les passages constituant la ligne de la *fine amor*. Le poète y a exclusivement recours à un très petit nombre de termes, qui sont ceux mêmes qu'utilisent par prédilection les trouvères, dans ce que Dragonetti nomme le « grand chant cour-

[21] *Op cit.*, p. 96.
[22] *Op. cit.*, p. XXVII et XL.

tois »[23]. J'en relève ici l'essentiel. La désignation de la dame par le chevalier se fait à l'aide des expressions *ma dame, m'amie* ou, par métonymie, *ma (douce) amor, mon cuer, ma druerie, m'esperance*, par qualification *la plus loial, la plus cortoise, la meillor*; les équivalents masculins de ces termes désignent, sur les lèvres de la dame, le chevalier. L'éloge de l'un ou de l'autre des amants se fait à l'aide des adjectifs *beau, cointe, preu, loial, cortois* ou des substantifs correspondants. L'amour s'affirme uniquement par le verbe *amer* accompagné de divers adverbes, compléments, voire comparaisons clichées, marquant l'intensité. Le bien, désiré, possédé, ou perdu, de l'amour, c'est (dans l'ordre de fréquence) *joie, solaz, déport, déduit, confort*, employés avec des verbes dont le sens propre ou les modalités situent ce bien dans le passé, le présent, l'ordre du souhait ou celui de l'avenir. Le motif du secret et de la perte du secret, motif central dans le roman, est rendu par l'opposition entre *celer* et *descouvrir* régissant soit *amor*, soit *couvenant* (ou *conseil*), soit l'un des mots de la série de *joie*; et par *perdre*, régissant soit l'un de ces termes soit l'un de ceux qui désignent la dame. Les méchants par lequel arrivera ce malheur sont *faus felons enquereors, gent . . . qui d'estre loial semblant font*; nulle part, remarquons-le, ne sont nommés les « losengiers »[24]: le duc et la duchesse qui, alternativement, en remplissent, dans la perspective de la *fine amor*, la fonction, relèvent de l'autre ligne du récit. A ce détail près qui tient en quelque manière à la structure de l'œuvre, le vocabulaire amoureux de *ChV* constitue, dans son extrême simplicité, comme le plus petit dénominateur commun de la terminologie habituelle aux poètes lyriques courtois du XIIIe s. Pour reprendre une notion que j'ai proposée ailleurs[25], je dirais que l'auteur de *ChV* a transposé dans son roman, en en maintenant la cohérence, les éléments centraux de leur registre d'expression. La scène du rendez-vous occupe, dans cette perspective, une place à part du seul fait que c'est une « scène ».

[23] R. Dragonetti, *La technique poétique des trouvères dans la chanson courtoise*, Bruges 1960, fournit (d'un point de vue différent) un relevé de telles expressions, spécialement p. 61—77, 251—253 et 279—285.

[24] Cf. *li faus losengeors* de la chanson I du Châtelain de Couci, str. 5, v. 1.

[25] *Langage et techniques poétiques*, p. 151—152.

Les éléments qui la composent n'en sont pas moins empruntés, avec la même cohérence, à des motifs assez fréquents dans la poésie lyrique: les uns désignent le cadre de l'action (*vergier, prael, chambre*); les autres, l'action elle-même, qui est celle du « bel accueil » (*salut de bouche et de braz; choisir, acoler, beser*), du « parlement » (*faire parole*). Le reste nous ramène à l'expression du bien d'amour, cependant que le motif d'aube, qui clôt la scène, est estompé au point de tenir en deux vers (460 et 463). A la description des plaisirs de la nuit, thème romanesque traditionnel, est ici substitué un développement sur la brièveté du temps d'amour: de la sorte, l'épisode se trouve presque totalement dépouillé de motifs narratifs!

La composition de l'œuvre met en relief l'autonomie des deux lignes thématiques. Tantôt elles courent parallèlement, tantôt se rapprochent et se croisent puis divergent de nouveau, d'une manière qui donne au récit un rythme très étudié. Nous sommes là en présence d'une œuvre extrêmement savante, voulue et dont aucun détail n'est abandonné aux hasards de l'inspiration ou des redondances. Empiriquement, ce caractère apparaît au fait que plusieurs analyses différentes de la composition sont simultanément valables et fournissent des résultats presque également rigoureux. Plusieurs principes concourants ont dû présider à la constitution de cette structure complexe, dont les divers éléments sont parfaitement intégrès. Comme bien d'autres romanciers de son temps, l'auteur a manifestement recherché en cela des effets de proportion simple, fondés sur l'usage de nombres aisés à combiner [26]. Whitehead, sans insister d'ailleurs, suggérait ainsi de découper l'œuvre (dans une perspective dramatique) en sept « scènes à deux », reliées par de courtes transitions, entre une introduction et une conclusion [27]. Du point de vue du seul contenu narratif, on pourrait distinguer six parties de dimensions comparables [28]; mais, d'un point de vue plus strictement formel, on constate que l'œuvre s'articule aussi bien en quatre

[26] Cf. G. Beaujouan, *Le symbolisme des nombres à l'époque romane*, *Cahiers de civilisation médiévale* 6 (1961), 159—169, et H. Genaust, *Die Struktur der altfranzösischen antikisierenden Lais*, Hambourg 1965, p. 225.

[27] *Op cit.*, p. XXXI.

[28] I, v. 1—149; II, v. 150—368; III, v. 369—508; IV, v. 508—680;

quarts ou trois tiers, la fin de chacun de ces quarts ou de ces tiers marquant un temps fort de l'action [29]. Si, enfin, l'on considère principalement l'entrelacement des lignes thématiques, on remarque que celles-ci se croisent dans deux scènes symétriques: celle au cours de laquelle le duc arrache au chevalier son secret (v. 177—354, soit 177 vers); et celle où la dame de Vergi découvre cette trahison (v. 668—839, soit 171 vers); dans ce qui précède, sépare et suit ces deux scènes (fragments de longueur approximativement ègale) [30], les deux lignes thématiques restent constamment distinctes. On peut aussi, en utilisant un schéma géométrique, représenter la ligne de la *fine amor* comme un axe vertical rigide, traversé en son milieu par la scène du rendez-vous (seul élément d'action); autour de cette croix, se déroule la ligne torse du « fabliau » qui, à deux reprises en embrasse étroitement le fût: ce sont là les deux sommets du drame, le premier culminant dans le personnage du chevalier, le second dans celui de la dame.

Une première conclusion se dégage de cette partie de l'analyse. Ce n'est pas par suite d'une simple résistance de la matière que l'auteur de *ChV* a maintenu l'autonomie des deux thèmes combinés dans son œuvre. Il a, sciemment et savamment, greffé sur les motifs d'une chanson d'amour typique, des parties de ce que je continue à nommer, pour simplifier, un fabliau. L'opération qu'il a pratiquée

V, v. 681—839; VI, v. 840—958. Soit des « parties » de: 150, 219 (scène capitale où se nouent les lignes thématiques), 141, 172, 159 et 118 vers.

[29] Le premier quart prend fin (à deux près) au moment où le chevalier prononce le serment qui le lie envers le duc (v. 238—239); le second quart (à six vers près). à la conclusion de la scène du rendez-vous (v. 476); le troisième (à quatre vers près), au moment où la dame, ayant appris qu'elle est trahie, se retire de la fête et va commencer sa longue déploration. Le premier tiers prend fin (à cinq vers près) avec la douloureuse méditation du chevalier (au cours de laquelle est citée la chanson du Châtelain) précédant et amenant la divulgation du secret (v. 314); le second, exactement au moment où le duc consent enfin à livrer ce même secret à la duchesse (v. 638).

[30] Ce qui précède = 176 vers; ce qui suit = 118 vers; ce qui sépare = deux épisodes de respectivement 154 vers (le duc mène le jeu) et 161 (la duchesse mène le jeu).

relève de la technique d'amplification. Elle peut être considérée sous deux angles différents: celui d'un accroissement de matière, et celui d'une mise en récit, de la recherche d'une action nécessaire pour expliciter des motifs de nature, à l'origine, purement affective. Il est clair que ces deux intentions se cumulent et ne peuvent ici être distinguées l'une de l'autre [31]: leur interaction a communiqué à l'œuvre une tonalité stylistique particulière, y a imprimé une marque aisément reconnaissable. Je veux parler du curieux dosage des passages narratifs, des monologues et des dialogues.

On a remarqué déjà [32] que *ChV* présente une alternance rapide de brefs passages narratifs, au rythme serré, et d'autres passages, développant longuement, de façon plus directe, une situation émotionnelle. Je proposerais un point de vue légèrement différent: les passages en discours direct (monologues et dialogues) totalisent 467 vers, soit:

dialogues 330
monologues 112
formules d'annonce (du type: *dit-il, elle répond*) 25

Le reste du texte, que j'englobe sous l'appellation de « narration », comporte 491 vers. On est donc en présence de masses sensiblement égales. Elles le sont davantage encore si l'on met à part les 17 premiers vers et les 15 derniers, qui constituent ensemble une sorte de brève « moralité », rejetée en dehors du récit: restent alors pour la narration 459 vers [33].

Mais encore n'est-ce là qu'une proportion globale. La distribution de ces éléments est significative. Le plus long des 21 passages narratifs ainsi relevés (72 vers) est situé exactement au milieu de l'œuvre

[31] La transposition en jeu dramatique de motifs de pastourelle (lyrique) telle que la pratiqua l'auteur de *Robin et Marion*, ne posait pas les mêmes problèmes puisque, d'une part, la pastourelle comme registre comporte de nombreux motifs narratifs, d'autre part, l'action nécessaire est fournie par le jeu des acteurs.

[32] Whitehead, *op. cit.*, p., XLII.

[33] Peut-être faudrait-il renvoyer ici aux intéressantes remarques de Genaust, *op. cit.*, p. 222—223, sur l'égalisation des parties dans les récits tirés d'œuvres antiques.

(v. 420—491); quatre autres, relativement longs et très approximativement égaux (57, 47, 58, 63 vers) sont disposés symétriquement par rapport à celui-ci, au début de l'œuvre, puis au commencement du second quart; ensuite à la fin du troisième quart, puis tout à la fin du récit: construction rigoureusement équilibrée. Les 16 autres passages narratifs, beaucoup plus brefs (12 vers en moyenne) sont répartis de façon plus irrégulière: ils constituent, dans la chaîne des discours directs, les pièces de transition grâce auxquelles peut se dessiner une progression chronologique.

Quant à ces discours directs eux-mêmes, ils suggèrent les remarques suivantes:

a) leur nombre est égal à celui des passages narratifs: il y en a 21, dont 19 dialogues et 2 monologues;

b) les monologues sont concentrés dans le dernier quart de l'œuvre qui, en revanche, ne contient pas plus de 11 vers de dialogue; les trois premiers quarts de l'œuvre offrent respectivement 123, 89 et 107 vers de dialogue [34];

c) la longueur moyenne des dialogues est de 24 vers dans le premier quart de l'œuvre, 22 dans le second; elle tombe à treize dans le troisième et à 5,5 dans le dernier. Cependant, le grand monologue de la dame (100 vers) est plus de deux fois plus long que le plus long dialogue (qui est le premier du roman, v. 60—102). Ensemble, les deux monologues, où culmine le pathétique de l'œuvre, forment le tiers de tous les discours directs.

A ces considérations, on peut ajouter la suivante. Contrairement à tant de romans de cette époque, *ChV* ne contient à peu près aucun passage didactique. Aux vers initiaux et finaux déjà mentionnés (ensemble 32 vers) répond un troisième passage, de 31 vers, situé à peu près au centre de l'œuvre (v. 430—460). Sur ce point encore, l'effet semble voulu. Le *Lai de l'Ombre*, qui, avec une proportion de 506 vers de discours pour 456 vers narratifs, se rapproche de *ChV*, n'offre pas entre ses parties une distribution aussi nette, et le dessein général y manque d'évidence.

ChV apparaît ainsi formellement composé sur un double clavier stylistique; il comporte un jeu d'oppositions récurrentes, engendrant

[34] Je laisse de côté dans ce calcul les formules d'annonce.

un rythme. Au discours s'oppose la narration: c'est-à-dire qu'à un plan d'expression impliquant pour sujet (et souvent même pour objet) la première ou la seconde personne, s'oppose un autre plan, celui de la « troisième » ou plus exactement des substantifs impersonnels. En termes de linguistique, on parlerait ici d'un discours marqué (celui du *je* et du *vous*) et d'un discours non marqué [35]. Il en résulte, au niveau des effets de sens élémentaires (suggérés par les miroitements de la forme comme telle), une dualité de structure correspondant en quelque manière à la dualité des thèmes. La trame de l'ouvrage est constituée par la superposition de deux grilles de coloration différente. Cette composition toutefois n'est pas statique: le rythme des oppositions de claviers comporte une gradation: la part du dialogue, mieux lié à l'expression narrative (du seul fait qu'il met en présence deux sujets), décroît beaucoup après la grande scène du rendez-vous, tandis qu'après la révélation du secret triomphe le monologue, état particulier du discours « marque », entièrement polarisé par un *je*: le monologue, c'est-à-dire l'état même du discours qui caractérise par ailleurs, à l'exclusion de tout autre, la chanson courtoise.

Du strict point de vue de la logique narrative, on relèverait dans *ChV* deux graves incohérences: la châtelaine, pourtant si avertie des dangers qui guettent l'amour, tombe naïvement dans le premier piège qu'on lui tend; et le chevalier ne fait pas la plus timide tentative pour se disculper. Ce sont là des faiblesses considérables sur le plan de l'intrigue, et l'on aurait lieu de s'en étonner, de la part d'un auteur aussi attentif, si justement il ne nous révélait par là une intention. Tout se passe en effet comme s'il écartait volontairement de notre champ de vision les motifs des sentiments, des actes, des paroles de ses personnages: non par goût de l'absurde, mais parce que ces motifs ressortissent à l'ordre des évidences, existent par eux-mêmes, objectivement, ailleurs, dans un univers auquel on nous invite à participer, et auquel la chanson du châtelain de Couci nous donne accès. L'intérêt se trouve ainsi concentré sur la situation plus que sur les personnages: ceux-ci rayonnent d'elle, la réalisent; ils la per-

[35] Ainsi, B. Pottier, *Vers une sémantique moderne, TLL 2* (1964), 115 et 118.

sonnalisent (par leurs dialogues et leurs monologues) mais ne lui confèrent pas de dynamisme psychologique qui leur soit propre [36]. Le récit, comme tout ouvrage narratif de cette époque, est conçu comme « enseignement »: c'est-à-dire, le plus souvent, comme la révélation de faits extraordinaires. C'est ainsi que, selon l'observation de Genaust [37], les lais à sujet antique comportent une action linéaire, construite à partir d'une pointe finale. Ces remarques s'appliquent parfaitement à *ChV*. La pointe finale, c'est ici la double mort amenée et illustrée par un double monologue. Dans les textes qu'il étudie, Genaust observe une construction en diptyque ou triptyque, la dernière partie remplissant la fonction dramatique et significatrice principale. Si, comme il le suggère, ce sont là les traits constitutifs d'un genre, il est probable que *ChV* s'inspira de celui-ci et profita de l'expérience acquise ainsi par d'autres. L'aboutissement de l'œuvre, le point dramatique culminant, c'est le dialogue entre la duchesse et la châtelaine, ouvrant comme les écluses du monologue de cette dernière. On a remarqué la perfection formelle de ce monologue, son intensité émotive en même temps que sa délicatesse rhétorique et son extrême simplicité thématique [38]: à la dame fidèle fait antithèse le serviteur parjure; au *je* privé de son bien, un *tu* qui, dans cette amertume, devient *il*, se voit comme rejeté parmi les choses d'un monde qu'on va quitter.

Dans une grande mesure, tout ce qui, dans le roman, précède ce monologue final, en constitue la glose anticipée. En ce sens, on pourrait appliquer à l'auteur de *ChV* ce que J. Stevens écrivait récemment de Marie de France, pour qui le lai est « a story that tells us a song »: une histoire dont le thème, grâce à l'expérience intime qu'en a faite la poétesse, se trouve comporter sa propre morale [39]. Reste, il est vrai, une différence capitale: Marie de France

[36] Cf. les remarques de J. M. Ferrier, *op. cit.*, p. 1 et 4: dans cette perspective, *ChV* constitute un exemple particulièrement net de la « nouvelle » primitive.

[37] *Op. cit.*, p. 226 ss.

[38] Whitehead, *op. cit.*, p. XXXVIII—XXXIX.

[39] *Patterns of love and courtesy, Essays in memory of C. S. Lewis*, ed by J. Lawlor, Londres 1966, p. 3 et 16.

part de motifs inorganiques, non ou non encore formellement marqués; l'auteur de *ChV* part des motifs les plus fortement et subtilement stylisés que lui offre la tradition poétique de son temps. Que cette différence implique une forte opposition des tempéraments, c'est l'évidence. Qu'elle suppose des attitudes non comparables envers la tradition, on peut le présumer. Les procédés n'en présentent pas moins de l'analogie.

ChV ne présente aucune intervention d'auteur. Le bref prologue et l'épilogue sont rédigés en style de constatation axiomatique (*une manière de gent sont qui* . . ., v. I), de proverbe, voire de sermon (*par cest example doit l'en* . . ., v. 951): sans doute l'auteur ici nous communique le jugement qu'il porte sur le sujet de son propre récit, mais il le fait en s'objectivant totalement, en transposant son opinion dans l'ordre des vérités universelles, simon des évidences pures et simples. Il s'oppose en cela à un Chrestien de Troyes, p. ex., et plus encore à un Renaut de Beaujeu: avec complaisance, ce dernier nous expose la relation personnelle qui le lie aux aventures de son *Bel iconnu* non moins qu'à la lectrice de l'œuvre; Mme Fierz-Monnier écrivit naguère quelques belles pages à ce propos [40]. L'auteur de *ChV* s'efface derrière son œuvre: ne faut-il pas voir là le trait révélateur d'une attitude caractéristique de l'écrivain envers son objet? Trait que l'on ne saurait dissocier de cet autre, qu'est le haut degré de stylisation du récit. Celui-ci se constitue au niveau du plus grand artifice possible, de la même manière que le lyrisme de la chanson: j'entends par là que la cohérence en est d'ordre exclusivement interne, et que l'œuvre est un petit univers d'une parfaite sphéricité, maintenu par une force de gravité propre et une nécessité intime que rien ne permet de percevoir de l'extérieur. Le poète lâche cette sphère parmi nous, et se retire: elle ne lui appartient plus. Il fut, durant les jours ou les semaines où il composa ces vers, l'occasion et le lieu de rencontre entre un sujet et un objet, mettons entre plusieurs sujets et plusieurs objets. Il ne s'identifia jamais ni aux uns ni aux autres: et ce point constitue la différence essentielle qui oppose, à une chanson d'amour comme celle du châtelain de

[40] *Initiation und Wandlung*, Berne 1952, p. 104, 120, 201 en particulier.

Couci, *ChV* qui pourtant y tient par des liens très forts [41]. *ChV* est ainsi (du moins en apparence), plus que ne le sont généralement nos romans, proche de ces ouvrages archaïques dans la genèse desquels la fonction individuelle de leur auteur apparaît mal, tant est impersonnalisée, c'est-à-dire objectivée, leur poésie.

Un autre caractère du texte confirme cette impression: l'extrême pauvreté (on pourrait, sans exagérer, écrire: l'inexistence) dans *ChV* de notations sensorielles. Il n'y a pas lieu d'attacher trop d'importance à l'absence de notations concernant les sens de l'odorat et du toucher: elle est commune à toute la poésie de cette époque. On rencontre, en revanche, quelques sensations auditives et visuelles: mais elles sont rendues à l'aide d'un vocabulaire extrêmement limité. Le monde sonore n'est attesté que du point de vue du sujet, non de l'objet perçu: onze fois le verbe *oïr* (dont trois fois en cumul avec *veoir*: le cumul atténuant la valeur propre de chacun de ces mots), quatre fois *entendre*. Les sensations visuelles s'expriment, pour le sujet, par *veoir* (27 fois, dont trois de sens affaibli, proche de « constater ») et *regarder* (une fois), sans aucun substantif; du point de vue de l'objet, par cinq adjectifs de couleur (tous relatifs au portrait de la dame morte), et trois adjectifs qualifiant une forme: *grant* et *large* à propos d'un arbre au jardin du rendez-vous, et *petit* (répété trois fois à propos du chien. C'est là une simplicité descriptive vraiment exemplaire! Un relevé comparatif, opéré dans les chansons du châtelain de Couci et celles de Thibaut de Champagne, ainsi que des sondages pratiqués chez Chrétien de Troyes, montrent que l'auteur de *ChV* se range, à cet égard, résolument dans la tradition stylistique du grand chant courtois: il reste même très en deçà des possibilités de cette dernière, ce qui accroît l'écart qui le distingue de la tradition romanesque [42].

[41] Cf. mon article des *Studi in onore di Italo Siciliano*, Florence 1966, p. 1234.

[42] A titre d'exemple, voici chez Thibaut de Champagne (beaucoup plus sensoriel que le châtelain de Couci), les chiffres correspondants: *veoir* 53 fois, *regarder* 9, *regart* 4; adjectifs descriptifs (couleur, forme, taille, visage) 85; *oïr* et ses variantes (*entendre, escouter*) 25; *sentir* 7; expressions diverses désignant les sensations tactiles 7. Il est vrai que le nombre

D'où le paradoxe [43]. Aucun personnage de *ChV* ne porte de nom. Le vers 126 suffit à prouver que l'effet est voulu. C'est, là encore (le *Lai de l'Ombre* tenant en cela compagnie à *ChV*), un cas limite. L'auteur crée ainsi, au cœur de son œuvre, un vide expressif comparable à celui que l'on constate dans le grand chant courtois où l'appel, le cri ne cessent d'émaner d'un sujet innommé et peut-être ineffable. Formellement, il lui faut bien, les exigences du langage l'y contraignent, combler ce vide au cours du déroulement des phrases. Il le fait soit en employant des désignations génériques, qui à leur tour relèvent du champ sémantique des relations féodales (*duc, duchesse, chevalier*) ou du champ propre à la chanson d'amour (*dame*), soit à l'aide de pronoms: *je, vous*, qui marquent les discours directs, ou *il, elle*, simples outils substitués aux noms de la première série.

Deux remarques à ce propos: les personnages (les sujets) de l'action amoureuse, ceux qui détiennent ou perdent les biens d'amour, sont désignés collectivement, au v. 12 du prologue, par l'expression générique de *li fin amant*, empruntée à la terminologie de la chanson. Cette expression est placée par l'auteur, dans ces phrases introductives, comme une référence destinée à identifier le chevalier et la dame anonymes: c'est-à-dire à valoriser, dans les discours directs qui suivent, le *je* et le *tu*.

Aucun de ces dialogues ou monologues n'est introduit à l'aide du *que* par lequel, si souvent, les écrivains médiévaux ménagent comme une transition stylistique entre le point de vue du narrateur et celui du personnage [44]. Ici, tout est tranché: monologues et dialogues (mais ceux-ci pourraient être considérés, stylistiquement, comme de brefs monologues alternés) constituent, sur le plan linguistique, des unités closes, enchâssées dans un récit. On constate du reste que, numériquement, le *je* l'emporte sur le *tu*: 160 emplois contre 90, donc près du double. Cette proportion semble bien manifester une

total des vers de l'œuvre, dans l'édition A. Wallensköld de la *SATF*, est plus de trois fois celui des vers de *ChV*.

[43] Qui est le même, pour l'essentiel, que celui du grand chant courtois.

[44] A. Meiller, *Le problème du style direct introduit par « que » en ancien français, RLiR 30*, (1966), 353—373, spécialement p. 366 ss.

sorte de propension au monologue, qui affecte l'ensemble des discours directs dans l'œuvre: propension que l'on observe par ailleurs dans la chanson, dont le registre expressif procède d'une énergie centrale unique — unicité personnelle, que traduit l'usage prépondérant de la 1re personne. Ce que *signifie* celle-ci, ce n'est donc pas le mouvement d'une confidence (nous n'en savons rien et cette question biographique est dénuée d'intérêt); c'est l'identité d'une source du poème, identité maintenue en permanence, tantôt au premier plan, tantôt en retrait sous le voile des circonstances. Celles-ci sont, à leur tour, tantôt marquées du signe de la 2e personne (qui établit avec le *je* un lien étroit: celui du sujet à son objet), tantôt du signe de la 3e, qui implique une distanciation provisoire du sujet central envers l'objet — du poète envers son récit: une dépersonnalisation de celui-ci.

C'est là un effet qui se cumule, en l'accentuant, avec celui des alternances que nous avons constatées entre discours et récit. Il n'accentue pas moins l'opposition déjà relevée, qui distingue *ChV* des romans courtois de type traditionnel. S'il fallait citer un exemple pour éclairer mon propos, je renverrais à la belle scène d'accueil, v. 400—418, qui marque l'unique moment où les *fin amant*, auréolés de leur joie, soient placés face à face et se parlent. Le passage du récit au discours se produit comme un éclatement, un épanouissement soudain de puissances émotives, rendu stylistiquement sensible par le fait que les termes habituels de l'éloge et de la requête nous sont brusquement jetés à la face, en une accumulation pathétique, sans autre lien syntaxique que celui d'une série d'exclamations précipitées. Ce qui s'affronte, déchirant le tissu narratif, c'est un double *je*, aux moitiés indissociables. Un *je* qui, comme une source de lumière, éclaire les êtres et les événements qui se déroulent à l'entour puis qui rentrent dans l'ombre d'où ils sont sortis. Ici est atteinte (comme dans les monologues successifs du dénouement) la plus grande intimité possible du sujet (je ne peux le désigner autrement) avec son histoire.

A tous les niveaux de l'analyse, nous retrouvons ainsi, dans *ChV*, un contraste soigneusement entretenu entre un plan lyrique et un plan narratif. Plutôt que de plans, il conviendrait peut-être de parler de perspectives, car ce dont il s'agit, c'est de deux attitudes différentes envers le monde: une attitude descriptive, impliquant comme une prise de possession, une conquête, de l'extérieur, opérée au moyen d'une descente dans l'histoire, dans le temps du récit; et une volonté de participation [45]. Il semble bien qu'à plusieurs reprises une entreprise comme celle de l'auteur de *ChV* ait été tentée. Elle était, si j'ose dire, dans l'air du temps. Pensons au *Lai de l'Ombre* ou à *Flamenca*, déjà cités; au *Chevalier à la charette*, dans une moindre mesure, car la mise en œuvre romanesque des motifs lyriques va beaucoup plus loin chez Chrétien de Troyes, chez qui la perspective narrative l'emporte absolument [46]. Aucun auteur n'a poussé aussi loin que celui de *ChV* la concentration, et comme la réduction à l'essentiel de tous les éléments en jeu, et cela (du moins à notre goût moderne) sans perte de puissance émotive.

Le récit, on l'a souvent remarqué, met ici en valeur les motifs lyriques. On pourrait noter accessoirement que le dialogue du chevalier et du duc, où se nouent les deux lignes thématiques de l'œuvre, constitue une sorte de jeu-parti [47]. Ce n'est peut-être pas un hasard si un manuscrit du *Roman de la Rose*, copié au XVIe s., s'achève par le texte de *ChV*, qui en occupe les sept derniers feuillets [48]: ce court roman a été placé ainsi dans la lumière d'un « art d'aimer ». De la *fine amor* au fabliau et réciproquement, se produit une double valorisation. Le serment vassalique dramatise le serment amoureux; mais le duc s'identifie par là aux *faus felons enquereors*, les losengiers destrouvères. La logique propre du « fabliau », nous l'avons vu, transforme en réalité pathétique la mort métaphorique. A vrai dire, en tout ceci, et pour reprendre une opposition devenue classique, les motifs lyriques fournissment le *san* dont le fabliau donne la *matière*. Il est remarquable que les passages lyriques de l'œuvre sont les plus chargés (et avec quelle habileté!) de rhétorique, alors

45 Au sens où j'ai employé ce mot dans *Langue et techniques*, p. 201.

46 Peut-être pourrait-on alléguer ici la mode consistant à insérer des pièces lyriques dans les romans (j'ai signalé plus haut que *ChV* se distingue sur ce plan aussi).

47 Whitehead, *op. cit.*, p. XXXII.

48 Whitehead, *op. cit.*, p. XLV.

que les passages narratifs en sont dépourvus [49]: or, la rhétorique tend à une exaltation du sens caché. Un autre effet est plus sensible encore, et dû à la même cause: l'écrasement des durées. Les scènes les plus propres à s'épanouir en développements narratifs romanesques sont traitées avec une brièveté presque brutale: la rencontre (v. 374—404), la fête (v. 699—703, 841—842 et 851), le drame final (v. 910—929). Mais, plus encore: les indications de temps qui suivent les différentes scènes marquent uniquement des passages brusques, des coupures, jamais un déroulement [50]; à l'intérieur même des scènes, les successions ne sont notées que par des adverbes comme *tantôt, maintenant*. Il semble que l'auteur ait voulu, dans toute la mesure du possible, expurger son récit de ses apparences chronologiques. Il fait de son mieux pour maintenir une fiction d'intemporalité. Or, cette intemporalité est l'un des caractères fondamentaux du grand chant courtois.

En termes imagés, je dirais que *ChV* paraît s'inscrire en faux contre le genre de poésie narrative qui s'est élaboré et généralisé durant le dernier tiers du XIIe s. en milieu courtois [51]. Ce genre, que nous appelons (d'un point de vue peut-être exagérément moderne) le roman, consiste depuis Chrétien de Troyes, ses contemporains et ses épigones, dans la narration d'une « aventure », mot désignant une série d'actions imprévisibles, projetées dans un temps mesurable, et qui comporte, par là même, un double aspect de réalité: celui des faits eux-mêmes, et celui de leur signification, offerte à l'interprétation du lecteur. C'est-à-dire que le récit inclut sa propre glose. Ce caractère se révèle dans le mouvement même du style, ce « fortschreitendes Weitererzählen » dont parlait Auerbach [52], perceptible à la fois au niveau de la syntaxe et à celui du

[49] Whitehead, *op. cit.*, p. XLII.

[50] Vers 103, 144, 150, 374, 509, 519, 550, 564, 681—682 (rappel v. 698), 841—842.

[51] La date de *ChV* est mal fixée: cf. les références fournies par Whitehead, *op. cit.*, p. IX—XI. L'ensemble des considérations que je propose ici inclinerait à placer l'ouvrage plutôt au début qu'à la fin de la période en cause, c'est-à-dire plutôt dans le premier tiers du siècle que dans le troisième.

[52] *Mimesis*, Berne 1959, p. 124.

vers, l'octosyllabe à rimes plates sans coupure strophique, donc réduit à une durée pure. Dès le début du XIIIe s., le passage à la prose marque une nouvelle étape dans cette voie, en accusant les particularités du genre [53]: la prose de langue vulgaire, en effet, réservée primitivement au droit et à la dévotion (l'expression des relations de l'homme avec son semblable et avec les êtres surnaturels), s'étend, peu après 1200, simultanément à l'histoire et au roman, qu'il devient dès lors plus difficile encore que par le passé de distinguer pertinemment l'une de l'autre. Le roman en prose se chargera du reste aussitôt d'un contenu didactique et symbolique beaucoup plus lourd que celui du roman en vers: il n'est pas douteux que, dans l'esprit du XIIIe s., il accroissait, ce faisant, son historicité, rompant définitivement avec les traditions poétiques plus anciennes.

ChV fut sans doute contemporaine de ce dernier stade d'une évolution. De toutes manières, l'auteur réagit contre celle-ci. Nous avons vu à quel point il exténue l'impression de la durée. Il se sert de l'octosyllabe, que lui impose une tradition irrécusable; mais du moins, sur le plan où il peut agir (celui des thèmes et du style), traite-t-il de telle façon sa matière qu'on ne perçoit plus de rapport fonctionnel entre la forme du vers et la nature du récit. Il a fait, de cet octosyllabe qu'il manie avec beaucoup de souplesse, un outil tout à fait neutre. Le roman courtois propose, de vers en vers, ou de page en page dans sa prose, l'image d'une existence aux fuyantes modalités: il se soucie peu d'essence et n'atteint, parfois, celle-ci que par le biais d'un symbole. *ChV*, au contraire, est ancrée dans cette essence poétique particulière qu'est la pure harmonie expressive du grand chant courtois. Les événements racontés ne s'écoulent pas vraiment; ou plutôt leur écoulement est, autant que possible, freiné, contenu par ce qu'ailleurs j'ai nommé le lien registral: l'ensemble des relations, vivantes mais stables, existant par tradition entre les éléments mutuellement significatifs de la chanson de trouvère; relations closes sur elles-mêmes, organisées en micro-univers sur lequel aucune réalité extérieure n'a vraiment prise.

[53] Cf. H. G. Jantzen, *Untersuchungen zur Entstehung des altfranzösischen Prosaromans*, Heidelberg 1966.

Si, comme je le pense, l'auteur de *ChV* entend à la fois faire œuvre narrative et se plier au goût courtois, mais néanmoins échapper à l'esthétique impliquée par le « roman », il n'est point, en cela, tout à fait isolé. Tant s'en faut: c'est dès le début de la littérature romanesque française qu'un mouvement général semble opposer à celle-ci une pluralité de genres brefs rédigés, comme elle, en octosyllabes à rimes plates[54]: lais, fabliaux, récits épisodiques sur Tristan, adaptations d'histoires ovidiennes, contes divers, miracles de Notre-Dame. En dépit de la diversité des thèmes, des tons, des styles, une unité s'en dégage[55], au niveau d'une certaine conception du récit. On pourrait parler ici de divergences considérables de réalisation, mais d'une convergence des tendances profondes[56], tendances d'où, à long terme, procèdera la « nouvelle » du XVe s.[57]: le récit, fortement stylisé, se concentre sur un événement particulier; les éléments de la situation qui provoquera celui-ci sont généralement cristallisés dès le début, et aucun facteur étranger n'intervient par la suite. Il en résulte quatre conséquences: l'action est le plus souvent exprimée

[54] Cf. H. Genaust, *op. cit.*, 3—4. Sur l'ensemble de cette question, cf. aussi l'introduction et le ch. I de Ferrier, *op. cit.*; H. Tiemann, *Die Entstehung der mittelalterlichen Novelle in Frankreich*, Hambourg 1961, en son entier; R. Dubuis, *La genèse de la nouvelle en France au moyen âge*, *CAIEF 18* (1966), 10 ss.; de points de vue plus particuliers: H. Baader, *Die Lais: zur Geschichte einer Gattung*, Francfort 1966; A. Jolles, *Einfache Formen*, Tübingen [3]1965; et les articles de J. Frappier (*Remarques sur la structure du lai*, p. 23—29) et J. Rychner (*Les fabliaux*, p. 41—54) dans *La littérature d'imagination: des genres littéraires aux techniques d'expression*, Paris 1961.

[55] Au point d'engendrer parfois quelque confusion dans notre terminologie: ainsi, entre « lai » et « fabliau » (cf. Baader, *op. cit.*, p. 146—151; 241—243; 311—317; P. Nykrog, *Les fabliaux*, Copenhague 1954, p. 11—18).

[56] Cf. Tiemann, *op. cit.*, p. 5—6 et 20—21.

[57] Je me fonde, dans l'énumération de ces caractères communs, sur les ouvrages cités-ci-dessus N 54 et 55. Quant à la brièveté, elle est matière à statistique: on retiendra une moyenne de 600 à 900 vers pour les ouvrages étudiés par Genaust, de 200 à 1000 pour les lais « bretons », moins pour les fabliaux, etc. Quoi qu'il en soit, on reste très en deçà des longueurs moyennes de romans.

de manière typique, c'est-à-dire à l'aide de schèmes ou motifs plus ou moins traditionnels (et que l'on peut considérer comme constitutifs d'un genre: p. ex. du « fabliau », du « miracle », etc.); l'accent se trouve mis sur la causalité qui enchaîne les faits; l'événement apparaît ainsi, le plus souvent, comme l'aboutissement (comique ou tragique) d'une gradation, dans laquelle s'épuise la situation initiale; le récit constitue une totalité, extrapolée en *exemplum*, en moralité. D'où le peu d'intérêt des auteurs pour l'analyse des caractères humains, dont le comportement et les discours suffisent à nous faire saisir la vie psychique et morale: ce qui entraîne presque toujours un développement considérable des monologues et surtout des dialogues. D'où encore l'absence de description.

Tous ces caractères se retrouvent dans *ChV*, qu'ils situent au cœur d'un mouvement en plein essor durant les premières années du XIIIe s. On a souvent remarqué que *ChV* (non moins que nombre de fabliaux) engendra, par-delà réfections et modifications successives, une « nouvelle » proprement dite, chez Bandello puis Marguerite de Navarre[58]. C'est là une évolution caractéristique. La tentative de l'auteur n'en est pas moins absolument originale. *ChV* semble, dans une certaine mesure, s'inspirer, en en transposant entièrement les données, de la technique des *lais* telle que l'analyse J. Frappier dans l'article cité à la N 54. Je renvoie sur ce point aux brèves mais pertinentes remarques des p. 37 et 39: l'« aventure », événement central qui, d'autre part, inspira la composition musicale à laquelle le « conte » se réfère explicitement ou implicitement (p. 29), n'est-ce pas ici le parjure involontaire, attentant à l'intégrité de la *fine amor* telle que la chante le trouvère? Cette *fine amor*, c'est l'Autre Monde courtois, équivalent de celui des fées et des conteurs bretons (p. 31—32); les deux plans de réalité, de l'un à l'autre desquels l'« aventure » fait passer le héros du *lai* (p. 32—34), ne sont-ils pas, en quelque manière, comparables à ce que j'ai nommé les deux lignes thématiques?

Pourtant, du seul fait qu'il composait un récit et non une chanson, l'auteur de *ChV* n'a pas pu maintenir la totale fermeture de l'événement que comporte le grand chant courtois. L'événement ne

[58] Cf. l'étude de J. Frappier citée N 9.

peut pas ne point s'entrouvrir au moins sur une *histoire*. Non seulement la mort des amants y est, de métaphorique, devenue bien réelle; mais la duchesse (en vertu d'une logique propre au motif qu'elle incarne) meurt aussi. Sans doute, pour que s'instaure une parfaite symétrie, le duc devrait-il mourir à son tour. En fait, il ne meurt pas: il entre dans l'ordre du Temple, ce qui veut dire qu'il perd la double qualité par laquelle il existait dans l'œuvre: comme seigneur et comme époux. Du moins, ainsi, subsiste-t-il quelque part au monde, tel un témoin du drame qui nous fut raconté. Peut-être, en ce sens, la figure du duc est-elle centrale dans l'œuvre: le duc (beaucoup plus que la duchesse, méchanceté pure), c'est la dure réalité du monde et de la société, présente entre le *je* et le *tu*, ayant pénétré par effraction dans le lieu clos où se chante l'amour. Cette effraction, c'est l'auteur même qui l'a commise: et sans doute nous livre-t-il ainsi quelque chose de son dessein premier [59].

[59] Cette étude était déjà sous presse quand j'ai eu connaissance de l'excellent petit livre de P. Laskits, *La Châtelaine de Vergi et l'évolution de la nouvelle courtoise* (Debrecen 1966). L'auteur y présente dans ses pages conclusives (p. 79—99) une analyse comparable à la mienne.

Germanisch-romanische Monatsschrift NF 12 (1962) S. 225—233.

ÜBER DIE PROSANOVELLE ›LA FILLE DU COMTE DE PONTIEU‹ [1]

Von Alfred Adler

Der Gehalt der zu Beginn des 13. Jh.s entstandenen Prosanovelle von der Tochter des Grafen von Pontieu ist als Problem bekannt und war schon für den Redaktor der *Histoire d'outre mer* (etwa 1250), der die Novelle interpolierte, ein Anlaß für Beschwichtigungen gewesen! Auf der Wallfahrt nach Santiago — der Zweck der Reise ist die Bitte um Kindersegen — werden Tiebaut de Domart und seine Gattin, die Tochter des Grafen von Pontieu, von Räubern überfallen, der Gatte wird gefesselt, die Frau vor seinen Augen vergewaltigt. Er bittet sie, ihm die Fesseln abzunehmen. Das wolle sie schon tun, sagt sie kryptisch, und schickt sich an, ihn mit dem Schwert eines der umgekommenen Räuber zu erschlagen. Dem Gatten gelingt es, ihr Vorhaben zu vereiteln. Das tue ihr leid, bemerkt sie und wiederholt diese Bemerkung auch später vor ihrem Vater [2]. Warum verhält sich die höfisch gebildete Dame so? Der Redaktor der *Histoire d'outre mer* erklärt, sie hätte Angst gehabt, daß ihr Gatte sie für die erlittene Schmach für verantwortlich halten könnte [3]. Clovis Brunel, der Herausgeber des Textes, stimmt dem Redaktor zu, da, alten, barbarischen Vorstellungen zufolge, „la responsabilité

[1] *La Fille du comte de Pontieu*, ed. C. Brunel, Paris, 1923 (SATF), die hier zitierte Ausgabe (*Ed.*), enthält die beiden Fassungen der Novelle aus dem 13. Jh. (die ältere, hier besprochene, nach MS BN. f. fr. 25 462 und die Fassung aus dem 15. Jh. MS BN. f. fr. 12 572, mit Varianten nach MS Arsenal 5 208). Die beiden Fassungen aus dem 13. Jh. auch in *La Fille du comte de Pontieu*, ed. C. Brunel, Paris, 1926 (CFMA, 52) Über die „Beschwichtigungen" in der 2. Fassung des 13. Jh.s, Cf. Brunel, *Ed.*, SS. XL—XLV.

[2] *Ed.*, SS. 1—17 (S. 12, S. 17).

[3] *Ed.*, S. 12 (untere Hälfte).

est engendrée par l'intervention du corps seul dans l'infraction matérielle" [4]. So primitiv kann das Denken des Dichters um 1200 wohl kaum gewesen sein. Andererseits ist es aber auch kaum möglich anzunehmen, daß die Frau, in der doch so deprimierenden Lage, höfisch überspitzt von höfischer Liebe bewogen, dem geliebten Gatten das Weiterleben nach einem solchen Vorfall hätte ersparen wollen [5]. Interpretationsversuche, das Verhalten der Frau als Konsequenz einer Ideologie oder, genetisch, als Ableger eines Erzählungsstoffes zu erklären, haben den Ausgang der Novelle, das Happy-End, als konventionelles Anhängsel beiseite geschoben: die Ehe der von ihrer Familie Verstoßenen mit einem Sultan; die Ankunft des Gatten, Vaters und Halbbruders der Frau auf der Insel, wo sie inzwischen dem Sultan zwei Kinder geboren hat; das Wiedererkennen; die List, derer sie sich bedient, um sich mit den Ankömmlingen davonzumachen; die frohen Ausblicke. Man sollte jedoch alle Bestimmungsstücke gegeneinander auswiegen, da es sich um ein Beispiel der frühen erzählenden Prosa handelt und man die Funktionen der gestalteten Motive nicht so zuversichtlich einordnen darf wie im Falle von Versgefügen, deren stilistischer Gehalt durch die Form selbst oft leichter abzuschätzen ist.

Die Novelle erzählt ja von höfisch-ritterlich orientierten Menschen, deren ständische Exemplarität nicht mehr so folgerichtig erweisbar erscheint wie bei Menschen aus den Versromanen der guten alten Zeit des Crétien de Troyes. Es handelt sich um „Liebende", die „einander verlieren", „sich selbst verlieren", sich nicht nur im physischen Sinne ihrer Ohnmacht ganz unständisch bewußt werden und deren ständische Herrlichkeit dann d o c h n o c h , d e n n o c h von einem guten Stern beglänzt wird. Doch das Licht, in dem sie d o c h n o c h erglänzen, läßt sich anscheinend nicht mehr einfangen, in den kunstvoll ziselierten Lampen, den Versgefügen, die eine in sich geschlossene, sich selbst genügende, lichtvolle Welt zu bedeuten hatten. Das Lichtlein irrlichtelieret so im Öden, in der Welt der Prosa.

[4] *Ed.*, S. XXII. Brunel beruft sich auf P. Fauconnet, *La responsabilité*, Paris, 1920, S. 173.

[5] E. Winkler, Die altfrz. Novelle von der Tochter des Grafen von Ponthieu. *ZRP*, XLIV (1924) 340 ff.

Nun, „Sich-Verlieren und Wiederfinden", das Aufgeben der „ständischen Exemplarität", „doch noch, dennoch der gute Stern", das sind ja Bestandteile des Vokabulars, dessen Erich Köhler bedarf, wenn er die Entstehung des altfranzösischen Prosaromans mit der Krise im ritterlichen Lebensgefühl um 1200 in Zusammenhang bringt [6]. Der ganze angedeutete Begriffskomplex kann zum Verständnis der hier behandelten Erzählung herangezogen werden, wie in vier Schritten gezeigt werden soll. Zunächst soll versucht werden, die Dissonanz aus dem ersten Teil, der Schilderung der Wallfahrt, heraushören zu lassen. Auch der zweite Teil, das Exil und die Rückkehr, ist, wie sich herausstellen soll, von einem gewissen Gesichtspunkt her, nicht stilgerecht. Drittens, die Mißklänge im ersten und im zweiten Teil entsprechen sehr wirklich gemeinten Nöten. Doch ist die Novelle ein bescheidenes Sprachkunstwerk, nicht ein Pamphlet. So kann denn viertens die Symmetrie der Dissonanzen erfaßt werden als Schöpferin einer Harmonie.

Folkloristisch gesehen, benimmt sich die Tochter des Grafen von Pontieu dem Typus der falschen Frau entsprechend, die den Gatten um eines Buhlen willen aus dem Weg räumen möchte, und auch wie eine *femina luxuriosa*, die „quantumcunque sit dignitatis honore praeclara, si aliquem, licet vilissimum et abjectum noverit in Veneris opere potentem, illum a suo concubitu non repellit" [7]. Diese Person hat ihre orientalischen Vorbilder [8]. Sie erscheint im *Dit des annelets* [9], im Lai vom *Chevalier a l'espée*, in der *Vengeance Raguidel*,

[6] E. Köhler, „Zur Entstehung des altfrz. Prosaromans", *Wissenschaftl. Zeitschrift der Friedrich-Schiller-Universität Jena*. V (1955—56). *Gesellschafts- und Sprachwissenschaftliche Reihe*. Heft 2/3, S. 287 bis 292.

[7] *Andreae Capellani regii Francorum De Amore libri III*, Hafniae, 1892 S. 353 (und ähnlich S. 345, die *femina inconstans*).

[8] A. H. Krappe, *ZRP*, XLIX (1929) 544 ff. Ein frappantes Analogon in *Gesta Romanorum*, ed. G. J. Th. Grasse, Leipzig, 1905, II, SS. 186 ff.: die Frau schlägt auf den Gatten los, vermag jedoch, wie in der Prosanovelle, nur dessen Fesseln zu zerschneiden.

[9] *Nouveau recueil de contes dits fabliaux* . . . ed. A. Jubinal, I, Paris, 1839, SS. 1—32. G. Paris (*Journal des Savants*, 1893, S. 363) hat bereits die Prosanovelle mit dem *Dit des anelets* verglichen.

im Prosa-Tristan, im niederländischen *Lancelot*[10], in der *Antapodosis* (V, 32) des Liutprand von Cremona[11] und noch im *Orlando Furioso* (XXVIII) des Ariost. In den genannten Zusammenhängen wird das Thema von der falschen und mannstollen Frau entweder als *fabliau*, zum Lachen, erzählt oder im Stil der weiberfeindlichen Diatribe. In keinem Falle besteht ein Zweifel, ob die betreffende Frau moralisch verwerflich sei oder nicht. Komisch oder lehrhaft wird eindeutig ihre Verwerflichkeit klargemacht. Zwischen ihr und lobenswerten Frauen wird ein scharfer Strich gezogen. In der Prosanovelle von der Tochter des Grafen von Pontieu ist das Verhalten der Frau moralisch nicht so einfach zu bewerten. Aller Züge, die sie mit dem Fabliau- (oder Prediger)-Thema gemeinsam hat, unbeschadet, ist sie ja nur ein Opfer eines Überfalles, denn der „Liebhaber" aus dem Erzählungsschema wird durch frevlerische Räuber ersetzt. Sie hat überhaupt keinen Liebhaber. Sie war mit der Wahl des Gatten nicht nur einverstanden gewesen, sondern hatte ihrem Vater, der ihn ihr vorgeschlagen hatte, überschwenglich zugestimmt (*Ed.*, S. 3). Fünf glückliche Jahre hatten die Gatten miteinander verbracht (S. 4). Ritterlich hatte Tiebaut sie gebeten, daß sie ihm die Wallfahrt als d o n gewähren möchte (S. 4). „Cis d o n s est molt *courtois*", (S. 5) hatte sie gesagt. Auch sie hatte sodann als *don* erbeten, ihn begleiten zu dürfen (S. 5). Die Häufung der Wörter *don, doner, dourai, dons, donés, dourai, doner* in knapper Folge (S. 4 bis 5) verweist sehr deutlich auf den höfischen Charakter des in der *joie* des *amour courtois* vereinten Paares. Zwar grollt es am Horizonte. Der Gatte hatte nur zögernd bewilligt, denn „griés cose seroit ..." (S. 5) und der Vater der Dame war mit ihrer Teilnahme nicht einverstanden gewesen, „de li me poise" (S. 6). Doch diese der Manier eines Schicksalsromans entsprechenden trüben Vorahnungen, sind nicht unhöfisch[12].

[10] Über die 4 letzten Belege, Cf. Per Nykrog, *Les Fabliaux*, Kopenhagen, 1957, SS. 96 f. und SS. 199 ff.

[11] Jetzt bei E. Auerbach, *Literatursprache und Publikum in der lat. Spätantike und im Mittelalter*, Bern, 1958, SS. 114 ff.

[12] Der Redaktor der *Histoire d'outre-mer (Ed.*, S. 5, untere Hälfte) macht es sich leicht: der Grund, warum die Herren die Teilnahme der Frau

Um so peinlicher wirkt die feindliche Geste der Frau, die sich nach dem Überfall so benimmt, als ob nicht die Frevler, sondern, wie in dem Schema von der „Ungetreuen", der Gatte ihr verhaßt wäre. Wohl klärt sie, viele Jahr später, ihr Verhalten auf. „Por le grant honte qu'il [der Gatte] avoit veü que ele avoit soufferte et rechut devant lui", (S. 37), darum hätte sie ihm das Leben nehmen wollen. Wohl erklärt Tiebaut später, daß er „ja por ce pieur sanllant ne l'en eüsse fait", (S. 37), daß er ihr das Vorgefallene also nicht nachgetragen hätte. Es fehlt doch nicht an Zügen, die vielleicht andeuten, daß die Gefühle der Frau zur Zeit des Überfalles vielleicht nicht so ganz anderer Art gewesen sein möchten als die Gefühle einer stereotypischen *femina inconstans et luxuriosa.* Andeutungen solcher Art sind nachweisbar. Darum kann aber das Bild der Frau doch nicht in die Schublade mit der Aufschrift „Fabliau. Bitte zu lachen!" hineingetan werden, auch nicht in die Schublade „Predigerstil. Bitte Erbauung!" Stilwidrig vom Standpunkt stilverpflichteter Versdichtungen, klingen jedoch die stilwidrig ernst angedeuteten Fabliau-züge in der Prosa der Novelle anscheinend ganz stilgerecht.

Tragisch paradox ist nämlich der Umstand, daß der Überfall und die schändliche Behandlung der Frau vor den Augen des Gatten, roh und gräßlich geradezu die Parodie eines Regenerationsaktes darstellen, eine Parodie, die leider beinahe ernst aufgefaßt werden könnte, da es sich um den Regenerationsprozeß in einem „Wasteland" handelt. Die Wallfahrt hatte ja den Zweck, Kindersegen zu erflehen. Die Ehe war unfruchtbar. Die Unzulänglichkeit des Gatten wird sinnfällig gemacht. An dem Morgen vor dem Überfall ist Tiebaut unpäßlich, kränklich, schwächlich, „un peu pesant sen sanc" und „mehaitiés" (S. 7). Ein Bild der Hinfälligkeit, befiehlt er dem Kämmerer, doch das Bett noch ein wenig zurechtmachen zu wollen, damit er sich vor dem Aufbruch noch etwas hinlegen könne (S. 7). Allerdings ist Tiebaut gerade noch männlich genug, drei der acht Räuber mit dem Schwert eines der Räuber niederzumachen (S. 9 bis 10), denn er selbst hat als friedfertiger Pilger sein eigenes Schwert

nicht gebilligt hätten, wäre gewesen „la voie" mout lontaine et li païs mout estranges et mout diviers.

nicht bei sich. Doch die übrigen fünf ziehen ihm die Kleider vom Leibe herunter „dusc'a le chemise", fesseln ihm die Hände und Füße mit einem Schwertriemen und werfen ihn in ein Dornengestrüpp (S. 10). Auch die Frau wird entblößt „dus'c a le chemise" und der Gatte, der in seiner Hilflosigkeit „le vit," alles mitansehen muß, bittet die Frau recht kläglich, sie möge ihm doch die Fesseln lockern, „car ces ronses me grievent molt": (S. 11), da die Dornen ihm so weh täten.

Doch nicht nur an dem Tage des tragischen Vorfalls wirkt Tiebaut, der edle Ritter, als Schwächling, sondern auch im weiteren Sinne, mit Hinblick auf sein Herkommen. Er ist ja ein „Povres bacelers . . ." der Neffe eines kinderlos alternden Onkels, der, so wie Tiebaut „nul oir" (S. 1) hat, selbst eben auch „nul oir de se car" (S. 1) besitzt. Tiebaut wird der Schwiegersohn des Grafen von Pontieu, der seine erste Frau verloren (S. 2) und von einer zweiten Frau einen recht kümmerlichen Sohn hat (S. 2). Dieser spätgeborene Halbbruder der Heldin will nach dem Verschwinden seiner Halbschwester sich nicht zum Ritter schlagen lassen, „et estoit bien d'aage q'estre le peüst" (S. 24). Er ist also in der Welt des Rittertums sozusagen kaum ganz am Leben. Später, nach dem Happy-End, „Li fiex au conte morut", (S. 47—48), ansonsten ist von ihm nichts zu berichten, es wäre denn, daß er im Gefängnis der als Sultanin wiedergefundenen Halbschwester „malades" (S. 27) war.

Es fehlt also nicht an Zügen der Schwäche, der Hinfälligkeit und Öde, die andeuten, daß der Überfall b e i n a h e g e r a d e z u — man kommt allerdings nicht hinweg über das quälende „beinahe geradezu" — als Parodie des Wiederbelebungsprozesses gelten könnte, da eben jedem „Wasteland" das Korrelat der Regeneration zukommt. Die kryptische Haltung der Dame, die sowohl dem Gatten wie später dem Vater sagt, es täte ihr leid, den Gatten nicht getötet zu haben (S. 12, S. 17), zeugt doch eben von der Feindseligkeit der „Ungetreuen", die allerdings, höfisch stolz, die kryptische Äußerung aufzuklären verschmäht, was immer die Folgen wären. Ihr Vater bestraft sie denn auch wie eine mörderische Ehebrecherin, läßt sie in ein *tonel* hineinpferchen und stößt das *tonel* mit einem Fußtritt ins Meer (S. 18—19). Doch ist diese Ahndung eigentlich zwitterhaft. Nicht der höfische Gatte wird zum Rächer, denn er hat seine Frau ja heimgeführt „a autel *joie* et a autel *honneur*“ wie früher, „fors ke de jesir en sen lit“ (S. 15—16), sondern der Vater, also der Vertreter einer älteren, stachelig feudalen Weltanschauung, derzufolge er die Schuldige gleich an Ort und Stelle aufgehängt hätte „a le brance d'un arbre par les treces“, (S. 16)[13].

Aus diesem ersten Teil der Novelle hört man also eine ästhetisch nicht unwirksame Dissonanz heraus. Es wird in einem gewissen Sinn ein *fabliau* erzählt, das beinahe tragisch ist, doch eben nicht in Versen. Die Versform ist gesprengt, wie ja auch der Gehalt das höfisch ritterliche Wertgefüge, dem festgefügte Verse entsprächen, zerbricht.

Auch durch den zweiten Teil der Erzählung hallt eine Dissonanz, nur nicht so leicht hörbar, da der Inhalt des zweiten Teiles zunächst als Schablone erscheinen muß und intensiver Aufmerksamkeit kaum würdig. Die unvermeidlichen fremden Kaufleute laden das Fäßchen auf ihr Schiff und bieten den Inhalt sehr geschäftstüchtig dem Sultan der Insel Aumarie als *pot-de-vin* an, „s'en amendera nos afaires“, (S. 22). Die Dame tritt über zum Glauben des Sultans, wird dessen Gemahlin und Mutter eines Sohnes und einer Tochter (S. 23). Tiebaut, der Vater der Dame und ihr Halbbruder pilgern als Kreuzritter ins Heilige Land, gelangen natürlich nach Aumarie und in den Kerker des Sultans. An einem Festtage verlangen die Bogenschützen bei Hofe, daß ihnen ein Gefangener als Ziel für ihre Schießübungen ausgeliefert werde. Die drei Männer werden vorgeführt, doch von der Sultanin bewahrt. Der Sultan braucht tüchtige Krieger. Das wäre für Tiebaut die Gelegenheit, sich auszuzeichnen und die Freiheit zu erlangen. Die Sultanin befragt Tiebaut über den traurigen Vorfall in Santiago und gibt sich den drei Verwandten zu erkennen.

[13] Der Vater hatte die Tochter dem künftigen Schwiegersohn ja auch *altväterlich feudal* zugesagt („jo le vous *donrai.*“ S. 3), doch nicht ohne höfisch hinzuzufügen: „s'ele vous veut.“ (S. 3) Zur Tochter hatte der Vater sodann autoritär gesagt: „vous estes mariee,“ (S. 3) und hinzugefügt: „s'en vous ne remaint.“ (S. 3) Die so *altväterlich feudal* Bestrafte wird auch *höfisch* „bien acesmée“ (S. 18) in das Fäßchen hineingesteckt, vielleicht weil Enide (*Erec*, ed. Förster, 2580—83) kostbar gekleidet ihren Gatten auf der ihr zur Strafe unternommenen Abenteuerfahrt begleiten muß.

Tiebaut verpflichtet sich den Sultan. Die Dame gibt vor, sich aus Gesundheitsrücksichten mit dem Alten (dem Vater) und dem Jungen (dem Halbbruder) von der Insel aufs Festland begeben zu wollen. Der Sultan gestattet ihr diesen Wunsch und rät, daß auch der dritte Mann (Tiebaut) sie begleite. Ihr Söhnchen wird auch mitgenommen. Die fünf gelangen nach Brindisi und dann nach Rom, woselbst Tiebaut und die Dame wiedervermählt werden. Der Sohn wird getauft. Sodann heimwärts. Happy-End.

Daß eine Christin zur Gefangenen eines ihr in Liebe ergebenen Heiden wird und ein christlicher Ritter, dem der Heidenkönig zu Dank verpflichtet ist, sie entführt, ist ein banales Motiv und kann leicht als literarischer Notbehelf erscheinen. Um jedoch richtig banal zu wirken, hätte der Dichter klarmachen müssen, daß die Sympathien der schönen Gefangenen der christlichen Welt zugewandt wären. Der Heidenkönig wäre einfach zu überlisten. Dem ist nun nicht so. Denn das Vertrauen der Dame zu ihren französischen Angehörigen ist in diesem Falle sehr problematisch. Der Lebensraum, aus dem sie ins Heidenland gekommen ist, wird immer noch als „Wasteland" dargestellt. Denn nach der Aussetzung seiner Frau, Tiebaut „ne s'osoit remarier, et li fix le conte (der Halbbruder), por le doleur qu'il veoit que si ami avoient, ne voloit chevaliers devenir . . ." (S. 24). Der alte Graf leidet schwer im Bewußtsein seines „pecié" (S. 24). Er und Tiebaut werden zu büßenden Kreuzrittern, aber auch der Halbbruder, so daß „or remanra la terre vuide" (S. 25). Die Dame selbst in dem *tonel* war „come sor l'estaindre" gewesen, „car air li estoit falis", (S. 20). Die Luft war ihr ausgegangen. Das ist sehr verständlich, aber dieser Realismus ist doch nicht nur *documentaire* im Sinne des *roman naturaliste*. Die Atemnot mit entstellenden Auswirkungen, „col gros, et vaire enflé, et les iex lais . . ." (S. 20), ist ein Symptom dafür, daß sie auch *spiritualiter* aus einem „Wasteland" kommt. Auf dem Wege in das Land der Ungläubigen belebt sie sich. „Ele manga et . . . but, et desenfla, et devint molt bele." (S. 21). Vor dem Sultan „se li revint coulours." (S. 22). Es fällt ihr gar nicht schwer, ihrem Glauben abzuschwören, denn „mix li valoit faire par amours que par force," (S. 23). Nach kurzer Zeit „elle conçut et eut. 1. fil" (S. 23) und sodann „ele eut une fille" und „entendi sarrasinois et parla molt bien." (S. 23).

Fühlt sie sich nicht gar zu kannibalisch wohl? An Lehrmeisterinnen, die sie gelehrt hätten, wie man die Vereinigung mit einem aufgezwungenen Gemahl vereitelt, hätte es ihr ja nicht gefehlt. Fenice aus Chrétiens *Cligès*, Esclarmonde, die Braut des Huon de Bordeaux [14] und Biautris, die Gattin Berniers in *Raoul de Cambrai* hätten als Vorbilder dienen können, namentlich Biautris, deren Verhalten dem aufgezwungenen Gatten gegenüber um so mehr in Betracht kommt, als die Situation der Biautris mit der von der Heldin der Prosanovelle stofflich vergleichbar ist [15]. Die französischen Gefangenen im Kerker des lebensstrotzenden Sultans sind wahre Schatten. Allerdings hat ein Gefangener ein Schatten zu sein, doch mit Hinblick auf den ästhetischen Gehalt der ganzen Novelle fällt es auf, daß der Sultan, der glückliche Vater zweier Kinder, den alten Grafen, den Vater der in Frankreich kinderlosen Frau, bemitleiden muß („Cis n'avoit mestier de plus vivre," S. 28), daß ferner Tiebaut, „magre et descarné" (S. 30) erscheint und daß der Halbbruder „si... febles qu'il ne se pooit soustenir" (S. 31) genannt wird. Die „Sultanin", die Frau, die sich eben inzwischen als fruchtbare Mutter erwiesen hat, will die Identität der drei Schwächlinge feststellen und läßt sich von Tiebaut den tragischen Vorfall auf der Wallfahrt in allen Einzelheiten berichten. Tiebaut verfehlt denn auch nicht anzugeben, daß die fünf Räuber seinerzeit „virent la dame bele, si le vaut chascuns avoir . . . tout V. jurent a lui." (S. 35—36) Die Wirkung dieser Darstellung besteht darin, daß Tiebauts Hilflosigkeit noch einmal so recht deutlich in Erinnerung gebracht wird. Man darf nämlich nicht übersehen, daß Tiebauts Beweggrund für sein Verweilen auf den peinlichen Details die Angst vor der mächtigen Sultanin ist, Angst, da sie ja drohend auf der vollen Wahrheit bestanden hatte, (S. 34), Angst vor der Frau, die, wie der Leser sich erinnert, ihm ja einst mit dem Schwert Angst eingeflößt hatte. In dieser das höfische Gleichgewicht geradezu zerstörenden Szene der Erinnerungen an die traurige Vergangenheit soll das höfische Gleichgewicht nun

[14] *Huon de Bordeaux*, ed. P. Ruelle, Brüssel und Paris, 1960, Verse 6953 ff.

[15] A. Adler, „La Fille du comte de Pontieu et Herchanbaut de Pontif, personnage de *Raoul de Cambrai*," *R*, LXXI (1950) 108 ff.

doch noch durch ein akrobatisches Kunststückchen gerettet werden. Die Sultanin erklärt nämlich an dieser Stelle, sie hätte damals aus Liebe gehandelt, um dem Gatten das Leid des Weiterlebens nach einem solchen Vorfall zu ersparen (S. 37) und Tiebaut sodann, er hätte ihr das Vorgefallene nicht nachgetragen (S. 37). Auch der Vater beteuert, wie froh er wäre, die Tochter noch am Leben zu wissen (S. 38). So glaubt die Frau denn, ihre Identität enthüllen zu dürfen, allerdings nicht ohne sich zu vergewissern, „qu'il n'ait faintise en vos paroles" (S. 38). Das Gerüst der Wiedererkennungsszene ist banal. Spezifische Einzelheiten sind es jedoch nicht. Das stilwidrige Element, die nicht unwirksame Dissonanz, ergibt sich aus dem Umstand, daß das Vertrauen der Frau zu den eigenen Leuten so schwer wiederzugewinnen ist. Es fällt ihr leichter, den „Ungläubigen" zu überlisten als das Mißtrauen ihren eigenen Leuten gegenüber zu überwinden. Der „ungläubige" Sultan läßt sich ja sehr gläubig an der Nase führen. Nicht ohne Gewissensbisse ihn verlassend, glaubt sie dem Sultan etwas schuldig zu sein: „j'ai molt tolu au soudant quant jou li ai tolu mon cors et son fil ne plus de sez cozes jou ne li bé a tolier" (S. 44). Andererseits fühlt sie sich bewogen, ihren französischen Verwandten im letzten, entscheidenden Augenblicke noch einmal einzuschärfen, daß sie ja noch die Wahl hätte, zum Sultan zurückzukehren: „Seigneur, jou voel ke vous recordés les parole qui dites furent, *car encor ai jou bien pooir du retourner, si jou voel*" (S. 43). Übrigens deutet ja auch noch die letzte Einzelheit, die berichtet wird, auf den hohen Wert hin, der dem Sultan und dem von diesem vertretenen Lebenskreis zuzusprechen ist. Die Novelle schließt nämlich mit dem ausführlichen Hinweis auf die Verheiratung der Bele Cetive, der Tochter des Sultans und der Grafentochter von Pontieu, mit Malakin de Baudus, einem edlen Heiden, der so höfisch wie seinerzeit Tiebaut um die Hand der Grafentochter gebeten hatte, sich die Bele Cetive als *don* auserwählt („*dounés* me . . .," S. 48). So wie seinerzeit der alte Graf von Pontieu, bewilligt der Sultan die Bitte: „et je le vous *dourai* . . ." (S. 49) und „Il li *douna*" (S. 49). Die Frucht dieser Ehe, deren Bewilligung als symmetrisches Gegenstück zu der im Anfang von Tiebaut, dem christlichen Ritter, durchgesetzten Bitte anzusehen ist, ist eine Tochter, die, wie zur Erhöhung des Ansehens der Familie von Pontieu betont wird, die Großmutter eines edlen Heidenfürsten zu werden bestimmt war, des „courtois Salehadin" (S. 50). Ganz offenkundig ist also der Aufenthalt der christlichen Heldin in der heidnischen Aumarie nicht einfach ein Exil, ein Negativum, das durch die Rückkehr überwunden wird, sondern selbst an sich ein Positivum.

Die Wirklichkeit hinter dem in der Novelle vorgeschlagenen Ideal — man hat sich daran gewöhnt, Erich Köhlers Begriffspaar festzuhalten — ist die mehr oder weniger bewußt empfundene, ständige Sorge des Feudaladels, ob es denn für sie eine Zukunft gäbe. Der Mangel an Nachwuchs ist ein besonders sinnfälliges Argument. Hagiographisch als Wallfahrtsanliegen vorgebracht und daher akzeptabel, äußert sich dieser Gefühlskomplex zunächst recht unakzeptabel, als Alpdrücken. Die Ereignisse auf der Wallfahrt scheinen ja den Eindruck der Zukunftslosigkeit nur zu vertiefen. Nun, so schlimm ist es aber dann doch nicht. Es gibt schon eine Lösung. Allerdings kostet sie einen gehörigen Preis, der nur durch die Erinnerung an das „Alpdrücken" nicht zu hoch erscheint. Einem Weiterbestehen der Adelskaste sollen Opfer gebracht werden, die so recht augenfällig machen, daß für die Bestärkung der ständischen Solidarität kein Opfer zu schwer sein darf. Das ständische Band, das christliche sowohl auch islamische Ritter zusammenhält, soll stärker erscheinen als der Keil, der, aus religiösen Gründen hineingetrieben, den ständischen Klotz entzweispalten könnte. Höfisch christliche Menschen, die einander verloren haben, die finden sich und einander, höfisch christlich ritterlich wie je zuvor und ständisch kompetent, da sie ja zu Ahnherren islamischer, aber doch eben höfisch ritterlicher Menschen werden. Vereinzelt ist dieser Lösungsversuch keineswegs. In der von Omer Jodogne feinsinnig erfaßten diskreten Parodie von *Aucassin und Nicolette* figurieren Nicolette als Sarazenin mit einem christlichen Namen und Aucassin, der arabisch benannte christliche Ritter, der nicht einmal so mutig ist wie sein Liebchen [16]. In dem von Anthime Fourrier sozusagen

[16] O. Jodogne, „La Parodie et le pastiche dans ‚Aucassin et Nicolette',“ *Cahiers de l'Assoc. Internat. d. Ét. Françaises, XII* (1960) 56 [hier abgedruckt S. 289 ff.].

neuentdeckten *Partonopeus de Blois* werden ständisch höfisch ritterliche Fragen zuweilen ernster genommen als religiöse [17]. In Aliscans liegen die Keime, die eine kreuzritterliche *matière* in den von Joachim Bumke so schön beschriebenen kreatürlichen *sens* der Toleranz von Wolframs *Willehalm* umzüchten [18]. Daß man sich als christlicher Ritter immer mehr von der Existenz heidnischer Ritter abhängig fühlte, ist einer der Widersprüche, die in anderem Zusammenhang von Arnaut de Maruelh gefühlt werden, wenn er singt: „Ni cortes non er ja Qui non conois vila, Ni bos . . . Qui non conois lo mal;“ [19]

Das in der Novelle entwickelte Problem entspricht einer wirklichen Not der um 1200 schon aus vielen Gründen defensiv gewordenen Adelskaste [20]. Doch hat der Verfasser der Novelle darum nicht ein Pamphlet geschrieben, sondern als Dichter erlebt. Er hat eine Dissonanz harmonisch gestaltet. Im ersten Teil der Novelle hat er einen höfischen Rahmen um ein Bild gezogen, das sich ernst und tragisch ausnimmt, im Grunde aber stofflich einem derben *fabliau* ähnlich ist. Was man da hört, will man nicht gehört haben. Man hält sich die Ohren zu, die Dissonanz ist unerträglich. In der Welt des Sultans wird eine Zuflucht geboten. Dort geht es verhältnismäßig respektabel her. Damit hat es aber auch einen Haken. Ritterlich, kreuzritterlich betrachtet, sollte das Milieu des Sultans ja als „Kerker“ erscheinen, nicht als Oase, in die man sich aus einer Wüste flüchtet. Traditionsgemäß, stilgerecht, hat man sich eigentlich aus „Aumarie“ nach „Pontieu“ zurückzuwünschen. Die Dissonanz im

[17] A. Fourrier, *Le courant réaliste dans le Roman Courtois en France du moyen-age, I, Les débuts (XII siècle)*, Paris, 1960, S. 334, S. 355 *et al. loc.* („neuentdeckt“ erscheint der *roman*, da Fourrier eine neue handschriftliche Basis herstellt).

[18] J. Bumke, *Wolframs Willehalm*, Heidelberg, 1959 SS. 143 ff. Über *ständische* Probleme in *Aliscans* selbst, handelt ein Kapitel meines Buches *Rückzug in epischer Parade*. Studien zu Les Quatre Fils Aymon, La Chevalerie Ogier, Garin Le Lorrain, Raoul De Cambrai, Alicans, Huon De Bordeaux, Analecta Romanica 11, 1963.

[19] E. Köhler, „Zur Entstehung des altprovenzalischen Streitgedichts,“ *ZRP*, LXXV (1959) 57.

[20] Worüber auch J. Frappier, „Le Graal et la Chevalerie,“ R. LXXV (1954) 165 ff.

zweiten Teil, d. h., der Umstand, daß man sich in „Aumarie" stilwidrig wohl fühlt, wirkt als Anlaß, diese zweite Dissonanz musikalisch so zu verarbeiten, wie eine Dissonanz eben zu verarbeiten ist. Man glaubt, sie reduzieren zu müssen. Und das heißt eben, man glaubt, aus „Aumarie" sich wegwünschen zu sollen, sich nach „Pontieu" hinwünschen zu können, a l s o b „Pontieu" selbst nicht eine Dissonanz wäre. „Pontieu" wird also wiedergewonnen, ist e r g o nicht mehr als Dissonanz, sondern als wiedergewonnene, wiederhergestellte Harmonie zu erleben. Für ein musikalisch anspruchsvolles Ohr klingt diese wiedergewonnene Harmonie allerdings nicht ganz einwandfrei. Denn die vom Schicksal so böse und doch auch so gnädig belästigte Grafentochter, die Mutter der Sultanskinder, schenkt ihrem legitimen Gatten Tiebaut noch schleunigst „Il fiex" (S. 47), die zwei Grafschaften in Aussicht haben (S. 48). Mit dieser beruhigenden Aussicht hätte man, genaugenommen, vielleicht doch nicht beruhigt werden dürfen.

Wäre der Eindruck, daß alles ja doch gut ausgehen müßte, gleich von Anfang an erweckt worden, dann hätte kaum ein Grund bestanden, warum ein konventionelles Verskostüm nicht hätte andeuten sollen, daß an der ständischen Exemplarität der Beteiligten nicht gerüttelt werden würde. Der Dichter hat aber die Blöße, die er zeigte, nicht von vornherein mit dem Versgewand bedecken wollen.

Zeitschrift für französische Sprache und Literatur 64 (1942), S. 284—302.

'OR DIENT ET CONTENT ET FABLENT'

Von Emil Winkler

Nach den zahlreichen Untersuchungen über *Aucassin und Nicolette* hofft man kaum, dem viel gelesenen kleinen Kunstwerk noch neue Seiten abzugewinnen. Gleichwohl lockte der vor wenigen Jahren (1936) erschienene Neudruck der Ausgabe von Mario Roques *(Classiques français du moyen-âge)* zu neuer Lektüre. Und der frische Eindruck ließ Fragen, die längst geklärt schienen, doch wieder lebendig werden.

Die Grundfrage

Im Jahre 1878 veröffentlichte G. Paris sein bekanntes Vorwort zur *Aucassin*-Übersetzung von A. Bida, das er dann 1900 in seinem Sammelbande *Poèmes et légendes du moyen-âge* (S. 97 ff.) wiederabdruckte. Über die Gattung *chante-fable* schreibt Gaston Paris dort: « L'auteur d'Aucassin a donné lui-même à son œuvre le nom de chantefable, qui ne se retrouve nulle part dans la littérature française, et qui ne peut s'appliquer à aucune autre composition qu'à la notre. Il désigne en effet ce mélange de prose et de vers, de morceaux où l'on chante et de morceaux ou l'on dit et conte et fable, qui caractérise notre seul roman. L'existence même de ce nom, que l'auteur n'a pas dû fabriquer, implique celle de tout un genre, dont cet échantillon nous est seul parvenu. Les chantefables se débitaient en public, et étaient vraisemblablement exécutés par plusieurs personnes: c'est au moins ce qui semble résulter pour la nôtre de l'emploi du pluriel en tête des morceaux de prose: O*r dient et content et fablent*. Mais il est clair qu'au besoin un seul 'jongleur' pouvait se charger et de réciter la prose et de chanter les vers . . . » — In merkwürdig anderer Nüancierung klingt es etwa 25 Jahre später aus G. Paris' *Esquisse historique de la littérature française au*

prosaische Darstellung dürfte aus einer Art Kommentar zu den Versen hervorgewachsen sein und dann später als diese eine feste Gestaltung erhalten haben." (B. Ten Brink, *Dauer und Klang*, 1879, S. IV.) Daß die Prosastellen von *Aucassin und Nicolette* jünger seien als die Versabschnitte, hat H. Suchier (ZRPH III, S. 142) wohl mit Recht bestritten. Ob aber Ten Brinks Meinung, die eigentliche *Aucassin*-Dichtung werde durch die Verse gebildet, während die Prosa eine nur untergeordnete Rolle, etwa die eines bloßen Kommentars spiele, ebenso leicht zu „widerlegen" ist? Walter Suchier (10. Aufl. der Ausgabe, S. XXXI, Fußnote 2) will so. Der Dichter habe „die rezitierten und die gesungenen Stücke nicht nur formal, sondern auch inhaltlich als fast gleichberechtigt" behandelt (ibd. S. XXXVI). Und das ist in der Tat heute wohl die allgemeine Ansicht.

Singen und Sagen

Auch der *Aucassin*-Text selbst scheint die Frage nach dem Verhältnis von Gesang (Vers) und Sprechwort (Prosa) zunächst ja so zu beantworten. *Dox est li cans, biax li dis*, heißt es gleich am Anfang in Vers 8. *Cans* ist natürlich der Gesang; zu *dis* aber bemerkt Roques im Wörterbuch seiner Ausgabe (Suchier übersetzt bloß mit „Erzählung"), es bezeichne als Gegensatz zu *cans* zweifellos, *sans doute*, die Prosaabschnitte. So wären Vers und Prosa in *Auc u. Nic.* denn wirklich auf eine Stufe gestellt. Das *sans doute* aber verrät Zweifel. Sieht man näher zu, so erweist sich Roques Ansicht denn auch als Irrtum. Die entscheidenden der zahlreichen Belege, die G. Thurau, *Singen und Sagen*, 1912, für *dire* et *chanter* zusammengestellt hat [1], zeigen eindeutig, daß *dire* und *chanter* keinen Gegensatz der Vortragsweise (*singen* : *sprechen*) bezeichnen. Nur chanter *(noter)* zielt auf die Art der Vorbringung ab, *dire* dagegen auf das, was vorgebracht wird, es meint die Vorbringung als solche im Hinblick auf ihren Gegenstand. Der wirkliche Gegensatz zu *chanter* als Bezeichnung der Vortragsweise ist *lire*, wie sich deutlich aus dem

[1] Vgl. auch die Besprechung dieses Buches durch J. Beck, Zeitschrift für französische Sprache u. Literatur 41², 1913, S. 137 ff.

Beginn des Versromans von *Guillaume de Dôle* ergibt, in dem die Erzählung bekanntlich durch zahlreiche Liedeinlagen unterbrochen wird:

> *Ja nuls n'iert de loïr lassez,*
> *Car, s'en vieult, l'en* i chante et lit,
> *Et s'est fez par si grant delit*
> *Que tuit cil s'en esjoïssent*
> *Qui* chanter et lire *l'orront* . . . (Thurau, S. 71).

Dieselbe Gegenüberstellung auch im *Veilchenroman* des Gerbert de Montreuil (der freilich weitgehend nur eine Nachbildung des *Guillaume de Dôle* ist):

> *Et s'est li contes biaus et gens*
> *Que je vous voel dire et conter*
> *Car on i puet* lire et chanter.

Dire heißt einfach „bekanntmachen" (*faire connaître*, Dict gén.). Das altfranzösische Gedicht von der *Passion Christi* ist bestimmt gesungen worden und beginnt trotzdem mit den Worten:

> *Hora vos* dic *vera raizun*
> *De Jesu Christi passiun* (Thurau, S. 6).

Im *Leodegar*-Lied aber heißt es Vers 5:

> *. . . or est temps et si est biens*
> *Que nos* cantomps *de sant Lethgier,*

und unmittelbar darauf, bezogen auf denselben Sachverhalt:

> *Primes* didrai *vos dels honors*
> *Que il auvret ab duos seniors,*
> *Après* ditrai *vos dels aanz* (Thurau, S. 7).

Man vergleiche etwa noch die folgenden Stellen (Thurau, S. 13, 23). *Renart novel* 4457:

> *Lors une cançon de carole*
> *La Roine* dist et chante.

Scheler, Trouvères belges, S. 48:

> *Ai chançon* dite et chantee.

(17) Nicolette klagt und betet zu Jesus (Vers 3/4): . . . *si se prent a dementer — et Jhesum a reclamer* . . . Einsatz von 18: *Nicolete se dementa molt* . . .

(18) Gespräch Nicolettes mit den Hirten. Sie verabschiedet sich von ihnen: *Lor prent congié as pastoriaus, si s'en va* . . . Einsatz von 19: *Nicolete o le vis cler — des pastoriaus se part* . . .

(19) Nicolette baut sich die Waldlaube (Vers 14): *une bele loge* . . . *fist.* Einsatz von 20: *Nicolete eut fait le loge* . . .

(26) Aucassin ist im Walde auf Nicolette gestoßen, er flieht mit ihr weiter: *Il monta sor son ceval et prent s'amie devant lui baisant et acolant, si se metent as plains cans.* Einsatz von 27: *Aucassins li biax, li blons, — li gentix, li amorous, — est issus del gaut parfont — entre ses bras ses amors — devant lui sor son arçon; — les ex li baise et le front —* . . .

(27) Die Fliehenden kommen ans Meer: *a la mer vinrent au jor, — si descendent u sablon — les le rivage.* Einsatz von 28: *Aucassins fu descendus entre lui et s'amie* . . .

(28) Aucassin und Nicolette, in Torelore gelandet, gelangen zum Palast des Königs: *Aucassins . . . erra tant qu'il vint en le canbre u li rois gissoit.* Einsatz von 29: *En le canbre entre Aucassins —* . . .

(30) Aucassin betrachtet die merkwürdige Schlacht: *et Aucassins les commença a regarder* . . . Einsatz von 31: *Aucassins est arestés, — sor son arçon acoutés, — si coumence a regarder — ce plenier estor canpel* . . .

(32) Aucassin soll aus Torelore verjagt werden. Nicolette erfährt es, *si n'en fu mie lie, si conmença a dire.* Einsatz von 33: Sire rois *de Torelore, — ce dist la bele Nichole —* . . .

(34) Der Held ist wieder nach Beaucaire gelangt. Seine Eltern sind tot. Die Einwohner begrüßen ihn freudig: *Il le menerent u castel de Biaucaire, si devinrent tot si home, si tint se tere en pais.* Einsatz von 35: *Aucassins s'ens est alés — a Biaucaire sa cité — le païs et le regné — tint trestout en quiteé —* . . .

(36) Nicolette kommt vor Karthago, *vit les murs del castel et le païs* . . . Einsatz von 37: *Nichole li preus, li sage, — est arrivee a rivage, — voit les murs et les astages — et les palais et les sales —* . . .

(38) Auch Nicolette ist wieder in der Provence gelandet; sie zieht fiedelnd durch das Land *tant qu'ele vint au castel de Biaucaire, la u Aucassins estoit.* Einsatz von 39: *A Biaucaire sous la tor — estoit Aucassins un jor —...*

(40) Die Wiedererkennung Aucassins und Nicolettes kündigt sich an. Nicolette, als Spielmann verkleidet, verspricht Aucassin, ihm die Geliebte zuzuführen. *Et quant Aucassins l'oï, si en fu molt liés . . . Et Aucassins fu liés.* Einsatz von 41: *Quant or entent Aucassins — de s'amie o le cler vis — qu'ele est venue el païs, — or fu liés, ainc ne fu si. —* . . .

Diese ständige Bezugnahme der Prosaabschnitte auf die Versabschnitte, der Versabschnitte auf die Prosaabschnitte darf man nun wohl in dem Sinne verstehen, daß 2 Rollen — eine Prosa- und eine Versrolle — einander wechselweise das Wort reichen. Und zwar ist das zunächst nur geistig gemeint, ohne daß damit etwas über den Vortrag des Werkchens durch einen, zwei oder mehrere Sprecher (Sänger) ausgesagt würde. Denn für die innere künstlerische Beurteilung der Chantefable ist die Art ihrer technischen Vorbringung zunächst nicht wichtiger als etwa für ein Theaterstück die Entscheidung, ob man es sich von mehreren Schauspielern aufgeführt oder bloß von einem rezitiert denken solle.

Dagegen gilt es zu wissen, welche der beiden Rollen die Führung hat. Die so gestellte Frage ist nicht schwer zu lösen. Niemals verweist — mit ausdrücklicher Berufung — die Versrolle auf die Prosarolle, dagegen an nicht weniger als 6 Stellen die Prosarolle auf die Versrolle:

(6): Nicolete fu en prison, *si que vos avés oï et entendu* . . .
(10): Aucassins fur armés sor son ceval, *si con vos avés oï et entendu* . . . .
(12): Aucassins fu mis en prison, *si com vos avés oï et entendu* . . .
(18): Nicolete se dementa molt, *si con vos avés oï* . . .
(20): Nicolete eut faite le loge, *si con vos avés oï et entendu* . . .
(28): Aucassins fu descendus entre lui et s'amie, *si con vos avés oï et entendu* . . .

Solange Worte einen Sinn haben, kann das *si con vos aves oï et entendu* nur die Berufung einer Nebenrolle auf die Hauptrolle, nicht umgekehrt sein. Die Prosa stellt bloß die Verbindung und den

(15, Vers 3 ff.): *(li gaite) — . . . a comencié un cant — ki biax fu et avenans: — Mescinete o le cuer franc — . . .*

(17, Vers 3 ff.): *(Nicolete) — se prent a dementer — et Jhesum a reclamer: — Peres, rois de maïsté — . . .*

(27, Vers 8 ff.): *Ele* (Nicolete) *l'a mis a raison: — Aucassins, biax amis dox — . . .*

(37, Vers 5 ff.): *dont (Nicolete) si s'est clamee lasse: — Tant mar fui de haut parage — . . .*

In den wenigen (3 oder 4) Fällen, wo *parler* oder *dire* in den Versen verwendet werden, erscheint — mit einer einzigen Ausnahme — stets eines durch das andere oder durch einen sonstigen Ausdruck verstärkt:

(13, Vers 5): *or parla* (Nicolete), *dist son penser: — Aucassins, gentix et ber — . . .*

(23, Vers 8): *Or parla, s'a dit trois mos . . .*

(29, Vers 6): *si parla, oés que dist . . .*

(39, Vers 13): *or parla, dist sa raison . . .*

Die einzige Ausnahme steht in Abschnitt 21, Vers 5, da, wo von den Hirten die Rede ist: *Li uns dist: Bel compaignet* . . . Denn die drei Stellen, wo die Einleitungsformel sich auf Worte bezieht, die in den darauffolgenden Versen gesprochen werden, während sie selbst noch zur vorhergehenden Prosa gehört (12, Schluß; 24, Schluß; 32, Schluß), zählen stilistisch natürlich zu dieser, nicht zu den Versen.

Überall wo in den Versabschnitten in *Aucassin und Nicolette* jemand redend eingeführt wird, steht die Einführungsformel ferner — wieder sozusagen monumental — vor der direkt wiedergegebenen Rede. Nur ein einziges Mal (33, Vers 2: *Sire, rois me Torelore — ce dist la bele Nichole — vostre gens me tient por fole — . . .*) ist sie in die Rede eingeschoben, zeigt sich also jenes buchstäbliche „Zwischentreten", jener Einbruch des Erzählers in das Erzählte, der stilistischer Geschlossenheit zweifellos zuwiderläuft. „Der Rhapsode sollte als ein höheres Wesen in seinem Gedichte nicht selbst erscheinen; er lese hinter einem Vorhang am allerbesten, so daß man von aller Persönlichkeit abstrahiere und nur die Stimme der Musen im allgemein zu hören glaube", sagt Goethe (Verf., *Das dichterische Kunstwerk*, S. 85). Gerade dieses Zwischenreden des Erzählers, und zwar in seiner alltäglichsten, gesprochensten, am wenigsten stilisierten Form als eingeschobenes *fait-il, fait Aucassins* usw. aber findet sich in den Prosaabschnitten der Chantefable massenhaft, viel häufiger als etwa vorangestelltes *Ses pere et se mere li disoient* (2) ... Die zahllosen Stellen anzuführen, die den Typus *Pere, fait Aucassins, qu'en parlés vos ore?* (2) enthalten, hieße den Prosatext von *Aucassin und Nicolette* überhaupt reproduzieren. Hier liegt ebenfalls ein Zug, der Vers und Prosa des Werkchens ganz wesentlich unterscheidet, und zwar durchaus in dem Sinne: hier lebendige Alltags-, dort dichterisch-literarisch gestaltete Erzählung.

Auch der Satzbau der *Aucassin*-Verse ist knapp und plastisch, dichterisch-künstlerisch gestaltet. Wo eine Nebensatzkonstruktion vorkommt, ist sie durchsichtig gegliedert. So etwa der Beginn von 11:

Quant or voit li quens Garins
de son enfant Aucassin
qu'il ne pora departir
de Nicolete au cler vis,
en une prison l'a mis,
en un celier sosterin
qui fu fais de marbre bis.

Damit vergleiche man beliebige Prosastellen mit ihrem fast planlosen Dahinfließen, wie es sich im gesprochenen Wort eben ergibt: man sehe die vielen Anreihungen, etwa Abschnitt 12: *Ele se comença a porpenser del conte Garin de Biaucaire qui de mort le haoit; si se pensa qu'ele ne remanroit plus ilec, que, s'ele estoit acusee et li quens Garins le savoit, il le feroit de male mort morir. Ele senti que li vielle dormoit qui aveuc li estoit; ele se leva, si vesti un bliaut de drap de soie que ele avoit molt bon, si prist dras le lit et touailes, si noua l'un a l'autre si fist une corde si longe conme ele pot, si le noua au piler de le fenestre; si s'avala contreval le gardin, et prist se vesture a l'une main devant et a l'autre deriere, si s'escorca por le rousee qu'ele vit grande sor l'erbe, si s'en ala aval le gardin.* Ähnliche Belege ließen sich zahlreich anführen.

Die Tempusgebung in der Chantefable würde ebenfalls Beachtung verdienen. Die Verse zeigen z. B. viel weniger Imperfecta als die Prosastellen. Wo die Prosa sich behaglich in die Vergangenheit versenkt (eben Imperfecta aufweist), bevorzugt der Vers das klar-

Selbsterlebtes erzählen“, *fabler (fabloier)* als „die Fabel als Ereignis berichten“. Etwas anders deutet Roques (a. a. O. S. VI/VII, Fußnote): « Je ne pense pas que l'accumulation des verbes *dire, conter, fabloier* (ou *fabler*) soit une simple redondance, qui serait ici bien singulière et dont surtout le maintien devant les vingt morceaux en prose apparaîtrait comme une bizarre fantaisie: dans cette formule chaque verbe a son sens, *dire* s'opposant a *chanter* et indiquant que le morceau qui suit est parlé, *conter* et *fabloier* s'appliquant aux deux aspects du „parlé“, le récit et la conversation. »

Weder die Deutung Meyer-Lübkes (die dieser übrigens mit deutlichem Vorbehalt vorträgt) noch die Deutung Roques' halten sich an die spezifischen Bedeutungsnuancen der in Frage stehenden drei Verba, — Bedeutungsnuancen, die indessen nicht allzuschwer festzustellen sind. Daß *dire* sich nicht auf die Vortragsweise bezieht, also kein Gegensatz zu *chanter* ist, wurde oben gezeigt. Es heißt auch nicht „Dialog führen“, vielmehr einfach „bekanntmachen“, „berichten“. Auch *conter* und *fabler* aber lassen sich kaum so und so scharf gegeneinander abgrenzen, wie Meyer-Lübke und Roques möchten. Sie verhalten sich höchstens so zueinander wie „erzählen“ zu „fabulieren“. *Conter* ist wesentlich das erzählende Darlegen von etwas (unter Einstellung also auf das Dargelegte): *a droit conter, Meraugis fu la sus* (Meraugis 5295, nach Tobler-Lommatzsch) u. dgl.; *fabler* dagegen wesentlich das Erzählen als solches (unter Einstellung auf diese Tätigkeit), vor allem das E r fabeln, d. h. nicht das Berichten einer Gegebenheit, sondern das Hervorbringen von etwas aus dem Vorstellungsvermögen oder für dieses, das Erfinden (*dire des fables, des mensonges*, wie Godefroy etwas vergröbernd definiert). Goethe spricht in bekannten Versen von der Lust zum Fabulieren, die er von seiner Mutter ererbt habe — es ist das, was das altfranzösische *fabler* meint. Daher wäre es z. B. unmöglich, in der Stelle aus Meraugis *conter* durch *fabler* zu ersetzen.

Dire et conter et fabler sind also weitgehend tautologisch, sofern man die Wortbedeutungen grob-materiell faßt. Sie sind es nicht, sofern man auf seelische, d. h. auf Stilwerte achtet. *Dire, conter, fabler* unterscheiden nicht analytisch etwa verschiedene materielle Komponenten der *Aucassin*-Prosa — Dialog (Konversation), Einzelbericht des Erzählers usw. —, sondern meinen, einander verstärkend, die Fülle und den Reichtum der inneren, der seelischen Aspekte, die die Tätigkeit eines lebendigen Erzählers in sich schließt. Wer *dire et conter et fabler* nebeneinanderstellte, empfand bewußt oder unbewußt, jedenfalls deutlich, das Erzählen als solches als ein höchst komplexes geistiges Tun: Eingestelltsein auf Sachverhalte, Herstellen von Beziehungen (*conter* kommt von *computare*!). Spielenlassen der Einbildungskraft, usw. usw. Um den Sinn von *Or dient et content et fablent* möglichst prägnant zu treffen, müßte daher wohl übersetzt werden: „nun berichte und erzähle und fabuliere man". Die „Tautologie" soll der Anweisung zweifellos größere Lebendigkeit geben, sie soll anspornend wirken.

Damit aber sind wir schon bei der grammatischen Deutung der Wortformen: *dient*, *content*, *fablent* angelangt.

Meyer-Lübke (a. a. O. S. 518) bezog die Plurale auf die von ihm angenommene Vielzahl der an der Darbietung des Werkchens beteiligten Personen. Wäre dieses zum Vortrag durch einen einzigen Spielmann bestimmt gewesen, so wäre — nach Meyer-Lübke — nicht verständlich, warum dem *Or se conte* der Versabschnitt nicht einfach ein *Or se conte* vor den Prosaabschnitten zur Seite gestellt wurde. Meyer-Lübke sieht in den Angaben *Or dient et content et fablent* Bühnenanweisungen: „der Verfasser hat sein Stück als ein dramatisches betrachtet wissen wollen, bei dem zunächst ein Sänger die Exposition vortrug, dann auch im weiteren Verlauf die einfache Handlung unterbrach. Die Träger des Dialogs waren die entsprechenden Personen, die den Dialog verknüpfende Handlung wurde in irgendeiner Weise erzählt, rezitiert". So erkläre sich die Trias *Or dient et content et fablent*. Wiederum anders Roques (a. a. O. S. VI): « il n'y a aucun argument à tirer pour le nombre des acteurs de l'indication qui précède les morceaux en prose, *Or dient et content et fabloient*: le pluriel a ici une valeur d'indéfini, comme le réfléchi dans l'indication *Or se cante* des laisses chantées; si l'auteur a préféré pour les morceaux en prose le pluriel au réfléchi, c'est qu'il pouvait bien dire *Or se dit*, comme *Or se cante*, mais non pas *Or se fabloie*. » — Warum man nicht *Or se fabloie* hätte sagen können, erklärt Roques nicht. Seine Behauptung ist unbewiesen. Dagegen wird man ihm gegen Meyer-Lübke wohl zugestehen müssen, daß der Plural in *Or dient* usw. eine *valeur d'indéfini* hat.

Daß Reflexiv und Plural in der sogenannten „unbestimmten" Konstruktion aber nicht identisch sind, lehrt ein Vergleich etwa von ital. *si dice* und *dicono*. Es wäre z. B. kaum denkbar, die Geschäftsaufschrift *si parla italiano* zu ersetzen durch *parlano italiano*. Die Reflexivkonstruktion ist (wie sich aus ihrem Wesen leicht erklären ließe) eine Art Intensivum, die Form der kategorischen Feststellung; man denke etwa an frz. *cela ne se dit pas; cela se dit parfaitement; la question ne se pose pas, ce livre se vend bien*, usw. usw. Die Pluralkonstruktion ist demgegenüber, wie ebenfalls leicht verständlich, weniger prägnant, sozusagen diffuser. *In Italia vivono bene* heißt wohl: „in Italien, da leben die Leute gut". Die Aufmerksamkeit ruht auf den Leuten, die dort leben. Dagegen in *Italia si vive bene*: „in Italien lebt sich's gut". Das Leben als solches wird ins Auge gefaßt, abgesehen vom einzelnen Individuum; damit erhält der Ausdruck etwas Kategorisches, etwas Dezidiertes.

Genauso hieße im Altfranzösischen *Or chantent* wohl: „nun singen die Leute"; *Or se cante* dagegen heißt dezidiert: „Nun wird gesungen", das folgende ist Gesang, ist zum Gesang bestimmt. An der Stilnuance kann kein Zweifel bestehen.

Für *dient, content, fabloient* wüßte man nun freilich gerne, ob sie Konjunktive oder Indikative sind. *Or se cante* ist, nach den Parallelformen des Textes zu schließen (Ausgabe Suchier, S. 83), sicher Indikativ. *Dient, content, fablent* aber können ebensogut Konjunktive sein. Der Stilwert der Pluralkonstruktion verträgt sich mit dem Konjunktiv sogar besonders gut. Man tut dem Text von *Auc u. Nic.* also kaum Gewalt an, wenn man *Or se cante* übersetzt mit „Das Folgende ist zu singen", *Or dient et content et fablent* aber mit „Nun mögen sie (diejenigen nämlich, die die Geschichte vortragen, und zwar gleichgültig, ob es einer oder mehrere sind) berichten, erzählen und fabulieren wie folgt". *Or se cante* ist eine autoritative Anweisung, *Or dient et content et fablent* eine Anregung, eine Einladung.

Alle unsere Beobachtungen: der literarische Stil der *Aucassin*-Verse, der *„style parlé"*, d. h. der diskursive, gelegentlich bloß andeutende Charakter der *Aucassin*-Prosa, das Hervortreten des Erzählers und die Nachlässigkeiten in dieser, die häufige Berufung der Prosa auf die Verse, die merkwürdige indirekte Darstellung am

Beginn der Prosa *(Or dient et content et fablent q u e)* und die auffallende Verschiedenheit zwischen den Überschriften über den Versen und denen über den Prosastücken, ergänzen und stützen einander. Der Eindruck ist eindeutig: Als „Literatur" dachte und gestaltete der Verfasser von Aucassin und Nicolette tatsächlich nur die Versabschnitte seines Werkchens. Die Prosa bildet nichts als eine lose Verbindung zwischen jenen. Sie ist, wie sie dasteht, zweifellos bloß als Anhaltspunkt, Gedächtnisstütze, *canevas* (um mit Bédier zu reden) für den vortragenden Spielmann gedacht. Wie sollte denn dieser die Prosa auch haben wörtlich reproduzieren können: Sollte er sie vorlesen? Dann hieße es (und das wäre wirklich ein sinnvoller Gegensatz zu *Or se cante*) vor den Prosastellen doch wohl *Or se lit.* Oder sollte er sie nach dem Willen des Autors auswendig vortragen wie zweifellos die Verse? Da war es doch wahrscheinlich, daß er sie — die Prosa — eben nicht wörtlich behielt und daß ihm, solches voraussehend, der Verfasser lieber von vornherein bloß einen Canevas an die Hand gab. Wie heißt es denn in Molières *Impromptu de Versailles*?

Mademoiselle Béjart: Comment prétendez-vous que nous fassions, si nous ne savons pas nos rôles?

Molière: Vous les saurez, vous dis-je; et quand même vous ne les sauriez pas tout à fait, ne pouvez-vous pas y suppléer de votre esprit, puisque c'est de la p r o s e et que vous savez votre sujet?

Aucassin und Nicolette ist im Wesen eine Versdichtung. Die Prosa läuft bloß mit. Die Versstücke bilden nicht lyrische „Einlagen", sondern sind der künstlerische Träger der Erzählung selbst. „Der Form nach, d. h. der ausschließlichen Verwendung von Laissen, die auf ein und dasselbe musikalische Motiv mit besonderm Abschluß jeder Laisse gesungen werden, sind die (Versstellen in Aucassin und Nicolette) nicht lyrisch, sondern episch-rezitativisch, da sie genau der Beschreibung entsprechen, die der zeitgenössische Johannes de Grocheo von der Form des cantus gestualis gibt . . .", schreibt J. Beck, ZFSL 41^2, S. 157. Da freilich jeder Versabschnitt durch seinen spezifischen Einsatz und sonstige Eigentümlichkeiten eine Einheit für sich bildet, die durch die gewählte Versart (den 7-Silbler) sich vom rein epischen Stil doch einigermaßen entfernt, möchte man am liebsten von einer Dichtung in Liedchen reden, vergleichbar, wie schon Héricault und Moland (a. a. O. S. XXXIX) oder J. Beck (a. a. O. S. 142) sahen, einem *vaudeville*, einer primitiven *Opéra comique* (im Sinne des 18. Jh.s, nur eben mit bloß skizzierter Prosa. Die Prosa hat in *Aucassin und Nicolette* literarischen Rang noch nicht erlangt. Sie muß sich mit der Rolle einer kommentierenden, die Lieder verbindenden Dienerin begnügen; der Verfasser hat sie denn auch bloß entworfen, nicht literarisch festgelegt. Ist es das, was G. Paris mit den Worten meinte, daß die Erzähler « n'écrivaient pas leurs recits » und daß die Chantefable ihre Aufnahme in die Handschrift nur den Versen, d. h. ihrem literarischen Teil verdankt? Daß ihr Verfasser unter der Suggestion der Versdichtung seiner Zeit dichtete, dieser Eindruck hat sich bezeichnenderweise auch W. Suchier aufgedrängt; hält dieser den „regelmäßigen Wechsel von Vers und Prosa für das Eigentümliche der Gattung" und spricht er von der freien „Einmischung" von Versen in die Prosa, so muß er doch bemerken: „bezeichnenderweise beginnt und schließt (der Verfasser) die Dichtung mit Versen, so daß im Gegensatz zum Arabischen die Prosa zwischen die Verse eingelegt erscheint. Vermutlich hat die Rücksicht auf sein Publikum unseren Dichter dazu bestimmt, gesungene Versabschnitte an den Anfang und Schluß zu stellen: er näherte seine Dichtung damit ihrem äußeren Eindruck nach dem Volksepos an" (a. a. O. S. XXXVI).

Will man aus dem Gesagten nun Schlüsse ziehen auf die Art, wie *Aucassin und Nicolette* vorgetragen wurde, so wäre die Annahme wohl am sinnvollsten (vgl. dazu Roques a. a. O. S. VI), daß e i n Spielmann die Liedchen sang (wobei etwa das Publikum mit einstimmen konnte); er hätte die Hauptrolle gehabt. Ein zweiter Spielmann aber konnte, als eine Art von mittelalterlichem Conférencier, verbindend in Prosa fabulieren (nach dem vom Autor entworfenen Canevas), doch immer wieder auf den Sänger der Verse sich beziehend und ans Publikum gewandt: . . . *si con vos avez oï et entendu* . . .

Chantefable

Was aber hat der Dichter nur eigentlich mit der Bezeichnung seines Werkes als *Cantefable* sagen wollen? Das Wort ist im Französischen ja nur ein einziges Mal, eben im vorletzten Vers des Werkchens belegt. Suchier übersetzt (im Wörterbuch seiner Ausgabe) mit „Singerzählung, d. h. Dichtung, die aus gesungenen Versen und rezitierter Prosa besteht"; S. XII seiner Einleitung sagt er auch ausdrücklich, auf dem Wechsel von Gesang und Rezitation beruhe der Name *cantefable*, S. XXXVI, daß dieser Wechsel den Namen *cantefable* erst rechtfertige. Ähnlich versteht in Übereinstimmung mit G. Paris (vgl. oben) Mario Roques (a. a. O. S. III): « ce joli mot (chantefable) exprime bien l'originalité la plus apparente de la composition, le mélange régulier de laisses de vers assonancés, destinées à être chantées, . . . et de morceaux en prose, faits pour être dits . . . » Auch W. Hertz, Spielmannsbuch, 4. Aufl., S. 434, deutet *chantefable* als „Mischung von Prosa und Poesie".

Trifft diese Auffassung zu, dann müßte *chantefable* gebildet sein als *chante-fable*, d. h. als die Verbindung der 3. Personen singularis (oder der Imperative) von *chanter* und *fabler*. Es wäre also ein Wort wie *chante-pleure, tourne-vire, tire-laisse* usw.

Doch drängt sich eine andere Deutung des Wortes auf — in *fable* nämlich ein Substantivum, das grammatische Objekt zum Imperativ (oder zur 3. Person sing.) *chante* zu sehen. Dieser Wortbildungstypus ist bekanntlich noch geläufiger als der andere. Man vgl. *garde-robe, porte-chaise, porte-clef, porte-épée* usw. (Meyer-Lübke, *Hist. Grammatik der franz. Sprache* II, S. 167/). *Chantefable* wäre jetzt das „Singen einer Fabel". Daß das Wort so zu verstehen ist, geht fast mit Sicherheit aus seinem genus hervor. *Chantefable*, zusammengesetzt aus 2 Verbformen, wäre wohl Maskulinum, wie *tourne-vire, tire-laisse* u. dgl. (*Chantepleure*, dessen letzliche Herkunft ja auch umstritten ist, muß in seinem genus fem. wohl besonders erklärt werden). *Chantefable* aber ist femininum, wie aus der Femininform des Possessivpronomens *(no cantefable)* zwingend erhellt. D. h., daß das Sprachgefühl des Dichters von dem Substantiv *fable* gelenkt war, ähnlich wie sich das genus von *garde-robe* wohl aus dem Femininum *robe* herleitet.

Fabula ist nach mittelalterlichem Sprachgebrauch, der damit nur die lateinische Tradition fortsetzt, das Erdichtete (Gegensatz zu *historia*), vor allem, doch nicht ausschließlich (vgl. etwa Cloetta, *Beiträge zur Literaturgeschichte des Mittelalters und der Renaissance* I, 149) die erdichtete Erzählung. *Chantefable* muß daher, wenn unsere Deutung zutrifft, das Singen einer Märe, dann die gesungene Märe selbst, d. h. eine Märe sein, deren Besonderheit im gesanglichen Vortrag liegt. Die Schöpfung des Wortes bekommt so erst ihren rechten Sinn. Denn die Versmäre ward sonst ja nicht gesungen, sondern vorgelesen. Die Wiedergabe des Wortes *chantefable* durch „Singemäre" (wie W. Hertz übersetzt, nicht seine Deutung des Wortes) trifft daher den Sinn der Sache vollkommen. Die künstlerische Originalität des *Aucassin*-Dichters besteht darin, daß er die Technik der Dichtung geschichtlichen Anspruchs, die gesungene Laisse der *chanson de geste*, auf eine Märe, eine *fable*, einen novellistischen Stoff anwandte. Daß er seine Laissen durch den 7-Silbler der Lyrik annäherte, ist ein Beweis seines Stilgefühls. Die lyrisch getönte Laisse aber eignete sich natürlich nicht mehr dazu, in u n - unterbrochener, gleichförmiger Abfolge (in der Art der epischen Laissen der *chansons de geste*) den Gesamtstoff der Erzählung zu bewältigen. So mag der Verfasser auf den glücklichen Einfall gekommen sein, seine Liedchen im Vortrag nun durch freie Prosa, für die er den *canevas* lieferte, zu einer Einheit fügen zu lassen. Daß ihm keltische oder arabische Spielmannsgewohnheiten bekannt waren, ist möglich, wird sich aber nie beweisen lassen. Denn Mischung von Vers und Prosa ist eine Erscheinung, die offenbar, wenn auch mit verschiedener Akzentverlagerung, immer wieder anzutreffen ist. Das grundsätzlich Beachtenswerteste über sie (ohne Rücksicht darauf, ob es auf *Aucassin und Nicolette* Anwendung finden kann) dürfte der Aufsatz von Andreas Heusler, *Zs. f. deutsches Altertum*, Bd. 46 (1902), S. 189 ff., besonders S. 201 ff. enthalten.

Cahiers de l'Association Internationale des Etudes Françaises 12 (1960) S. 53—65.

LA PARODIE ET LE PASTICHE DANS ›AUCASSIN ET NICOLETTE‹

Par OMER JODOGNE

L'exégèse de cette œuvre a mérité, en 1950, ce jugement amer d'Albert Pauphilet: « Il y a des textes qui n'ont pas de chance avec l'infaillible postérité. Ils ont pris clairement parti, disent bien ce qu'ils veulent dire, ils semblent avoir la transparence et la pure résonance du cristal. Et pourtant il arrive que savants et artistes, dans cette postérité, se refusent à voir ce qu'ils voient, à entendre ce qu'ils entendent, et pendant des générations, surchargent, compliquent et finalement dénaturent la claire œuvre de jadis par d'obscures suites de contresens dont ils sont seuls responsables » [1]. Albert Pauphilet a démontré que l'auteur d'*Aucassin et Nicolette* « voyait bien le ridicule même des modes littéraires qui lui semblaient assez jolies, et qu'il les suivait, mais avec une pointe d'exagération parodique: c'était là toute sa moquerie » [2]. Sa conclusion, à mon avis, est vraie mais insuffisante, parce qu'il n'a pas étudié le texte d'assez près. J'irais plus loin que lui, en multipliant les observations de détail et en désignant mieux les genres littéraires imités ou parodiés.

Œuvre singulière, *Aucassin et Nicolette* l'est par sa forme. L'auteur l'appelle une *cantefable*, mais c'est pour nous un genre à exemplaire unique. Après de longue discussions, on admet aujourd'hui que ce composé de vers et de prose alternés, de morceaux chantés et de longues tranches parlées est un mime. Dans sa *Chrestomathie*, Albert Henry [3] le range dans la littérature dramatique, avant le

[1] *Le legs du Moyen Age*. Chap. VIII: Aucassin et Nicolette, p. 239.

[2] *Ibidem*, p. 248.

[3] *Chrestomathie de la littérature en ancien français*, I, p. 272—278.

Dit de l'herberie, Courtois d'Arras et *Le garçon et l'aveugle*. Un mime débité par deux jongleurs et non par un seul, comme le croit Pauphilet, car on ne peut expliquer que par un sujet pluriel cette formule-substitut de l'impersonnel *on*: « or dient et content et parlent (fablent ou fabloient) », formule qui annonce les parties en prose. Les deux jongleurs ont pu chanter le texte en vers, car telle tirade (la XXVIIe) contient à la fois un récitatif, une question de Nicolette et la réponse d'Aucassin, ce qui suppose trois tons qui se distinguent plus facilement si collaborent les jongleurs qui, à deux, on le sait, « dient et content et fablent » les parties en prose.

Mais, mise à part l'exécution de cette sorte de *dit* qu'est la *cantefable*, incontestablement, la matière d'*Aucassin et Nicolette* est celle d'un roman, d'un roman d'amour où celui-ci est fréquemment contrarié par les hommes et les événements et où, enfin, il s'épanouit dans le mariage.

Lisons le prologue:

Qui vauroit bons vers oïr
del deport du viel antif . . .

On s'est interrogé sur ce que voulait dire « deport », sur la personne que désignait « viel antif ». On a traduit: « Si l'on veut entendre de bons vers où s'est complu le vieux de la vieille . . . » Mais, cette année même, Miss M. Pelan [4] a proposé de lire *depart* dans ce texte où *o* et *a* sont paléographiquement confondus et, selon elle, on devrait comprendre: « Si on aime entendre de bons vers sur la séparation de deux beaux jeunes gens, Aucassin et Nicolette dont est coupable le très vieil homme (le comte Garin, le père d'Aucassin) . . . » Je m'écarterais de mon propos en discutant ici cette proposition ingénieuse; du moins, je dois renoncer à m'appuyer sur ces deux premiers vers pour ma démonstation.

Mais, même si dans les deux premiers vers, il n'est pas question de *deport*, d'amusement, dans les six derniers vers du prologue, il s'agit bien du plaisir qu'on procurera aux lecteurs:

[4] *Le départ du viel antif*, dans *Neuphilologische Mitteilungen*, LX, 1959, p. 180—185.

Nus hom n'est si esbahis,
tant dolans ni entrepris,
de grant mal amaladis,
se il l'oit, ne soit garis
et de joie resbaudis . . .

Il est incontestable que l'auteur pense aux souffrants, aux tristes, aux malades au sens commun du mot, et non aux malades d'amour. Or, il n'existe pas une seule œuvre des XIIe et XIIIe siècles où l'auteur prétende avoir écrit pour le plaisir de ses auditeurs. Mais, par hasard, Rabelais nous dit à peu près la même chose, dans le prologue de *Gargantua*:

Pour tant, interpretez tous mes faictz et mes dictz en la perfectissime partie; ayez en reverence le cerveau caseiforme qui vous paist de ces belles billes vezées, et, à vostre pouoir, tenez moy tousjours joyeulx.

Or esbaudissez vous, mes amours, et guayement lisez le reste, tout à l'aise du corps et au profit des reins! (Prologue, p. 17 de l'éd. A. Lefranc).

Au XIIe et au XIIIe siècle, les auteurs de romans et les auteurs épiques revendiquent d'autres intentions. Ils veulent instruire ou édifier par un exemple, user utilement leur sens plutôt que d'être oisif . . . Sincères ou non, ils recourent au *topos de l'exorde*, comme le définit E.-R. Curtius. Et voici que l'auteur d'*Aucassin et Nicolette* se révèle réactionnaire en le bannissant. Dès lors, comme il annonce une œuvre divertissante, notre attention est éveillée et nous devons saisir, dans le récit, du comique.

Et, de fait, des traits plaisants apparaissent bientôt, sans qu'ils soient soulignés. Nicolette était sarrasine; elle porte un nom chrétien, peut-être depuis son baptême. Mais Aucassin est un chrétien français, né de parents chrétiens: il porte un nom arabe! Et, m'attachant au procédé cocasse qui a inspiré cette attribution de nom, je le conçois comme un premier signalement du personnage. Son caractère sera inattendu, lui aussi.

Il pleure de douleur (VII 9) et de désespoir (VII 19) lorsqu'il apprend que Nicolette lui a été soustraite par le vicomte sur l'ordre de ses parents. Il pleure (XII 35, XIII 9) et croit mourir (XI 40—41) lorsqu'il est prisonnier à son tour. Il pleure dans la forêt parce qu'il n'y trouve pas Nicolette (XXIV 10—11) et le bouvier le voit en larmes (XXIV 30, 43, 61). Il pleure lorsque, revenu à Beaucaire, il songe à son amie (XXXIX 9). Il pleure enfin parce qu'après l'annonce de son arrivée, elle tarde huit jours à le rejoindre (XL 39).

Des héros épiques et des amants pleurent au moyen âge et on pourrait ne pas relever cette expression de la douleur plus extériorisée qu'à notre époque. « Ce qui frappe le lecteur moderne, vient d'écrire Paul Rousset, c'est d'abord la propension aux larmes chez des guerriers dont la volonté de violence éclate partout » [5]. Mais, il semble surprenant que Nicolette ne pleure jamais ni dans sa geôle, ni dans l'escalade du fossé, ni dans la forêt où elle craint les « bestes sauvages » et la « serpentine » (XVI 25—27).

Nicolette a du courage et elle est ingénieuse: elle a trouvé le moyen de s'échapper de la chambre où le vicomte la retenait; elle réussit à désigner son nouveau refuge à Aucassin, en payant des bergers rétifs, en dressant la loge de feuillage; elle s'échappe enfin de Carthage et regagne Beaucaire après avoir conçu un bel « engien », apprenant à jouer de la vielle et s'habillant en homme. Pauphilet a dit d'elle: « En somme, une héroïne qui conduit l'action bien plus que son partenaire masculin . . . » [6]. Car Aucassin ne prend aucune initiative: il ne s'évade pas de la prison, il ne part pas à la recherche de son amie (c'est un chevalier qui lui conseille de sonder la forêt), il ne sait où conduire Nicolette lorsqu'il l'a retrouvée (XXVII 9—14) et, rentré à Beaucaire, il se désole, désespéré, sans aucun projet de quête (XXXV 10—15).

Ce bel amant (II 10—18) est un pleurnichard, sans dynamisme inventif. Nous percevons maintenant ce qu'a de plaisant cette annonce du prologue:

des grans paines qu'il soufri
et des proueces qu'il fist . . .

Aucassin est un bel amant comme tant d'autres, mais, pour le reste, un caractère opposé à celui de tous les autres. Et telle est une des formes de la parodie.

[5] *Recherches sur l'émotivité à l'époque romane*, dans les *Cahiers de Civilisation médiévale*, XIe—XIIe siècles, II, 1959, p. 58.

[6] *Art. cit.*, p. 247.

Il en est une seconde, c'est l'outrance, l'exagération du pouvoir de l'Amour. Nicolette est pour Aucassin « la tres douce amie qu'il aime tant »: cette épithète est vingt fois répétée. C'est une référence au principe énoncé dès le début de l'œuvre: « Amor qui tout vaint » au point que le jeune noble qui en est atteint, ne veut ni « estre cevalers, ne les armes prendre, n'aler au tornoi, ne fare point de quanque il deust » (II 15—18). Remarquez ce dernier membre de phrase qui résume les précédents: l'Amour possède Aucassin au point qu'il renonce à tous ses devoirs. C'est là l'outrance, très gratuitement attribuée à l'Amour. En fait, cette divinité a suscité les exploits de certains héros comme Lancelot. Mais, pour peu qu'elle s'empare d'une âme peu consciente de ses devoirs d'état et de son honneur de caste, elle la paralyse le plus souvent, ne l'animant que lorsque l'activité aboutit *immédiatement* à la satisfaction de la passion. Aucassin sera un héros lorsque lui seront promis un seul baiser de son amie et un brin de conversation avec elle. Il ne sert que l'Amour, refusant toute conciliation avec ses obligations de fils d'un père « vieux et frêle », d'héritier présomptif d'un comté menacé, méprisant la tradition qui condamne toute mésalliance avec une fille non noble, « une caitive d'estrange terre » à qui n'est destiné qu'un « baceler qui du pain li gaaignera par honor » (II 29—33).

Pour réaliser l'étrangeté de cette attitude, il faut se souvenir des principes défendus par Chrétien de Troyes, surtout dans *Erec et Enide* et dans le *Chevalier au Lion*: la conciliation entre les devoirs conjugaux et l'activité professionnelle. L'Amour « qui tout vaint », cet amour ovidien, s'emparant d'une âme mal équilibrée, de peu d'intelligence, dénuée du sens de la mesure, rendra sa victime ridicule. Aucassin sera d'abord un recréant, puis, aveuglé par l'amour, il blasphémera contre les valeurs unanimement respectées. Contre la religion d'abord, préférant l'enfer au ciel, si du moins il s'y trouve avec Nicolette, sa très douce amie (VI 24—39). Et surtout, se croyant le meilleur disciple de l'Amour, il comptera pour rien l'amour de la femme qu'il aime, bien plus conscient celui-là et bien plus efficace que le sien: « Ce ne porroit estre que vos m'amissiés tant que je fac vos. Femme ne puet tant amer l'oume comm li hom fait le femme; car li amors de le femme est en son oeul et en son le cateron de sa mamele et en son l'orteil del pié; mais li amors de l'oume est ens el cué plantee, dont ele ne puet iscir » (XV 16—22). Voyez l'outrance comique de cette formulation qui rappelle l'outrance des évocations du ciel et de l'enfer. Les deux déclarations sont corrélatives. On comprend mal qu'on ait voulu entrevoir l'incrédulité religieuse de l'auteur; on n'a pas perçu l'ironie des deux passages, dont le dernier est opposé à l'opinion toute sereine et si réservée de Nicolette: « je ne quit mie que vous m'amés tant con vos dites; mais je vous aim plus que vos ne faciés mi » (XIV 15—16). Aveu d'une sincérité qu'illustreront le courage et les initiatives de Nicolette. Car son amour est respecté par l'auteur, il est chéri de lui comme toute la personne de cette jeune amante. L'Amour n'est pas vilipendé; il est moqué uniquement parce qu'il est accueilli par un insensé, un réfractaire au statut social, un pusillanime. Ainsi logé, l'Amour paraît outré. Le procédé d'exagération est, donc, pour ainsi dire, le corollaire du premier procédé de l'auteur: le choix d'un personnage, contre-pied de ses émules littéraires.

Car il est bien vrai que l'Amour, chez Aucassin, n'est qu'une fièvre aiguë. Son intelligence n'est pas animée par l'Amour: il n'imagine rien pour retrouver son amie. Dans le fameux « cantique à l'étoile » bien mal dénommé, Aucassin, dont l'épaule vient d'être démise lors d'une chute stupide dont un auteur préserve tout héros sérieux, Aucassin souhaite rejoindre son amie dans l'étoile. C'est fort joli et nous apprécions ces vers romantiques, sans songer que les étoiles n'avaient pas d'emploi dans la littérature médiévale. Et nous fermons les yeux sur cette préoccupation d'Aucassin: il prévoit, pour son voyage, un billet de retour, « que que fust du recaoir, que fuisse lassus o toi (XXV 10—11). Il feint de ne pas s'inquiéter de la chute, au retour, lui qui est tombé de son cheval parce qu'il était trop haut (quel héros épique!) et parce qu'une pierre l'a blessé au point qu'il doit ramper. Ces détails du « cantique à l'étoile » suggèrent assez la bouffonnerie de l'épisode.

Cette bouffonnerie n'est pas unique dans les tirades d'Aucassin. Elle est dans les mots: « Et puis que j'arai la teste caupee, ja mais ne parlerai à Nicolete me douce amie que je tant aim » (X 18—20). La bouffonnerie s'associe adroitement au sérieux et c'est vraiment le secret de l'auteur de partir d'une expression naturelle vers l'outrance comique. Dans sa prison, Aucassin évoque Nicolette, « flors de lis, douce amie o le cler vis ». Epithètes traditionnelles, bien méritées assurément. Mais il poursuit: « plus es douce que roisins ne que soupe en maserin » (XI 12—15). Peut-être pouvait-on comparer la douceur d'une amie à celle du raisin, mais que peut-on penser de la douceur d'un morceau de pain trempé (une soupe) dans une écuelle de bois? Autrefois, en 1932, avant son étude de 1950, Pauphilet s'était affreusement mépris en osant traduire cette *soupe au maserin* par « coupe de breuvage aux lèvres qui ont soif »! Selon Aucassin, Nicolette aurait guéri un pèlerin de l'*avertin* (de la folie) en lui montrant le bas sa *gambette* (XI 15—31). Il y a moins de cinquante ans, de vieux messieurs, apercevant une belle cheville ... perdaient la tête.

Mais, bien plus, la bouffonnerie des discours d'Aucassin se double de la folie de ses réactions psychologiques. A deux reprises, il prétend que, s'il apprenait qu'un passant aurait violé Nicolette, lui, Aucassin, se tuerait. Tour autre que lui serait dévoré par la vengeance. Il est curieux, je l'ai dit déjà, qu'Aucassin soit d'une nature telle que le suicide est pour lui une solution dont il s'honore.

Aucassin est un insensé malencontreusement habité par l'Amour, pour notre plus grand plaisir. C'est en insensé que son père le traite lorsqu'il refuse de tenir sa parole après l'exploit de ce fils qui ne renonce pas à une mésalliance. On a incriminé ce père injustement, sans remarquer que, dans le même épisode, le sarrasin Bougar de Valence, menacé de mort, promet à Aucassin de ne cesser d'attaquer son père: des paroles, sans plus, contenter un fol Aucassin, car Bougar n'attaquera plus Garin de Beaucaire. Ces deux personnages ne sont pas déloyaux; ils ont menti comme on ment à un malade, ou mieux à un fou qu'on voudrait interner. Ils sont très sages, en somme; ils ne veulent pas « baer a folie ».

Ces trois procédés, le jeu permanent de contre-pied [7], l'exagération et la bouffonnerie réussiraient à avilir un héros de roman, si l'auteur délicat de notre *cantefable* n'avait précisé le niveau audessous duquel Aucassin ne peut être ravalé. C'est un fou au pays des sages: les sages, c'est son père, le vicomte, le comte sarrasin et

[7] Je reprends cette expression à A. Pauphilet, *art. cit.*, p. 243.

même le bouvier. Mais, toutefois, Aucassin est un sage au pays des fous de Torelore, où les hommes croupissent dans la couvade, où une femme conduit l'armée, où l'on se bat en se lançant des pommes pourries et des fromages frais. Gaston Paris, trompé sur l'esprit de l'œuvre, a jugé l'épisode de Torelore ennuyeux autant qu'absurde [8]. Gustave Michaut l'à rejeté dans l'appendice de sa traduction [9]. Comme l'écrit Pauphilet « on a commis, jadis et naguère, le contresens de ne pas reconnaître dans toute l'œuvre la veine parodique de l'épisode de Torelore et de supprimer cet épisode comme une dissonante interpolation » [10]. Cet épisode est nécessaire à la détermination de la valeur d'Aucassin. Le jeu de contre-pied s'y manifeste plus que partout ailleurs, comme le dit Pauphilet: c'est un aimable pays où les choses se passent au rebours du nôtre. Mais, par un effet de contraste, ce contre-pied sert de repoussoir à la personnalité d'Aucassin, grandie cette fois, tandis qu'à Beaucaire, par le même procédé, elle était ridiculisée. La première utilité de cet autre monde est de retrancher ce que la satire avait de démesuré.

L'Amour, aussi, autant que le caractère d'Aucassin, aurait pu se révéler ridicule après la lecture de la *cantefable*, si la divinité n'avait trouvé en Nicolette un habitacle digne d'elle. En Nicolette, l'Amour est toute efficience; il est profond comme le prétend l'héroïne elle-même à la face d'Aucassin. L'Amour y paraît doux, confiant, fervent et ingénieux: c'est même l'amour de Tristan qui imagine un déguisement pour conter son idylle à celle qui l'a partagée. N'est-ce pas le thème des *Folies* d'Oxford et de Berne?

Ainsi donc, l'épisode de Torelore et les vertus de Nicolette tempèrent la satire, respectivement, de l'amant insensé et de l'Amour qui ne se ridiculise que parce qu'il s'incarne dans un fol adolescent.

A la parodie est associé le pastiche. La forme semi-dramatique du mime est extérieure au contenu: ce n'est qu'une particularité de la récitation. De même, nous avons connu, dans notre littérature ro-

8 *Romania*, VIII, p. 291.

9 Aucassin et Nicolette . . . Paris, 1947 (*Poèmes et récits de la vieille France*).

10 *Art. cit.*, p. 248.

manesque moderne, des romans dialogués et un « Roman des quatre « constitué d'épîtres [11].

Le contenu de notre *cantefable* ressortit non pas au roman d'aventures, comme le prétend Pauphilet, mais au roman idyllique du type de *Floire et Blanchefleur*, qu'avec beaucoup d'exactitude, son éditrice, M. Pelan, a dénommé ainsi [12]. Notre auteur a conçu « un amour capable de vaincre tous les obstacles matériels et d'avoir raison de toutes les passions égoïstes des hommes. C'est l'idylle ». J'en prends à témoin le prologue: l'histoire

de deux biaus enfans petis,
Nicholete et Aucassins,
des grans paines qu'il soufri
et des proueces qu'il fist
por s'amie o le cler vis.

Ce que fit Aucassin pour épouser Nicolette. Par ironie, l'auteur nous parle du piètre Aucassin, il feint de négliger les seuls vrais exploits et les angoisses affreuses de la vaillante Nicolette.

C'est un roman idyllique. L'amour trouve son couronnement dans le mariage après avoir été contrarié à Beaucaire, à Torelore et à Carthage. Mais c'est un roman idyllique dont l'auteur n'a pas respecté les exigences traditionnelles et bien connues des lecteurs. Pauphilet l'a bien vu.

La genèse de l'amour ne l'intéresse pas; et la victoire sur les obstacles est obtenue d'une façon si désinvolte qu'il faut bien admettre qu'on se moque des modes littéraires. En effet, si le père d'Aucassin refuse le mariage, c'est parce que Nicolette est une ancienne prisonnière sarrasine, non noble. Or Nicolette se découvre plus tard fille du roi de Carthage: l'obstacle est donc franchi. Mais c'est inutilement, car les parents d'Aucassin sont morts. Elle se découvre fille du roi de Carthage, comment? En reconnaissant les murs du château et le pays de sa prime enfance et, tout de suite, l'auteur nous dit « qu'ele ne fu mie si petis enfes que ne seust bien qu'ele avoit esté

[11] Ecrit par Paul Bourget, Gérard d'Houville, Henri Duvernois et Pierre Benoit. Paris, Plon, 1937.

[12] Paris, Les Belles-Lettres, deuxième édition, 1956, p. 20—22.

fille au roi de Cartage et qu'ele avoit esté norie en le cité » (XXXVI 10—12). C'est se moquer du monde. Que Nicolette ait oublié le nom d'un pays qu'elle avait quitté très tôt, admettons-le; mais qu'elle ne se soit plus souvenue d'être la fille d'un roi, puis, que les murs de Carthage lui aient rappelé soudain sa destinée, bien plus, que le roi de Carthage l'ait crue sur parole (XXXVIII 7—8), c'est invraisemblable. L'auteur d'*Aucassin et Nicolette* se refuse à la technique des romans idylliques: un enfant abandonné se fait reconnaître soit par une pièce d'étoffe dont on l'a enveloppé lors de son malheur, soit par une cicatrice. Ce procédé est bien connu et de nous et des lecteurs des XIIe et XIIIe siècles. Avec désinvoltute, on le néglige ici, on méprise ce truc. L'auteur semble dire: « Vous savez comment se déroulera l'histoire; il est inutile que je vous en expose en détail le canevas. Comme dans les romans que vous connaissez bien, tout finira bien ». Nous lisons, dans la dernière laisse, qu'Aucassin a épousé Nicolette,

puis vesquirent il mains dis
et menerent lor delis.

Comme dans nos contes de fées, ou à peu près.

Ainsi, le pastiche est particulier. On s'amuse du genre emprunté, genre assez connu pour qu'on puisse se permettre de lui soustraire les rouages qui manifestent le plus d'artifice. Les omettre, c'est considérer comme négligeable ce sur quoi insistaient les devanciers; c'est donc se moquer de ces procédés classiques. Telle est la satire d'un genre qu'on emprunte; c'est le pastiche en somme.

Parmi les épisodes du roman, il en est qu'on attend, mais dont les effets sont surprenants. Ainsi, l'épisode de Torelore est bien, comme dit Pauphilet, « une charmante caricature des aventures extraordinaires qu'inventent les romanciers: châteaux à mâles coutumes, à traditions ou obligations parfois biscornues et souvent cruelles ». Ensuite, « les pirates de cet ironique auteur ne peuvent pas être comme les autres » (ceux du *Guillaume d'Angleterre*, par exemple); « ils vont en apparence saccager, mais pour tout arranger » [13].

Ainsi, *Aucassin et Nicolette* emprunte sa structure au roman

[13] *Art. cit.*, p. 244.

idyllique, mais traite de façon badine les procédés et les thèmes du genre.

Il y a plus. Ce qui fait le charme de l'œuvre, c'est que dans le cadre du roman idyllique, s'insèrent des éléments variés caractéristiques de la chanson de geste et de la poésie lyrique. Dès que l'intrigue du roman idyllique est énoncée (Aucassin épousera-t-il Nicolette?), s'engage une action épique semblable aux traditionnelles attaques contre un château d'Aimeri de Narbonne. « Et li cris lieve et la noise, et li cevalier et li serjant s'arment et qeurent as portes et as murs por le castel desfendre, et li borgois montent as aleoirs des murs, si jetent quariaus et peus aguisiés. Entroeusque li asaus estoit grans et pleniers . . . » (VIII 4—9). Nous reconnaissons des clichés de la chanson de geste et c'est la mêlée, et non le duel du roman. Toutefois, le personnel est celui du XIIIe siècle, car aux sergents se joignent les bourgeois. Très finement, Albert Pauphilet a analysé les phases de ce combat comique; il remarqué, entre autres détails, que Bougar ne s'est pas défendu plus héroïquement qu'Aucassin. « Il est même ensuite traîné plus ignominieusement, puisqu'il l'est par le nasal » [14]. Un autre combat épique est celui de Torelore où pommes pourries et fromages frais donnent à l'épisode une teinte voisine des combats d'*Audigier* [15]. Ainsi, la chanson de geste est assurément pastichée et parodiée.

Par contre, la poésie lyrique à quoi l'auteur fait appel pour embellir son œuvre est mieux respectée. Nors remarquons une chanson d'aube charmante que débite le guetteur, et c'est même la forme primitive du genre (XV). Ailleurs, ce sont des scènes de pastourelle qui ont fourni les types de bergers insouciants, matérialistes et traditionellement revêches en présence du chevalier: la chanson qu'ils composent pourrait même passer pour une composition d'Adam de la Halle. Mais le prétendu « cantique à l'étoile » est un *grand chant* parodié, une sotte chanson.

Pastiche et parodie de l'amoureux, pastiche et parodie de trois genres littéraires s'imbriquent dans cette jolie œuvrette, mais avec tant de modération que sont sauvegardées les valeurs essentielles de

[14] *Art. cit.*, p. 243.

[15] Voir mon étude dans *Le Moyen Age*, LXVI, 1960, 495—526.

la vie médiévale comme de la littérature, le racisme nobiliaire, la prouesse chevaleresque et surtout la vertu exaltante de l'Amour.

Note complémentaire

Dix ans après la publication de cette étude, l'auteur a cru démontrer que notre chantefable est une imitation amusante et poétique de *Clarisse et Florent*, chanson de geste romancée qui constitue une des suites de *Huon de Bordeaux*. On pourra lire ce complément de recherche dans les *Mélanges de langue et de littérature du moyen âge et de la Renaissance offerts à Jean Frappier* (Genève, Droz, 1970), pp. 453—81.

Medium Aevum Vivum. Festschrift für Walther Bulst. Heidelberg 1960, S. 179—206.

FORM UND AUFFASSUNG DER ALLEGORIE IN DER TRADITION DER ›PSYCHOMACHIA‹

Von Prudentius zum ersten *Romanz de la Rose*

Von Hans Robert Jauss

Der Zugang zum Verständnis allegorischer Dichtung ist für den Leser unserer Zeit seit langem verschüttet. Es scheint daher ratsam, bei dieser Betrachtung zunächst von der Situation eines Lesers auszugehen, dem im XIII. Jahrhundert dieser Zugang noch offen stand oder, genauer gesagt, eine Selbstverständlichkeit war. Guillaume de Lorris, der größte Allegoriker dieser Epoche, führte ihn allmählich und in fast unmerklichen Übergängen aus der ihm vertrauten höfischen Welt in das traumhafte Geschehen seiner Allegorie hinein. Denn obschon der Dichter seine Erzählung als einen Traum ausgibt und ankündigt: *La matire en est bone e nueve* [1], ist die Bedeutung der Szenerie seines geträumten Aufbruchs und Weges zunächst noch ganz dieselbe, wie sie seinem Publikum immer schon aus der höfischen Dichtung bekannt war. Daß der Mai-Eingang den *tens amoreus, plein de joie* (v. 48) bedeute, bedarf an sich kaum einer Erklärung, so wenig wie die ausgeführte Metapher vom ‚neuen Kleid der Erde', mit der — wie der Dichter hier noch eigens erläutert — die Blumen des Frühlings gemeint sind [2]. Auch der schöne Fluß, den er sodann zum ersten Mal erblickt, wird erst noch mit der Seine verglichen, bevor er sich in seinen klaren Wassern das Gesicht erfrischt (v. 103 ss.). Für das erste Erscheinen allegorischer Figuren, die ihm

[1] Le Roman de la Rose, par Guillaume de Lorris et Jean de Meun, publié d'après les manuscrits, ed. E. Langlois, 5 vol., Paris 1914—24 (SATF), II v. 39; im folgenden nach dieser Ausgabe im Text nur mit Angabe der Verszahl zitiert.

[2] Es handelt sich hier um ein Beispiel für Allegorie als rhetorische Figur.

bei der Annäherung an den Garten vor Augen treten, findet sich eine überraschend einfache Erklärung. Es handelt sich um zehn in Gold und Azurblau gemalte Bilder (*images e pointures*), die der Besitzer des Gartens auf der Außenmauer anfertigen ließ (v. 134, 596 ss.). Das Edelfräulein, das den jungen Mann hineinführt, unterscheidet sich nicht im mindesten von der gastfreundlichen ‚pucele' der höfischen Romane und gibt auch bei ihrer hinausgeschobenen Vorstellung (v. 582 ss.) noch nicht ausdrücklich zu erkennen, daß ihr Name *Oiseuse* eine allegorische Wesenheit bedeutet. Die wiederum zehn Figuren der nächsten allegorischen Konstellation bewegen sich mit ihren *amis* und *amies* in der *carole* nicht anders, als es auch eine beliebige Gesellschaft von feinster höfischer Kultur tun würde. Und wenn *Amor* in einem wunderbaren Blumenkleid und später *Venus* mit der lodernden Fackel zwischen den höfisch stilisierten Personifikationen erscheint, beeilt sich der Dichter sogleich, das Übernatürliche ihrer Erscheinung auf natürliche Weise plausibel zu machen, indem er daran erinnert, daß er ja den Inhalt eines Traumes erzähle und ihm dort (*si come lors m'iert avis*, v. 639) der Garten eben als ein irdisches Paradies erschienen sei [3].

Guillaume de Lorris, der hier und anderweitig darum bemüht ist, dem ‚sensus litteralis' seiner Fabel für sein höfisches Publikum ein Höchstmaß an Wahrscheinlichkeit zu geben, ist andererseits aber auch darauf bedacht, es ständig auf die allegorische Differenz zwischen Gestalt und Bedeutung seiner Fabel und ihrer Figuren hinzuweisen. Dazu dienen ihm eingestreute Einzelerklärungen, wie etwa im Falle des weißen Gewandes von *Franchise* (*La sorquenie . . . Senefioit que douce e franche Estoit cele qui la vestoit*, v. 1221 ss.), Erläuterungen zu dem Wesen einer Figur, wie z. B. bei *Richece* (*Ce n'est mie ne d'ui ne d'ier Que riches genz ont grant poissance De faire e aïde e grevance*, v. 1024 ss.), oder auch einmal die Verdeutlichung durch ein ‚essemple', wenn er nach der Beschreibung der *fontaine au bel Narcisus* deren Bedeutung eigens auslegt (v. 1533 ss.). Von all diesen Erklärungen, die *Ars amandi* einbegriffen, in der *Amor* den

[3] Ähnliche Wendungen mit *sembler* kehren auch weiterhin beim Vergleich allegorischer Erscheinungen mit überirdischen Wesen wieder, vgl. v. 664, 902, 725, 3428.

Amant vor seiner Annäherung an den Rosenhag selbst unterweist, bleibt indes der ‚sensus allegoricus' der ganzen Fabel unberührt — jene *verité, qui est coverte* (v. 2073), von der Guillaume an mehreren Stellen seines Werkes sagt, daß er sie erst am Ende enthüllen wolle, die uns aber vorenthalten blieb, weil er dieses Ende offenbar nicht mehr geschrieben hat [4]. Solche Hinweise auf die noch ausstehende ‚senefiance' des Ganzen finden sich bezeichnenderweise gerade an den Stellen, wo der Dichter allgemeine Lehren seiner *Ars amandi* unverhüllt darlegt, nämlich bei den zehn Pfeilen Amors, bei der *fontaine au bel Narcisus* und bei den *Comandemenz Amor* [5], also gerade dort, wo der Leser glaubt, es sei ihm eigentlich schon alles ausgelegt und klar. Wenn aber ein Element der Fabel wie die *Fontaine d'Amors*, von dem Guillaume voraussetzte, daß es seinem Publikum schon von anderen Dichtern her völlig vertraut war [6], und das er selbst soeben wieder ausführlich beschrieben hat, im *Romanz de la Rose* gleichwohl noch ein *mistere* (v. 1602) enthält, das über seine Erscheinung hinausweist, so ist auch nicht anzunehmen, daß in der Beschreibung der allegorischen Wesenheiten, die uns der Dichter in personifizierter Gestalt vor Augen führt, schon ihre ganze Bedeutung zutage tritt. Die uns vorenthaltene ‚senefiance' muß vielmehr in dem situationsbedingten Erscheinen der Figuren und ihrer Beziehung auf Amant und Dame gesucht werden, d. h. im allegorischen Sinn des Geschehens, in das Guillaume die expliziten und längst bekannten Lehren seiner *Ars amandi* sogleich wieder umgesetzt hat. Dazu wird vom Leser erfordert, daß er den ‚sensus litteralis', d. h. die vordergründige Handlung, nicht als bloßen Ver-

[4] Auf diese Stelle hat besonders N. Zingarelli, L'allegoria del Roman de la Rose, in: Studi dedicati a Francesco Torraca . . ., Napoli 1912, p. 499—502, aufmerksam gemacht; dem ist noch v. 1600 ss. hinzuzufügen.

[5] Vgl. v. 978 ss., 1600 ss., 2067 ss.

[6] Vgl. v. 1597 ss:

La Fontaine d'Amors (. . .)
Don plusor ont en maint endroit
Parlé en romanz e en livre;
Mais jamais n'orroiz miauz descrivre
La verite de la matere
Quant j'avrai espons le mistere.

weisungszusammenhang abtut, sondern sie als bildhafte Deutung des ‚sensus allegoricus' ständig vor Augen behält. Denn — mit C. S. Lewis zu sprechen — "Allegory, after all, is simile seen from the other end; and when we have seen the point of simile we do not throw it away [7]".

Der Leser unserer Zeit, der sich wieder einen Zugang zu der allegorischen Dichtung des Mittelalters suchen will, sieht sich bald, wie der Amant bei seiner Annäherung an den Rosenhag, von einem Reigen befremdlicher Figuren umstellt, die ihn bei seinem Unternehmen keineswegs ermutigen. Im Reigen dieser Figuren, will sagen: der Philologen, kann einzig Lewis die Rolle eines *Bel Acueil* für sich in Anspruch nehmen und würde Karl Vossler und Emil Winkler die eines *Dangier* oder *Male Bouche* zufallen [8]. Der letztere hat die bei anderen Forschern mehr oder weniger verhüllte Abweisung am schroffsten zum Ausdruck gebracht, als er 1924 seiner Theorie des dichterischen Kunstwerks den Satz voranstellte, die Allegorie habe „in der Ästhetik keinen Platz" [9]. Es wird sich zeigen, daß dieses Verdikt letztlich von der Poetik der deutschen Klassik beeinflußt ist. Ihre Unterscheidung zwischen Symbol und Allegorie hat wesentlich zur Abwertung der allegorischen Dichtform beigetragen, die auch in der Geschichte der literarischen Forschung einen deutlichen Niederschlag gefunden hat. Die Tradition der Allegorie ist als gemeinsames Erbgut der romanischen Literaturen noch nie in ihren großen geschichtlichen Zusammenhängen, auch nicht im Mittelalter, der Epoche ihrer ersten großen Blüte, dargestellt worden. Die Romanistik besitzt kein Werk, das sich den Darstellungen an die Seite stellen ließe, die Lewis der Allegorie der Liebe in der von

[7] The Allegory of Love: A study of medieval tradition, Oxford 1936 ([7]1953), p. 125. — Zur Tradition des Begriffes ‚senefiance' in der mittelalterlichen Poetik und seiner Aufnahme in die afrz. Literatur kann hier auf einen Aufsatz von R. Guiette: Symbolisme et ‚senefiance' au Moyen-Âge, in: *Cahiers de l'Association Internat. des Etudes Françaises*, n° 6, juillet 1954, p. 107—122, verwiesen werden.

[8] K. Vossler, Frankreichs Kultur und Sprache, Heidelberg [2]1929, S. 136 (vgl. dazu S. 76 f.), sowie ders., Die Göttliche Komödie, Heidelberg [2]1925, S. 545 ff.; E. Winkler, Das dichterische Kunstwerk, Heidelberg 1924, S. 9 ff.

[9] Ebda. S. 10.

Chaucer, Gower und Spenser zu Ende geführten Tradition und W. Benjamin der Allegorie im deutschen Trauerspiel des Barocks gewidmet haben [10]. Die Geringschätzung der Allegorie macht sich selbst noch in Monographien über Dichter geltend, die in dieser Tradition eine erste Stelle einnehmen. Jean de Meun, der die allegorische Form nicht mehr ernst nahm [11], hat fast das ganze Interesse der Forschung auf sich gezogen, während Guillaume de Lorris, der die allegorische Tradition auf einen neuen Gipfel führte und bis ins Letzte verfeinerte, der Forschung bis zu Paré und Gunn offenbar keine Probleme mehr aufgab [12]. Die einschlägige Untersuchung über den mittelalterlichen Symbolismus und seine Vollendung durch die *Divina Commedia* von Helen F. Dunbar sieht in der personifizierenden Allegorie nicht viel mehr als eine Entartung des ‚wahren' Symbolismus, die mit der Methode des mehrfachen Schriftsinns und ihrer Umsetzung in literarische Gestaltung nichts gemein habe. Für die Verfasserin beruht die Form der Allegorie in der so mächtigen Tradition der *Psychomachia* lediglich auf willkürlicher Assoziation und barer Phantastik, weshalb sie Dante auch nur noch als pittoreske Verzierung benutzt habe [13]. Nicht weniger rigoros wollte Erich

[10] C. S. Lewis, op. cit.; W. Benjamin, Ursprung des deutschen Trauerspiels, Berlin 1928, jetzt in: Schriften, Frankfurt 1955, Bd. I, S. 141—365. Die hier noch zu nennende ältere Darstellung von Chandler R. Post, Mediaeval Spanish Allegory, Cambridge 1915 (*Harvard Studies in Comparative Literature*, vol IV) ist infolge ihrer problematischen Scheidung von Allegorie und Symbol und ihrer isolierenden, auf eine Nationalliteratur eingeschränkten Betrachtung längst revisionsbedürftig.

[11] Vgl. dazu Zingarelli, a. a. O. p. 502; Lewis, a. a. O. p. 137.

[12] G. Paré, Le Roman de la Rose et la scolastique courtoise, Paris 1941 (*Publ. de l'Inst. d'Etudes méd. d'Ottawa, X*); Alan M. F. Gunn, The Mirror of Love — A reinterpretation of the Romance of the Rose, Lubbock/Texas 1952. Der erste Rosenroman tritt bei beiden Forschern völlig in den Hintergrund; der erstere behandelt das Allegorische gar nicht, der letztere muß es aus Systemzwang auf die eine „basic allegory" der Rose reduzieren (p. 91), um die von ihm behauptete kompositorische Einheit zwischen dem Werk Guillaumes und seiner Weiterführung durch Jean de Meun aufrechterhalten zu können.

[13] Helen F. Dunbar, Symbolism in Mediaeval Thought and its consummation in the Divine Comedy, New Haven 1929, p. 278—281.

Auerbach typologische und ‚abstrakte' Allegorie als zwei unabhängige Traditionsströme unterschieden wissen. Daß diese Scheidung auch für ihn eine implizite Höherbewertung der symbolkräftigen Typologie einschloß, zeigt sich schon in seiner Bezeichnung ‚personifizierte Abstraktionen' für die Tradition der *Psychomachia* an, die er bei seinen Untersuchungen nicht weiter in Betracht zog [14]. Die Frage nach dem Verhältnis von Typologie und Allegorie und nach dem geschichtlichen Wandel ihrer Formen gehört schließlich zu den Lücken im Mittelalterbuch von E. R. Curtius, obwohl gerade er in seinem Kapitel über die ‚Göttin Natura' mit Bernardus Silvestris und Alanus ab Insulis den Neueinsatz allegorischer Dichtung im XII. Jahrhundert wieder in den Mittelpunkt des Interesses gerückt hat [15].

Dieser Neubeginn wurde von Huizinga in einer Weise beschrieben, die das latente Richtmaß der Poetik Goethes und der deutschen Klassik offen zutage treten läßt: „Die Allegorie ist der auf die oberflächliche Einbildungskraft projizierte Symbolismus, der vorsätzliche Ausdruck, und damit auch das Erschöpfen eines Symbols, die Übertragung eines leidenschaftlichen Schreies in einen grammatikalischen Satz." Sie habe „als literarischer Ableger des ausgehenden Altertums, verkörpert in den allegorischen Machwerken eines Martianus Capella und eines Prudentius" in das mittelalterliche

[14] E. Auerbach, Typologische Motive in der mittelalterlichen Literatur, Krefeld 1953 (*Schriften und Vorträge des Petrarca-Instituts Köln*, II). Zum Gegensatz von Allegorie und ‚echter Dichtung' vgl. ferner: Neue Dantestudien, Istanbul 1944 (*Istanbuler Schriften* Nr. 5), S. 62, 69 und 76, wo Auerbach Figuration und personifizierende Allegorie ebenso scharf entgegensetzte und nur die erstere gegen das moderne Vorurteil rechtfertigte. In dieser Scheidung von typologischer und ‚abstrakter' Allegorie folgt ihm R. Gruenter, Zum Problem des Allegorischen in der deutschen ‚Minneallegorie', *Euphorion* 51, 1957, S. 13, obwohl er selbst am Ende seines Aufsatzes Personifikation und ‚symbolisches Denken' wieder einander zuordnen will.

[15] Europäische Literatur und lateinisches Mittelalter, Bern 1948, S. 114—135. Darüber hinaus befaßt sich E. R. Curtius vornehmlich mit der Personalmetapher (bes. S. 139 ff.) und versucht, die Erlebnisdisposition der Spätantike für Allegorien tiefenpsychologisch zu deuten (vgl. S. 109 ff.).

Denken Eingang gefunden und trage daher „in sich selbst schon den Charakter schulmäßiger Normalisierung". Der Nachsatz: „Und dennoch glaube man nicht, daß es der mittelalterlichen Allegorie und Personifikation an Echtheit und Lebenskraft fehlte", macht indes sogleich deutlich, daß Goethes bekannte Unterscheidung zwischen Symbol und Allegorie, auf die sich Huizinga hier stützt, der allegorischen Anschauung des Mittelalters nicht angemessen ist [16]. Huizinga ist denn auch wie alle Forscher, die nach dem Richtmaß der deutschen Klassik Symbol und Allegorie als sich ausschließende Gegenbegriffe nahmen und auf die ältere Dichtung anwenden wollten, ständig in Verlegenheit, über den Widerspruch hinwegzukommen, daß den als ‚personifizierte Abstracta' bestimmten Allegorien der *Psychomachia* oder des *Romanz de la Rose* für die mittelalterliche Vorstellung keineswegs der Seinsgrad bloßer Fiktionen, sondern gerade jene (im Sinne des philosophischen Realismus) höhere Wirklichkeit zukam, die nach dieser Unterscheidung eigentlich der religiösen Form des Symbolischen entsprechen müßte [17].

Diese Unterscheidung, die sich mit dem Gegensatz von Symbol als Form des Ausdrucks und Allegorie als einer bloßen Weise der Bezeichnung auf die kürzeste Formel bringen läßt, soll hier nach der Ästhetik Hegels entwickelt werden, der ihre historische Problematik

[16] Herbst des Mittelalters, Stuttgart [7]1953, S. 218 f.; dort stützt sich Huizinga auf die bekannte Goethestelle: „Die Allegorie verwandelt die Erscheinung in einen Begriff, den Begriff in ein Bild, doch so, daß der Begriff im Bilde immer noch begrenzt und vollständig zu halten und zu haben und an demselben auszusprechen sei. Die Symbolik verwandelt die Erscheinung in Idee, die Idee in ein Bild, und so, daß die Idee im Bild immer unendlich wirksam und unerreichbar bleibt und, selbst in allen Sprachen ausgesprochen, doch unaussprechlich bliebe" (Maximen und Reflexionen, ed. M. Hecker, *Schriften der Goethe-Gesellschaft* 21, Nr. 1112, 1113).

[17] Vgl. Huizinga, a. a. O. S. 224: „Für die Zeitgenossen jedoch sind es Wesen von einer in lebendige Form gekleideten und mit Leidenschaft erfüllten Wirklichkeit, einer Wirklichkeit, die sie durchaus in eine Reihe stellt mit den aus Abstraktionen hergeleiteten römischen Götternamen wie Pavor und Pallor, Concordia usw." Vgl. ferner Lewis p. 48 ss., 121; Gruenter S. 14 f.

schärfer erfaßt hat als seine Zeitgenossen, obwohl auch er von der allgemeinen Tendenz zur Abwertung der Allegorie beeinflußt war. Nach Hegel läßt sich die ganze symbolische Kunst (gemeint ist die der orientalischen Völker, mutatis mutandis aber auch die ältere Kunst des christlichen Abendlandes) als ein fortlaufender Streit der Angemessenheit und Unangemessenheit von Bedeutung und Gestalt" auffassen [18]. Dieser Bestimmung des Symbolischen liegt die ursprüngliche, religiös-sakramentale Funktion des Symbols zugrunde, jener „allgemeine Charakter des Erhabenen" (S. 312), in welchem „die Bedeutung als das Allgemeine die einzelne Wirklichkeit und deren Besonderheit überragt" (S. 375). Allegorie und Symbol sind dabei, d. h. im Zeitalter der symbolischen Kunst, noch nicht einander ausschließende Gegenbegriffe, sondern „Stadien und Weisen ein- und desselbigen Widerspruchs" (S. 325). Hegels Betonung der gemeinsamen Wurzel von Symbol und Allegorie entspricht durchaus der zumeist nicht beachteten, aber schon aus der Wortgeschichte evidenten Tatsache, „daß die uns selbstverständlich erscheinende Unterscheidung von Allegorie und Symbol erst das Resultat der philosophischen Entwicklung der letzten zwei Jahrhunderte ist und an (ihrem) Beginn so wenig erwartet werden darf, daß die Frage vielmehr so zu stellen ist: Wie kam es überhaupt zum Bedürfnis einer solchen Unterscheidung?" [19]. Allegorie und Symbol werden von Hegel lediglich im Hinblick auf die verschiedene Beziehung zwischen Gestalt und Bedeutung unterschieden: die Allegorie, das „als Symbol gewußte Symbol" (S. 325), setzt nicht mehr „die Beziehung einer innerlichen Verwandtschaft" voraus; hier hört das Bild auf, „wie bisher der einzige Ausdruck zu sein", und kommt „die allgemeine Bedeutung für sich zur Herrschaft über die erläuternde Gestalt, die sich nur noch als bloßes Attribut oder willkürlich erwähltes Bild erscheinen kann" (S. 328 f.).

Die klassische Kunstform wird sodann gerade durch jene Einheit von Gestalt und Bedeutung bestimmt, zu der die symbolische Kunstform noch nicht gelangen konnte: „Bedeutung und sinnliche Dar-

[18] Ästhetik, hrsg. von Bassenge, Berlin 1955, S. 325.

[19] H. G. Gadamer, Symbol und Allegorie, *Archivio di Filiosofia, organo dell'Istituto di Studi Filosofici*, Università di Roma, 1958, p. 24.

stellung, Inneres und Äußeres, Sache und Bild sind dann nicht mehr voneinander unterschieden und geben sich nicht wie im eigentlich Symbolischen als bloß verwandt, sondern als ein Ganzes, in welchem die Erscheinung kein anderes Wesen, das Wesen keine andere Erscheinung mehr außer sich oder neben sich hat" (S. 321). Daraus ergibt sich der für die Geschichte der ästhetischen Theorie so bedeutsame Widerspruch, daß sich für Hegel im Zusammenfall von Gestalt und Bedeutung das Symbolische selbst aufhebt [20], während die Poetik der deutschen Klassik gerade aus ihrer sinnfälligen Einheit den für die Tendenz der neueren Ästhetik konstitutiven Symbolbegriff gewinnt. Darin ist nicht notwendig eine „künstliche Verengung des Symbolbegriffs" durch Hegel zu sehen [21], sondern vielmehr das Bewußtsein der Grenzlinie, die ältere und neuere Dichtung voneinander scheidet und die geschichtliche Abkunft jener klassizistischen ‚Kunstreligion' ans Licht treten läßt, mit der sich im XIX. Jahrhundert das ‚ästhetische Bewußtsein' gegenüber dem mythisch-religiösen frei setzt. Denn der neue Begriff des ästhetischen Symbols ist letztlich — wie W. Benjamin zeigte — aus einer Profanierung des sakramentalen Symbols hervorgegangen: „Die Einheit von sinnlichem und übersinnlichem Gegenstand, die Paradoxie des theologischen Symbols, wird zu einer Beziehung von Erscheinung und Wesen verzerrt. Die Einführung des derart entstellten Symbolbegriffs in die Ästhetik ging als romantische und lebenswidrige Verschwendung der Öde in der neueren Kunstkritik voran. Als symbolisches Gebilde soll das Schöne bruchlos ins Göttliche übergehen." [22] Damit setzt jene Entwicklung der neueren Literarästhetik ein, die über eine weitere Verengung des Symbolbegriffs, der nun auf die „Gestalt des Erlebnisses" bezogen wird, schließlich zu seiner letzten vulgarisierenden Verflachung führte: „Alle Dichtung ist ihrem Wesen nach symbolisch" — ein Axiom, das E. Winkler dazu brachte, die Allegorie überhaupt aus der Ästhetik auszuschließen, und das uns so irreführende Kategorien wie ‚psychologische Symbolik' oder ‚symbolischer Realismus' eingetra-

[20] Hegel, Ästhetik, a. a. O. S. 418 ff.

[21] Gadamer, a. a. O. p. 26.

[22] Ursprung des deutschen Trauerspiels, a. a. O. S. 283.

gen hat[23]. Daß diese Entwicklung letztlich aber nur als eine notwendige Folge der Lehre von der unbewußten Produktion des Genies und dem darauf gründenden Begriff der ‚Erlebniskunst' anzusehen ist, hat unlängst H. G. Gadamer an der Geschichte der Begriffe Symbol und Allegorie seit Kant, Schiller und Goethe aufgezeigt und ihre absolute Entgegensetzung in die Grenzen ihrer historischen Geltung zurückgewiesen — in das Jahrhundert Goethes, das als Zeitalter der ‚Erlebniskunst' „im Ganzen der Geschichte der Kunst und der Dichtung nur eine Episode ist"[24].

Mit Hegels Grundbestimmung der symbolischen Kunstform, die für das Symbolische wie für das Allegorische die Spannung von sinnlicher Erscheinung und übersinnlicher Bedeutung voraussetzt, stellt sich für unsere Untersuchung zunächst die Frage nach der Form der Allegorie in der Tradition der *Psychomachia*. Inwieweit liegt die Differenz zwischen Gestalt und Bedeutung auch der personifizierenden Allegorie zugrunde, mit der wir es hier vornehmlich zu tun haben? Die Personifikation, in ihrem allgemeinsten Begriff die „Darstellung eines Allgemeinen in einer menschlichen Gestalt" (so hat Jacob Burckhardt die Allegorie in den Künsten bestimmt[25]), erfüllt als solche in der Dichtung noch nicht notwendig jene Grundbedingung allegorischer Form, die auch in der bekannten Definition der Rhetorik enthalten ist: „aliud verbis, aliud sensu ostendit aut

[23] Für diese weitere Verengung des Symbolbegriffs charakteristisch ist E. Ermatinger, Das dichterische Kunstwerk, Berlin 1921, vgl. bes. S. 286 ff. Vom „Symbolcharakter" aller Dichtung geht auch noch W. Emrich, Das Problem der Symbolinterpretation im Hinblick auf Goethes ‚Wanderjahre', DVJS 26, 1952, S. 331— 352, aus. Indem er dem Symbolbegriff einen neuen, kompositorischen Inhalt gibt („Jedes erscheinende Faktum hat nämlich Verweisungscharakter", S. 335), gelangt er dazu, nun auch die realistische Dichtung als ein „sinnbildliches Gewebe" aufzufassen (S. 336). Dieser scheinbare Bruch mit der Erlebnisästhetik wird indes durch ein Verwischen der Grenzlinie zwischen älterer, klassischer und moderner Dichtform erkauft, wobei offen bleibt, was Allegorie und Symbol letztlich verbinden soll („sinnbildliche Formen der Poesie sind beide", S. 339).

[24] A. a. O. p. 23.

[25] Die Allegorie in den Künsten (Vortrag, 15. 2. 1887), Gesamtausgabe Bd. XVI, Stuttgart 1933, S. 419.

etiam interim contrarium“ [26]. Der Personifikation, obschon sie vulgo mit Allegorie gleichbedeutend ist, kann in der Dichtung, wenn der Name der Figur vorangestellt ist, primär die spezifisch allegorische Differenz zwischen Gestalt und Bedeutung fehlen. Sie kann aber in ein Werk, das einzelne oder überhaupt nur Personifikationen enthält, gleichwohl auf verschiedene Weise hineingebracht werden, wie sich eingangs im Falle des *Romanz de la Rose* zeigte. Die Frage, inwieweit in der allegorischen Tradition vor Guillaume de Lorris nicht allein Personifikationen auftreten, sondern auch schon das Prinzip allegorischer Darstellung in der Doppelheit von ‚sensus litteralis‘ und ‚sensus allegoricus‘ vorgegeben ist, bedarf noch der Untersuchung.

Eine zweite Voraussetzung für unsere Untersuchung läßt sich aus einer weiteren Feststellung Hegels ableiten, die den Übergang von der symbolischen zur klassischen Kunstform betrifft: daß das eigentliche Symbolische da sogleich aufhört, wo „die freie Individualität den Gehalt und die Form der Darstellung ausmacht“ (S. 321) [27]. Von der symbolischen wie von der allegorischen Intention betroffen ist der Mensch noch v o r der Epoche seiner freien Individualität; es gibt hier „in Wahrheit keine Personifikation, sondern nur eine Entpersonifizierung“ (W. F. Otto). Damit stellt sich für uns die Frage, wie die mittelalterlichen Verfasser die von ihnen geschaffenen oder übernommenen Personifikationen selbst wohl aufgefaßt haben und in welchem Sinne die *Psychomachia* als ein ‚bellum intestinum‘ jeweils auf die Seele des Einzelnen zu beziehen ist. Danach hat schon Lewis Allegorie und Symbol zu scheiden versucht: “The allegorist leaves the given — his own passions — to talk of

[26] Quintilian 8, 6, 44; vgl. H. Lausberg, Elemente der literarischen Rhetorik, München 1949, § 93.

[27] Diese Bestimmung bildet gleichsam die Kehrseite von Hegels Erklärung der personifizierenden Allegorie als einer „ausgehöhlten Individualität“, in der sich auch bei Hegel die Abwertung der mittelalterlichen Allegorie geltend macht (s. dazu Gruenter, a. a. O. S. 14 f.), die aber erst in diesem Zusammenhang gesehen ihre tiefere geschichtliche Bedeutung zurückerlangen kann, insofern sie das Moment der Entpersonifizierung dialektisch vor Augen stellt.

that which is confessedly less real, which is a fiction. The symbolist leaves the given to find that which is more real. To put the difference in another way, for the symbolist it is we who are the allegory. We are the ‚frigid personifications'; (. . .) the world which we mistake for reality is the flat outline of that which elsewhere veritably is in all the round of its unimaginable dimensions [28]." Mit dieser Unterscheidung kommt Lewis aber gleich bei den Anfängen der allegorischen Dichtung in Schwierigkeiten [29]. Prudentius hat in seiner *Psychomachia* zwar zum ersten Mal ein Werk geschaffen, in dem alle Figuren in Gestalt von allegorischen Personifikationen auftreten. Die personifizierende Allegorie hatte aber zu seiner Zeit schon eine lange griechisch-römische Tradition, die im Zusammenhang mit der Vergöttlichung abstrakter Begriffe steht, bei welcher — so schwer dies auch für den modernen Betrachter verständlich sein mag — zweifellos „ein tieferer Ernst gewaltet haben muß" [30]. Personifikationen wie *Virtus, Fides, Pietas*, die im alten Rom kultisch als Gottheiten verehrt wurden und als allegorische Figuren in der *Thebais* neben den alten Göttern in höchst bedeutsamer Rolle wiederkehren [31], dürfte Statius und sein Publikum schwerlich nur

[28] Lewis, a. a. O. p. 45.

[29] Zur Kritik an dieser Unterscheidung siehe zuletzt B. H. Bronson, Personification reconsidered, *English Literary History* 14, 1947, p. 167 s., der in diesem Artikel eine Ehrenrettung der Personifikation im literarischen Stil des XVIII. Jahrhunderts versucht. Dieselbe Tendenz, der W. Benjamin 1928 den Weg frei gemacht hat, findet sich auch bei Ellen D. Leyburn, Satiric Allegory — Mirror of Man, New Haven 1956 (*Yale Studies in English*, 113).

[30] „Unversehens gerät man auf die Idee, daß dergleichen dem trockenen, prosaischen Römervolk ziemlich leicht geworden sei. Aber der Tempel von Furcht und Erblassen (Pavor et Pallor) ist von König Tullus Hostilius in äußerster Kriegsgefahr gelobt worden, der der Bellona in heißer Etruskerschlacht von einem Konsul, der von Ehre und Tapferkeit in furchtbarem Punierkampf von dem großen M. Marcellus, der der Concordia bei der Beschwichtigung schwerer innerer Wirren von Camillus. Es muß also ein tieferer Ernst bei der Vergöttlichung solcher Wesen gewaltet haben" (J. Burckhardt, a. a. O. S. 430).

[31] Wie gerade Lewis in seinem Auschnitt über Statius im Widerspruch zu seiner Theorie gezeigt hat, op. cit. p. 48—56.

als ‚Fiktionen' oder als Verkörperungen eines rein subjektiven ‚state of mind [32]' angesehen haben. Das gilt in noch höherem Maße für die personifizierenden Tugenden und Laster bei Prudentius, der ja wie seine mittelalterlichen Leser noch unter der Vorstellung stand, „daß reale Geister, Dämonen, den Menschen bedrängten und von ihm Besitz nahmen, wenn er nicht unaufhörlich den stillen, unsichtbaren und doch so erbitterten Kampf führte" [33]. Wir haben keinen Grund zu der Annahme, daß eine allegorische Figur wie *Ira* oder *Luxuria* für Prudentius nur ein Phantasma der inneren Welt seiner Seele bedeutete und daß ihr Seinsgrad schon der Definition entsprach, die Dante fast ein Jahrtausend später aus besonderen Gründen in seiner *Vita Nuova* für *Amor* gab; *Amore non è per sè sì come sustanzia, ma è uno accidente in sustanzia* [34]. Wann die Personifikationen in der Tradition der *Psychomachia* als rein fiktiv ange-

[32] Vgl. Lewis p. 53.

[33] M. Gothein, Die Todsünden, *Archiv für Religionswissenschaft* 10, 1907, S. 438.

[34] Mit dieser Stelle wollte Lewis begründen, daß die Allegorien schon der mittelalterlichen Anschauung als ‚fiktiv' galten (op. cit. p. 47). Gruenter dürfte daraus die richtigere Folgerung gezogen haben, wenn er findet, die Stelle beweise gerade, „wie stark die durch die rhetorische personificatio erregte Fiktion der ‚Liebe' als einer leiblich erscheinenden Wesenheit die mittelalterliche Phantasie fesselt." Die *Vita Nuova* legt für Dantes Definition Amors aber wohl noch einen anderen Anlaß nahe als Gruenters Erklärung: „Dantes Reduktion der ‚Liebe' auf eine rhetorische Figur ist wohl von der christlichen Polemik gegen die antiken Götter und vergöttlichten Natur- und Seelenmächte inspiriert" (S. 15). Beatrice ist für Dante weder eine bloße Allegorie, noch einfach ‚la petite Bice Portinari', sondern — nach der Interpretation Auerbachs (zuletzt in: Neue Dantestudien, a. a. O. S. 69 f.) — Inkarnation der Offenbarung und irdisches Wesen zugleich. Ihre literarische Gestalt bedeutet insofern einen Wendepunkt in der Geschichte der mittelalterlichen Tradition, als hier zum ersten Mal eine profane, wirkliche Person zur allegorischen Wesenheit erhoben wird, ohne darum ihre geschichtliche Wirklichkeit einzubüßen. Die geschichtliche Person löst sich in der Allegorie nicht mehr einfach auf, wirkliche Gestalt und transzendente Bedeutung treten für den durch seine Liebe veränderten Dichter in ein unmittelbares, figurales Verhältnis, das eine vermittelnde, selbständige Wesenheit (Amor als ‚sustanzia') notwendig ausschließt.

sehen, auf die innere Welt des Einzelnen bezogen und damit von der äußeren Welt der Geschichte abgesetzt wurden, ist erst nach einer Befragung der Texte zu beantworten. Wir werden dabei so verfahren, daß wir in einem ersten Gang der Untersuchung nach der Auffassung der Allegorie in der Tradition der *Psychomachia* und ihrer Ablösung von der Heilsgeschichte, sodann in einem zweiten Gang nach der Form ihrer Darstellung fragen, wobei ihr Verhältnis zur Seele des Einzelnen oder zu einem miterscheinenden Ich im Mittelpunkt stehen wird.

Die erste Betrachtung kann an die Unterscheidung zwischen typologischer und abstrakter Allegorie anknüpfen, die Auerbach sowohl nach der zugrundeliegenden Geschichtsauffassung als „innergeschichtlich" oder „außergeschichtlich", als auch nach ihrer Auswirkung in den einzelnen Werken als zwei voneinander unabhängige Traditionsströme bestimmen wollte. Seine Einschränkung, daß in der Praxis der Bibelexegese auch Mischformen vorkommen[35], wäre indes sogleich auf die erste allegorische Dichtung des christlichen Altertums zu erweitern. Denn die Personifikationen der *Psychomachia* beruhen keineswegs auf dem, was Auerbach ‚abstrakte Allegorie' nennt. Sie setzen für Prudentius vielmehr gerade die typologische Bibelexegese voraus und sind nach der Intention des Dichters als eine epische Transformation derselben zu erklären. Das zeigt sich schon in der Praefatio, wo Prudentius seine Darstellung vom Kampf der Tugenden und Laster typologisch begründet. Wie Abraham erst die Feinde Loths besiegen mußte, bevor ihm Gott durch Sarah den ersehnten Sohn schenkte, so haben auch wir erst die *portenta cordis seruientis* (v. 14) zu überwinden, bevor wir befähigt sind, die legitime Frucht des evangelischen Lebens zu empfangen. Doch nicht allein das ‚bellum intestinum' der christlichen Seele ist für Prudentius schon im Geschick Abrahams präfiguriert: der Kampf der einzeln einander entgegengesetzten Tugenden und Laster wird auf dieselbe Weise in die typologische Geschehensauffassung einbezogen. Der Dichter sieht in dem Sieg der *Pudicitia* über die *Sodomita Libido* zugleich den letzten Ausgang eines Kampfes, der sich lange zuvor schon in einem anderen, geschichtlichen Ereignis, der Überwindung des Holofernes

[35] Typologische Motive . . ., a. a. O. S. 12.

durch Judith, abgespielt hatte [36]. Desgleichen erfüllt sich im Sieg der *Humilitas* über *Superbia*, was im Geschick zweier biblischen, also geschichtlichen Personen, nämlich Davids und Goliaths, schon seit langem präfiguriert war (v. 291 ss.). Aus dieser Konzeption entspringt auch der sogenannte ‚Anachronismus' daß *Patientia* in ihrem Kampf mit *Ira* einen hervorragenden Streiter, den Hiob, zur Seite hat, dessen Stirn noch von Sorge umwölkt, dessen Miene aber schon von einem Lächeln aufgehellt ist, weil sich seine Geschwüre wieder geschlossen haben (v. 163 ss.). Diese Beispiele müssen hier genügen, um zu verdeutlichen, daß sich für Prudentius im Kampf zwischen Tugenden und Lastern die typologisch verstandene Heilsgeschichte erfüllt. Die ‚abstrakte Allegorie' seiner Psychomachia beruht also auf derselben Geschehensauffassung, die Auerbach für das unterscheidende Merkmal der typologischen Allegorie hielt. Die Art und Weise, wie Prudentius die Laster bezeichnet, gibt ferner zu erkennen, daß mit dem Sieg der Tugenden über die Laster ineins der Ausgang der weltgeschichtlichen Auseinandersetzung zwischen Christentum und Heidentum bedeutet ist. Da finden sich neben den herkömmlichen Begriffen der christlichen Sündenlehre wie: *culpae, vitia, crimina, morbi* unterschiedslos gebraucht zahlreiche heidnische Mythologeme wie: *furiae, portenta, lupae, monstra, pestes, fuores, Eumenides*, dazu: *Erinnys, Lues, Bellona, saeva barbaries.* Den Tugenden wird demgegenüber neben *virgines* die Bezeichnung *reginae*, gelegentlich auch *divae* beigelegt; an ihre Gleichsetzung mit himmlischen Wesen, die sonst unausgesprochen bleibt, läßt die Beschreibung der *Spes* denken (*edita cuius Et suspensa ab humo est opulentia diuite regno*, v. 201 s.). In diesen Zusammenhang gehört auch die Stelle aus der Rede der *Superbia*, in der sich Prudentius über den Ursprung der Tugenden und Laster äußert (v. 216 ss.). Die Laster haben von der Seele des Menschen Besitz ergriffen, seit die erste Kreatur aus dem Paradies ausgestoßen wurde; die Tugenden, dem edlen Geschlechte Juda entstammend, lebten solange im Exil, bis ihnen durch die Inkarnation Christi der Eingang in die Seele eröffnet wurde (*Vera quibus uirtus terrena in corpora fluxit*, v. 68). Damit ist die *Psychomachia* geschichtlich auf Sündenfall und Erlösungstat Christi

[36] *Psychomachia*, ed. M. Lavarenne, Paris 1948, v. 48 ss.

zugeordnet und in den weitesten Rahmen des Heilsplans hineingestellt.

Von der Macht, welche die *Psychomachia* des Prudentius in der Folgezeit für die Vorstellung des christlichen Mittelalters erlangt haben muß, legen zahlreiche Darstellungen in Predigt, Lehre, Dichtung und bildender Kunst ein beredtes Zeugnis ab. Hier sei nur ein Beispiel angeführt, aus dem erhellt, daß den Personifikationen der Tugenden und Laster für den gläubigen Christen kaum weniger Wirklichkeit zukam als dem Glauben an Engel und Teufel: die Todesvision eines englischen Mönches aus dem VII. oder VIII. Jahrhundert. Der Verfasser beschreibt, wie er Dämonen und Engel um seine Seele streiten sah und wie er dazwischen seine personifizierten Sünden erkannte, als sie ausriefen: *Ego sum cupiditas tua, Ego sum vana gloria*, während ihnen auf der anderen Seite seine *parvae virtutes* entgegentreten[37]. Wie sich in diesen Jahrhunderten in einem anderen Zweig der allegorischen Tradition, den Epithalamien, ineins mit dem Herabsinken der mythologischen Götter zu Personifikationen aber auch schon eine neue Vorstellungswelt der Allegorie ausbildete, hat Lewis im einzelnen verfolgt[38]. Mit dem Motiv des Gartens der Venus und dem Palast Amors zieht die Vorstellung einer ‚anderen Welt' der Imagination in die Allegorie des Mittelalters ein — jene Vorstellung, die erst Guillaume de Lorris in die nunmehr im Sinne der höfischen Ethik ausgelegte *Psychomachia* hineinbringen wird: im *Romanz de la Rose* gehen die beiden allegorischen Traditionen ineinander auf.

Die Auffassung der *Psychomachia* in der Tradition nach Prudentius kann hier nur von dem Punkte an verfolgt werden, an dem sie sich von ihrem heilsgeschichtlichen Grund abzulösen beginnt: dem Aufblühen der allegorischen Epen in der Schule von Chartres und den Anfängen volkssprachlicher Dichtung in allegorischer Form. Für die Allegorie des Bernardus Silvestris und Alanus ist kennzeichnend, daß sie bei ihrem Versuch, christliche Schöpfungsgeschichte und antike Kosmologie, Genesis und Timaeus zu vereinen, die typologische Auffassung der allegorischen Figuren mehr und mehr

[37] Zitiert nach Lewis, a. a. O. p. 86.

[38] Ibid. p. 75 ss.

aufgeben. Wo sie sich findet, werden nun antike und biblische Beispielfiguren durcheinander gereiht. So läßt etwa Alanus den Hypolitos im Gefolge von *Pudor* gleichberechtigt an die Seite von Elias und Joseph treten und gibt dafür eine typologische Erklärung:

> *Ypolitos redit ad uitam, redit alter in orbem*
> *Helyas ueteremque Ioseph nouus alter adequat* [39].

Solche Fälle sind indes zu vereinzelt, als daß man daraus folgern könnte, auch Alanus habe wie vor ihm Prudentius seine Personifikationen noch primär typologisch aufgefaßt. Die typologische Deutung fehlt bei ihm schon ganz, wo sie in anderen Texten dieser Epoche noch selbstverständlich ist. In seiner Beschreibung der Tierwelt auf dem Kleide der *Natura* ist nur noch von den natürlichen Eigenschaften der Tiere und nicht mehr von ihrer figuralen Bedeutung die Rede [40]. Vor allem aber ist es die Fabel dieser Dichtungen, die sich nicht mehr mit dem christlichen Heilsplan deckt und damit ein neues Verhältnis zwischen der Allegorie und dem Verlauf der Geschichte bedingt. Die Allegorie der *Psychomachia,* mit der Alanus seinen *Anticlaudianus* enden läßt, führt ein neues goldenes Zeitalter herauf: der Sieg der Tugenden und ihres Protagonisten *iuvenis*, des vollkommenen Menschen, über die Laster gipfelt in der Vision einer besseren, zukünftigen Welt jenseits aller Geschichte. Dabei erhält die antike Mythologie eine veränderte Funktion, die sie schon deutlicher aus ihrem Bann heraustreten läßt. Alanus setzt sie nicht mehr einfach den Lastern gleich wie vor ihm Prudentius, der damit im Ausgang seiner *Psychomachia* zugleich den Untergang der antiken Götterwelt bedeutet hatte. Der Dichter des XII. Jahrhunderts benutzt wieder wie Claudianus den klassischen Apparat der Furien, um die epische Handlung in Gang zu bringen, und gibt nun *Alecto* die Stellung einer *domina* aller Laster (VIII 160 ss.). Als Alecto,

[39] Alain de Lille, Anticlaudianus, ed. R. Bossuat, Paris 1955 (*Textes philosophiques du Moyen Age*, I), VII 115 s.

[40] Siehe J. Huizinga, Über die Verknüpfung des Poetischen mit dem Theologischen bei Alanus de Insulis, in: *Mededeelingen der Kon. Akad. van Wetenschappen, Afd. Letterkunde*, Deel 74, Serie B, Nr. 6, Amsterdam 1932, p. 37.

durch *Fama* aufgeschreckt, ihre Heerscharen (*suas pestes*) aufbietet, werden diese zunächst als ein unentwirrbarer Haufe von antiken Dämonen (*Tartarei proceres, rectoresque noctis*) und Lastern der christlichen Glaubenslehre (*culpaeque magistri*) eingeführt. Sobald dann aber die Schlacht beginnt, tritt nur noch die *turma Viciorum* gegen die *turma Virtutum* auf den Plan und werden die Furien und Pluto nicht wieder erwähnt. In dieser Trennung der Funktionen gewinnen die antiken Figuren wieder ihren mythologischen Rang zurück: sie intervenieren oder bringen die Handlung in Gang und sind darin den allegorischen Personifikationen übergeordnet, die darin aufgehen, ihre Wesenheit in einer schon ausgelösten Handlung zu repräsentieren. Diese Funktionsunterscheidung [41] wird sich für die weitere Betrachtung als fruchtbar erweisen, um die mythologische oder allegorische Auffassung einer Figur zu bestimmen, auch wenn sich — wie gerade bei Alanus — nicht immer daraus schließen läßt, inwieweit sie dem Autor bewußt war.

In der volkssprachlichen Dichtung findet sich der Kampf zwischen Tugenden und Lastern — wie Scheludko gezeigt hat — zum ersten Mal als ein Grundmotiv Marcabrus in Verbindung mit der ‚laudatio temporis acti' [42]. Auf sein Vorbild gehen in zahlreichen Troubadourliedern die Personifikationen von *Pretz, Jois, Jovens, Donars* oder von *Malvestatz, Enveja, Avoletza, Cobeida* und viele andere mehr zurück; sie dienen vornehmlich dazu, der Klage über den Verfall der Welt und später über das Dahinschwinden der alten Courtoisie Gestalt zu geben. Im Unterschied zu den Tugenden und Lastern im *Anticlaudianus*, die auch Alanus schon nicht mehr streng nach kirchlicher Lehre auslegt, sondern dem Wertsystem der höfischen Kultur anpaßt (so führt er z. B. *Pauperies* und *Senectus* unter den Lastern auf!) [43], fehlt den allegorischen Figuren der volkssprachlichen Dichtung des XII. und beginnenden XIII. Jahrhunderts indes ein wesentliches Traditionselement der *Psychomachia*: die Form der

[41] Nach Lewis, p. 50 s.

[42] Klagen über den Verfall der Welt bei den Trobadors. Allegorische Darstellungen des Kampfes der Tugenden und der Laster, *Neuphilologische Mitteilungen* 44, 1943, S. 22—45.

[43] S. dazu Huizinga, Alanus . . ., a. a. O. p. 67 ss.

Darstellung in Zügen menschlicher Gestalt. Die Anfänge der Allegorie in volkssprachlicher Dichtung stehen im Zeichen unsichtbarer Mächte, deren Wesenheit sich zuerst allein in ihrer Nennung und sodann bei Chrestien und den Verfassern der höfischen Romane im Widerstreit innerer Stimmen bekundet, die später bei Raoul de Houdenc nur erst als Stationen des Weges zur Hölle und zum Paradies verbildlicht sind und noch bei Huon de Mery, der sie wieder beschreibt, lediglich in etymologischer und emblematischer Deutung zergliedert werden (*Dont je vos ai en cest escrit . . . Les noms et les armes descrites*, v. 1280 ss), aber noch nicht personhaft in der anschaulichen Einheit von Verhalten und äußerer Gestalt hervortreten. Erst Guillaume de Lorris hat sie wieder in ihrer personhaften Gestalt sichtbar gemacht, die für die allegorische Form der *Psychomachia* seit Prudentius kennzeichnend war — eine Form allegorischer Anschauung, die sich die volkssprachliche Dichtung offenbar erst allmählich zurückgewinnen konnte [44].

Als selbständiges Thema wird der Kampf zwischen Tugenden und Lastern erst nach der Blütezeit der höfischen Dichtung aufgenommen. Der Dichter, der kurz nach 1200 die erste (auf uns gekommene) rein allegorische Dichtung in der Volkssprache schuf, Raoul de Houdenc, hat dafür das andere große Muster der Allegorie, die von Bernardus Silvestris und Alanus zuvor benutzte Fabel der Jenseitswanderung herangezogen. Im Vergleich zu ihren Werken weist Raouls *Voie d'Enfer* und ihre Fortsetzung in der *Voie de Paradis* zwei Neuerungen auf, die andere, noch nicht festgestellte Quellen voraussetzen: die Stationen der Wanderung sind durch Laster und Tugenden dargestellt, und die in Ich-Form erzählte Fabel wird schon eingangs als Traumvision ausgegeben [45]. Der Wanderer ge-

[44] Das Erscheinen, die Auffassung und weitere Ausbildung der Personifikationen in der Literatur des XII. Jahrhunderts bedarf noch einer eingehenden Untersuchung. Dazu hat R. Glasser, Abstractum agens und Allegorie im älteren Französisch, ZRPh 69, 1953, S. 43—122, schon wertvolle Vorarbeit geleistet; das von ihm gesammelte reiche Material wäre nun einer geschichtlichen Betrachtung der einzelnen Begriffe und ihrer Allegorisierung dienstbar zu machen.

[45] Alanus verwendet das Traummotiv nur erst beim Abschluß von *De Planctu Naturae*. — Für Raoul wurde die Ausgabe von Ph. Lebesgue,

langt auf seinem Wege zur Hölle zuerst nach *Convoitise la Cité*, eine Stadt, die im Lande der *Desléauté* liegt, übernachtet im *Ostel* von *Envie*, der Dame dieser Stadt, und trifft dort *Tricherie, la suer Rapine* und *Avarice, sa cousine*, der er vom Ergehen der Geizigen in der Welt berichten muß. Damit ist der Ansatzpunkt für eine Umwendung der Allegorie zur Satire auf die eigene Zeit gewonnen, der Raoul auch später seine groteske Schilderung der Höllenmahlzeiten dienstbar gemacht hat (es werden hier Sünder aller Art zum Teil nach dem Prinzip des ‚contrappasso' pikant zubereitet und in verschiedenen Gängen serviert) [46]. Hier zeigt sich, daß die Satire die allegorische Differenz zwischen Gestalt und Bedeutung nahezu wieder aufheben kann: die Absicht des Dichters geht weniger dahin, das Wesen der *Tricherie* oder der *Yvresce* auf die Fabel seiner Jenseitswanderung zu beziehen, als vielmehr, die Falschheit der Poiteviner oder die Trunksucht der Engländer zu geißeln [47]. Andererseits ist aber gerade Raouls Werk für die allegorische Tradition dadurch bedeutsam, daß hier der Dichter in den Eingangsversen seines Prologs den doppelten Sinn seiner Allegorie neu begründet:

> *En songes doit fables avoir*
> *Se songes puet devenir voir* (v. 1—2).

Der Traum, der an sich selbst schon doppeldeutig ist, insofern es einer Deutung bedarf, um die in seinem Geschehen verborgene Wahrheit zu erkennen, bietet die überzeugendste Möglichkeit, die ‚andere Welt' der Allegorie als übernatürlich von der Wirklichkeit des Lebens abzusetzen und ineins damit ihren Wahrheitsanspruch

Raoul de Houdenc: Le Songe d'Enfer, suivi de la Voie de Paradis, Paris 1908, benutzt.

[46] Hierzu kann auf einen Aufsatz von J. Frappier, Châtiments infernaux et peur du diable d'après quelques textes français du XIIIe et du XIVe siècle, *Cahiers de l'Association Internationale des Etudes Françaises*, 1953, p. 87—96, verwiesen werden, der die Groteske dieser Höllenschilderung auf ein « désir inavoué d'échapper au complexe du Diable » zurückführt: « L'arme employé contre le terrorisme du Diable a été celle du comique, car enfin (. . .) le moyen âge a créé un Diable ridicule » (p. 92).

[47] Vgl. Voie d'Enfer v. 62 ss., 222 ss.

zu behaupten. Traumeingang und Ich-Form, in denen sich eine veränderte Auffassung des Allegorischen anzeigt — hier verbindet sich in der Gleichsetzung von wahrsagendem Traum und allegorischem Sinn (*fables*) zum ersten Mal der Glaube an die höhere Wahrheit der Allegorie mit dem Bewußtsein einer andersartigen, traumhaft-unwirklichen Welt —, werden gerade bei den Nachfolgern Schule machen, die 30 Jahre später die Tradition der *Psychomachia* erneuern.

Die allegorische Dichtung in der Volkssprache tritt in den ersten Jahrzehnten des XIII. Jahrhunderts erst nur vereinzelt als neue Stilform neben dem modischen höfischen Roman hervor. Dabei bleiben allegorische Anschauung und ritterliche Aventüre zunächst noch ganz voneinander geschieden, wie gerade die weiteren Werke Raouls zeigen. Sein zu großer Berühmtheit gelangter Artusroman *Meraugis de Portlesguez* weist nur die für die Gattung traditionell gewordenen Personifikationen des Liebeskonflikts auf, enthält aber noch keinen Ansatz für eine allegorische Deutung der Aventüre als solcher. Um das Wesen des höfisch-ritterlichen Ethos darzustellen, hat Raoul bezeichnenderweise noch ein weiteres Werk verfaßt, *Li romanz des eles de la proëce*, den ersten Spiegel höfischen Rittertums in allegorisch-lehrhafter Form. *Largesce* und *Cortoisie* sind hier als die beiden gleich notwendigen ‚Flügel' der *Prouesce* dargestellt; ihre je sieben Federn dienen als sinnfälliges Schema, um die Bedeutung dieser Normen in einer Aufreihung von praktischen Lehren allegorisch zu verdeutlichen. Diese Darstellungsform findet sich bis zum *Besant de Dieu* von Guillaume le Clerc (1226) in verschiedenen Spielarten häufig in der moralisch-erbaulichen Literatur dieser Epoche. Sie geht auf die Praxis der Bibelauslegung nach der Lehre vom mehrfachen Schriftsinn zurück[48] und hat vor allem dazu beigetragen, auch die personifizierende Allegorie als eine bloße Form der Unterweisung durch Auslegung abstrakter Begriffe anzusehen, bei der die Beziehung zwischen Bild und Bedeutung mehr oder weniger willkürlich bleibt. In dem kleinen Werk Raouls findet sich indes eine Ausführung, die dem modernen Leser sichtbar macht, daß die ausgelegten Begriffe der scheinbar

[48] Siehe dazu Dunbar, a. a. O. p. 277 s.

willkürlichen Verbildlichung unerachtet [49] keineswegs in unserem modernen Sinne als ‚abstrakt' aufgefaßt wurden. Der Ursprung der allegorischen Form liegt für Raoul in der Wesenhaftigkeit und damit höheren Realität der Namen. Wenn die Ritter wüßten, heißt es im Vorwort des *Romanz des Ailes* [50], *Ke li nons est de haut afaire*, würden sie sich vieler Handlungen schämen. Sie sagen zwar: *chevaliers sui*, wissen aber nicht, warum ihnen dieser Name zukommt. So kennen sie weder ihren Namen, noch kennt ihr Name sie:

Chil qui n'ont à lor non regart
Ne conoissent, (si est grans dues)
Aus ne lor non, ne lor nons eus,
Ques conoist dont? — Li conteor,
Li hiraut et li vileor.

Darum hat es Raoul unternommen, die Ritter — in der dafür angemessenen Form einer Allegorie — wieder zu lehren, daß ihr individuelles Rittertum *al nom apartient*, d. h. seine Wirklichkeit nunmehr durch die höhere, weil allgemeine Wesenheit des Namens erhält.

Das *Tournoiemenz Antecrit* von Huon de Mery, das um 1234 gleichzeitig mit dem ersten *Romanz de la Rose* eine neue literarische Epoche einleitet, in der die Allegorie allgemein stilbildend wird, hat vor allem dadurch Berühmtheit erlangt, daß hier zum ersten Mal ein Verfasser auf Chrestien de Troyes und Raoul de Houdenc schon wie auf die unerreichbaren Vorbilder einer zu Ende gegangenen Zeit zurückblickt (wenige Jahre vorher ist auch *La Mort le Roi Artu* entstanden). Huon stellt eingangs fest [51], daß von den Dichtern der höfischen Welt im Grunde schon alles gesagt ist (*car tot est dit, Fors ce qui de novel avient*) und ist sich offenbar bewußt, mit seiner ersten volkssprachlichen Version der *Psychomachia* der Dichtung einen neuen Weg zu eröffnen:

[49] Scheinbar willkürlich, denn das Bild der Flügel und Federn macht *Largesce* und *Courtoisie* zu höheren, ‚geflügelten' Wesenheiten.

[50] Ed. A. Scheler, Trouvères Belges, Louvain 1879, p. 250, v. 40—56.

[51] Ed. G. Wimmer, Marburg 1888 (*Ausgaben und Abhandlungen aus dem Gebiete der Roman. Phil.*, LXXVI), v. 8—21.

Pour ç'ai ma langue desliée
Qui que m'en tieigne a apensé —
Pour dire mon novel pensé;
Car tel matire ai porpensée
C'onques mes n'ot en sa pensée
Ne Sarrasins ne Crestiens.

Daß sich dieser Neueinsatz für Huon mit einer Entrückung der Artuswelt in die mythische Distanz hinabgegangener Größe verbindet, macht die Sonderstellung des *Tournoiemenz Antecrit* in der Tradition der *Psychomachia* aus. Huon benutzt den Traumeingang Raouls erst in der Mitte des Werkes für die Venus-Episode und hat statt dessen in einem Zaubermotiv der Artusromane eine nicht weniger geschickte Möglichkeit gefunden, um die übernatürliche Erscheinung seiner allegorischen Figuren auf vertraute Weise einzuleiten. Der Dichter erzählt erst, wie er sich aufmachte, um sich dem Feldzug gegen den Grafen Pierre de Dreux anzuschließen. Unterwegs kann er der Neugier nicht widerstehen, den Wald von Broceliande aufzusuchen, *Car la verté voloie aprendre De la perilleuse fontaine* (v. 61 s.). Doch diesmal enthüllt das Angehen gegen den Zauber keine ‚costume', von der die Aventüre eines ritterlichen Helden ihren Ausgang nehmen muß. Das neu enthüllte Geheimnis der *fontaine* liegt nunmehr darin, daß der Artuszauber den Aufzug der Laster im Gefolge des Höllenfürsten in Gang setzt. Antichrist zieht aus, um sich mit den Tugenden im Turnier zu messen, die im Gefolge des Himmelskönigs kämpfen, und wird am Ende von den himmlischen Heerscharen für dieses Mal wieder besiegt. Die neue *Psychomachia* Huons wird dabei — hier macht sich ein verändertes Geschichtsbild geltend — zugleich auf die augustinische Vorstellung der beiden Civitates und auf die mythisierte Artuswelt zugeordnet. Der Kampf der Tugenden und Laster wird von zwei allegorischen Städten, *Esperance* und *Desesperance*, aus geführt. An die Stelle der biblischen und antiken Beispielfiguren sind nun König Artus und die namhaftesten Ritter der ‚table ronde' (Gauvain, Yvain, Cliges, Lancelot, Perceval, Keu, dazu Gorvain Cadrus und Meraugis aus Raouls Roman) gerückt. Sie kämpfen im Gefolge der *Proesce*, während auf der anderen Seite der Antichrist Söldner, Wucherer und Bauern zum Ritter schlagen muß, um sein Heer zu verstärken

(v. 2035 ff.). Auch die Figuren der klassischen Mythologie fehlen bei Huon nicht. Er läßt sie beim Aufzug der Laster hinter Antichrist auf den Plan treten und stellt Jupiter, Saturn, Apollo, Mercur, Neptun, Mars, Pluto, Proserpina, Megära und Cerberus auf der Seite der Tugenden die Erzengel Michael, Gabriel und Raphael im Gefolge des Himmelskönigs entgegen. Doch hier verlieren die alten Götter wieder ihre mythologische Funktion, die ihnen Alanus beließ: das epische Geschehen kommt ohne ihre Mitwirkung in Gang; sie werden am Ende wie die Laster in die allgemeine Niederlage des Antichrist mit einbezogen. Aus diesem Sieg bleiben nur zwei antike Gottheiten ausgenommen, deren Erscheinen in der Tradition der *Psychomachia* immer schon den Augenblick der Krise für das Heer der Tugenden heraufführte: *Amor* und *Venus*. Huon weiß sie in seiner Aufteilung so wenig unterzubringen, daß gerade hier ein Bruch in seiner epischen Fabel zutage tritt, auf den wir noch zurückkommen.

Amor und *Venus* sind die einzigen mythologischen Figuren, die wir in dem um dieselbe Zeit entstandenen *Romanz de la Rose* wiederfinden. Guillaume de Lorris hat seine neue *Psychomachia* völlig von dem heilsgeschichtlichen oder mythologischen Grund abgelöst, in dem sie bei seinen Vorgängern wurzelt. Hinter den Personifikationen seiner rein höfisch aufgefaßten Tugenden und Laster stehen keine Beispielfiguren mehr, die ihrer Erscheinung eine geschichtliche Tiefe geben könnten. Seine allegorische Welt gibt sich zum ersten Mal als rein romaneske Fiktion, die für sich selbst besteht, unberührt davon, daß die höfische Dichtung, deren *Ars amandi* Guillaume allegorisiert, für seine Zeitgenossen — wie wir bei Huon sahen — schon die Vorstellung vergangener Größe erwecken mußte. Diese Ablösung des *Romanz de la Rose* von dem mythologischen Grund, dem das *Tournoiemenz Antecrit* noch sichtbar entsprang, wird dadurch noch verstärkt, daß Guillaume — wie schon eingangs gezeigt — besondere Mühe darauf verwendet, der ‚anderen Welt' seiner Allegorie ein Höchstmaß an romanesker Wahrscheinlichkeit zu verleihen, diese Wahrscheinlichkeit aber nicht mehr auf die Analogie einer ereignishaften äußeren Handlung, d. h. einer epischen Schlacht (wie Prudentius und noch Huon) oder einer Aventüre (wie der höfische Roman), gründet. An die Stelle des Schlachtfeldes der

Psychomachia ist hier der imaginäre Garten *Amors* getreten, in welchem sich ein traumhaftes Geschehen vollzieht, das von der Aventüre des höfischen Romans nur noch die dialektischen Stufen der inneren Geschichte von Amant und Dame, aber nicht mehr die Kontingenz der äußeren Romanhandlung bewahrt [52]. Die Wahrscheinlichkeit der Fiktion des *Romanz de la Rose* beruht allein noch auf der Art und Weise, wie Guillaume seine Personifikationen unmittelbar in der altvertrauten Sphäre der höfischen Dichtung auftauchen läßt und in ihrer Abfolge ein inneres Geschehen sichtbar macht. Die derart vollendete Fiktionalität seiner Fabel und ihrer Figuren betrifft indes nur den ‚sensus litteralis' seines Werks, der nicht für sich genommen werden darf, sondern auf die tiefere Wahrheit eines ‚sensus allegoricus' verweist. Dieses Verhältnis zwischen äußerer Fiktion und verborgener Wahrheit hat auch Guillaume wie schon Raoul de Houdenc durch die Analogie des Traumes erklärt:

> *Mais en cel songe onques rien n'ot*
> *Qui trestot avenu ne soit*
> *Si con li songes recensoit* (v. 28—30).

Der vollendeten Fiktionalität seiner Fabel und ihrer Figuren steht hier der Anspruch auf die tiefere Wahrheit ihrer exemplarischen Bedeutung gegenüber. Guillaume hat damit die allegorische Differenz zwischen Gestalt und Bedeutung bis zum reinen Widerspruch zwischen Fiktion und Wahrheit gesteigert. In der Auflösung dieser Differenz liegt zugleich auch die Antwort auf die Frage, wie wir die Personifikationen des *Romanz de la Rose* nach der Intention seines Verfassers aufzufassen haben. Diese Frage führt zu der großen Neuerung in der Tradition der *Psychomachia*, die darin zu sehen ist, daß Guillaume das traumhafte Erscheinen und Wiederverschwinden der allegorischen Figuren in anderer Weise als seine Vorgänger auf das mithandelnde Ich und seine nie in persona sichtbare Dame

[52] Als kontingentes Element der äußeren Fabel des Rosenromans wäre allenfalls das Eingreifen von *Jalousie* anzusehen, das aber gleichwohl seine bestimmte Stelle in der höfischen *Ars amandi* hat und in die innere Geschichte von Amant und Dame kein Element des Zufalls hineinbringt.

zugeordnet hat. Auch hier läßt sich Guillaumes besondere geschichtliche Leistung am besten durch einen Rückgang auf die Tradition verdeutlichen, den wir auf die Mittelszene der *Psychomachia* mit dem Hervortreten der *Luxuria*, des *Amor* und der *Venus* beschränken müssen.

Amor fällt bei Prudentius nur eine untergeordnete Rolle zu. Er gehört mit *Iocus, Petulantia, Pompa, Venustas* und *Voluptas* zum Gefolge der *Luxuria* und wird erst nach deren Fall und sogleich in der Haltung eines Besiegten erwähnt:

> *Dat tergum fugitivus Amor, lita tela ueneno*
> *Et lapsum ex umeris arcum pharetramque cadentem*
> *Pallidus ipse metu sua post vestigia linquit* (v. 436 ss.)

Venus selbst ist nicht genannt; an ihrer Stelle fällt hier noch der *Luxuria* die Rolle zu, auf dem Höhepunkt der Schlacht Verwirrung in den Reihen der Tugenden zu stiften. Doch weist die Beschreibung ihrer Gestalt schon bei Prudentius sowohl auf die *meretrix* der Offenbarung Johannis als auch auf die Venus des Claudianus zurück [53]. *Luxuria* überrascht bei Prudentius das Heer der Tugenden durch eine *nova pugnandi species* (v. 323). Sie kämpft nicht mit kriegerischen Waffen, *sed violas lasciua iacit, foliisque rosarum dimicat* (v. 326 s.). Die christlichen Tugenden schwanken, lassen die Waffen sinken, und es bedarf erst einer Mahnrede der *Sobrietas*, um sie zur Besinnung zu bringen und die drohende Niederlage abzuwenden. Daraus ist nun aber nicht etwa zu folgern, daß Prudentius der *Luxuria* ob ihres anfänglichen Erfolges einen höheren allegorischen Rang einräumte als den übrigen Lastern. Da er die Idolatrie (*ueterum Cultura deorum*) und die Häresie (*Discordia*) den Aufzug der Laster eröffnen und schließen läßt, dürfte er eher diesen Personifikationen im Blick auf die aktuelle Situation der christlichen Kirche erhöhte Bedeutung zugesprochen haben. In der Verwirrung der Tugenden angesichts der *Luxuria*, gleichviel ob sie durch das

[53] Nach L. Cotogni, Sovrapposizione di visioni e di allegorie nella Psychomachia di Prudenzio, *Rendiconti della R. Accademia nazionale dei Lincei, Classe di scienze morali, storiche e filologiche*, Ser. sesta, vol. XII, Roma 1936, p. 447.

Vorbild von Cyprianus bedingt [54] oder aus Gründen der epischen Spannung eingelegt ist, wird für uns aber die Bedeutung eines Prinzips allegorischer Darstellung greifbar, über das erst Guillaume de Lorris hinausgelangt ist: die polare Zuordnung der Wesenheiten. *Ira* muß von *Patientia, Superbia* von *Humilitas* überwunden werden — solange *Sobrietas* nicht auf den Plan tritt, sind alle übrigen Tugenden der *Luxuria* nicht gewachsen.

Das Verhältnis zwischen einem Laster und der ihm entgegengesetzten Tugend ist unveränderlich festgelegt; es drückt die allgemeine Beziehung zwischen zwei Wesenheiten aus und liegt dem Ablauf der Handlung, in der sich ihr Wesen darstellt, je schon voraus, so daß auch das ‚bellum intestinum', der innere Konflikt der Einzelseele, dem allgemeinen Geschick des Menschen immer untergeordnet bleibt und noch nicht als ein persönliches Schicksal gesondert hervortreten kann. Wenn darum in der epischen Handlung der *Psychomachia* noch kein Ich greifbar wird — das Geschehen selbst bleibt immer nur auf ein allgemeines ‚nos' bezogen — und zahlreiche Details der Handlung dem Hinweis des Prologs und Epilogs nicht entsprechen, daß sich der Kampf der Tugenden und Laster im Grunde des Herzens abspiele (*Novimus ancipites nebuloso in pectore sensus Sudare alternis conflictibus*, v. 893 s.), ist darin keineswegs ein Stilbruch oder Mangel des Werkes zu sehen [55]. Die Tugenden und Laster bedeuten für Prudentius noch ungleich mehr als nur personifizierte Affekte oder Zustände einer individuellen Psyche. Das ‚bellum intestinum' setzt für ihn noch keine ‚Innerlichkeit', keine Entgegensetzung von innen und außen voraus: in seiner *Psychomachia* ist der Kampf i n der Seele noch gleichbedeutend mit einem Kampf u m die Seele und muß sich im besonderen Schicksal der ‚anima' letztlich immer auch das überpersönliche Geschick der

[54] Cotogni, ibid., Anm. 4.

[55] Cotogni, die in ihrer Abhandlung immer wieder auf diese fehlende Entsprechung in der epischen Darstellung zurückkommt, sah noch nicht, daß der von ihr gerügte ‚ästhetische Mangel' des Werkes gegenstandslos wird, wenn man sich den allegorischen Doppelsinn der Psychomachia vor Augen hält, dessen Ursprung sie zuvor selbst richtig erkannt hatte: „Per il Poeta l'allegoria inventiva è, per cosi dire, figlia dell'allegoria esegetica" (op. cit. p. 460).

Gesamtheit, allegorice: das Geschick der ,ecclesia' mit abbilden. Gerade dieser Doppelsinn, daß die epische Schlacht mit der Abfolge der Siege über die einzelnen Laster zugleich auf die innere Situation des einzelnen Christen und auf die aktuelle Auseinandersetzung der christlichen Kirche mit ihren großen Widersachern: Heidentum, Sünde, Häresie auszulegen ist [56], macht die *Psychomachia* im eigentlichen Sinne des Begriffs zur Allegorie. Denn eben darin liegt die spezifische Differenz zwischen Gestalt und Bedeutung ihrer Figuren, die an sich selbst, als personifizierte Tugenden und Laster ihre Wesenheit eindeutig und unmittelbar vor Augen stellen. Daß ihre höhere Wirklichkeit mit der Überordnung des Allgemeinen über das Besondere die Individualität eines handelnden und sich selbst bestimmenden Subjekts ausschließt, wird sich auch dann noch geltend machen, wenn in der späteren Tradition das Ich des Dichters selbst in der Handlung hervortritt. Diese Beziehung zwischen ,abstractum agens' und menschlicher Seele ist von Text zu Text verschieden und im einzelnen jeweils zu erfragen [57].

Für das unterirdische Leben der heidnischen Götter in der allegorischen Tradition, die sie als Personifikationen in eine neue Zeit hinüberrettet, gibt es wohl kein schöneres Zeugnis als ein Epithalamium von Ennodius. Dort beklagt sich *Cupido* bei *Venus* über den Verlust ihrer alten Macht. ,Wir werden darum eines Tages umso mächtiger sein', tröstet ihn *Venus: Discant populi tunc crescere divam Cum neglecta iacet* [58]. Ihr Wiederauferstehen zu neuer, allegorischer Größe spiegelt sich bei Alanus in einer zwiespältigen Einordnung unter seine nun schon nach dem Ideal der höfischen Kultur umgegliederte Reihe der Tugenden und Laster. In *De Planctu Naturae* wird ihr zunächst die Rolle einer ,subvicaria' der *Natura*

[56] Cotogni, die der dogmengeschichtlichen Aktualität der Psychomachia im besonderen nachgegangen ist, stellte dabei abschließend fest, „come nella Psychomachia tre sono le grandi fasi della lotta: contro l'infidelitas, contro omne vitium, contro le false dottrine" (p. 459).

[57] Unter ,abstractum agens' verstehen wir mit Glasser die Möglichkeit, „den abstrakten Begriff als auf die Menschen wirkendes Wesen zu bezeichnen" (a. a. O. S. 43).

[58] Zitiert nach Lewis, a. a. O. p. 78.

zugewiesen. Sie soll mit Hilfe ihres Gemahls *Hymenaeus* und ihres Sohnes *Cupido* für die geregelte Fortpflanzung der irdischen Lebewesen sorgen. Doch sie wird dieser Aufgabe bald überdrüssig, wendet sich *Antigamus* zu und gebiert im Konkubinat einen zweiten Sohn, *Iocus*, das Gegenbild des *Cupido*[59]. Im *Anticlaudianus* hingegen findet sie sich sogleich auf der Seite der Vitia, nimmt dort die Stelle ein, die Prudentius der *Luxuria* gab, und schleudert ihre Fackel in die feindlichen Reihen. Daß ihr Alanus größere Macht zuschreibt als allen übrigen Lastern (*cui forcior ira nephasque Maius et insultus peior grauiorque potestas*, IX 228 s.), zeigt sich darin an, daß sie den neugeschaffenen ‚homo perfectus', der nun als Vorkämpfer der Tugenden auftritt, in Schrecken versetzt. Er weiß sich der Fackel nur durch Flucht zu entziehen, so daß sie wirkungslos erlischt, und vermag erst dann zu siegen, als er im Rücken der Göttin einen Partherpfeil auf sie entsendet, der sie zu Tode trifft. *Venus* ist nur durch List zu überwinden; der Wirkung ihrer Fackel kann nur entgehen, wer das Angesicht der Göttin meidet. Ihre Stellung im System der höfischen Werte bleibt von Anfang an zwiespältig wie die einer anderen Wesenheit, der *Fortuna*, die Alanus beim Ausgang der Schlacht betreuen läßt, daß sie zuvor auf die Bitte ihrer Tochter *Nobilitas* den Jüngling mit ihren Gaben begünstigt hatte. Die Gestalt des mitkämpfenden *iuvenis* verändert die Form der *Psychomachia* insofern, als damit die Vorstellung eines ‚bellum intestinum' ganz aufgegeben wird. Die Virtutes, die dem *iuvenis* beispringen, um seinen Sieg vollständig zu machen, verkörpern nur ihre eigene Wesenheit im Gegensatz zu den entgegengesetzten Vitia, nicht aber einen Konflikt in seiner Seele. Wenn er etwa *Paupertas* erst mit Hilfe von *Constantia* überwinden kann, ist damit nicht eine Eigenheit seiner Person bedeutet, sondern das Wesen der Armut und der sicherste Weg, aus ihr herauszugelangen, exemplarisch aufgezeigt. Die Figur des *iuvenis* hat bis heute noch keine befriedigende Deutung gefunden. Sie könnte dem System der christlichen Heilslehre nur dann entsprechen, wenn sie Christus als Erlöser bedeuten würde. Doch für diese Deutung bietet der Text keine genü-

[59] Siehe dazu die Ausführungen von Huizinga, Alanus . . ., a. a. O. p. 44 s.

gende Stütze [60]. Da der *iuvenis* zweifellos die Schlüsselfigur des *Anticlaudianus* darstellt, muß uns mit seiner Bedeutung auch der allegorische Sinn dieses Werkes verborgen bleiben. Für die Frage nach dem Wandel der allegorischen Form in der Tradition der *Psychomachia* ergibt sich daraus die wichtige Feststellung, daß hier, wo zum ersten Mal der Mensch selbst auf den Plan tritt, auf dem sich der Kampf zwischen Tugenden und Lastern abspielt, seine Figur gleichermaßen zur Personifikation wird [60a].

[60] Vgl. Huizinga, ibid. p. 53 s., mit dem Hinweis, daß schon Adam de la Bassé im XIII. Jahrhundert die Figur des ‚iuvenis' nicht mehr recht zu deuten wußte und ihn darum in seinem *Ludus super Anticlaudianum* schließlich ins Kloster gehen ließ. — Die jüngste Arbeit über Alanus von G. Raynaud de Lage, Alain de Lille — Poète du XIIe siècle, Montréal/Paris 1951 (*Publ. de l'Inst. d'Etudes Mediévales*, XII) geht auf den ‚iuvenis' so wenig ein wie auf die Frage der Allegorie.

[60a] Für einen äußerst interessanten Hinweis, der die *iuvenis*-Frage in ein völlig neues Licht rückt, bin ich zuletzt noch Herrn cand. phil. Ulrich Mölk (Heidelberg) zu Dank verpflichtet. Wie A. J. Denomy (Jovens: the notion of Youth among the troubadours, its meaning and source, *Mediaeval Studies* vol. XI, 1949, p. 1—22) zeigen konnte, erscheint *Jovens* bei Marcabru und den ersten Troubadours vielfach in einer Bedeutung, die sich nicht mehr unmittelbar auf kl. lat. *iuventus* zurückführen läßt: "a principle of virtues, especially those of purity and generosity, an association of men who were endowed with or who pursued those qualites" (p. 13). Die besondere Bedeutung dieser Personifikation ist durch ein ganzes Begriffsfeld allegorischer Beziehungen gesichert, die Denomy wie folgt zusammenfaßt: "It is clear that the early troubadours represented Youth as an active principle, a quality which constitues perfection in their eyes. Out of Love, the passive principle, the fount and well of all wordly good, it engenders a world characterized by *Proeza*, the sum total of virtues that should bedeck the courtly lover. It is destroyed by two great evils: false, sensual, capricious love with its resultant infidelity and lack of trust, and by avarice and lack of largesse" (p. 9). Das hier schon angelegte Thema der Schöpfung einer neuen, durch die höfische Liebe bestimmten Welt ineins mit einer daraus entspringenden *Psychomachia* entspricht genau dem späteren *Anticlaudianus* und der von Alanus vorgenommenen Umgestaltung des christlichen in einen höfischen Katalog der Tugenden und Laster. Die Filiation bleibt zu untersuchen (als Quelle Marcabrus ist nach

Die bei Alanus nicht mehr gegebene Vorstellung eines ‚bellum intestinum' hat indes zu dieser Zeit schon lange in den Liebes- und Konfliktmonolog des höfischen Romans Eingang gefunden. Chrestien de Troyes z. B. kann — wie Lewis zeigte — "hardly turn to the inner world without, at the same time, turning to allegory. (. . .) It is as if the insensible could not yet knock at the doors of the poetic consciousness without transforming itself into the likeness of the sensible: as if men could not easily grasp the reality of moods and emotions without turning them into shadowy persons"[61]. Daß diese Form der Allegorie unabhängig von der Tradition der *Psychomachia*, als eine Weiter- und Umbildung des ovidianischen Liebesmonologs entstanden sein dürfte, hat Muscatine 1953 glaubhaft gemacht und dabei nachgewiesen, wie in der Entwicklung des ‚Dialogs im Monolog' nach und nach die meisten Personifikationen einzeln erscheinen, die Guillaume de Lorris am Ende dann allesamt in seiner Rosenallegorie auftreten läßt[62]. Für den Leser des XIII. Jahrhunderts bot sich der *Romanz de la Rose* demnach als ein Werk mit zumeist schon bekannten, nun aber zum ersten Mal in sichtbarer Gestalt erscheinenden allegorischen Figuren dar! Muscatine ging aber zu weit, als er in dieser Form der Allegorie nun schon gleich eine Analyse der ‚individuellen Psyche' sehen und ihre Neuerung gegenüber der Prudentiusnachfolge auf den Gegensatz descriptiver und normativer, biographischer und kosmographischer Allegorie bringen wollte[63]. Nehmen wir als Beispiel die Szene aus dem Roman *Escoufle* (um 1200), in der die Heldin im Begriff ist, sich an einem Strick vom Fenster herunterzulassen, während ihr Ritter

Denomy das 5. Kap. des *Treatise on Love* von Avicenna: '*On the love of those who are noble-minded and young for external beauty*' anzunehmen); wenn sie sich nachweisen läßt, würde der *Anticlaudianus* noch mehr als bisher von der christlichen Lehrmeinung abzurücken und — mit *iuvenis/jovens* als Schlüsselfigur — in die Tradition der höfischen Dichtung einzuordnen sein.

[61] Lewis p. 30.

[62] The emergence of psychological allegory in Old French Romance, PMLA 68, 1953, p. 1160—1182; die Zusammenstellung der von Guillaume de Lorris übernommenen Personifikationen findet sich p. 1178 Anm. 39.

[63] Ibid. p. 1161, 1179.

unten wartet, um sie zu entführen. Der Verfasser hat den Augenblick ihres letzten Zauderns so dargestellt, daß nun in der Seele der schönen Aelis *Amor* und *Raison* als Stimmen laut werden und in Widerstreit geraten [64]. Das heißt nun aber gerade nicht, daß in ihrem Widerstreit rein individuelle Eigenschaften der Dame personifiziert würden. Ihre persönliche Regung des Zauderns wird vielmehr durch die Form der Allegorie gleichsam entpersönlicht, ihre subjektive Entscheidung auf das objektive Verhältnis der beiden antagonalen, überpersönlichen Mächte zurückbezogen und ihr besonderes Schicksal durch die Überordnung des Allgemeinen ins Exemplarische gewendet. Die Form der Allegorie im höfischen Roman ist nicht weniger ‚normativ' als die der *Psychomachia*; die hier entdeckte innere Welt des ‚amour courtois' weiß sich noch nicht anders darzustellen als durch eine Allegorisierung, will sagen: Entpersönlichung der individuellen Regungen und Affekte.

Insofern sich die neue Form der Allegorie im höfischen Roman aber bereits auf ein einmaliges Geschehen bezieht, das in der Aventüre des Helden das besondere Schicksal eines Einzelnen darstellt, steht sie der Allegorie des *Romanz de la Rose* schon sehr viel näher als die allegorische Dichtung Raoul de Houdencs, obwohl dort zum ersten Mal das Ich des Dichters zum Träger der allegorischen Handlung wird. Denn die Stationen des Weges zur Hölle stellen nur das allgemeine Geschick des Sünders vor Augen, der von Laster zu Laster gleitend der Hölle verfällt (*Plesant chemin et bele voie Truevent cil qui enfer vont querre*, v. 14 s.). Sie lassen nicht erkennen, ob dieser Weg in einer besonderen Beziehung zu dem persönlichen Schicksal des Wanderers steht. Diese Beziehung wird auch nicht in der einzigen Szene thematisiert, in welcher der Wanderer seine Zuschauerrolle aufgeben muß: dem Aufenthalt in der *Vile-Taverne*. Daß er selbst der *Yvresce* und ihrem Sohn *Versez* (‚Schenkt ein') erliegt, charakterisiert viel mehr die Unwiderstehlichkeit dieses Lasters als eine persönliche Anfälligkeit des Dichters, dem hier nur das gleiche widerfuhr wie vor ihm schon vielen anderen (vgl. v. 284 ss.). Desgleichen ist auch beim Weg zum Paradies das eigene

[64] Vgl. L'Escoufle, Roman d'aventure, ed. H. Michelant et P. Meyer, Paris 1894 (SATF), v. 3906—3959.

Schicksal des Wanderers nicht von dem allgemeinen Geschick eines Büßenden zu unterscheiden. Selbst wenn Raoul mit der Taverna- oder der Perseverance-Episode [65] auf seine persönliche Situation anspielen wollte, ergibt sich daraus noch nicht der Doppelsinn einer allegorischen Handlung, die den Leser (wie später im *Romanz de la Rose*) dazu nötigte, von der Reihenfolge der Personifikationen aus die durch sie bedeutete Geschichte des erzählenden Ichs zu erschließen.

Die Allegorie seines Nachfolgers Huon de Mery ist dadurch von besonderem Interesse, daß hier das Ich des Dichters schon viel ausdrücklicher in seiner besonderen Situation hervortritt. Huon berichtet, wie er sich erst aus seiner Trägheit losreißen mußte, um zu dem Heer der königlichen Partei zu stoßen, beklagt seine Neugier, die ihn die Zauberquelle im Walde von Broceliande aufsuchen hieß, gesteht offen seine Feigheit im Kampf mit dem Sendboten des Antichrist ein und rechtfertigt wahrscheinlich durch seine Allegorie den Entschluß, vom weltlichen zum geistlichen Leben überzutreten (vgl. v. 3510—3525). Aus diesem ersten Versuch, die allegorische Handlung der *Psychomachia* auf die Person des Dichters zu beziehen, erklärt sich auch die Einschaltung der Episode mit *Amor* und *Venus*, die in seiner Darstellung zu einem unverkennbaren Bruch geführt hat. Da Huon an dem Prinzip der polaren Zuordnung von Tugenden und Lastern festhält, kann er auch das mitdargestellte Ich im Hauptteil der Handlung zunächst nur als unbeteiligten Berichterstatter auftreten lassen. Die Abfolge der Kämpfe richtet sich nach dem konventionellen Katalog der Tugenden und Laster, den er wie schon Alanus durch Personifikationen höfischer Werte erweitert, und kann darum nicht mehr auf seine eigene Geschichte verweisen. Der Pfeil der *Venus* ist auf *Virginite*, ihr antagonales Gegenbild, gezielt; daß er fehlgeht, weil sich *Virginite* mit *Chastee* gerade noch rechtzeitig in ein Kloster zurückzieht, und statt ihrer — wer würde es wohl erraten? — einen ahnungslosen Zuschauer, nämlich das

[65] Voie d'Enfer v. 216—321, Voie de Paradis 461—607 (der Wanderer vermag hier einer letzten weltlichen Anfechtung nicht zu widerstehen, so daß er auf dem Wege von *Confession* zu *Penitance* die ihn geleitende *Perseverance* verliert).

dargestellte Ich des Dichters durch das Auge ins Herz trifft, ergibt sich jetzt und hier nicht notwendig aus der allgemeinen, durch ihren Kampf verbildlichten Beziehung zwischen *Venus* und *Virginite* und muß darum als ein zwar geistreicher, aber letztlich unmotivierbarer Zufall erscheinen. Huon vermag diese Wendung denn auch so wenig zu begründen wie zuvor den überraschenden Frontwechsel *Amors*, der erst angeführt von *Proesce*, *Cortoisie* und *Largesce* unter der *gent Jesu Crit* aufzieht [66], in der Schlacht aber unversehens die Fahne wechselt, um mit *Venus* und *Cupido* der von *Virginite* schon fast besiegten *Fornicacion* beizuspringen. In dieser Zwitterstellung *Amors*, dessen Intervention, wie auch die der *Venus*, bei Huon keine weiteren Folgen nach sich zieht, zeigt sich an, daß diese beiden mythologischen Figuren seit Alanus schon weit über die Funktion einfacher Personifikationen hinausgewachsen sind.

Was Huon de Mery noch nicht bruchlos gelungen ist: allgemeine und besondere Allegorie in Einklang zu bringen, hat um dieselbe Zeit Guillaume de Lorris durch die entscheidende Neuerung seiner allegorischen Form erreicht. Im *Romanz de la Rose* wird die Handlung selbst durchgängig allegorisiert, d. h. in die Doppelheit von ‚sensus litteralis' und ‚sensus allegoricus' umgesetzt, wobei die Fabel des Traumgeschehens (der ‚sensus litteralis') immer zweifach ausgelegt werden kann: einmal im Blick auf den kontingenten äußeren Ereignisablauf einer Aventüre in der Art der voraufgegangenen höfischen Romane, deren Situationen hier nur noch von innen gesehen sind, zum andern im Blick auf den in der Abfolge der Personifikationen bedeuteten Sinn einer *Ars amandi*, die in der Fabel mit eingeschlossen ist (*Ou l'Art d'Amors est toute enclose*, v. 38). Den Anfang zu einer neuen Deutung des ersten Aspekts hat Muscatine schon gemacht [67]. Wir befassen uns abschließend allein mit

[66] Li Tornoiemenz Antecrit v. 1713 ss. Das Werk von Huon de Mery verdiente es, durch eine eingehendere Deutung der Vergessenheit entrissen zu werden. Der kleine Aufsatz von Gelzer (GRM 5, 1913, S. 261—273), die zuletzt erschienene Würdigung dieses Werkes, zeigt seine fragwürdige, modernistische Tendenz schon in dem Untertitel: ‚Ein Beitrag zum Beginn des literarischen Subjektivismus in Frankreich' an.

[67] A. a. O. p. 1164; Muscatine beschränkte sich indes auf eine Zusam-

dem zweiten Aspekt, dessen Deutung hier nur noch im Ansatz entwickelt werden kann, um die Tragweite der neuen allegorischen Form des *Romanz de la Rose* zu zeigen: hier stellt die Geschichte des Amant und seiner Dame ineins das Verhältnis zwischen dem Allgemeinen der Wesenheiten und dem Besonderen einer einmaligen Situationsabfolge, d. h. zwischen dem überpersönlichen Geschick der Liebe und dem persönlichen Weg des Liebenden dialektisch vor Augen.

Guillaume de Lorris hat nicht mehr einfach die antagonalen Paare der Tugenden und Laster in eine vorgegebene epische Handlung hineingestellt. Seine allegorische Fabel verläuft gleichermaßen durch die allgemeinen Konstellationen der in vier Zehnergruppen aufgeteilten Figuren und durch das besondere Geschehen hindurch, das dem Amant und der von ihm erwählten Dame widerfährt. Das geschieht in der Weise, daß die zunächst objektiv gesehenen Beziehungen zwischen den allegorischen Figuren sodann jeweils in ihrer Wirkung auf das Geschehen erfaßt und aus der Sicht des Amant dargestellt werden. Obwohl an sich eine polare Zuordnung der auf der Außenmauer bildhaft beschriebenen höfischen Laster und der innerhalb der Mauer im Reigentanz erscheinenden höfischen Tugenden leicht hätte verwirklicht werden können, setzt sie Guillaume nicht mehr direkt einander entgegen [68]. So kann der Held an der ersten Reihe von *Haine* bis zu *Povrete* wie an Stationen vorüberziehen, die die Träger der entsprechenden Eigenschaften aus dem Solidaritätskreis der höfischen Gesellschaft ausschließen. Die thematisch entgegengesetzte Konstellation der nächsten zehn Figuren ist sogleich auch durch die Weise ihres Erscheinens von der ersten Konstellation abgehoben. An die Stelle der bildhaft-statischen Wesen-

menstellung von Parallelen zwischen Ereignisfolgen der höfischen Romane und Szenen des *Romanz de la Rose*.

68 Ordnet man die allegorischen Figuren der ersten beiden Konstellationen polar aufeinander zu, so ergibt sich folgendes Bild (die fraglich bleibenden Paare sind in Klammern gesetzt): *Haine — Amor, (Felonie — Biautéz), Vilanie — Cortoisie, (Covoitise — Oiseuse), Avarice — Largece, (Envie — Deduit), Tristece — Leece, Vieillece — Jonece, Papelardie — Franchise, Povrete — Richece.*

heiten tritt nun die lebendige Gliederung der in der ‚carole' sich bewegenden Figuren; die Harmonie des Tanzes verbildlicht das schöne Zusammenwirken aller, Amor einbegriffen, dem hier noch keine Sonderstellung neben Figuren wie *Deduiz* und *Jonece* eingeräumt wird. Das personifizierte Ich wird von *Cortoisie* zur Teilnahme eingeladen und erhält *Oiseuse* als Partnerin. Erst nach dem Tanz, allegorice: der vollendeten Bewährung in den höfischen Tugenden, beginnt der besondere Weg des Amant [68a] und tritt auch *Amor* aus dem allgemeinen Kreis der gleichberechtigten Figuren heraus. Auch hier läßt Guillaume das Besondere dieser Situation vorweg im Medium des Allgemeinen sichtbar werden: das einmalige Geschehen der erwachenden Liebe und der Erwählung der Dame bildet sich für den Amant — wie J. Frappier gezeigt hat — beim Blick in die *Fontaine d'Amors* in einer kunstvollen Stufung von Visionen (Narziss-Inschrift — *deus pierres de cristal* — Reflex des Gartens — Reflex der Rosen in ihrer Gesamtheit) im voraus ab [69]. Auch die Pfeile

[68a] Dieser bedeutsame, durch eine Überlieferung deutlich hervorgehobene Moment der äußeren Fabel (v. 1279—1288) hat später eine genaue Entsprechung in dem Einschnitt der *commandemenz Amor* (v. 2233—2268), wo auf die allgemeinen Regeln der Courtoisie (v. 2057—2232) die besonderen Pflichten der *fins amanz* (v. 2239) folgen, die Amor bezeichnenderweise als *aventures* (v. 2267), d. h. in Form eines beispielhaften Ereignisablaufs verdeutlicht. Diese Entsprechung zwischen der allegorischen Fabel, in der der Amant erst nach der *carole* aus der zweiten Konstellation zu seinem besonderen Weg heraustritt, und der Zweiteilung der expliziten Lehren Amors in Regeln höfischen Verhaltens und romanhaft verkettete Pflichten der höfischen Liebe ist sicher nicht zufällig und legt es nahe, die *commandemenz Amor* einmal daraufhin zu untersuchen, inwieweit sie als Deutung der voraufgegangenen allegorischen Fabel und ihrer Konstellationen zu verstehen sind.

[69] « La fontaine de Narcisse, qui prend un caractère de généralité en devenant la *Fontaine d'Amors*, crée par la contemplation de son liquide miroir un état de craintif enchantement et d'amoureuse disponibilité. A ce désir à peine conscient et tout passif succède l'image de la Beauté ou l'*idée* de l'Amor que symbolise le reflet des roses dans les *pierres de cristal.* On reconnaît aisément dans cette intercession du miroir où se reproduit tout entier le verger de Déduit, univers en raccourci, le concept platonicien du *speculum mundi.* Ainsi Guillaume de Lorris laisse entendre que dans

Amors, die ihn sodann beim Erblicken der Rosenknospe durch das Auge ins Herz treffen, waren schon zuvor bei der Einführung *Amors* genannt und beschrieben worden [70]. Nun stellt sich ihre allgemeine Wirkung in einer besonderen Situation aus der Sicht des Amant dar und wird damit bedeutet, wie er nacheinander von *Biaute, Simplece* und *Cortoisie* im Anblick der Erwählten betroffen, von *Compaignie* an sie gefesselt und am Ende von *Biaus Semblanz* über alle erlittene Unbill hinweggetröstet wird. Es liegt auf der Hand, daß in diesen Pfeilen nicht individuelle Eigenschaften der Dame, sondern normative Tugenden verbildlicht sind, die sie exemplarisch vertritt. Die Entwicklung des personifizierten Ichs zum Amant verläuft noch ganz in vorgegebenen Phasen und ist mit dem letzten Pfeil Amors abgeschlossen, während die der Dame nun erst eigentlich beginnt.

Auf diesem Höhepunkt seines Werkes ist Guillaume in seiner Kunst, die Formen allegorischer Darstellung ständig zu variieren, noch einen Schritt weitergegangen. Zwar wird auch hier erst noch eine allgemeine Konstellation von wiederum zehn Figuren der inneren Geschichte der Dame, d. h. der Entstehung ihrer Liebe, vor-

la pensée et le cœur de l'amant l'*idée* de l'amour préexiste intuitivement à l'amour. Puis le reflet collectif des roses, idéales réalités, guide l'amant vers celle qu'il élira. On peut croire qu'à ce stade l'invention se rattache moins au platonisme médiéval qu'à la pure doctrine de l'amour courtois, amour d'élection où la volonté tient sa part. Très probablement aussi, les *pierres de cristal* qui, de prime abord, semblent doubler sans utilité le rôle joué par le miroir de l'eau, représentent des yeux de la dame, ou, plus subjectivement, la vision de ces yeux par l'amant » (Variations sur le thème du miroir, de Bernard de Ventadour à Maurice Scève, *Cahiers de l'Ass. Int. des Etudes Fr.*, no. 11, mai 1959, p. 151). Die Originalität dieser poetischen Umwandlung des Narziß- und Spiegelmotivs durch Guillaume, der sich dabei wahrscheinlich auf Bernhard von Ventadour stützte, konnte J. Frappier durch eine Abhebung von der Tradition dieser Motive besonders deutlich machen.

70 Vgl. v. 935—975: *Biautez—Simplece—Franchise—Compaignie — Biaus Semblanz; Orgiauz — Vilanie — Honte — Desesperance — Noviaus Pensers.* Für *Franchise* tritt v. 1767 aus noch ungeklärten Gründen *Cortoisie ein.*

geordnet. Doch im folgenden sind die allgemeinen Wesensbeziehungen von *Bel Acueil* und *Dangier, Male Bouche* und *Honte, Jalosie* und *Peor, Raison, Chastee* und *Venus*[71] schon ganz im Geschehen aufgegangen, so daß das Erscheinen und Abtreten der Figuren ganz von der besonderen Situation der Dame abhängig zu sein scheint. Nun wird das Wann, Wo und Wie ihres Erscheinens und Wiederverschwindens gleichermaßen für die bedeutete Geschichte der Dame wichtig wie die in einer Figur verbildlichte Wesenheit selbst. *Dangier* steht nicht immer *Bel Acueil* entgegen, er springt erst aus seinem Versteck hervor, als sich der Amant mit dem Begehren, die Rose zu pflücken, zu weit hervorgewagt hat (v. 2920). Galantes Entgegenkommen und Abweisung schließen einander nicht einfach aus, sondern entsprechen wechselnden Positionen im Verhalten der Dame. Dabei geht das Sein der Figuren auch schon nicht mehr immer ganz darin auf, als ‚abstractum agens' unverändert dieselbe Eigenschaft oder Haltung zu verkörpern, die sie ihrem Namen zufolge eigentlich personifizieren sollten. Aus dem als ‚vilain' eingeführten (v. 2922 ss.) und auch in seiner Stillage redenden *Dangier* spricht schon nicht mehr allein die reine Verkörperung dieser Wesenheit, wenn sich *Dangier* durch *Franchise* und *Pitie* erweichen läßt, *Bel Acueil* wieder freie Hand zu lassen:

‚Dames', dist il, 'je ne vos ose
Escondire de ceste chose,
Que trop soit grant vilanie
Je vueil qu'il ait la compaignie
Bel Acueil, puis que il vos plaist.
Je n'i metrai jamais arest (v. 3319 ss.).

[71] Zu den aufgezählten neun Figuren der vierten Konstellation tritt als zehnte, um die Zahlensymmetrie voll zu machen, noch *Mesfaiz*, doch nur genealogisch, als Vater von *Honte* (in der Handlung selbst tritt *Mesfaiz* nicht in Erscheinung). Die genealogische Einführung von *Honte* ist besonders witzig und illustriert die hohe Kunst Guillaumes, die Formen allegorischer Darstellung ständig zu variieren:

Elle fu fille Raison la sage,
E ses peres ot non Mesfaiz,
Qui est si hisdeus e si laiz
Qu'onques a lui Raison ne jut,
Mais dou veoir Honte conçut (v. 2840—2844).

In dem Widerspruch, daß hier *Dangier* gleichsam selbst seinen Habitus eines ‚vilain' aufgibt (*que trop soit grant vilanie*) und damit im Grunde aus seiner vorgegebenen Rolle fällt, schimmert etwas von dem einmaligen Sosein der Dame — eine persönliche, in ihr selbst beginnende Entscheidung — durch die Personifikationen ihres idealen Wesens hindurch, nämlich — in die äußere Handlung zurückübersetzt — eine Anwandlung von Reue über die unhöfisch-schroffe Form ihrer ersten Abweisung, die sodann die Änderung ihres Verhaltens zum Amant motiviert [72].

Daraus ist nun aber nicht einfach zu folgern, daß uns in den Figuren dieses Abschnitts schon gleich Personifikationen von rein individuellen Eigenschaften der Dame vor Augen gestellt sind. Vor allem *Raison* und *Venus* einerseits, *Jalosie* und die Gestalt der *Vieille* andererseits ließen sich mit dieser Auffassung keineswegs vereinen. Lewis glaubte hier von einem Mangel in der allegorischen Konzeption sprechen zu müssen [73]. Doch dieser Mangel besteht nur dann, wenn man mit Lewis an der Vorstellung festhält, die Szene dieses Geschehens sei das Herz der Dame selbst. Der Konflikt der Dame, genauer gesagt: die widerstreitenden Neigungen ihres Her-

Die Zahlensymmetrie erstreckt sich aber nur auf die Einführung der Konstellationen; in den dazwischenliegenden Abschnitten der Handlung können auch noch weitere Figuren auftreten (wie z. B. *Amis, Franchise* und *Pitie*) oder dieselben Figuren gelegentlich in verschiedenen Konstellationen erscheinen (wie z. B. *Biautez* und *Cortoisie*).

[72] Auf dieses Aus-der-Rolle-Fallen einzelner Personifikationen des *Romanz de la Rose* ist auch I. Nolting-Hauff in ihrer Arbeit: Die Stellung der Liebeskasuistik im höfischen Roman, Heidelberg 1959, S. 132 Anm. 6, aufmerksam geworden; ihre Erklärung, daß sich diese Art von „Psychologisierung der Allegorie" überhaupt nicht mehr in das umgesetzte Handlungsschema zurückübersetzen lasse, haben wir im Vorstehenden zu revidieren versucht. Von diesem einen Punkt abgesehen stimmen indes ihre sehr instruktiven Ausführungen über die Mittelstellung, die die *Flamenca* mit den Spielarten ihrer noch vorwiegend preziösen Allegorik zwischen dem roman courtois und dem (um dieselbe Zeit entstandenen) Rosenroman einnimmt, völlig mit den Ergebnissen unserer Betrachtung überein (vgl. S. 129—134).

[73] Op. cit. p. 119.

zens sind indes ganz aus der Sicht des Amant, als Aspekte ihres Wesens erfaßt und zugleich im Widerstreit zwischen dem Allgemeinen eines überpersönlichen Geschicks und dem Besonderen eines persönlichen Schicksals dargestellt. *Raison* ist weder nur ein letztes Sich-Wehren vernünftiger Überlegung im Amant, noch *Venus* die bloße Personifikation eines sinnlichen Verlangens, das ihm von der Dame entgegenkommt: beide Figuren bewahren in der Art ihres Eingreifens unverkennbar das Numinose einer überpersönlichen, mythologischen Macht [74]. Selbst *Honte* und *Peor*, die *Jalosie* Rede und Antwort stehen müssen, sind als Wächter für a l l e Rosen bestellt [75]; auch in der feingesponnenen Argumentation von *Honte* spiegelt sich nur indirekt die persönliche Souveränität der für den Amant einzigartigen Dame, deren Wesen ihm in seiner individuellen Ganzheit bis zum Ende hinter ihren verschiedenen personifizierten Aspekten verborgen bleibt. Guillaume de Lorris, der den unsichtbaren Wesenheiten des höfischen Romans zum ersten Mal sichtbare Gestalt verlieh und sie personhaft deutlicher werden ließ als die meisten Romanfiguren der Chrestien-Epigonen, hat in der stets in persona unsichtbaren Dame seines *Romanz de la Rose* eine Gestalt geschaffen, die am Ende nicht weniger geheimnisvoll und lebendig bleibt als Enide oder Laudine.

Der einmalige Vorgang der Entstehung ihrer Liebe kann sich für den mittelalterlichen Dichter nur im Medium des Allgemeinen abbilden. In dieser Spiegelung des Singularen vollendet sich seine Allegorie von der Rose. Die allegorische Intention kann ihren Gegenstand nur ergreifen, indem sie das Persönliche entpersönlicht. Darin liegt ihre Wahrheit und zugleich auch einer der Gründe, warum sie die Poetik der deutschen Klassik als eine Beschränkung

[74] Eine Fülle von Belegstellen zur Geschichte der Venus im Mittelalter hat W. Papst in seiner vornehmlich motivgeschichtlich orientierten Arbeit: Venus und die mißverstandene Dido — Literarische Ursprünge des Sybillen- und Venusbergs, Hamburg 1955 (*Hamburger Roman. Studien, A. Allg. Roman. Reihe, Bd.* 40), zusammengetragen.

[75] por les rosiers miauz garnir, v. 2859; das gilt auch für die übrigen Figuren der vierten Konstellation, vgl. etwa v. 2828, 2847, 2852, 2863, 3029, 3200, 3551, 3611.

ansehen und abtun mußte. Diese Abwertung zum Axiom eines für alle Epochen gültigen Kanons des Schönen zu erheben, haben wir keinen Anlaß, zumal dieser Kanon auch das Verständnis moderner Dichtung eher erschwert als gefördert hat. Es ließe sich zeigen, daß gerade Baudelaire, der erste Lyriker der ‚modernité', nicht zufällig diese scheinbar überalterte und unzeitgemäße Dichtform wieder gegen den Symbolbegriff der Romantik zur Geltung brachte: die allegorische Intention der *Fleurs du Mal* zeigt ineins den vollzogenen Bruch mit der Ästhetik des Individualismus an.

Nachtrag 1976

Die vorstehende Abhandlung ist zu einem Zeitpunkt verfaßt worden, als die allegorische Dichtung des Mittelalters noch im Verruf stand, kein forschungswürdiger Gegenstand zu sein. Sie setzt ältere Versuche der Rehabilitation dieser Gattung (C. S. Lewis, J. Huizinga, W. Benjamin, E. Auerbach) fort, korrigiert das Verdikt, das E. R. Curtius über den Rosenroman fällte, und koinzidiert mit der von H. G. Gadamer unternommenen Klärung des Verhältnisses von Symbol und Allegorie (*Wahrheit und Methode,* 1960, bes. S. 66 ff.). An meine inaugurierende Abhandlung schlossen sich eine Reihe weiterer Untersuchungen an: eine ausgebaute französische Version (in: L'humanisme médiéval dans les littératures romanes du XIIe au XIVe siècle, éd. A. Fourrier, Paris 1964), das dokumentierte Kapitel: *Entstehung und Strukturwandel der allegorischen Dichtung* (in: Grundriß der romanischen Literaturen des Mittelalters, Bd. VI, Heidelberg 1968), ferner *Brunetto Latini als allegorischer Dichter* (in: Formenwandel — Festschrift P. Böckmann, Hamburg 1964), *Ernst und Scherz in mittelalterlicher Allegorie* (in: Mélanges, Frappier, Genf 1970) und *Allegorese, Remythisierung und neuer Mythus* (in: Poetik und Hermeneutik Bd. IV, München 1971).

Germanisch-romanische Monatsschrift NF 15 (1965) S. 139—149.

OISEUSE, DIE DAME MIT DEM SPIEGEL

Von Herbert Kolb

Der Erzähler, ein junger Mann „im zwanzigsten Jahre seines Lebens", geht an einem Maimorgen einen breiten Fluß entlang, talaufwärts, stößt an eine Mauer, die einen wunderschönen Garten einfriedet — kein Hirte hat ihn jemals betreten —, entdeckt, die Mauer im Viereck außen abschreitend, eine enge Pforte, wohlverschlossen, und faßt sich ein Herz anzuklopfen: es öffnet ihm ein junges Mädchen, dessen Schönheit zunächst, dessen kostbare und geschmackvolle Kleidung sodann nach den Regeln höfischer Beschreibungskunst dem Leser vor Augen geführt wird; nicht unvergleichlich schön ist die junge Dame — dies zu sagen verbietet die Rücksicht der höfischen Komparation —, doch immerhin so schön, daß man „bis nach Jerusalem" keine Frau gefunden hätte, die schöner gewesen wäre.

So beginnt, als vorausdeutende, künftige Wirklichkeiten aufschließende Traumerzählung stilisiert, der *Rosenroman* des Guillaume von Lorris.

In die Beschreibung der schönen Türöffnerin und Einlaßgewährerin sind einige Eigenheiten aufgenommen, die zum Bild einer höfischen Dame zwar recht gut passen, doch nicht notwendigerweise zu ihm gehören: sie trägt, „um zu verhüten, daß ihre weißen Hände an der Sonne bräunten, weiße Handschuhe" [1], und in der Hand hält sie einen Spiegel [2]. Der Eindruck, den solche Attribute auf den Besucher machen, kann darum auch kaum anders sein, als „daß sie sich um wenig zu sorgen hatte"; und ein wenig voreilig, doch sicher zutreffend, wird daraus der Schluß gezogen: „Wenn sie

[1] *Le Roman de la Rose*, par Guillaume de Lorris et Jean de Meun; publ. p. E. Langlois (SATF), t. II: Paris, vv. 562/3: *E, por garder que ses mains blanches / Ne halassent, ot uns blans danz.*

[2] V. 557: *En sa main tint un miroer.*

sich schön gekämmt hatte und schön geschmückt und hergerichtet, so war ihr Tagewerk schon getan. Sie lebte einen guten Tag, als wäre für sie immerfort der schöne Monat Mai; denn sie hatte Sorge und Kümmernis um nichts — außer darum, sich vornehm herzurichten [3]."

Nach solcher Darstellung des Äußeren ist man nicht sehr erstaunt über den Namen, mit welchem die Schöne sich dem bewundernden Besucher vorstellt: sie lasse, so sagt sie, von ihren Bekannten sich *Oiseuse* nennen. Und, diese Namenwahl erläuternd, fügt sie hinzu: Eine reiche Frau sei sie und eine mächtige dazu, und für etwas werde die Zeit ihr nie zu lang: Spiel und Geselligkeit um sich zu haben, sich zu kämmen und ihr Haar zu pflegen — auf nichts verwende sie so viel Sorgfalt wie auf all dieses [4]. Daraufhin öffnet Dame *Oiseuse* den Zugang zum Garten, und dem, der durch die schmale Pforte eintreten darf, ist zumute, als sei er im irdischen Paradies; denn der Ort, mit Entzücken erfüllt und erfüllend, erscheint dem Besucher *esperitables* zu sein. Dies bedeutet wohl, daß diesem Ort — fern davon, allein das zu sein, als was er seinen Augen sich darbietet — ein *sensus spiritualis* innewohnt; und dieser ist ausgedrückt in dem Namen *parevis terrestre* (v. 636).

Die Dame mit dem Spiegel aber, die sich *Oiseuse* nennen läßt, hat im allegorischen Geschehen nunmehr ihre Rolle ausgespielt; sie tritt ab von der Bühne der Figuren und Begebnisse im belaubten blühenden Garten. Sie ist Schlüsselverwahrerin und Türöffnerin, sonst nichts [5], darin erschöpft sich ihre Funktion für dieses gleichsam irdische Paradies, in welchem Amor regiert. Das Ende ihres Auftritts ist ausdrücklich angegeben, wo gesagt wird: es sei von nun an die Rede nicht mehr von ihr, die dem Besucher so viel Güte zuteil

[3] Vv. 566/76: *Il paroit bien a son ator / Qu'ele estoit poi embesoigniee. / Quant ele s'estoit bien pigniee, / E bien paree e atornee, / Ele avoit faite sa jornee. / Mout avoit bon tens e bon mai / Qu'ele n'avoit soussi ne esmai / De nule rien, fors solement / De soi atorner noblement.*

[4] Vv. 582/8: *„Je me faz", ce dist ele, „Oiseuse / Apeler a mes conoissanz. / Riche fame sui e poissanz. / S'ai d'une chose mout bon tens, / Car a nule rien je n'entens / Qu'a moi joer e solacier, / E a moi pignier e trecier.*

[5] Vgl. vv. 3003/4.

werden ließ, daß sie ihm die schmale Pforte des blühenden Gartens öffnete [6]. Wer ist diese *Oiseuse*, und was bedeutet sie als allegorische Figur?

I

So weit ihr Name Aufschluß gibt über ihr Wesen, ist sie die Müßige oder auch die Muße [7]; dazu stimmen auch die meisten Züge ihrer Charakteristik. Durch bestimmte Eigenheiten aber und vor allem durch ihr Äußeres hat sie große Ähnlichkeit mit der *Luxuria*, dem lasterhaften Gegenbild der Keuschheit, wie es in Darstellungen der bildenden Kunst zu jener Zeit erscheint: verführerische Schönheit und zum Bewußtsein dessen, der Schönheit ebenso wie ihrer Verführungsmächtigkeit, der Spiegel in der Hand — beides kennzeichnet die *Luxuria* auf den Glasmalereien der Kathedrale von Auxerre und Lyon und in der Rose von Notre-Dame zu Paris, kennzeichnet sie gleichermaßen auch in der Buchmalerei des 13. Jahrhunderts [8].

Der Spiegel jedoch erscheint im hohen und späten Mittelalter als Attribut nicht nur der *Luxuria*, sondern auch anderer, unter sich so verschiedener Personifikationen wie der *Vanitas* und der *Prudentia*. Die „merkwürdige Ambivalenz" des Spiegelsymbols zu jener Zeit [9] läßt es daher geraten sein, auch die weiteren Attribute im Bilde der *Oiseuse*, wie der *Rosenroman* es uns vorstellt, mit einzubeziehen: den Kamm und die Handschuhe. Die Anwesenheit auch dieser symbolischen Gegenstände läßt dann wohl nur noch wenig Zweifel daran, daß die Dame mit dem Spiegel unter dem Bilde der *Luxuria*

[6] Vv. 1255/8: *Ja plus ne vos en iert conté, / Car ce fu cele qui bonté / Me fist si grant qu'ele m'ovri / Le guichet dou vergier flori.*

[7] W. v. Wartburg, FEW Bd. 7, Basel 1955. S. 444: „Seit dem 12. jh. wurde die weibl. form des adj. *oiseus* auch als subst. gebraucht, in der bed. ‘oisiveté’" (s. v. *otiōsus*).

[8] E. Mâle, *L'art religieux du XIIIe siècle en France*, Paris ^{7}1931, p. 120—21; siehe besonders fig. 59 auf p. 117: La Luxure. Rose de Notre-Dame de Paris. « *C'est la Luxure sous les traits d'une courtisane* » (p. 120).

[9] G. F. Hartlaub, Zauber des Spiegels. Geschichte und Bedeutung des Spiegels in der Kunst, München 1951, S. 150.

gesehen ist. Dafür einige Beispiele aus deutscher Literatur des hohen und späteren Mittelalters.

Im Ausgang seines *Priesterlebens* kommt Heinrich von Melk auf die vom rechten Wege abgekommenen Frauen (*irriu wîp*) zu sprechen, die selbst davor nicht zurückscheuen, den Priester zu verführen [10]. Eine Dame solcher Art nennt der Dichter *des tîvels juncfrowe* (V. 699) und beschreibt sie, vom exemplarischen Fall in die Mehrzahl übergehend, so: sie habe allerlei guten Aufputz, Hemd und Rock; sie haben die Locken sehr zierlich gedreht, und fernerhin: *die handschûch wol ginæt / ziehent si an mit vlîzzen; / die borten sihet man glîzzen / durch die gelwen rîsen, / si biginnent sich vaste brîsen; / die hantschœne! unt die spiegel!: / ûf einen itniwen friedel / stêt aller ir gedinge.*

Das Bild der durch ihre Attribute zur *Luxuria* stilisierten Verführerin findet sich wieder auch in mittelalterlichen Darstellungen der Maria Magdalena, sehr eindrucksvoll im *Maastrichter Spiel* (14. Jh.). Hier tritt sie zunächst sehr selbstsicher und überlegen auf, eine eigene Lehre der Weltlust verkündend und *knappen ende juncvrouwen* auffordernd, ihr darin nachzufolgen. Und in dieser Lehre ist als Aufruf enthalten: einen Spiegel zur Hand zu nehmen und sich darin zu beschauen, Handschuhe über die Hände zu streifen, mit einem Kamm das Haar zu richten [11]. Von ihrer Schwester Mar-

10 Ausg. R. Heinzel/R. Kienast (= Editiones Heidelbergenses 1), Heidelberg 1946, Vv. 704/11. Der Zisterzienser Thomas von Froidmont (Ende 12. Jh..) reiht in seinem *Liber de modo bene vivendi, ad sororem*, cap. LXI: *De litteris vel munusculis clanculum non acceptandis*, die *specula* neben anderen Geschenken — wie Taschentüchern (*sudariola*), Kämmen (*pectines*), Gürteln (*corrigiae*) und Bändern (*fasciae*) — wiederholt unter die *dona saecularia*, die *dona vanitatis*, die *dona delectabilia*, die *luxuriosa dona*, welche die *meretrices* von ihren *amici* erhalten. Die Annahme solcher Geschenke von *saeculares homines* wäre für die *sanctimoniales feminae* mit dem Verlust der *religiositas*, der *honestas*, der *castitas*, der *puritas* und der *sanctitas* verbunden; er würde *pudicitia, continentia, reverentia* und *verecundia* vermissen lassen (Migne, PL 184, col. 1289/90). Man sieht auch hier, wie viel an moralischer Symbolhaftigkeit diesen an sich unbedeutenden Gegenständen zu dieser Zeit aufgebürdet wird.

11 J. Zacher, Mittelniederländisches Osterspiel, ZfdA 2 (1842), S. 302—

tha wird sie deswegen als eine Gottlose und Gottverlassene gescholten, als eine, deren ganzes Trachten nach dem trügerischen Ruhm der Welt stehe [12], als *eine sůnderinne . . . wijt ouer alle die lant* (Vv. 882/83). Und von der Rüge geht die gottesfürchtige Schwester zum Versuch der Bekehrung über, indem sie der Weltlehre der Sünderin die Heilslehre des Heilands entgegenhält: sie beginnt mit der Aufforderung an Maria Magdalena, Spiegel, Handschuhe und prunkvolles Gewand von sich zu tun [13]. Und es gelingt ihr, die Schwester abzuwenden von dem, was ihr bisher so begehrens- und erstrebenswert erschienen war. In der Bekehrung der Maria Magdalena durch ihre Schwester Martha ist auch eine Umwendung des Spiegelsymbols enthalten: so wie sie bereit ist, ihr prunkendes Gewand abzulegen und sich künftig vor der Sünde zu bewahren, so erkennt sie in dem Spiegel auf einmal die Ursache ihrer Verirrungen; auf Grund dieser Erkenntnis ist er ihr von jetzt an der „Spiegel der Unreinheit", und sie gelobt, sich nunmehr dem Spiegel zuzuwenden, in welchem die Gestalten vollkommen und gut erscheinen und in welchem man sich ohne Leid beschauen kann: der Dreifaltigkeit [14].

In diesem dramatischen Stück ist vorgeführt, wie die Magdalena sich von der Beispielfigur der *luxuria* [15] bekehrt zu einer Beispiel-

350: *dus nemet einen spigel, / da ir reichte als in ein sigel / muget ur gedene* [= *gedænte* ‚Gestalt'] *beschouwen. / beide, knapen ende iuncurouwen, / ir sult an ure hende trecken / zwene henszen, ane vlecke, / die uch die hende wale bedecken. / ir sult ouch umbe ur houet strecken, / ir iuncvrouwen, ein quac, / de uch ur hair al sunder lac / muge leigen ende richten. / bit eime kambe sult ir slichten, / dit is sicher die lere min* (Vv. 828/40).

[12] Vv. 866/70.

[13] Vv. 905/06: *spigel, henschen ende gewant / salt du balde van dir duen.*

[14] Vv. 947/55: *nu var, dattu sis uirwaiszen! / du hais mig decke gedaen leide. / spigel der unreinicheide. / ich wille zen spigel gaen / in deme die gedene staen / reichte volmacht ende wale, / da man sich alzemale / in beschouwe sunder leit, / — dat is die drueldicheit.*

[15] Eindeutiger als durch das Spiegelsymbol verrät diese sich durch das Attribut der Handschuhe. Louis Réau verzeichnet es in bildlichen Dar-

figur der *vita contemplativa*, die fähig geworden ist zum *contemptus sui* [16] eben so wie zur *dilectio Dei*: zu beiden verhilft ihr der als Symbolgegenstand aufgefaßte Spiegel. In bewegter und sich entwickelnder Darstellung ist hier vor Augen geführt, was dem Mittelalter sonst als statische Figuration gilt: das Schwesternpaar Martha und Maria als Versinnbildlichung der *vita activa* und der *vita contemplativa*, die allegorische Bibelexegese sieht sie vorgebildet in dem Schwesternpaar Lia und Rachel des Alten Testaments. Der Ausgangspunkt für solche Deutung ist die Interpretation der Namen: schon in der Patristik wird der Name Lia interpretiert als *laboriosa* und der Name Rachel als *ovis vel videns principium aut visio sceleris sive videns deum* [17], Deutungen, die auch im hohen Mittelalter noch ihre Geltung besitzen [18]. Und wenn im *Maastrichter Spiel* Maria Magdalena nach ihrer Bekehrung den *Luxuria*-

stellungen bei der Figur der Maria Magdalena als *emblème de sa coquetterie mondaine avant sa conversion* (Iconographie de l'art chrétien, t. III, Paris 1959, p. 1515). Darin liegt auch der Grund dafür, daß Maria Magdalena zu den Schutzheiligen der Handschuhmacher zählt: *à cause de sa coquetterie*, sagt L. Réau, op cit., p. 1460.

[16] Zu derartiger Sinndeutung des Symbolgegenstandes Spiegel vgl. Alanus de Insulis, *Summa de arte praedicandi*, cap. III: *De contemptu sui*: O homo! vide te in triplici speculo, et displicebis tibi. Triplex est speculum in quo te debes videre: Speculum Scripturae, speculum naturae, speculum creaturae. In speculo Scripturae legis statum tuum, in speculo creaturae videbis te miscrum, in speculo tuae naturae considerabis te reum (Migne, Pl. 210, col. 118). Hinweis auf diese Stelle bei Sr. R. Bradley, *Backgrounds of the Title* Speculum *in Mediaeval Literature*. Speculum 29 (1954), p. 114.

[17] *Liber interpretationis hebraicorum nominum* (nach dem Text von P. de Lagarde, *Onomastica sacra*, Göttingen 1870), in: S. Hieronymi Presbyteri opera I, 1 (Corpus Christianorum, Ser. lat.), Turnhout 1959, p. 68 u. 70.

[18] Vgl. z, B. Thomas von Froidmont, *Liber de modo bene vivendi, ad sororem* (verf. um 1174), cap. LIII: *De activa et contemplativa vita:* Rachel vero *ovis* vel *videns principium* interpretatur: quia contemplativi simplices et innocentes sunt sicut oves, et ab omni tumultu saeculi alieni; ut soli divinae contemplationi adhaerentes videant illum qui ait: *Ego sum principium, qui et loquor vobis* (Migne, PL 184, col. 1277).

Spiegel ihres Weltlebens nunmehr ansieht als den *spigel der unreinicheide*, so kommt darin ihre mit der Belehrung gewonnene Fähigkeit der *visio sceleris* zum Ausdruck; wenn sie sich aber dem Spiegel zuwendet, in welchem die Dinge in ihrer rechten und reinen Gestalt zu sehen sind, dem Spiegel, von dem sie sagt *dat is die driveldicheit*, so deutet sich damit an, daß sie zu einer *videns principium* oder *videns deum* geworden ist: alles in allem die Nachbildung der Rachel-Figur als Sinnbildes der *vita contemplativa* gemäß der allegorischen Verfahrensweise des Mittelalters.

II

An den Beispielen von *des tivels juncvrowe* und der Maria Magdalena mag erläutert sein, daß der Spiegel in der Hand einer mondänen Dame zu damaliger Zeit einen Symbolgegenstand darstellt, der zunächst kennzeichnend ist für das Bild der *Luxuria*; in zweiter Linie aber auch, daß ein solcher Spiegel und damit die Person, die er kennzeichnet, umgedeutet und anders gedeutet werden kann. Und ganz gewiß ist die *Oiseuse* des *Rosenromans*, so sehr sie unter dem Bild einer höfisch gesehenen *Luxuria* [19] vorgestellt wird und sich selber vorstellt, nicht das Sinnbild der *Luxuria* selbst und überhaupt nicht Sinnbild eines Lasters oder einer Sünde; dazu paßt schon ihr Name schlecht, dazu paßt aber vor allem nicht ihre Funktion, Einlaßgewährerin zu sein in das Paradies des Liebesgottes. Die ‚Laster', wenn auch nicht identisch mit der Sieben-Laster-Reihe der mittelalterlichen Morallehre, sind aus diesem Paradies verbannt; als starre Steinfiguren, mit ihrem Rücken außen in die umschließende Mauer eingelassen, blicken sie in die profane Welt hinaus: *Haïne, Felonie, Vilanie, Covoitise, Avarice, Envie, Tristece, Vieillece, Papelardie, Povreté* [20], ein versteinerter Reigen höfischer Unwerte,

[19] Über die höfische Verfeinerung und Milderung des *Luxuria*-Bildes vgl. E. Mâle, op cit., p. 121: *Nous sommes dans l'âge courtois par excellence, dans le siècle qui divinisa la femme. Les artistes chargés de nous mettre en garde contre elle n'ont pu se résigner à l'aviler. Nous voilà loin des terribles figures de la Luxure sculptées au portrail des églises romanes.*

[20] Die Beschreibung der *images* vv. 129—466.

als höfisch insbesondere daran zu erkennen, daß Unhöfischkeit (*Vilanie*), Alter (*Vieillece*) und Armut (*Povreté*) in ihn aufgenommen sind. *Luxuria* aber, festeingefügtes Glied im Siebenerkatalog der traditionellen Lasterlehre und mit *avaritia* zusammen am häufigsten dargestellter und genannter Lastertypus [21], gehört nicht dazu, und ihr Fehlen ist für das Höfische wohl eben so bezeichnend wie die Anwesenheit von *Vilanie, Vieillece* und *Povreté*. Daß sie im Minneparadies nicht weilen darf, ist eigentlich selbstverständlich: dies verbietet schon die Anwesenheit ihres Gegenbildes *Chasteé* (*castitas*) innerhalb der Umfriedung. Beide sind durch die Mauer voneinander getrennt, wie die Mauer die Scheidelinie ist, welche z. B. *Haïne* von *Amor, Vilanie* von *Cortoisie, Tristece* von *Leece, Povreté* von *Richece, Vieillece* von *Jonece* fernhält. Und zudem ist von der Ferne der *Luxuria* ja auch ausdrücklich die Rede: sie herrsche draußen in der profanen Welt überall, ihre Macht sei noch immer im Wachsen, nicht einmal in den Klöstern sei ihr tugendhaftes Gegenbild, die *Chasteé*, mehr vor ihr sicher [22]. *Luxuria* ist also eine Figur, die im Reiche Amors, wie Guillaume von Lorris es entwirft, nichts zu suchen hat — schon gar nicht als Schlüsselverwahrerin und Einlaßgewährerin. Wenn aber *Oiseuse* trotz ihrer Attribute nicht diese *Luxuria* sein kann, wer ist sie dann?

Es liegt nahe, zur Deutung des *Oiseuse*-Bildes nunmehr auch den anderen Aspekt der Maria-Magdalena-Figur heranzuziehen: ihre Bedeutung als Versinnbildlichung der *vita contemplativa*, die ihr, wie schon erwähnt, in der mittelalterlichen Auslegung der Heiligen Schrift eben so zugeordnet wird [23] wie ihrer alttestamentlichen

[21] Vgl. L. Réau, op. cit., t. II, Paris 1957, p. 752: *Au XIIe et au XIIIe siècle on se contentait de caractériser deux péchés capitaux: l'Avarice et la Luxure.*

[22] Vv. 3605/09: *N'est merveille se je me dot, / Car Luxure reine par tot; / Ses pooirs ne fine de croistre. / En abaïe ne en cloistre / N'est mais Chasteé asseür.*

[23] Als Beispiel die folgende Predigtstelle des Odo von Canterbury († 1200), weil sie zugleich die Tradition der Ausdeutungsweise bezeugt: Scripturae diuinae consuetudo est per duas illas duas quae sunt in ecclesia uitas intelligere: per Martham quidem actiuam, per Mariam uero contemplatiuam. Martha laborabat in operibus misericordiae, Maria requiescebat

Vorfigur Rachel [24]. Daß einer nach ihrer Bekehrung so interpretierten Maria der Spiegel als Sinnbild der *contemplatio* attribuiert sein kann, ist am *Maastrichter Spiel* beobachtet worden. Für die ihr präfigurativ entsprechende Rachel wird eine solche Attribuierung durch Dante bezeugt; bevor seine Jenseitswanderung ihn ins irdische Paradies führt, begegnet er im Traum dieser Rachel als einer Frau, die in das Bild ihrer aus einem Spiegel ihr entgegenblickenden Augen versunken ist: sie hat das Schauen *(lo vedere)* sich zu ihrem Teil erwählt, ihre Schwester Lia aber, von der dies alles erläutert wird, nimmt als ihren Anteil am Leben das Tätigsein *(l'ovrare)* in Anspruch [25].

Der Spiegel als charakterisierendes Attribut einer Person, welche die *vita contemplativa* ‚bedeutet': der Grund für die Wahl gerade dieses symbolischen Gegenstandes liegt sicher in der etymologischen Verwandtschaft von *speculum* und *speculatio*, die dem auf bedeutungsvolle Wortverwandtschaften erpichten Mittelalter nicht unbekannt sein konnte [26]. In der philosophischen Terminologie des Mittelalters wird seit den Kirchenvätern *speculatio* öfters, „als das genaue Äquivalent von *contemplatio*" gebraucht [27], und dementsprechend findet sich der *vita activa* gelegentlich auch die *vita speculativa* gegenübergestellt [28]. Auch von dem so gut wie synonym

in sinu theoriae. Actiua pertinet ad dilectionem proximi, contemplatiua ad dilectionem Dei. Text bei J. Leclercq, *Etudes sur le vocabulaire monastique du moyen âge* (= Studia Anselmiana 48), Rom 1961, p. 152.

[24] Thomas von Froidmont, op. cit., cap. LIII: Exemplum enim activae vitae et contemplativae de Jacob accipe, qui dum adamaret Rachelem, quae significat contemplativam vitam, data est ei Lia, quae significat activam vitam (Migne, PL 184, col. 1277).

[25] Purg. XXVII, 94—108; vgl. unten S. 353 f. Anm. 36.

[26] J. Leclercq, op. cit., p. 84: *Au moyen âge, pour interpréter* speculatio, *on fera parfois intervenir* speculum, *qui veut dire miroir et d'où dérive* specularitere; *il s'agira alors, en certains cas, d'une connaissance par l'intermédiaire des figures et des ressemblances.*

[27] J. Leclercq, op. cit., p. 83 und dort n. 19. Ferner z. B. Thomas von Froidmont, op. cit., cap. LIII: *contemplativa vita est speculatio supernorum* (Migne, PL 184, col. 1276).

[28] J. Leclercq, op. cit., p. 84—85 und dort n. 26 (Verweis auf Beda) u. n. 27 (Honorius Augustodunensis).

verwendeten *theoria* aus lag es nahe, gerade den Spiegel als Symbol für das kontemplative Leben zu wählen: auch die Gleichsetzung von *vita theoretica* und *vita contemplativa* ist dem Mittelalter geläufig [29].

Dem Vokabular nun, welches das kontemplative Leben, seine Tätigkeiten und Strebungen bezeichnet, ist in der Philosophie und Theologie des Mittelalters das Wort *otium* zugeordnet in einem durchaus positiven Sinn als Bezeichnung eines Zustandes des Geistes und der Seele, auf dessen Grunde Kontemplation überhaupt erst gedeihen kann; mit solcher Bedeutung steht es nahe bei *pax und (re)quies* und steht es in einem gewissen Gegensatz zum *negotium* als einem Grundzug des tätigen Lebens [30], das demzufolge gelegentlich auch *vita negotiativa* heißt [31]. Derartige Sublimierung des *otium* im Bedeutungsbereich der *vita contemplativa* wird durch sprachliche Attribute oftmals unmittelbar evident: in diesem Sinne sprechen Theologen des Hochmittelalters von einem *sanctum otium*, einem *delicatum otium* [32], *spirit(u)ale otium* [33], vom *otium contemplationis* [34] und vom *otium theologiae* [35].

[29] *Theorica vita, id est contemplativa* — Identitätsaussagen dieser Art bei J. Leclercq, op. cit., p. 86 n. 39 (Pseudo-Hieronymus), p. 91 n. 32 (Walahfrid Strabo) u. n. 35; u. ö.

[30] Guerric von Igny (Schüler Bernhards von Clairvaux), *In assumptione B. Mariae*, sermo III: *De quiete spirituali*: Felix qui in omnibus laboribus et viis suis requiem quaerit beatam: semper festinans ingredi, ut Apostolus monet, in *illam requiem*, ejus desiderio corpus affligens, animum autem jam illi requiei parans et componens: cum omnibus hominibus, quod ex ipso est, pacem habens; requiem et otium Mariae voluntate praeeligens, laborem autem et negotium Marthae necessitate quidem suscipiens; sed quanta praevalet pace et quiete spiritus adimplens, et semper ad illud unum necessarium de illa multiplici distractione esse recolligens (Migne, PL 185, col. 194). Thomas von Froidmont, a. a. O., rechnet unter die *virtutes vitae contemplativae* u. a.: ab exteriori actione requiescere (Migne, PL 184, col. 1277).

[31] Vgl. J. Leclercq, op. cit., p. 85.

[32] Bernhard von Clairvaux, *Liber seu tractatus de charitate,* cap. VIII: *De activa et contemplativa vita*: Forte appetis contemplationis quietem? Et bene facis. Ergo cura virtutum exercitio sanctum otium praevenire. Alioquin delicato satis otio dormitare voles, si non exercitatus quiescere

Eine ähnlich hohe Einschätzung des *otium* als eines Bestandteils der *vita contemplativa* muß wohl dem Namen der *Oiseuse* (<*otiosa*) zugrunde liegen; denn sonst könnte die Personifikation dieses Begriffs, eine Frauengestalt mit dem Namen „Muße", nicht mit der bedeutungsvollen Funktion versehen sein, die Schlüsselgewalt zum Zugang einer Art säkularisierten Paradieses zu haben, in welchem der Besucher sich in Kontemplation ergeht. Ihr Name und ihre Funktion lassen *Oiseuse* als eine Verkörperung nicht mehr geistlich, sondern höfisch-weltlich gesehenen kontemplativen Lebens erscheinen, so sehr sie auch ihrem Äußeren nach unter dem Bild einer ins Höfische stilisierten *Luxuria* einhergehen mag: eine komplexe und in der allegorischen Literatur jener Zeit wohl einzigartige Figur [36].

III

Es gehörte für einen Dichter des 13. Jahrhunderts sicherlich viel Freisinnigkeit dazu, eine Schlüsselfigur seiner Minneallegorie im

appetas, et Liae fecunditate neglecta solum cupias Rachelis amplexibus oblectari (Migne, PL 184, col. 600; mit großenteils wörtlicher Übereinstimmung auch: *Sermo XLV in Cantica Canticorum:* Migne, PL 183, col. 1005). Vgl. dazu den Art. *Contemplation* im *Dictionnaire de Spiritualité*, Abschnitt *V: Contemplation au XIIe siècle*, von J.-M. Déchanet, t. II, Paris 1953, col. 1948—66.

33 Philipp von Harvengt († 1183), *Commentarius in Cantica*, lib. II: Verumtamen proprium es eorum, qui videntur in Ecclesia caeteris praesidere, non dominari clero, sed formam subditis se praebere; non curis exterioribus, non negotiis saecularibus animum irretire, sed mente prona studiis spiritalibus inservire; non causis forensium, non saecularium contentionibus libenter interesse, sed studio litterali, et spiritali otio intentione congrua praesto esse (Migne, PL 203, col. 300).

34 Vgl. J. Leclercq, op. cit., p. 112 n. 73 (größeres Textstück aus der *Vita S. Amantii*, 10. Jh., qui ad contemplationis otium pervenire contendebat, prius se in studio activae vitae exercere laborabat magnopere).

35 Gozechin von Lüttich († vor 1081), Briefstelle Migne, PL 143, col. 901; vgl. J. Leclercq, op. cit., p. 158.

36 Die der *Oiseuse* des *Rosenromans* nächstverwandten literarischen Figuren sind sicherlich die Schwestern Lia und Rachel in Dantes *Divina*

Gewand und mit den Attributen einer mit großer Anmut ausgestatteten *Luxuria* auftreten zu lassen. Und Kühnheit bewies er auch darin, daß er offenbar in Analogie zum *otium* (*delicatum*) aus dem Bezeichnungsbereich des geistlichen kontemplativen Lebens die Benennung *Oiseuse* als Namen seiner Figur herübernahm. Denn wie in der geistlichen *vita activa* so sind auch im tätigen Weltleben jener Zeit *otium* und seine Ableitungen vorwiegend wertnegative

Commedia, von den Kommentatoren im Einklang mit Lias Worten *lei lo vedere, e me l'ovrare appaga* (Purg. XXVII, 108) durchweg als Personifizierungen des aktiven und des kontemplativen Lebens interpretiert. Eine gewisse Schwierigkeit aber ergibt sich daraus, daß Dante nicht nur Rachel, sondern auch Lia mit dem Spiegel als gewiß symbolisch gemeinter Beigabe auftreten läßt; wenn er den Spiegel einmal mit dem auch bei ihm üblichen Wort *specchio*, das andere Mal mit dem provenzialisierenden *miraglio* bezeichnet, so will er dadurch wohl auch eine Verschiedenheit der dahinterstehenden Symbolwerte ausdrücken. Daß der *miraglio* der Rachel den Spiegel der Kontemplation bedeutet, kann kaum zweifelhaft sein — was aber bedeutet der Spiegel, in welchem die sich mit einem Blumenkranz schmückende Lia sich gefällt? Die herkömmliche Dante-Exegese deutet ihn als ein Symbol Gottes (z. B. Casini/Barbi und Momigliano in ihren Kommentaren) oder als ein Symbol für Lias eigenes Gewissen (z. B. U. Leo in seinem Beitrag zu der Sammlung Letture Dantesche, II: Purgatorio, Firenze 1958, p. 553). Beides ist nicht sehr überzeugend; denn zum einen wären damit die Symbolwerte des *specchio* der Lia und des *miraglio* der Rachel etwa gleichbedeutend, und zum anderen ist das Moment des Selbstgefälligen der Lia (v. 103: *per piacermi allo specchio, qui m'adorno*) schwer vereinbar damit, daß die *vita activa* die Hinwendung auf den anderen, den Nächsten verlangt, nicht die Zurückwendung auf sich selbst (vgl. das Thomas-Zitat aus dem Kommentar von G. A. Scartazzani: *Vita autem activa directius ordinatur ad dilectionem proximi*). Ist es nicht vielleicht doch der Spiegel der *Luxuria*, welcher der Lia zuerteilt werden konnte, wenn man sie ihrer Fruchtbarkeit wegen auffaßte als eine Verkörperung der *carnalis voluptas*, wie Bernhard von Clairvaux? (*Ipsa est carnalis voluptas, quae sub specie discretionis nonnunquam subrepit activae.* Migne, PL 184, col. 756). Oder aber wird hier eine zum mindesten bildliche Einflußnahme von der *Oiseuse* des *Rosenromans* her sichtbar, wie E. Köhler jüngst zu zeigen versuchte? (Lea, Matelda und Oiseuse. Zu Dante, *Divina Commedia*, 27. bis 31. Gesang. ZRP 78/1962, S. 464—469).

Begriffe. Chrétien z. B. bezeichnet mit dem Substantiv *oiseuse* das Unnütze, das Zwecklose, das Überflüssige, das Nichtige, das Verdrießliche; er stellt es in die Nähe des Substantivs *enui* [37] und gebraucht es mit einem Verbum des Sagens öfter als mit einem Verbum des Tuns. Marie de France, in der Fabel von der Ameise und der Grille, nennt das Leben eines Geschöpfes, das die Zeit damit hinbrachte, zu singen und Vergnügen zu bereiten, ein Leben *en oisdive* [38]. Freidank sagt in seiner mit Zeitkritik gesalzenen Spruchweisheit: *Müezekeit hât daz reht, / si machet manegen fûlen kneht* [39]. In allen Bereichen des tätigen Lebens bis zu unserem sprichwörtlichen ‚Üppigkeit und Müßiggang ist aller Laster Anfang' und ‚l'oisiveté est la mère de tous les vices' hat der Satz der Benediktinerregel *Otiositas inimica est animae* [40] seine Geltung bewahrt.

Dennoch ist Guillaume von Lorris mit seiner Gestalt der *Oiseuse* nicht der einzige und nicht der erste, der die *vita otiosa* im Bereich des weltlichen Daseins sublimiert hat. Erstaunlich früh findet die ritterliche Muße ihren Anwalt durch den Dichter Wace in der Person Gaweins. Als am Ende der sagenhaften zwölf Friedensjahre, die der Regierung des Königs Artus beschieden gewesen sind und in denen nach Waces Zeugnis sich alle die Abenteuer abgespielt haben, welche die spätere Artusepik nicht müde wird zu erzählen, die Her-

[37] Einige afrz. Verwendungsweisen von *oiseuse* zeigt F. Schalk, *Otium* im Romanischen. Beiträge zur romanischen Wortgeschichte III (in: Studia philologica et litteraria in honorem L. Spitzer, Bern 1958, p. 363); S. Heinimann, Das Abstraktum in der französischen Literatursprache des Mittelalters (= Romanica Helvetica 73), Bern 1963, S. 86: *dire oiseuse* aus Chrétiens *Cligés*.

[38] Neubildung, seit der Mitte des 12. Jh.s belegt; vgl. W. v. Wartburg, FEW, Bd. 7, S.444, und F. Schalk, a. a. O.

[39] 49, 7/8 (Ausg. Bezzenberger).

[40] 48. cap.: *De opera manuum cottidianum*, erster Satz; in der ahd. Übersetzung: *uppigi fiantin ist dera selu* (in: E. v. Steinmeyer, Kl. ahd. Sprdkm. S. 253); mhd.: *diu múzechait ist der sêle veint* (A. E. Schönbach, Mitt. aus altdt. Hss., IV, Wien 1881, S. 44); *mûzzicheit ist ein vîint der sêle* (Hohenfurter Benediktinerregel, hrsg. v. W. Scherer, ZfdA 16/1873, S. 259).

ausforderung des römischen Herrschers beim Pfingstfest am Hofe zu Karlion eintrifft, aus welcher nach dem *Roman de Brut* (a. d. 1155) der Untergang des Artusreiches erwachsen sollte, da entspinnt sich vor den Ohren des Königs Artus ein Streitgespräch zwischen Cador, dem Grafen von Cornwall, und Walwein (Gawein): Thema ist die *oisdive*, die Muße [41].

Manches Mal, so sagt der Graf, sei er in Sorge gewesen darüber, „daß durch Muße und durch Frieden (v. 10 739: *par oisdives e par pais*) die Britannier verdorben würden". Muße habe Schlechtigkeit im Gefolge, lasse den Mann erschlaffen; Muße mindere die Tapferkeit, Muße reize zu Nichtswürdigkeiten an, Muße entfache die Liebschaften. Durch lange Ruhe und durch Muße fange die Jugend früh an, nach Scherz, Vergnügen, Brettspielen und nach anderen unterhaltsamen Spielen zu verlangen. Durch langes Verweilen und durch Ruhe gerate der Ruhm des ganzen Landes in Gefahr. Darum sehe er es geradezu als eine Schickung Gottes an, daß er die Römer ermutigt habe, die Britannier aus ihrem Schlaf zu rütteln und ihre Eroberungen in Gallien streitig zu machen. Dadurch werde es nun endlich dahin kommen, daß die Britannier wieder Ehre haben werden durch Kühnheit und durch ihre Manneskraft.

Cador schließt seine Geringschätzung der Muße und des Friedens mit den zusammenfassenden Worten: Langen Frieden werde er nicht lieben und habe er niemals geliebt [42]. Darauf Gawein, mit überlegener Zurückweisung der Befürchtungen des alten streitbaren Rittertums: der Graf beunruhige sich um nichts. „Schön ist der Frieden nach dem Krieg, schöner und besser ist davon die Erde. Es ist sehr gut so, daß es Scherz und Belustigungen gibt, und gut sind Liebe und Liebeleien. Um Freundschaft zu erlangen und für ihre Freundinnen begehen Ritter Ritterlichkeiten [43]."

[41] Vgl. W. A. Nitze, *Erec and the Joy of the Court*, Speculum 29 (1954), p. 694: *A speech which Wace (vss. 10 737 ff.) amplifies.* Dort ist zum Vergleich auch die entsprechende viel kürzere Partie aus Galfrieds von Monmouth *Historia regum Britanniae*, cap. XV, angeführt, in der Cador seine Bedenken gegen die *longa pax* und das *ocium* äußert.

[42] *Le Roman de Brut*, de Wace (éd. I. Arnold, SATF), t. II, Paris 1940, vv. 10 763/64: *Ja lunge pais nen amerai / Ne unques lunge pais n'amai.*

[43] Vv. 10 767/72: *Bone est la pais emprés la guerre, / Plus bele e mieldre*

Das Streitgespräch findet keinen Schiedsrichter, das Problem der Muße im ritterlichen Leben wird offengelassen; Artus, der zum Kriege zu rüsten gezwungen ist, ergreift nicht Partei. Daß aber der Dichter die Apologie des „Friedens nach dem Krieg" gerade durch Gawein vertreten läßt, der bei Artus die Stelle eines Sohnes vertritt, bedeutet eine Entscheidung auch ohne Worte: alles, was die Lebensform des arthurischen Helden bestimmt, Artushof und Abenteuer, gesellige Mitte und einzelgängerisches Außenerlebnis, — gedeiht nur in einer Sphäre des politischen und militärischen Friedens. Es hat zur Voraussetzung den offenen Raum der Muße, die den Einzelnen der Zwangslage enthebt, in welche die Helden der *Chansons de geste* hineingestellt sind: sich in den Notwendigkeiten überindividueller Auseinandersetzungen zu behaupten. Erst die *oisdive* und die *lunge pais* geben dem arthurischen Ritter, dem Einzelnen und oft Einsamen, die äußere Möglichkeit, lassen ihm den Raum und die Freiheit, die er braucht, um sich als Persönlichkeit zu bewähren.

Was *mestre* Wace durch Gawein in einem beiläufigen Gespräch vertreten läßt, ist das Lob einer ins Ritterliche und Weltliche gewendeten *vita contemplativa* gegenüber der *vita activa* des herkömmlichen Rittertums, wie insbesondere die Dichtung der *Chanson de geste* sie schildert. Eine neue Einschätzung bricht sich hier Bahn gegen die ältere Auffassung des militanten Rittertums, und sie wird konstitutiv für das Höfische. Doch wie das geistliche Leben beides umfaßt, *actio* und *contemplatio*, und wie die Erfüllung beider erst das vollkommene geistliche Leben bedeutet [44], so machen beide zusammen, wenn auch mit anderen Inhalten, erst das ganze weltliche ritterliche Leben. Dadurch, daß der Dichter Wace das Lob der ritterlichen *actio* durch den im Artusreich unbedeutenderen Cador vorbringen läßt, den Preis der *contemplatio* aber durch Gawein, hat er keinen Zweifel daran gelassen, welches ihm als das

en est la terre; / Mult sunt bones les gaberies / E bones sunt les drueries. / Pur amistié e pur amies / Funt chevaliers chevaleries.

[44] Vgl. dazu in dem schon öfters zitierten Werk von J. Leclercq die Abschnitte *La contemplation et l'ascèse*, p. 104—106, und *Les deux vies*, p. 110—115.

höhere und bessere erschien. Und das von Christus zu Maria Magdalenas Schwester Martha gesprochene Wort, welches in der geistlichen Unterscheidung der beiden Leben oft auf die *vita contemplativa* angewandt wird, läßt sich im Sinne des Dichters Wace wohl auch auf die Lebensform, die Gawein verteidigt, im Unterschied von der anderen anwenden: *Maria optimam partem elegit, quae non auferetur ab ea* (Luc. 10, 42).

Die Gestalt der *Oiseuse* im *Rosenroman* [45] versinnbildlicht die Muße des ritterlichen Weltlebens; als solche ist sie dem Einlaß Begehrenden Geleiterin von den Außenbezirken der *vita activa* einer säkularen Gesellschaft zu einem nach außen abgeschirmten und eingefriedeten Bereich der *vita contemplativa* weltlichen Geistes. Da dies einen Grundzug des Höfischen bildet, eine Voraussetzung seiner Sinnesart, ja seiner Existenz, kann man die *Oiseuse*, Personifizierung der Muße, im allegorischen Sinn als diejenige interpretieren, welche einführt in den von der Unruhe ritterlicher Aktivität umgebenen Bereich des Höfischen, der sich zu seiner eigenen Bewahrung eine feste Grenze gezogen hat. Sie ist Geleiterin von außen nach innen, und damit hat sie ihre Rolle auch schon erfüllt. Im Reich des Höfisch-Kontemplativen, das sie dem Suchenden aufgeschlossen hat, tritt sie, die Muße, zurück; andere als Personen eingekleidete Wertbegriffe bevölkern die Szene. Die Sache der *Oiseuse* ist der Übergang: ihn, wo er gesucht wird, zu begünstigen, zu unterstützen, zu ermöglichen. Sie ist die Figur, welche die Grenzscheide der beiden Leben durchlässig macht zum Eintreten aus dem unruhigen Außen in das befriedete Innen.

[45] Ich habe über sie nur knappe Bemerkungen gefunden: bei A. M. F. Gunn, *The Mirror of Love.* A Reinterpretation of ‚The Romance of the Rose', Lubbock ²1952 (p. 105: *Of the folk whom the lover meets in the garden of Deduit, Oiseuse represents the leisure necessary for a courtly lover*; erwähnt auch p. 100 u. p. 308); bei C. S. Lewis, *The Allegory of Love*, London ⁷1953, der sie unter die *neutral characters* einreiht und ihr wenig Bedeutung beimißt (p. 121: *Oiseuse is its doorkeeper, for no busy man can lead that life*); bei G. Ineichen, der in seiner *Rosenroman*-Übersetzung, Berlin 1956, *Oiseuse* mit ‚Sorglosigkeit' verdeutscht (Einleitung S. 9 f.).

Rita Lejeune, A propos de la structure du *Roman de la rose* de Guillaume de Lorris. In: Etudes de langue et de littérature du moyen âge offertes à Félix Lecoy, Paris 1973, S. 315—348. — Aus dem Französischen übersetzt von Gisela Köhler.

ZUR BAUFORM DES ›ROSENROMANS‹ VON GUILLAUME DE LORRIS

Von Rita Lejeune

Es mag vermessen erscheinen, sich an den *Rosenroman* von Guillaume de Lorris [1] mit dem Anspruch heranzuwagen, ihn einer Erklärung, einem besseren Verständnis zuzuführen, und dabei mit einer doch immer unzarten Hand die feingezogenen Grenzlinien dieses so eminent höfischen Dichtungsgebildes nachfahrend zu bestimmen. Ein solches Vorhaben läßt einen bildhaft an die Haartracht des Liebesgottes in dem von Guillaume erträumten Paradiesgarten denken: „Auf dem Haupte trug er einen Kranz von Rosen; doch die Nachtigallen, die um sein Haupt flatterten, schlugen die Blättchen davon ab . . .“ [2]. Wenn nur auch die Kritiker sanft wie die Nachtigallen wären, wenn nur das Werk an sich herumschnäbeln ließe und dennoch als Blumenkrone unversehrt bliebe! Doch die Bibliographie, die dem Thema anhängt, ist eher ein Papierberg, unter dem jegliche Rose erstickt. Lassen wir sie also für den Augenblick beiseite und kehren wir lieber noch einmal zu unserem so reizenden Liebesgott zurück, dessen Gewand aus vielfarbigen Blumen bestand und der in seinem Maiengarten so über und über von Vögeln bedeckt war, daß er sich ausnahm wie ein „Engel, der geradewegs vom Himmel gekommen war“ [3]. Läßt doch dieser Papageno

[1] Dieser Artikel benutzt selbstverständlich die Ausgabe von Félix Lecoy, C. F. M. A., 3 Bde., Paris 1965, die auf dem Ms. B. N. fr. 1573 fußt. Es sei gleich ergänzt, daß die 4028 Verse von Guillaume de Lorris in dieser Ausgabe im wesentlichen den 4058 Versen der kritischen Ausgabe von Ernest Langlois entsprechen. Die hier versuchte Deutung des Aufbaus gilt also für beide Editionen.

[2] Vv. 895—898.

[3] Vv. 902—903.

avant la lettre um so mehr an den göttlichen Mozart denken, als Guillaume de Lorris, dieser Unbekannte, der sich mit den Zügen eines genialen jungen Dichters erahnen läßt, mehr als einmal sein allegorisches Werk — die Entdeckung der Liebe durch einen Baccalaureus — mit einer Musik umgeben hat, wie sie einer Zauberflöte entströmt sein könnte.

So schon seine *Ouvertüre*. Mit dem traditionellen Thema vom Frühlingserwachen verknüpft er die Phantasieerzählung von einem im Traum erlebten Abenteuer. Der Traum sei prophetisch, so sagt er, und er unternehme die Erzählung zu Ehren seiner Herzensdame. [4] Doch als Dichter und mit seinem Empfinden für die Musik schafft er zunächst die für sein Thema unerläßliche Distanz, und zwar ebenso durch die Musik seiner Verse wie durch mehrmalige Andeutung musikalischer Notierungsweisen. Die drei Eingangsschläge läßt er nicht sofort ertönen. Sie kommen zu ihrer Zeit, mit ungleicher Tiefe und Dauer.

Der Monat, in dem die Geschichte beginnt, wird durch ein erstes, breit ausgeführtes Thema angerufen, das große Wiedererklingen der Vogelstimmen. Der Schläfer-Erzähler wacht eines Nachts auf und hat nur den einen Wunsch, hinaus aus der Stadt zu gehen, um die Vögel singen zu hören; da bringen ihn seine Schritte durch blühende Obstgärten, wo er tatsächlich hört, wie „die Vöglein eifrig singen“ [5]. Der Klang ist schon schwächer geworden, als der Wanderer unerklärlicherweise auf einen riesigen Obstgarten trifft, ganz und gar von hohen Mauern umgeben, auf denen in Gold und Azurblau Frauenfiguren von „schmerzlichem und traurigem Ausdruck“ gemalt sind, die wie in einer Psychomachie verschiedene Laster oder Gebrechen versinnbildlichen (Haß, Untreue und Gemeinheit, Habsucht und Geiz, Neid und Traurigkeit, Alter, Heuchelei und Armut) [6]. Es sind dies die grimmigen Wächterinnen, die den Zugang zum Garten verwehren möchten. Eine angstvolle und entmutigende Vision in der Tat, über die Guillaume, der ihre Bedeutung sehr wohl erfaßt, eigentlich erschrocken oder wenigstens erstaunt sein

[4] Vv. 21 und ff.
[5] V. 101.
[6] Vv. 129 ff.

müßte. Doch ficht es ihn nicht im mindesten an; was ihn vielmehr mit ruhiger Zuversicht erfüllt, ist das Vorgefühl der Freude, die der Garten bringen muß, und dies beim bloßen Hören des Vogelgesangs, der dort drinnen erklingt. Von diesen Vögeln gibt es wohl dreimal so viel wie in ganz Frankreich, und von ihrem harmonischen Gesang ging eine solch starke Wirkung aus, daß — so dachte Guillaume — er unter allen Umständen in diesen Garten hineinkommen mußte [7].

Und wirklich, durch eine kleine, auf geheimnisvolle Weise aufgetane Pforte in einer der Mauern des ursprünglich völlig umschlossenen Gartens (ist denn irgendeine Mauer so hart, daß man sie im Traum nicht durchstoßen könnte?) wird Guillaume in den Wundergarten, dessen Wonnen er sich schon vorher ausgemalt hatte, eingelassen. Ein herrliches junges Weib öffnet ihm die Zauberpforte [8]. Es ist dies die schöne *Sorglosigkeit* (*Oiseuse*), offenkundiges Sinnbild einer Muße, die nichts zu tun hat mit unserem Müßiggang, dem „Anfang aller Laster", sondern die eine bestimmte geistige Aufgeschlossenheit meint, wie sie in der aristokratischen Gesellschaft der Zeit sich ausbildete unter Abhebung vom Lärm der Kämpfe, von der Unruhe der öffentlichen Geschäfte und auch von der kargen Klostergelehrsamkeit, um sich ganz und gar dem von den Dichtern so geliebten *otium* hinzugeben, das heißt der Muße des Träumens. Der schöne Garten gehört dem *Sinnengenuß* (*Deduit*), ebenfalls ein Liebhaber der Musik der Vögel [9]. Kaum ist Guillaume in den Garten geschlüpft, da rauscht und strömt auch schon von überallher, von jedem Ast, das Thema der Vögel und der Musik [10]. Unter all den Wundern, die der Dichter durch seinen Traum hindurch wird genießen können, ist diese zugleich irdische und himmlische Musik ihm sicherlich das Liebste.

Es ließe sich noch lange darüber sprechen, denn sie dehnt sich über nicht weniger als einhundertfünfzehn Verse aus, reich detailliert und nuanciert, bevor das Thema des Gesangs abklingt und

[7] Vv. 461—510.
[8] Vv. 522 ff.
[9] Vv. 588 ff.
[10] Vv. 659 ff.

einem anderen weicht, dem Tanz [11], den *Courtoisie* und *Deduit* anführen, sodann dem Thema von Schönheit und Schmuck der Frauen, das der Symbolismus von Schönheit, Reichtum, Freigebigkeit, Freimut und Jugend in sich faßt [12].

Wenn ich mich entschlossen habe, mit Guillaume den Einstieg in den verbotenen und dennoch zugänglichen Garten dergestalt über die Musik zu wählen, so deshalb, weil man doch zumeist — und sehr zu Unrecht — auf ein Erfassen des Werkes als einer lyrischen Form verzichtet. Man übersieht nur allzu gerne, daß dieser als visionär, allegorisch oder psychologisch geltende *Roman von der Rose* an sehr vielen Stellen, ja vielleicht sogar seinem Wesen nach, ein durchaus lebendig schöpferisches Dichtwerk ist.

Andererseits ermöglicht ein Detail wie das Thema der Musik einen unmittelbaren Zugang zu der *Kompositionskunst* eines Autors, der zur besseren Verfolgung seiner künstlerischen Ziele in wohlstudierter Nachlässigkeit ein ganzes System von Repetitionen, Wiederaufnahmen und Parallelführungen zu handhaben versteht.

Das Werk ist eine *Summa*, was völlig in Übereinstimmung steht zu den tieferen Tendenzen der französischen Gesellschaft des 13. Jahrhunderts, wo der geistige Mensch begierig nach allen Früchten einer Kultur greift, die in mehreren Jahrhunderten glücklichen Wachstums im Bereich der Künste der Literatur, des Denkens und sogar der Wissenschaft herangereift sind. Es ist eine Summa der „Courtoisie", das heißt einer Kunst des Lebens und vor allem des Liebens, die auf einen genau umrissenen Gesellschaftstyp anwendbar ist: eine Klassenaristokratie, die unter den Auswirkungen eben dieser „Courtoisie" im Begriffe steht, eine gewisse Geistesaristokratie in sich aufzunehmen. Es ist ebenso ein allegorisches Werk, dessen grundlegendes Verdienst, wie H. R. Jauss in seinen Studien über dieses Genus gezeigt hat, darin besteht, daß es die Laizisierung eines Verfahrens zur Vollendung gebracht hat, das am Ausgang des 12. und am Beginn des 13. Jahrhunderts von einer ganzen religiösen und moralisierenden Literatur verwendet worden war. [13]

[11] Vv. 741 ff.

[12] Vv. 992 ff.

[13] Hans Robert Jauss, *Form und Auffassung der Allegorie in der Tra-*

Doch darf man nicht vergessen, daß es vor allem anderen ein Roman ist, das heißt ein Werk der Phantasie, in dem seit Chrétien de Troyes und durch ihn die *Aventure* die Hauptrolle spielt. Guillaume de Lorris fügt sich ganz eindeutig diesem allgemeinen Rahmen ein; schon der Titel seines Werkes bezeugt dies:

Ce est li Romanz de la Rose
ou l'Art d'Amors est tote enclose. [14]

(Dies ist der Roman von der Rose, wo die Kunst der Liebe ganz enthalten ist.)

Hätte er nur gewollt, es wäre ihm ohne weiteres möglich gewesen, seine Schöpfung mit dem Ausdruck zu benennen, den ihm die Kritik öfters zuerteilt hat: *Miroir d'amour* — Liebesspiegel, oder auch, um mit Jean de Meung zu sprechen, *Miroir aux amoureux* — Spiegel für Liebende [15] (was nebenbei gesagt etwas anderes zu sein scheint). Doch nein. Guillaume verweist lieber auf das Genus „Roman", und er macht sogar deutlich, daß in diesem Roman eine Liebeskunst eingeschlossen ist, die von ihm also keineswegs als ein Ziel, sondern als ein Bestandteil seines Werkes aufgefaßt wird.

Zu der Zeit jedoch, als Guillaume aus Lorris, einem Städtchen im Gâtinais, unweit der Champagne, den Buchtitel wählte, der ihn berühmt machen sollte, existierte bereits seit mehreren Jahren ein

dition der Psychomachia, in: *Medium Aevum Vivum*, Fs. für Walter Bulst, Heidelberg 1960, S. 179—206 [in diesem Band abgedruckt S. 301 ff.]; *Genèse de la Poésie allégorique française au moyen âge*, Vorabdruck des neuen *Grundriß*, Heidelberg 1962; *La transformation de la forme allégorique entre 1120 et 1240: d'Alain de Lille à Guillaume de Lorris*, in: *Humanisme médiéval dans les littératures du XII au XIVe siècle*, Actes du Colloque organisé par le Centre de Philologie et Littératures romanes de l'Université de Strasbourg (unter der Leitung von Anthime Fourrier), Paris 1964.

[14] Vv. 37—38.

[15] Über die Bedeutung der Ausdrücke „Miroir d'amour" und „miroir périlleux" vgl. Alan M. F. Gunn, *The Mirror of Love*, Lubbock, Texas, 1952 passim. Vgl. auch die wichtigen Rezensionen von Martin de Riquer in *Zeitschrift für romanische Philologie* 71 (1955) 323—329 und Alexandre Micha in *Romance Philology* 9 (1955—56) 84—90.

anderer *Roman de la Rose*, auch ein aristokratischer, der von Jean Renart, der seinen Namen von einer körperlichen Besonderheit seiner Heldin hatte, einem schönen Mädchen, das aber Verleumdungen ausgesetzt war, trug es doch von Geburt an einen einer Rose ähnlichen Fleck auf dem Schenkel [16]. Dieses Werk muß in der Champagne bekannt gewesen sein, schon weil es einem hohen kirchlichen Würdenträger aus Reims, Milon de Nanteuil, gewidmet war. Guillaume de Lorris nun geht weiter und setzt dem *Roman de la Rose qui est une nouvelle chose*, wie Jean Renart sagt [17], seinen eigenen *Roman de la Rose ou l'Art d'Amors est tote enclose* entgegen. Deutlicher ging es nicht: wenn Guillaume so sehr an dem Titel Roman gelegen war, so deswegen, weil seine eigene literarische Konzeption nicht nur den psychologischen Gegebenheiten und dem „dialogisierten Selbstgespräch" des höfischen Romans entstammt, was von Charles Muscatine hervorgehoben wurde [18]. In der Art, wie er sein Werk ausgestaltet, tut sich auch die Vorliebe für die Fiktion kund, für die modischen Aventüren, die mit ihrem Auf und Ab den Rhythmus dieses höfischen Romans bestimmen. In diesem Betracht ließe sich Guillaumes *Rosenroman* in Abhebung gegen die von den fahrenden Rittern verfolgten Unternehmen definieren, und es ließe sich sagen, dieser Roman besteht seinerseits in dem „Bericht eines wunderbaren Abenteuers, das der Zufall einem jungen Dichter im Traum widerfahren ließ".

Im übrigen verfährt Guillaume ganz wie bestimmte höfische Romanschreiber — Chrétien die Troyes beispielsweise mit der Gräfin Marie de Champagne —, wenn er in seinem Prolog enthüllt, er habe sein Werk für eine schöne Dame unternommen, die er über alle anderen hinaushebt und die er nicht mit ihrem Titel, sondern mit einem bildlichen Namen bezeichnet, einem echten „senhal" nach

[16] Siehe die Ausgaben Rita Lejeune, *Le Roman de la Rose ou de Guillaume de Dole*, Paris—Lüttich 1936; Félix Lecoy, C. F. M. A., Paris 1962.

[17] Vv. 11—12.

[18] *The Emergence of Psychological Allegory in old French Romance*, in: *Publications of Modern Language Association* 68 (1953) 160—182.

provenzalischer Art: „es ist die, welche solchen Wert hat und so würdig ist, geliebt zu werden, daß sie *Rose* genannt werden muß". [19]

Die Rose war noch zu allen Zeiten die Königin der Blumen, und das Kompliment ist delikat. Doch darf man es, wie mir scheint, will man sich nicht blind stellen, dann nicht bei dieser Erklärung für die offizielle Widmung dieses *Rosenromans* bewendet sein lassen, dessen Titel Guillaume soeben ein paar Verse vorher genannt hatte. Der Autor stellt nicht nur für sich selbst eine Beziehung zwischen der Rose seines Romans und seiner Dame Rose her, sondern er möchte auch, daß seine Leser ihm darin folgen. Als die Erzählung von der Liebe spricht, die der Autor im Traum für die Rose empfindet, kann man in der Tat gar nicht übersehen, daß er seine Inspiratorin „Rose" genannt hatte.

Die Verschlingung dieser beiden Gedanken findet sich noch am Ende des Werkes wieder: „Die ganze Geschichte will ich erzählen und des Schreibens nicht müde werden, denn ich hoffe, daß sie der Schönen gefalle, die Gott behüte. Sie wird mich, wenn sie will, dafür belohnen, besser als jede andere" [20].

Wir berühren hier die *senefiance* des Romans, worüber H. R. Jauss scharfsinnig gehandelt hat. Während Langlois sich zwar des verborgenen Sinnes bei diesem Werk bewußt war, aber annahm, dieser Sinn werde in der Liebeslehre selbst enthüllt [21], ist Jauss der Ansicht, die *senefiance* sei eher in dem „situationsbedingten Auf-

[19] V. 42 *c'est cele qui tant a de pris*
et tant est digne d'estre amee
qu'el doit estre Rose *clamee.*

[20] V. 3487 . . . *Tote l'estoire veil parsuivre,*
ja ne m'est parece d'escrivre,
por quoi je cuit qu'il abelise
a la bele, que Dex guerisse,
qui le guerredon m'en rendre
mieuz que nule, quant el voudra.

[In der Übersetzung von Gustav Ineichen, Berlin 1956. — Wo diese Übersetzung im Folgenden benutzt wird, ist sie durch (I) gekennzeichnet (Anm. d. Übers.)]

[21] *Origines et sources du Roman de la Rose*, Paris 1890.

treten der verschiedenen Figuren und ihrer Beziehung mit dem Liebhaber der Dame" zu suchen. [22] Er weist mit Recht darauf hin, daß man bei Guillaume die besondere Allegorie ebenso wie die allgemeine Allegorie findet, insofern die gesamte Handlung des „Romans" dem typisch mittelalterlichen Prinzip vom doppelten Schriftsinn (*sensus litteralis* und *sensus allegoricus*) untergeordnet ist.

Diese Interpretation läßt sich auf eine Versicherung anwenden, die die Kritik im allgemeinen nicht weiter berücksichtigt: „Und in dem Traume gab es nie etwas, das nicht gar bald so eingetroffen wäre, wie es der Traum angab" [23]. Hier haben wir nämlich einen Grundgedanken des Autors vor uns: „Was man auch sagen mag, gewisse Träume sind nicht nur Schäume" [24]. Mag man sich ruhig über ihn lustig machen, Guillaume ist für sein Teil überzeugt, daß „die Träume den Menschen Gutes und Böses offenbaren. Die meisten Leute träumen doch des Nachts vieles auf unentwirrbare Weise, das sie nachher tatsächlich sehen" [25].

Um seine Behauptung zu stützen, hat Guillaume gleich in den ersten Versen den einzigen *auctor* angeführt, den er ausdrücklich mit Namen nennt, er, der doch so viele andere Buchquellen benützt, ohne sie anzugeben: dieser Autor ist Macrobius, und das Werk, auf

[22] *L'Humanisme médiéval* . . ., op. cit. p. 240 f.

[23] V. 28 *. . . mes en ce songe onques riens n'ot*
qui tretot avenu ne soit
si con li songes recensoit.

[24] V. 3 *Mes l'en puet tex songes songier*
qui ne sont mie mençongier.

[25] V. 11 (I) *Qui c'onques cuit ne qui que die*
qu'il est folor et musardie
de croire que songes aviegne,
qui se voudra, por fol m'en tiegne,
quar endroit moi ai ge fiance
que songes est senefiance
des biens as gens et des anuiz,
qui li plusor songent de nuiz
maintes choses covertement
que l'en voit puis apertement.

das er sich bezieht, ist der *Commentarius ex Cicerone in somnium Scipionis*[26].

Ernest Langlois hat sich durch den „Fehler“, den Guillaume begangen hat, als er aus Scipio einen „König“ machte, zu stark ablenken lassen und der Erwähnung Macrobius' nicht die gebührende Aufmerksamkeit gewidmet[27].

Es ist indessen bekannt, daß Macrobius einen beträchtlichen Einfluß auf die mittelalterliche Philosophie und Scholastik ausgeübt hat. Von den Verfassern literarischer Werke haben zwar mehrere unter dem Einfluß dessen gestanden, den man als die zweite Quelle des Platonismus für das Mittelalter betrachtet, doch nennen nur drei den Namen Macrobius: zuerst Chrétien de Troyes in *Erec und Enide*, dann Guillaume de Lorris und schließlich der anonyme Verfasser des *Roman de Perceforest*[28]. Jean de Meun zitiert den „*expositeur de songes*“, den Traumdeuter nicht ausdrücklich, hat ihn jedoch vielfach benützt. Ein Grund mehr, um zu Macrobius' Text zurückzukehren und darin alle Stellen zu untersuchen, die mittelbar Guillaume de Lorris in besonderer Weise beeinflussen konnten. Man findet sie ohne Mühe im Kapitel III, wo der lateinische Schriftsteller die fünf Arten der Träume aufführt: „der eigentliche

[26] V. 6 *si en puis bien traire a garant*
un auctor qui ot non Macrobes,
qui ne tint pas songes a lobes,
ançois escrit l'avision
qui avint au roi Scypion.

Macrobius in der Ausg. F. Eyssenhardt, Leipzig 1893. Vgl. William Harris Stahl, *Macrobius. Commentary on the Dream of Scipio*, Columbia University Press, New York 1952, mit englischer Übersetzung. Über die Bedeutung von Kap. III Buch I (Klassifizierung und Beschreibung der Träume) siehe besonders p. 87, Anm. 1. Über die Bedeutung von Macrobius vgl. Pierre Courcelle, *Les Lettres grecques en Occident de Macrobe à Cassiodore*, Paris 1943 (Bibl. Ec. frç. d'Athènes et de Rome, Fasz. 159).

[27] Siehe seine Ausgabe des *Roman de la Rose*, 5 Bde., S. A. T. F., Paris 1914—1915, Bd. I, Einleitung, p. 2: „Guillaume konnte Latein, doch war er kein großer Kenner, denn er hielt Scipio für einen König“.

[28] Louis Ferdinand Flutre, *Table des noms propres avec toutes leurs variantes figurant dans les Romans du moyen âge écrits en français ou en provençal*, C. E. S. C. M., Poitiers 1962.

Traum (*somnium*), die Vision, das Orakel, das Traumgebilde (*insomnium*) und das Phantasiebild (*visum*)". Die beiden letzteren verdienen keine Deutung, da sie keinen divinatorischen Charakter tragen. [29] Es ist ganz offensichtlich, daß der von Guillaume erzählte Traum einer Definition bei Macrobius entspricht: „Der Traum im eigentlichen Sinne teilt sich uns nur durch Figuren von solcher Dunkelheit mit, daß er einer Ausdeutung bedürftig ist . . .". Und man kann für Guillaume wiederholen, was Macrobius zu Scipio sagt: „Er hat einen *somnium*, denn ohne die Hilfe der Interpretation ist es unmöglich, den Schleier zu heben, den die Klugheit über die bedeutsamen Enthüllungen breitet, die ihm zuteil werden" [30].

Guillaume de Lorris hat also mit ungewöhnlichem Nachdruck den Gedanken betont, daß sein Traum nicht als ein belangloser, sondern als ein prophetischer aufzufassen sei, ähnlich dem von Scipio geträumten. Durch dieses Vorgehen veranlaßt der Dichter freilich den Leser dazu, sich bisweilen Fragen über die mögliche Entschlüsselung, die „Entkryptisierung" bestimmter Allegorien zu stellen. Aus diesem Grund scheint es mir etwas gewagt, ohne Einschränkung zu behaupten wie Zingarelli, die Erzählung sei „allgemeinen und theoretischen, nicht autobiographischen Charakters"[31], oder wie Emil Winkler, Guillaume de Lorris sei „ein Dichter, nicht ein Schlüsselromanschreiber" [32].

[29] Ed. cit., p. 484. Omnium, quae videre sibi dormientes videntur, quinque sunt principales et diversitates et nomina, aut enim est ὄνειϱο secundum Graecos quod Latini *somnium* vocant, aut est ὅϱαμα quod *visio* recte apelatur, aut est ἀϱηματισμό quod *oraculum* nuncupatur. aut est ἐνύπνιον quod *insomnium* dicitur, aut est φαντάσμα quod Cicero quotiens opus hoc nomine fuit, *visum* vocavit. Ultima ex his duo cum videntur, cura interpretationis idigna sunt, quia nihil divinationis adportant . . .

[30] Ibid. p. 486. *Somnium* proprie vocatur, quod tegit figuris et velat ambagibus non nisi interpretatione intelligendam significationem rei . . . Vgl. p. 487: est *somnium*, quia rerum, quae illi narratae sunt, altitudo tecta profunditate prudentiae non potest nobis nisi scientia interpretationes aperiri. [Der Übers. übersetzte die Übersetzung der Verfasserin, nicht das lateinische Original (Anm. d. Übers.)]

[31] *L'Allegoria del „Roman de la Rose"*, in: *Studi dedicati a Francesco Torraca*, Neapel 1912.

[32] *Der „Roman von der Rose" des Guillaume de Lorris*, Wien 1921.

Ganz zweifellos ist Guillaume de Lorris ein Dichter und wollte etwas ganz anderes schreiben als einen Schlüsselroman. Doch ebenso zweifellos widerlegen seine eigenen Äußerungen zu Beginn seines Werks die voreiligen Deutungen, die ohne Diskussion und vorbehaltlos die Hypothese verwerfen, wonach möglicherweise zwischen der allgemeinen Erzählfiktion des Romans und dem persönlichen Leben seines Autors eine Verbindung besteht.

Im übrigen sieht es ganz so aus, als habe Guillaume, um den Gedanken einer Beziehung zwischen den Bereichen des Imaginären und des Gelebten auch wirklich plausibel zu machen, absichtlich auf das Verstreichen einer genauen Zeitspanne abgehoben zwischen dem Augenblick seines Traums, den er mit zwanzig Jahren hatte, und dem Augenblick, wo er ihn erzählt, „fünf Jahre danach oder mehr“ [33]: dieses Detail sagt uns nicht nur, wie alt der Dichter war oder sein wollte, es soll auch glauben machen, daß Guillaume de Lorris zwischen seinem zwanzigsten und seinem fünfundzwanzigsten Lebensjahr wirklich erlebt hat, was in seinem erzählten Traum präfiguriert erscheint.

All den verschiedenen Elementen des Rosenromans ist also noch — und sei es auch nur in Filigran — ein weiteres hinzuzufügen, das sein Verfasser von Beginn an erkennbar werden läßt, nämlich eine mit der allegorischen Vision verbundene geheime Botschaft. Diese Besonderheit in einem Werk, das aus Liebe geschrieben ist und auch eine Liebeskunst enthält, hängt offensichtlich mit der Persönlichkeit und der geheimnisvollen Präsenz der Dame zusammen, für die das Werk ja unternommen wurde, die *Rose*, von der es zu künden galt.

Die vierundvierzig Verse des Widmungsprologs einmal beiseitegelassen, gliedert sich das Werk Guillaumes, wie es mit seinen etwas mehr als viertausend Versen auf uns gekommen ist, in sieben Episoden auf, die sich aufgrund der vom Dichter in seine bewegte Erzählung eingebauten Artikulationsstellen leicht erkennen lassen:

1. Die Entdeckung des von Mauern umschlossenen Gartens

[33] V. 46 *il a ja bien v anz ou mais*
qu'en may estoie, ce sonjoie.

2. Die Entdeckung des irdischen Paradieses
3. Die Entdeckung der Narzißquelle
4. Die Entdeckung der Rose
5. Die Liebeskunst
6. Der Kuß der Rose
7. Die Rache der Eifersucht.

Das Werk endet schließlich — jedenfalls so, wie es uns erhalten ist — in einem statischen Teil, den Klagen des Liebhabers.

1. Die Entdeckung des von Mauern umschlossenen Gartens (Vv. 45—515)

Die ersten Schritte, die Guillaume im Traum tut, lassen — wie wir oben schon sahen — den Roman beginnen wie einen Abenteuerroman, der sich sehr nahe an der Wirklichkeit hält. Ohne äußeren Zwang, ohne Hang zum Außergewöhnlichen, auch ohne den Willen, irgendwohin zu ziehen, um eine phantastische Behauptung zu beweisen (wie es das Thema des *Tournoiement de l'Antechrist* von Huon de Mery ist), macht sich der Jüngling in einer schönen Maiennacht von seinem Lager auf in dem durchaus verständlichen Verlangen, draußen vor der Stadt dem Gesang der Vögel zu lauschen. Seine Gefühle sind ruhig, wie auch die Landschaft des ihm unbekannten Tales, das er durchschreitet, von ruhiger Schönheit ist; doch daß das Tal unbekannt ist, muß als eine erste Andeutung für das Bewußtsein des Lesers, ein erster verhaltener Hinweis auf das Ablösen vom Wirklichen gelten. Nichts Befremdendes. Der Fluß ist ganz nah bei seiner Quelle schon recht breit (zweiter kaum merklicher Hinweis auf die dem Traum eigenen Widersprüche), und Guillaume vergleicht ihn mit dem sanft geschwungenen Tal der Seine (das ihm vertraut sein muß, denn er nimmt es als Vergleichspunkt). Alles ist so ruhig wie dieses dahinfließende Wasser, diese *eve*, bei deren Nennung der Dichter durch die Wiederholung des Wortes einen magischen Zauber erzeugt:

D'un tertre qui pres d'ilec iere 108
*descendoit l'*eve *grant et roide.*
*Clere estoit l'*eve *e aussi froide*

come puiz ou come fontaine;
. . . .
Onques mais n'avoie veüe
cele eve *qui si bien seoit;*
si m'abelissoit e seoit
a regarder le leu plaisant.
De l'eve clere reluisant
mon vis refreschi e lavé;
si vit tot covert et pavé
*le fonz de l'*eve *de graveile.*
La prairie grant e bele
*tres qu'au pié de l'*eve *batoit.*

(Von einem nahen Hügel sprudelte in reicher Fülle das Wasser; es war klar und kühl wie jenes einer Quelle oder eines Brunnens ... Nie hatte ich diesen Fluß bisher gesehen, der so vergnügt floß. Ich war glücklich, den freundlichen Ort stets neu zu bewundern und erfrischte mich, indem ich mein Gesicht im klaren und glitzernden Wasser wusch. Auf dem Grunde bemerkte ich einen Belag von feinen Kieseln. Die weite Wiese reichte bis an seinen Rand) (I)

Das umgekehrte Bild ist ebenso hübsch wie unerwartet: die flüssige Wiese schlägt an das klare Wasser (während beim traditionellen Bild das Wasser an den Rand der Wiese schlägt). Mit diesem glitzernden Wasser, in das der Erzähler im Traum sein Gesicht taucht, ist zugleich alles andere in großer Ruhe und bleibt auch so. Man denkt noch einmal als Gegensatz an das wüste Gewitter bei Huon d'Oisy, das über dem Wald von Broceliande losbricht, wie Huon an das Wasser der Quelle rührt. Für Guillaume brechen die Himmelsschleusen nicht, dem äußeren Anschein nach gerät gar nichts in Bewegung, doch alsbald taucht ganz ruhig, in der Ruhe einer Natur, die nun nicht mehr natürlich ist, der große, von hohen Mauern umschlossene Garten auf: das Wasser, Hauptelement jeder Traumwelt, hat seine Rolle gespielt . . .

Muß man sich der Ansicht von Lewis anschließen, der in seinem klassischen Werk *The Allegory of Love* [34] diesem Fluß nahe an

[34] *The Allegory of Love. A Study in Medieval Tradition*, London 1936—38.

seiner Quelle einen Symbolwert (frühe Kindheit) beimessen will? Mag sein. Jedenfalls *sieht* der Schläfer den Garten. Wie kann er ihn aber sehen, wo dieser Garten doch völlig von Festungsmauern umschlossen ist? Weder hier noch anderswo bedarf ein solcher Widerspruch der Erklärung, denn der Dichter hat zur Vorsicht sein Abenteuer außerhalb der Wirklichkeit angesiedelt, im Außerlogischen der Traumwelt: ein ganz entscheidender Punkt, den viele Kommentatoren nicht berücksichtigt haben.

Aus diesem Grund erschrickt oder verwundert sich Guillaume auch keineswegs über die hieratischen Malereien, die er nach und nach bei seiner ersten Umrundung des Gartens entdeckt. Gemalt „a or e a azur“ (was wir allerdings erst in Vers 465 erfahren, während die Beschreibung V. 133 beginnt), finden sich diese symbolischen Figuren in ungleicher Verteilung an den Mauern des quadratischen Gartens. Ihre Anordnung wird deutlich, wenn man ausgeht von der schonungslosen Beschreibung der *Haine* (Haß; Vv. 139 bis 151), zwischen *Félonie* (Untreue; Vv. 152—155) und *Vilanie* (Gemeinheit; Vv. 156—158). *Covoitise* (Begehrlichkeit; Vv. 169—195) und *Avarice* (Geiz; Vv. 196—234) müssen auf einer Seite zusammengenommen werden und *Envie* (Neid; Vv. 253—290) und *Tristece* (Traurigkeit; Vv. 291—338) auf einer anderen; auf der vierten Seite müssen sich daher auch drei Figuren befinden: *Viellece* (Alter; Vv. 339—404), bei weitem die packendste, mit *Papelardie*, das heißt *Tartufferie* (Heuchelei; Vv. 404—438) und *Povreté* (Armut; Vv. 439—460).

Eine sehr geschickte Einführung, diese unbeweglichen Bilder, in denen sich die Antithesen einer schönen höfischen Welt ausdrücken. Sie knüpfen ganz offenkundig an die Psychomachien an und bereiten ihrerseits in sehr natürlicher Weise auf das System der wandelnden Allegorien vor, wie sie im Folgenden auftreten werden. Für gewöhnlich nimmt man an, sie seien deswegen an der Außenseite der Mauer, weil sie aus dem privilegierten Innenraum verbannt seien, was sicher zutrifft. Doch läßt sich in ihnen auch so etwas wie eine Schranke der Laster erkennen oder auch eine Darstellung bestimmter Zustände (wie Alter oder Armut), die als die Kehrseite des Innendekors den Zugang zum erträumten Paradies verwehren sollen.

Die große Kunst des Dichters, der die Bechreibungen und Aktualisierung seiner Figuren abwechslungsreich zu gestalten versteht, läßt den Leser diese Elendsfiguren mit neugierigen Augen entdecken. Ohne Hast, ganz im Geiste des Schläfer-Erzählers, wandert der Leser die Mauern ab, wird dabei zunehmend von der Realität abgebracht und vergißt die gewohnten Dimensionen von Raum und Zeit. Diese Fähigkeit zur Dehnung und Schrumpfung der Zeit steht Guillaume de Lorris in vollendeter Form zu Gebote. Und dies um so mehr, als er über die Relativität der Zeit sehr genaue Vorstellungen hat. Er bringt sie zur Sprache anläßlich der *Vieillesse* (einer expressionistischen Schilderung, die Villon Ehre gemacht hätte), in einem regelrechten philosophischen Gedicht, das der Beschreibung eingefügt ist:

Li tens, qui s'en vet nuit et jor
sanz repox prendre et sanz sejor,
et qui de nos se part et emble
si celeement qu'il nos semble
qu'il s'areste adés en un point,
et il ne s'i areste point,
ainz ne fine de trespasser,
que l'en ne puet neis penser
quel tens ce est qui est presenz,
sel demandez a clers lisanz,
qu'ençois que l'en l'eüst pensé
seroient ja .III. tens passé;
li tens, qui ne puet sejorner,
ainz vet torjorz sanz retorner
con l'eve qui s'avale toute
n'il n'en retorne ariere goute;
li tens, vers qui neant ne dure,
ne fers ne chose tant soit dure,
car tens gaste tot et menjue;
li tens, qui tote chose mue,
qui tot fet croistre et tot norist
et qui tot use et tot porist;
li tens, qui envellist noz peres,
qui vellist rois et emperieres
et qui trestoz nos vellira,
ou morz nos desavancera;

li tens, qui tot a em ballie
de gent vellir, l'avoit vellie . . . [35]

(Die Zeit, die Tag und Nacht fortschreitet ohne Rast und Ruh, sich von uns trennt und heimlich entflieht, so daß es scheint, sie verweile einen Augenblick, sich indes nie aufhält, nie aufhört, vorwärts zu eilen, so daß wir den gegenwärtigen Zeitpunkt nicht denken können (denn — wie die Gelehrten sagen, wenn Ihr sie fragt — bevor Ihr einen Augenblick gedacht hättet, wären schon drei verflossen); die Zeit, die sich nicht aufhalten kann, die jeden Tag vergeht, ohne je wiederzukehren wie das Wasser, das zu Tale stürzt und keinen Tropfen zurückfließen läßt; die Zeit, gegen welche nichts besteht, weder Eisen noch irgendein harter Stoff, und die alles zerstört und zerfrißt; die Zeit, die alle Dinge wandelt, die alles wachsen läßt und nährt und alles verbraucht und verzehrt; die Zeit, die unsere Väter altern ließ, Könige und Kaiser nicht verschonte, die auch uns altern läßt, wie es in ihrer Macht liegt, wenn der Tod ihr nicht zuvorkommt: sie hatte diese Frau so schrecklich angefaßt . . .) (I)

Und während dergestalt die Zeit ungreifbar verfließt, hat der Dichter uns auch schon ins Schlepptau genommen und von jedem logischen Halt gebenden Ufer weggezogen; jetzt sind wir schon so formbar, daß wir mit ihm wieder zurückfinden können — unter der tätigen Mithilfe der Farben gold und azur — zu dem obstinat festgehaltenen Gedanken des Gartens, zum Gesang der Vögel, zu der Vorahnung eines unaussprechlichen Genusses, zu einer zweiten, schnelleren Umrundung der Mauer, um dort einen Durchlaß zu finden, ein ganz kleines Pförtchen (*un huisset petit et estroit*, Vv. 514—515).

Die Entdeckung des irdischen Paradieses (Vv. 516—1422)

Das beschleunigte Erzähltempo ermöglicht es, im Gefühle unbeschwerter Neugierde das Zauberpförtchen zu durchschreiten. Sehr viel wäre zu sagen über eine solche Zaubertür, die einen Zugang zu einem Paradies freigibt; sie erinnert an die beiden Ausgänge aus der Unterwelt, zu denen die Träume herauskommen, das hürnene

[35] Vv. 361—386.

und das elfenbeinerne Tor, wovon Vergil spricht und vor ihm schon Homer. Die Beschreibung der jungen, weiß behandschuhten Frau, die beim Öffnen der Türe einen Spiegel hält, geschieht ganz nach dem klassischen Kanon der mittelalterlichen Dichtkunstlehren, und doch ist diese Beschreibung gespickt mit unerwarteten Details von einem pikanten poetischen Realismus (Vv. 525—548). So nimmt die besondere Manier Guillaumes Gestalt an, dessen Bildung und lyrischer Sinn ihn gerne zum Einsatz spannungshaltiger Gegensätze greifen lassen.

Die Einzelheiten der Kostümierung verdienten ebenfalls einen ganzen Kommentar für sich. Herbert Kolb verdanken wir eine wertvolle Untersuchung der Rolle der schönen „Pförtnerin", der Dame mit dem Spiegel, die sich von ihren Bekannten *Oiseuse*, die Müßige nennen läßt [36]. Wenngleich ihre äußere Aufmachung, vor allem die Handschuhe und der Spiegel, sie der Kurtisane angleicht, mit der in der gotischen Kunst *Luxuria* dargestellt wurde, so darf man doch nicht übersehen, daß der Spiegel ebenso ein Symbol der *vita contemplativa* ist. An dieser Stelle sei an die Gedanken von Dom Jean Leclercq erinnert: „Um *speculatio* zu interpretieren, läßt man im Mittelalter vielfach *speculum* auftreten, was Spiegel bedeutet und wovon *specularite*r abgeleitet ist; in gewissen Fällen handelt es sich dabei um eine vermittels Figuren und Ähnlichkeiten erzielte Erkenntnis". Ebenso an die Definition, die derselbe Forscher von dem Begriff *otium* in der mittelalterlichen Philosophie und Theologie gegeben hat [37].

Funktion, Erscheinung und Name der *Oiseuse* im *Rosenroman* machen sie zu einer Personifizierung des *Einführens* in eine bestimmte kontemplative Lebensform, die der höfisch-mondänen Lebenswelt. Sie führt von der *vita activa* zur *vita contemplativa*

[36] *„Oiseuse, die Dame mit dem Spiegel*, in: GRM 15 1965, 139—149 [hier abgedruckt S. 342 ff.].

[37] *L'amour des lettres et le désir de Dieu*, Paris 1957, pp. 67—68. „Otium ist die Mitte zwischen zwei Gefahren: der otiositas und dem negotium, das die genaue Negation des otium ist. Das otium ist die große Beschäftigung des Mönchs: es ist eine sehr beschäftigte Muße, negotiosissimum otium, wie es der hl. Bernhard und viele andere oft gesagt haben. Es ist ein Thema biblischer Inspiration".

hinüber, „sie ist die Figur, welche die Grenzscheide der beiden Leben durchlässig macht zum Eintreten aus dem unruhigen Außen in das befriedete Innen“ [38].

In seinem Traum hat Guillaume de Lorris diesmal wahrhaftig die Tür zu einer anderen Welt durchschritten . . .

Oiseuse nennt den Namen dessen, dem der Garten gehört, *Déduit*, der Sinnengenuß. Sie erläutert die Aufgabe der Abbildungen draußen an der Mauer, die ein abstoßendes Gegenbeispiel darstellen sollen zu dem umfriedeten Bereich, in dem nur eine auserlesene Gesellschaft zur Erholung und Ergötzung Aufnahme finden kann, und sie gestattet Guillaume Zutritt zu dieser Gesellschaft. Entzücken des Dichters. Musik der Vögel, wie wir schon sagten, deren bloße Aufzählung bereits wie Gesang ist. Anspielung auf ihren „Dienst“, auf ihre Engelsstimmen, die vom Dichter auch mit Sirenengesängen verglichen werden. Anspielung auch auf die Typen des Gesangs: Lais d'amour, höfische Lieder, Sirventese. Anspielung auf die Gesänge einer Dame namens *Liesse*, Freude. Tänze, Reigen und Farandolen. Anspielung auf Flötenspieler, Minnedichter und fahrende Sänger, auf „lothringische Weisen“, die schönsten von allen.[39] Beschreibung der fröhlichen Karolen, zu denen *Courtoisie* Guillaume auffordert. *Deduit* und *Liesse* sind Ballettführer. Beschreibung der Personen. Originelle Gestaltung des von Blumen und Vögeln bedeckten Liebesgottes. Ein Junge, genannt *Sanfter Blick*, bewacht ihm seine beiden Bögen und seine beiden Köcher, gefüllt mit fünf eisernen und fünf goldenen Pfeilen.

[38] *Form und Abfassung* . . . op. cit.

[39] Anspielung auf den Sirenengesang Vv. 669—672; auf die verschiedenen Gesangstypen V. 700 f.; auf Musikinstrumente und Musiker V. 744 f. Interessante Erwähnung in Vv. 748—750 der „notes loherenges“:

por ce c'on fet en Loheraigne
plus beles notes qu'en nul raigne.

Langlois merkt in seiner zitierten Ausgabe (Bd. V, p. 302) an, daß die „chansons lorraines“ in dem Roman *Galeran de Bretagne* erwähnt sind. Ich zitiere nach der Ausgabe Foulet (C. F. M. A., Paris 1925):

Toutes notes sarrasinoises,
chançons gascoignes et françoises,
loerraines *et laiz bretons.*

Die Personen des Gartens — in erster Linie Damen — fügen sich zu einem nunmehr wohlabgerundeten System von Allegorien zusammen. Das schwirrt und wirrt nur so von schönem Aufputz, blinkenden Augen, reizenden Formen und einladenden Gesten, glitzert von Perlen und Edelsteinen. „. . . Zuviel Blumen, Juwelen und Flitterkram", urteilte Alfred Jeanroy wie vor ihm schon andere. Doch das hieße die verschwenderische Pracht der Träume vergessen. Und das hieße vielleicht auch die wirkliche Prachtentfaltung mancher zeitgenössischen Hofhaltung vergessen, denen natürlich das Irdische Paradies keinesfalls nachstehen durfte [40] . . . Und dann der Reihe nach *Beauté, Richece, Largesce, Franchise*: Schönheit, Reichtum, Freigebigkeit und Freimut. Auch *Cortoisie*, höfisches Wesen war da, deren geringstes Verdienst darin bestand, verblüffenderweise (die Manuskriptvarianten bezeugen dies sehr amüsant) eine „claire brune" (V. 1238) zu sein, das heißt ein Mädchen aus dem Süden mit schwarzen Haaren aber hellem Teint, würdig einer Kaiserin oder Königin. An der Seite von *Oiseuse* hielt sich *Jeunesse*, noch keine zwölf Jahre alt und doch schon einen kleinen Freund sehr zierlich umhalsend.

Nachdem alle Personen aufgezählt und bewundert sind, macht sich Guillaume an die Erforschung der anderen Reichtümer des Ortes, den er von Anfang an als ein „irdisches Paradies" bezeichnet hatte. Zunächst die Bäume, und da vor allem solche aus den sonnigen Gegenden, Granat-, Muskat-, Feigen- und Dattelbäume, sodann die anderen heimischen Bäume, an denen Quitten, Pfirsiche, Marronen, Nüsse, Äpfel und Birnen, Mispeln, Pflaumen und Kirschen hängen, schließlich noch Vogelbeer-, Eisbeer- und Haselnußsträucher. Erneut eine südliche Note: die großen Lorbeerbäume, hohen Pinien, Oliven und Zypressen; dann erst die Ulmen, Hagebuchen, Birken, Espen, Eschen, Ahorne, Tannen und Eichen.

Tiere gibt es nicht allzu viele, und sie stören auch die umherwandelnden Personen kaum (wir sind nicht in der Arche Noah!): Damwild, Rehe, Eichhörnchen und Hasen tummeln sich, alles was gewöhnlich die Tapisserien bevölkert.

[40] Vgl. Alfred Jeanroy, Histoire des Lettres (Bd. XII der *Histoire de la nation française* von Gabriel Hanotaux), Paris 1921, pp. 402—418.

Die eingefaßten Wasserläufe nehmen die großen Gärten im französischen Stil vorweg, mit ihren Rasenflächen, deren Gras der Dichter als „fraîchette et drue", schön frisch und dicht, besingt. Das Gras ist mit unzähligen Blumen bestreut, von denen — jedenfalls nach der Handschrift — nur eine oder zwei Arten mit Namen genannt sind, die Veilchen und das Immergrün; die anderen liefern nur Farbflecken auf die Wiese, die davon ganz „pointelé" ist, was bunt bedeutet [41]. Ein angenehmer Duft geht von alledem aus (nur ein Vers, 1408).

Mit dieser kurzen Notierung des Dufts endet das „divertissement" des Gartens, diese reizende Phantasie über das uralte Thema des *locus amoenus*, neu belebt durch den Begriff des Irdischen Paradieses. Nachdem dieses Thema vom lateinischen Mittelalter wiederaufgegriffen worden war, hatten es mehrere französische Werke vor oder bald nach Guillaume de Lorris übernommen, vor allem das anonyme *Fabliau du Dieu d'Amour* [42]. So findet man denn auch am Ende der Episode den Liebesgott, der Guillaume bei seinem Rundgang durch den Garten gefolgt war: er lauert ihm auf wie der Jäger seiner Beute.

3. Die Entdeckung der Narzißquelle (Vv. 1423—1612)

Den Traumwandler haben seine Schritte zu einer Quelle unter einer Pinie geführt, dem höchsten Baum des Gartens. Eine Inschrift

[41] Das Manuskript des Herausgebers F. Lecoy sagt genau *pipeloer* (V. 1406). In der Ausgabe Langlois finden sich zahlreiche Varianten, die die Ratlosigkeit der Kopisten diesem Wort gegenüber bezeugen: *pinpelée, pimpelorée, pipelotée, pimpeloée, pipeloée, pintelée, pip(p)elée, piolée.* Ich würde gerne den Ausdruck des heutigen Lütticher Wallonisch *pitelé* damit im Zusammenhang sehen (Vgl. *Dictionnaire liégeois* de Jean Haust, wo afrz. *pinteler* angeführt ist).

[42] Über das Thema des *locus amoenus* siehe die Anmerkungen der Ausgabe Lecoy, V. 632 ff., ebenso zu V. 1595—97. — Ausgabe des *Fabliau du Dieu d'Amour* durch I. C. Lecompte, in *Modern Philology* 8 1910, pp. 63—86. — Vgl. Paul Zumthor, *Histoire littéraire de la France médiévale*, Paris 1954, § 470.

dort personalisiert sie: es ist die Quelle, wo der schöne Narziß starb. Und alsbald erzählt uns Guillaume nach Ovid die Geschichte des Jünglings, der die Liebe verschmäht hatte (Vv. 1423—1504). Für den mittelalterlichen Dichter ist dies ein *Exemplum*, das er den Damen zudenkt, nicht ohne eine ironische Spitze:

Dames, cest essample aprenez, 1505
qui vers vos amis mesprenez;
car se vos les lessiez morir,
Dex le vos savra bien merir.

(Damen, die Ihr Eure Freunde mißachtet, lernt von diesem Beispiel! Wenn Ihr sie sterben laßt, wird Gott Euch den verdienten Lohn zu geben wissen) (I)

Doch die Liebesquelle ist durchaus noch mehr. Wie er sich darüber beugt, betrachtet Guillaume gefesselt die Schönheit des klaren Wassers, das aus zwei im Kies verborgenen Mündungen hervorgesprudelt war wie feines Silber. Auf seinem Grunde liegen zwei Kristalle. Und das Wunder wiederholt sich in diesem wunderbaren Traum, wenn Guillaume wieder lyrisch wird:

Quant li solaus, qui tot aguiete, 1541
ses rais en la fontaine giete
et la clarté aval descent,
lors perent colors plus de cent
ou cristal, qui par le soleil
devient inde, jaune et vermeil.
Si est cil cristaus derveilleus,
une tel force a que li leus,
arbres et flors, et quan qu'aorne
le vergier, i pert tot a orne.
Et por la chose feire entendre,
un essample vos voil aprendre:
ausi con li mireors montre
les choses qui sont a l'encontre.
et i voit l'en sanz coverture
et lor color et lor figure,
tot autresi vos di por voir
que li cristaus sanz decevoir
tot l'estre dou vergier encuse

a celui qui en l'eve muse;
car torjors, quel que part qu'il soit,
l'une moitié dou vergier voit;
et c'il se torne, maintenant
porra veoir le remenant;
si n'i a si petite chose,
tant soit reposte ne enclouse,
dont demontrance ne soit feite
con s'ele ert ou cristal portrete. [43]

(Wenn die Sonne ihre Strahlen, die alles erleuchten, in den Brunnen senkt und die Helligkeit seine Tiefe erreicht, blitzen tausend Farben aus den Kristallen, die im Sonnenlichte gelb, blau und rot schimmern. Diese Kristalle sind von solcher Pracht und Lichtkraft, daß die ganze Landschaft, Bäume, Blumen und alles, was den Garten schmückt, nach und nach erglänzen. Damit Ihr die Sache gut versteht, will ich Euch ein Beispiel nennen: Wie der Spiegel die Dinge, die sich gegenüber befinden, in ihren Farben und Formen genau wiedergibt, so — sage ich Euch — spiegelt der Kristall ohne Täuschung denjenigen, die ins Wasser blicken, die ganze Pracht des Gartens; denn jederzeit, von welcher Seite sie auch hinschauen, sehen sie die eine Seite des Gartens, und wenn sie sich wenden, die andere. Es gibt keine noch so kleinen Dinge, und wären sie versteckt und verheimlicht, deren Abbild nicht erscheint, als wäre es in den Kristallen eingezeichnet.) (I)

Das ist die Fontana Amoris, wo Cupido den großen Liebesreiz ausgestreut hat. Narziß spiegelte sich darin und starb. „Gefahrvoll" ist der Spiegel — und weit mehr als der Sitz in der Tafelrunde —, weil man beim Hineinschauen verliebt wird; doch ebenso, weil er an Göttliches rührt. In der Tat erkennt man darin die platonische Vorstellung vom *speculum mundi*, die mittelalterlichem Denken lag. Ich muß es mir leider versagen, hier auf das Thema des Spiegels ausführlicher einzugehen, dieses „eigentlichen Symbols des Symbolismus", dessen Wirkweise Jean Frappier bis in alle Feinheiten nachgespürt hat [44]. Doch kann unmöglich übergangen werden, was Guillaume de Lorris, ein Dichter, dessen ganzes Werk von der intimen Kenntnis der Troubadours durchdrungen ist, an dieser Stelle

[43] Vv. 1541—1568.

[44] *Variations sur le thème du miroir de Bernard de Ventadour à Maurice Scève.* In: CAIEF II 1959, pp. 140—152.

— wie Jean Frappier dargetan hat — Bernart de Ventadorn verdankt: waren doch in dessen berühmtem Lerchenlied bereits die Themen des Narziß und des Spiegels, des Todes und der Liebe, miteinander in einer herrlichen Strophe verknüpft. Was Bernart verdichtet hatte, nachdem er im Anblick seiner Dame in Verzückung geraten war, das findet sich bei Guillaume verlängert und objektiviert. Das Bild der Liebe findet er zuerst in den schimmernden Kristallaugen auf dem Grund der Quelle.

Wie konnte die Narzißquelle, die doch einen todbringenden Effekt hatte, sich in eine Lebensquelle verwandeln? Und warum scheint es, daß die Quelle ihre Eigenschaft als Spiegel eingebüßt hat, da nunmehr ja die Kristalle, die in ihr liegen, eine Vision liefern? Auf diese Fragen antwortet Erich Köhler mit dem Hinweis darauf, daß nach der höfischen Liebeskonzeption die Kenntnis seiner selbst, die Guillaume zu Gebote stand, von seiner Liebe abhing; deswegen sieht Guillaume die Augen seiner Dame in Form von Kristallen in der Narzißquelle: sie enthüllen ihm seine Schicksalsbestimmung. Somit läßt die Besitzergreifung von sich selbst das Absterben eines alten Lebens mit dem Beginn eines neuen zusammenfallen [45].

Im subtilen Bereich der Poesie können oft mehrere Erklärungen nebeneinander stehen, ohne einander Abbruch zu tun, weswegen ich mir erlauben möchte, meinerseits eine Erklärung vorzuschlagen.

4. Die Entwicklung der Rose (Vv. 1612—2054)

Im Zauberspiegel der Liebesquelle, die alle verliebt macht, die sich darin spiegeln, hat Narziß sich verloren, denn er hat dort nur sich selbst gesehen. Im Zauberspiegel der Liebesquelle, die alle verliebt macht, die sich darüber beugen, hat Guillaume sich nicht verloren, da er dort nicht die Augen der geliebten Dame sah — er liebte ja noch gar nicht —, vielmehr deren Präfiguration, zwei Kristalle, die auf dem Grunde des Wassers liegend die Macht hatten, jeder zur Hälfte die Gesamtheit eines riesigen Gartens widerstrah-

[45] *Narcisse, la fontaine d'amour et Guillaume de Lorris* in *Journal des Savants* 1963, pp. 86—103.

len zu lassen, „tausend Dinge“, sagt der Dichter, eine ganze Welt.

Es hätte Guillaume de Lorris nicht genügt, ganz unmittelbar — und sei es auch im Traum — den Anblick der Rose zu suchen, der er seine Liebe darbringen wollte. Dieser Dichter, der in seinem Denken wie in seinem dichterischen Ausdruck beständig den Widerschein des Widerscheins zu fassen sucht, erzählt, wie er durch den Wasser-„spiegel“ der Quelle hindurch die beiden anderen Spiegel aus Kristall gesehen habe, die ihm nicht eine einzelne Rose, sondern einen ganzen Rosenstock als zauberhaftes Bild zurückgespiegelt hätten. Diese Episode — zweifellos der schönste und originellste Teil des Romans — bringt in glücklichster Weise die platonische Idee zum Ausdruck, wonach alles Geschaffene von dem *unus fulgor* aus über eine Reihe von Spiegelungen seine Erhellung erfährt. Seine *senefiance*? Sicherlich waltet hier der Gedanke vor, daß Guillaume zunächst in den Reflex der Liebe verliebt war, bevor er wirklich liebte. Die unwiderstehliche Kraft, die ihn zu dem „Rosenhaufen“ hinzog, zeigt seine jugendliche Ungeduld zunächst von der Schönheit der Frauen, aller Frauen überhaupt berauscht, noch bevor seine Wahl sich festigt. Die Wörter sagen es: sein *Drang* (rage), alsbald zu dem Rosenstrauch zu eilen, das Verlangen zu *pflücken* (*cueillir*), eine Blume *in Händen zu halten* um des Vergnügens am *Duft* (*odor*) willen, sogar die Lust, eine Knospe *abzureißen* (*arachier*), oder am liebsten gleich mehrere, um sich einen *Kranz daraus zu winden* (*chapel en faire*): all das weist hin auf die instinktive, nicht offen zum Ausdruck gelangende Kraft des körperlichen Triebes [46].

Doch nun ist der ernste Augenblick da, wo es zu wählen gilt. Der Träumer läßt beiseite, wie es Félix Lecoy in seiner ausgezeichneten Analyse des Textes sehr hübsch gesagt hat, „die schon geöffneten Blüten, die noch am selben Tage vergehen und verwelken (vielleicht auch die noch allzu fest verschlossenen Knospen), er widmet seine Aufmerksamkeit denen, die gerade eben erst am Aufgehen sind und unter ihnen vor allem einer, die er gar zu gerne gebrochen hätte,

[46] *Rage* V. 1621; *cueillir* V. 1629; *tenir, parfum* Vv. 1629—31; *arachier* V. 1649; *faire un chapel* V. 1651.

wäre nicht der schützende Dorn gewesen und die Scheu, die den Verwegenen noch zurückhielt“ [47].

Symbol für die ganz junge Frau, diese Rosenknospe, oder für die Jungfrau? *Grammatici certant.* Auf jeden Fall steht eine Rosenknospe nahe am Aufgehen für die früheste Jugend. Man würde also uneingeschränkt sich für Jungfrau entscheiden, wenn einen nicht doch einiges, was bislang wohl zu wenig beachtet blieb, zögern ließe. Zunächst müßte man ja sagen, daß die gesamte höfische Tradition immer den Gedanken an die „Dame“ hegt. Sodann verwendet die Erzählung, wo bis zu Vers 2953 konstant die Rede von „Knospe“ gewesen war, von da an den Ausdruck „Rose“, ohne daß irgendein inneres oder äußeres Element diesen Wandel rechtfertigte; dennoch muß er mit voller Absicht geschehen sein, denn ein wenig weiter sind immerhin 14 Verse der Erklärung dafür gewidmet, daß zwischen dem Augenblick der Wahl und dem Augenblick der Erringung die Rose aufgeblüht war, ohne doch schon ihren Samen zu zeigen (Vv. 3343—3352).

Wie dem auch sei, sobald Guillaume seine Wahl getroffen hat, entsendet der Gott Amor, der ihm schon auflauerte, seine fünf goldenen Pfeile: *Beauté*, die durchs Auge eintritt und sich im Herzen festsetzt, eine Wunde dort erzeugend, welche das Begehren nur noch verstärkt, dann *Simplece, Cortoisie* und *Compaignie* und schließlich *Beau Semblant*, der schöne Schein, der am tiefsten verwundet und doch auch am angenehmsten, liefert er mit der Wunde doch zugleich ein Heilmittel. Guillaume Apollinaire wird dereinst auch den schmerzvollen Schwertern Namen geben, die das Herz des Mal Aimé durchbohrt haben. Für Guillaume de Lorris ist die Verzauberung stärker als das Leiden. Es erübrigt sich, darauf hinzuweisen, daß die Pfeile des Gottes Amor die Qualitäten der auserkorenen Dame versinnbildlichen, in Erneuerung eines seit langem schon der Antike abgeschauten und vielbenützten Themas [48].

Und man tritt in eine neue Episode ein. Einem verwundeten

[47] Ed. cit., *Analyse*, pp. XLVII—XLVIII.

[48] Zu diesem Punkt vgl. Ausg. Lecoy, Bd. 1, Anm. zu den Versen 1692 ff. *Eneas, Troie*, Chrétien, Marie de France und Jean Renart sind vor Guillaume de Lorris.

Kämpfer gleich ergibt sich der Liebhaber (denn jetzt, erst jetzt, kennt Guillaume Liebe) auf Gedeih und Verderb seinem triumphierenden Gegner, dem Gott Amor. Und zwar liefert er sich seinem Lehnsherrn aus mit den Gebärden und den Worten der feudalen Huldigung. Rückhaltlos begibt er sich unter die Botmäßigkeit Amors: „das Herz ist eueres, nicht meines" [49].

Das Thema des „Liebesschlüssels" schließt sich an das voraufgehende an: der Gott verschließt das Herz des Liebenden als Zeichen der Besitznahme, das heißt, daß das Herz des Liebenden kraft eigenen Wollens hinfort für keine andere Liebe mehr offensteht [50].

Die Präliminarien zur Einführung in die „feinste" aller Liebeslehren sind damit abgeschlossen und Guillaume ist nunmehr würdig, aus dem Munde des Gottes selbst die Essenz der Doktrin verkündet zu bekommen.

5. *Die Liebeskunst (Vv. 2055—2748)*

Gemäß der Ankündigung im Prolog schließt Guillaume de Lorris in seinen Roman, der bis hierher von Entdeckung zu Entdeckung fortgeschritten war, einen rein statischen Teil ein. Die heutige Kritik urteilt oft recht streng über diese lange Episode und bemängelt die Unterbrechung in der allegorischen Handlungsführung. Das Mittelalter stand dazu ganz anders: für die Zeitgenossen wie für Guillaume selber, der seine *Ars amandi* in feierlichem Ton beginnt und sich das Verdienst der Neuheit dafür zuspricht, erreicht das Werk hier seinen Höhepunkt: die glänzende Beschreibung der höfischen Gesellschaft im ersten Teil stellt zwar nicht ganz eine „allegorische Liebeskunst" dar, wie Gunn meint [51], wohl aber eine „allegorische Einführung in die Kunst des Liebens".
Die didaktische Abhandlung unterteilt sich in zwei Abschnitte.

[49] V. 1983 *Li cuers erst vostres, non pas miens.*

[50] Vgl. die Angaben zum Thema Liebesschlüssel bei Langlois und Lecoy. Das Thema kommt auch bei Chrétien de Troyes vor *(Yvain* und *Perceval).*

[51] Alan M. F. Gunn, *The Mirror of Love*, Lubbock, Texas 1952, pp. 17—19.

Im ersten stellen sich die „Gebote“ Amors als regelrechter Unterricht dar, den ein Schulmeister seinem Discipulus verabreicht, wie es die Verse bezeugen, in denen auf die Notwendigkeit des Memorierens hingewiesen wird, ebenso die Schlußverse dieses Zehn-Punkte-Programms, wahrhaft ein Dekalog: nach der Lektion faßt der Lehrer in großen Zügen den Stoff zusammen, den er gerade vorgetragen hat [52].

Inhaltlich betrachtet steht diese „Unterweisung“ — die tatsächlich in der französischen Literatur um 1235 noch als eine neue Gattung gelten kann — bei näherem Hinsehen den okzitanischen *ensenhamens* sehr nahe, in denen der ganze Schatz der höfischen Pädagogik ausgebreitet ist: das *Ensenhamen an die Dame hoher Abkunft* des Troubadours aus dem Velay mit Namen Garin lo Brun, gestorben um 1156 [53], und vor allem das *Ensenhamen an den Knappen* des gaskognischen Troubadours Arnaut-Guilhem de Marsan, der um 1170 schrieb [54]. Es ist sogar sehr wahrscheinlich, daß Guillaume de Lorris von diesem Text oder wenigstens von einem ähnlichen Kenntnis hatte. Diese Herkunft erklärt nach meiner Ansicht den Bruch im Ton, wie man ihn in diesem Werk spürt, das uns bis hierhin an ein großes Raffinement im Gedanklichen wie im Formalen gewöhnt hatte. Von jetzt an geht es in erster Linie um Wirksamkeit und Erfolg. Es sei jedoch festgehalten, daß die praktischen Ratschläge einen Gegensatz bilden zu den üblen Anwandlungen, wie sie durch allegorische Figuren auf der Außenseite der Gartenmauern abgebildet waren, und daß sie andrerseits mit dem Betragen der höfisch erzogenen Personen übereinstimmen, die Guillaume im Innern des Gartens getroffen hatte:

[52] Vv. 2074—2212 resumiert Vv. 2213—2220.

[53] Ausg. Carl Appel, *L'enseignement de Garin le Brun*, in *Revue des Langues Romanes* 33, pp. 404 f. Über das Datum siehe Clovis Brunel in *Bibl. de l'Ecole des Chartes* 77 1916, p. 6 Anm. 3.

[54] Von diesem Ensenhamen haben wir noch immer nur die archaische Ausgabe durch Karl Bartsch, *Provenzalisches Lesebuch*, Elberfeld 1855, pp. 132 f. In Erwartung der von Giuseppe Sansone angekündigten Ausgabe zitiere ich die Verse dieses Textes nach einer von mir selbst vorbereiteten Ausgabe. — Über das Datum dieses Ensenhamen vgl. meinen Artikel in den *Studi Medievali* 12, 1939, pp. 160—171.

1. Meide alles Gemeine (*vilenie*)
2. Führe keine üble Nachrede.
3. Sei höfisch und liebenswürdig.
4. Sei höflich.
5. Diene den Frauen und ehre sie: tu was Damen und Fräulein gefällig ist, damit du im Ansehen steigst.
6. Hüte dich vor dem Stolz.
7. Sei gepflegt und sauber.

An dieser Stelle sind die Anweisungen ebenso nachdrücklich wie brauchbar. Arnaut-Guilhem de Marsan war genauso verfahren. Den Hinweisen auf feine weiße Hemden, Schuhe und Ärmel in genauer Ausführung, auf die Bedeutung eines geschickten Schneiders, auf die Kleinigkeiten bei Handschuhen, Almosentaschen und Gürteln entsprechen die Ausführungen des französischen Romans über die gepflegte Kleidung, den guten Schneider, die Schnürschuhe, Handschuhe, Almosentasche und Gürtel. „Wasch dir die Haare, trage sie nicht zu lang, pflege deinen Bart und deine Hände" schrieb Arnaut-Guilhem vor [55]. „Wasch dir die Hände, bürste dir die Zähne, die Fingernägel sollen nicht schwarz sein und die Haare wohlgekämmt" so sagt es der Gott Amor nach durch die Stimme von Guillaume de Lorris [56].

Wen dieses *terre-à-terre* im französischen Roman verwunderte, der sollte nur aufmerksam das okzitanische *Ensenhamen* nachlesen: dort würde er im Detail ersehen können, welchen Grad der Verfeinerung die südfranzösische höfische Gesellschaft bereits sechzig Jahre vor der nordfranzösischen erreicht hatte. Aus diesem Rückstand in der kulturellen Entwicklung hat Guillaume de Lorris

[55] V. 341 *Gardatz vostres cabelhs,*
que mais val hom per elhs;
sovendet los lavatz
que pus bels en siatz
mas no'ls portes trop loncx etc.

[56] V. 2153 *Ne sueffre sus toi nul'ordure,*
lave tes mains, tes denz escure;
s'en tes ongles pert point de noir,
ne l'i lesse point remanoir.
V. 2157 *Cous tes manches, tes cheveus pigne . . .*

offensichtlich zu lernen versucht, und er hat es nicht für sinnlos gehalten, einer größeren Zahl seiner Leser ein wenig von den guten Manieren beizubringen, die sich diese wahrlich noch nicht angeeignet hatten.

Die Ratschläge gehen noch weiter und runden sich zum Dekalog, wobei man keineswegs den Eindruck hat, wie auch schon Félix Lecoy in seiner Ausgabe schrieb, daß hier eine Parodie vorliegen könnte, „nicht einmal leise und von weitem“:

8. Sei liebenswert und artig, gefallen ist eine Kunst.
9. Bilde deine körperlichen Fähigkeiten aus: springen, reiten, fechten, aber pflege auch deine künstlerischen Anlagen: singen, ein Instrument spielen, tanzen.
10. Sei vor allem nicht kleinlich, lerne geben.

Die Erwähnung von Musik und Tanz einmal beiseitegelassen finden sich die drei letzten Anweisungen ebenfalls sehr ausführlich bei Arnaut-Guilhem de Marsan dargelegt.

Nach diesem Elementarunterricht (gleichermaßen in einigen Zeilen resumiert von V. 2213 bis V. 2220) nimmt Guillaume de Lorris einen anderen Stoff in Angriff, den man als Fortgeschrittenenunterricht bezeichnen kann und der sich an die „fins amanz“ richtet (der Ausdruck kommt in Vers 2227 vor): man soll ganz und gar an die Liebe denken, sich nur einer Liebe widmen, sein Herz nicht etwa nur zur Hälfte geben oder gar nur leihweise. Man muß auch wissen — und das ist die große Lektion —, daß die Belohnung dafür deswegen nicht automatisch erfolgt. Und hier gießt nun der Liebesgott in die Form einer Prophezeiung (noch eine Reminiszenz an ein anderes literarisches Genre . . .) die ganze Liebespsychologie, wie sie die Troubadours, die französischen Romanciers, die Trouvères des 12. Jahrhunderts entwickelt haben, nicht zu vergessen natürlich Ovid und auch das *De Amore* des Andreas Capellanus. Guillaume soll alle Mühen und Prüfungen der Liebe kennenlernen: das lähmende Außersichsein (und man denkt an Bernart de Ventadorn), die ferne Geliebte (Jaufre Rudel . . .), die Nähe, die nicht weniger beängstigend ist als die Ferne, steigert sie doch das Begehren, die exzessive Scheu, die Qualen der nächtlichen Einsamkeit [57].

[57] Vv. 2221—2566.

Der Schüler ist einigermaßen beunruhigt und fragt den Gott, der ihn dergestalt unterweist: wie soll ich denn das alles ertragen? Durch die Hilfe von *Espérance*, Hoffnung, deren Aufgabe es ist, allen Unglücklichen beizustehen, und die natürlich besonders den betrübten Liebenden Erleichterung schafft. Diese große objektive Allegorie findet ihrerseits auch Helfer in *Doux Penser, Doux Parler, Doux Regard*, die gar nicht einmal Gefühle sind, sondern allegorisierte Haltungen (man sieht hier wie auch anderswo, daß Guillaumes Allegoriensystem nichts Starres hat). Auch ein ergebener Freund könnte dem Liebenden beistehen.

Nachdem er so seine Ratschläge und Prophezeiungen ausgeteilt hat, tritt der Liebesgott wieder in den Hintergrund . . .

6. Der Kuß der Rose (Vv. 2749—3480)

Einigermaßen verwirrt kommt Guillaume wieder zu sich selbst und hat als einzige Gewißheit, daß nur die Rosenknospe seine Wunden heilen kann. Und alsbald setzt eine „aventure“ wieder ein, die nichts anderes ist als die Erringung dieser Rosenknospe, die immer noch von ihrer Hecke verteidigt wird. Das allgemeine Dekor bleibt das gleiche. Doch steht nunmehr dem irdischen Paradies, in dem *Déduit* geherrscht und Schönheit und Freude gestrahlt hatten, ein anderes entgegen, wo Allegorien auftreten, die antagonistische Ideen verkörpern, wo sich unerfreuliche Gestalten zeigen, wo am Ende *Jalousie* herrschen wird, sowie eine seltsame Person, die eigentlich nicht mehr genau zur allegorischen Welt gehört und die sich *La Vieille* nennt, die Alte. Man könnte den Romancier der Inkohärenz zeihen, müßte man nicht nach all den Prophezeihungen des Liebesgottes leicht einsehen, daß Guillaume, der ja nun zum Liebesvasall, zum „fin amant“, Schüler der *fin'amor* der Troubadours, geworden ist, damit auch innerhalb seines Paradieses in das Reich der Prüfungen eingetreten ist.

Und dann muß man immer auch wieder sich vor Augen halten: Guillaume erzählt einen Traum, und nichts ist natürlicher in einem Traum als die Verwandlungen bei Dekor und Personen. In dieser Phase des Traums nimmt Guillaume ganz sicher nicht mehr die

Märchenwelt des Gartens mit all seinen fröhlichen Bewohnern wahr. Jetzt konzentriert er sich auf neue Allegorien, die mit der psychologischen Evokation der beiden Hauptpersonen zusammenhängen. Denn von jetzt an läßt sich sagen, daß es deren zwei gibt: Guillaume und die Knospe, den Liebhaber und seine Dame. Die Dame tritt niemals unmittelbar auf, doch was die Feinheit der Episode noch verstärkt, sie ist trotzdem anwesend durch Vermittlung von widersprüchlichen Gefühlen, die sie bewegen, *Bel Accueil* und *Danger*, Schöner Empfang und Gefahr. *Bel Accueil* ermutigt den Liebhaber und eröffnet ihm sogar eine Passage durch die schützenden Ranken. Doch *Danger* tritt dazwischen. *Danger* stellt vor allem die instinktive Abwehrkraft dar, die die Frau vor der Liebe bewahrt. Zur Verdeutlichung dieses instinkthaften Charakters ist er mit den Zügen eines „vilain" ausgestattet, d. h. eines Landmannes [58]; jedem seiner Auftritte ist ein kleines bukolisches Thema zugeordnet. Wie mehrere Kommentatoren im übrigen festgestellt haben, wandelt sich seine Bedeutung mit dem Ablauf der Handlung, und gleichzeitig damit ändert sich auch sein Äußeres. Er muß von der bloßen Ländlichkeit zu einem abstoßend schauerlichen Unhold übergehen [59], was an den Ochsenhüter in dem Singspiel von *Aucassin und Nicolette* erinnert: wie läßt sich anders erklären, daß er an bestimmten Stellen den Liebhaber terrorisieren kann? *Danger* also ist der Stärkste zusammen mit seinen Helfershelfern *Male Bouche* (Üble Nachrede), *Honte* und *Peur*, Scham und Furcht. Eine Genealogie, die auch Jeun de Meun unterschreiben würde, läßt *Honte* und *Peur* als Töchter von *Raison* und *Méfait* erkennen; in einer Abschweifung wird *Raison* Bedeutsamkeit zuerteilt, da auf ihren Befehl hin *Peur* der *Chasteté*, der Keuschheit zu Hilfe geeilt ist, der Beschützerin der Rosenknospen [60].

[58] V. 3653 . . . *Si ont trové le peïssant*
desoz un aubespin gisant.

[59] V. 2906 *Granz du noirs et herissez,*
s'ot les ieuz roges come feus,
le nés froncié, le vis hideus . . .
V. 2928 . . . *le vilain hideus et noir.*

[60] V. 2820 ff.

Der Liebende ist nun couragiert genug, sich an *Bel Accueil* mit der Bitte zu wenden, ihm die Rosenblüte selbst zu übergeben, er kann ja ohne sie nicht mehr leben. Doch *Bel Accueil* weist trotz seiner Nachsicht diese Bitte mit Entschiedenheit ab. Ist er doch wegen seiner Unbesonnenheit von *Danger* mit Vorwürfen überschüttet worden, der überdies nun den Liebenden zum Zurückweichen nötigt. *Bel Accueil* geht beiseite. Die Rose ist in weite Ferne gerückt. Der bekümmerte Liebhaber spürt, daß sein Leid nur schlimmer geworden ist, er entsinnt sich der großen Angst, die *Amor* prophezeit hatte [61].

In diesem Augenblick steigt *Raison*, die von Gott selbst im Paradies erschaffene, von dem Turm, von wo aus sie die Welt beherrscht, herab und sucht Guillaume von der Fortsetzung seiner Eroberungsbemühungen abzubringen, indem sie ihm ein großes „chastiement" hält. Aber Guillaume de Lorris ist nicht Jean de Meun, er ist der Mann *Amors* . . . Statt aufzugeben, sucht er sich lieber einen Gefährten, *Ami*, wie *Amor* es ihm empfohlen hatte; und *Ami*, als erfahrener und sehr männlicher Taktiker, rät ihm, zunächst einmal sich mit *Danger* ins Einvernehmen zu setzen — was er auch tut und wodurch er in den Stand versetzt wird, sich der Rose wieder zu nähern, freilich bis auf respektvolle Distanz. Die Nähe des geliebten Wesens läßt — ganz wie *Amor* vorhergesagt hatte — den Liebesschmerz nur wieder anwachsen. Also legen *Franchise* und *Pitié* ein Wort ein zu seinen Gunsten bei *Danger*, der schließlich einwilligt, daß auch *Bel Accueil* wieder zurückkommt [62].

Der Liebende hat sein Paradies wiedergefunden (V. 3336). Die Rose blüht auf, ist schöner und verführerischer als je [63]. Und der Liebende erheischt einen Kuß, der sehr lange auf sich warten läßt, doch schließlich gewährt wird, weil *Venus* mit der Fackel in der Hand (V. 3406) sich dafür verwandt hat. *Bel Accueil* hat gestattet, den „süßen und würzigen Kuß zu schenken. Solcher Wonnen wird sich der Liebende ewig entsinnen, so sagt er, wenngleich er davon seither manche Qualen und manche schlimme Nacht gehabt hat.

[61] Vv. 2863—2954.
[62] Vv. 2981—3056.
[63] Vv. 3057—3332.

„Das Meer ist nie so friedlich, daß es sich mit wenig Wind nicht trübte ..." [64].

7. *Die Rache der Eifersucht (Vv. 3481—3974)*

Der Dichter teilt seine Absicht mit, um seiner Schönen zu gefallen, die Geschichte weiter zu erzählen. In seltsamer Weise seiner Erzählung vorgreifend, was sonst noch nie geschah, nennt er schon die Festung, die ganz zum Schluß in dem Garten errichtet werden soll, und teilt sogar mit, daß Amor sie nehmen wird, eine Ankündigung, die übrigens in dem Roman, so wie er erhalten ist, nicht wahrgemacht wird [65].

Male Bouche, die Üble Nachrede, macht sich über die Sache mit dem Kuß her und bringt Verleumderisches über *Bel Accueil* und den Dichter in Umlauf. *Jalousie* (erheblich mehr zu fürchten als *Danger*, denn diese Allegorie steht nicht für ein bestimmtes Verhalten der Dame, sondern für eine allgemeine Einstellung vom Typ Hoffnung) läßt sich nicht zur Ruhe bringen: sie fürchtet *Lecherie*, die Ausschweifung, und *Luxuria*, die geile Wollust, deswegen beschließt sie, ein Festungsgewahrsam zu errichten und die Rosenstöcke dort einzusperren. Sämtliche Gefühle verbinden sich gegen den Liebenden. *Scham* und *Furcht* halten *Gefahr* selbst seine Nachlässigkeit bei der Verrichtung seines Dienstes vor. Wieder muß also Guillaume sich zurückziehen [66].

Vom Beginn der Episode an wandelt sich der allgemeine Ton der Erzählung, der schon in der vorigen Episode ein anderer geworden

64 V. 3476 *La mer n'ert ja si apesie*
qu'el ne soit troble a poi de vent.

65 V. 3481 *Des ors est droiz que je vos conte*
coment je fui melez a Honte,
par qui je fui puis mout grevez,
et coment li murs fu levez
et li chastiaus riches et forz
qu'Amors prist puis par ses esforz.

66 Vv. 3493—3750.

war, erneut in Richtung auf einen Realismus, der manchmal sogar bis zu einem — Jean de Meun ankündigenden — Naturalismus geht. Das Aufeinandertreffen der Personen geschieht mit größerer Heftigkeit. Die Sicht der Dinge, wie auch der sprachliche Ausdruck davon, verhärten sich. Zwar hält der Liebende in seinem Herzen noch „la douce savor de la rose", doch die Erinnerung an den Kuß „ergreift dieses Herz und läßt es entflammen": die äußerste „Begehrlichkeit" schafft „Tränen und Seufzer, Grübeln in schlafloser Nacht, Schauder, Klage und Weh". Jetzt ist Guillaume also „in die Hölle gefallen", wieder ganz wie es der Liebesgott prophezeit hatte [67].

Die Gefühle Guillaumes materialisierend, dessen Traum nun nicht mehr als unsagbar empfunden wird, erhebt sich also die gigantische Festung rings um die Rosenstöcke. Man wohnt dem Bau in allen Einzelheiten bei, von der Aushebung der Gräben, der Errichtung der Umfriedungsmauern, der Türme, der vier großen, mit Fallgattern bewehrten Tore bis zur Vollendung des hohen Donjon. Der Dichter verweilt bei jedem Detail: Der Herstellung des Mörtels, der Beschaffenheit des Steins, den Steinschleudern, den Schießscharten, den Armbrüsten, dem Zustand der Gräben, Wehrgänge und Barrikaden [68]. In allen vier Himmelsrichtungen stellt *Jalousie* an den Toren Krieger auf, am östlichen befehligt von *Danger*, am südlichen von *Honte*, am westlichen von *Peur* und am nördlichen von *Male Bouche*, ein doppelter Symbolismus, dessen Bedeutung sich wohl erschließen ließe. [69] Aus dem runden Turm macht *Jalousie* ein Verließ, in das *Bel Accueil* eingeschlossen wird. Ihr schrecklicher Scherge erweist sich als eine innerhalb des Romans ganz und gar ungewöhnliche Figur, denn er paßt nicht in das vom Dichter bis hierher verwendete Allegoriensystem: es handelt sich um eine Alte, die berühmte *Vieille*, die schon so viele Kommentatoren irritiert hat. Beklagenswerter Fehler in einer Schriftstellerlogik? [70] Oder eher

[67] Vv. 3755—3778.

[68] Vv. 3779—3848.

[69] Vv. 3849 ff.

[70] Siehe zu diesem Thema Michel Defourny, *Observations sur la première partie du „Roman de la Rose"* in *Mélanges Rita Lejeune*, Gembloux 1969, pp. 1163—1169.

neue Wendung einer bis hierher ja so genau durchdachten Handlungsführung? Guillaumes ungewöhnliche Talente sollten einen, wie mir scheint, eher dazu neigen lassen, Vertrauen zum Autor zu haben und daher die zweite Möglichkeit der Alternative zu wählen.

Doch bevor wir nach einer Erklärung suchen für den kapitalen Umschwung in der Erzählung, müssen wir noch einmal auf alle Elemente der so außerordentlich präzisen Beschreibung des enormen Festungsgefängnisses zurückkommen.

Immerhin hat diese eingehende Beschreibung die Aufmerksamkeit eines so sachverständigen Kopfes wie Viollet-le-Duc erregt, und mehrere Details sind ja auch als außergewöhnlich hervorzuheben: die vier Tore („gewöhnlich besaßen die Burgen dieser Epoche nur ein Tor, höchstens zwei, mit einigen Notauslassen"); die runde Form des Turms, denn die Donjons in allen Burgen vor dem Louvre waren viereckig; schließlich die ungewöhnliche Plazierung des Donjon in der Mitte der Umfriedung, auch darin dem Donjon des Louvre ähnelnd. Die Schlußfolgerung des großen französischen Architekten ist daher denn auch eindeutig: die Burgbeschreibung aus der ersten Hälfte des 13. Jahrhunderts, die älteste, vollständigste und eigenartigste, ist diejenige, die unter dem Namen Eifersuchtsburg den Louvre von Philippe-Auguste zu schildern scheint [71].

In neuerer Zeit hat sich Louis Hautecoeur in seiner *Geschichte des Louvre* dazu zurückhaltender geäußert: „... Die von Guillaume genannten Dimensionen, bestimmte Einzelangaben, die sich auf Kriegsmaschinen, die Steinschleudern und Armbrüste, beziehen, beweisen, daß es sich nicht um den Louvre handelt, sondern um ein ideales Château-fort, für das der Louvre einige Elemente geliefert haben mochte" [72]. Allerdings erscheint die Zurückhaltung, die gewiß nicht schaden kann, als etwas übertrieben. Es ist in der Tat richtig, daß Guillaume de Lorris vor allem eine gigantische Zwingburg

[71] *Dictionnaire raisonné de l'architecture française, du XIe au XIIe siècle*, Bd. 3, Paris 1868, p. 122. Viollet-le-Duc liefert über mehr als zehn Seiten eine ausführliche Exegese, um zu zeigen, daß die Beschreibung von Guillaume de Lorris genau auf den Louvre zutrifft.

[72] *Histoire du Louvre: le château, le palais, le musée des origines à nos jours*, Paris 1946, p. 4.

schildern wollte, die durch ihre bloße Masse (hundert Klafter Seitenmaß, etwa das Doppelte des Louvre zu seiner Zeit!) den schönen Traumgarten erdrücken und vernichten mußte, von dem ja nurmehr die eingeschlossenen Rosensträucher übrig sind. Ebenso ist richtig, daß einige deskriptive Einzelheiten von anderswo entliehen sein können, vor allem vom Donjon des berühmten Kastells von Coucy, erbaut um 1230, wie zum Trotz gegen den 30 Jahre älteren Louvre [73]. Trotzdem hat der Louvre den größten Teil aller Beschreibungselemente geliefert, und auch die charakteristischsten. Es muß auch berücksichtigt werden, was Louis Hautecoeur selbst mitteilt und wovon der ganz seiner architektonischen Darstellung hingegebene Viollet-le-Duc nicht gesprochen hatte: die mehrfache Zweckbestimmung des Louvre als Gefängnis, als Aufbewahrungsort des Königsschatzes und als Arsenal („1234 ist in den Rechnungsbüchern die Rede von der Burgartillerie; 1248 wurden dort Armbrüste hergestellt") [74].

Angesichts so vieler Elemente, die mit der Eifersuchtsburg übereinstimmen, scheint es recht schwer, nicht zuzugeben, daß Guillaume de Lorris mit Vorsatz und Willen deskriptive Züge zusammengetragen hat, die seine Zeitgenossen unweigerlich auf einen berühmten Gefängnisturm hinlenken mußten, nämlich den Louvre. Ein Zeitbezug derselben Art findet sich auch in dem Ausdruck „soudoyers de Normandie", die *Male Bouche* zur Verteidigung des Osttores braucht. Wie das Wort anzeigt, ist der „soudoyer" ein Ritter, der Sold empfängt. Zwar ist dies keine dem 13. Jahrhundert eigene Konnotation, was aber besonders ist in den der Abfassung des *Rosenromans* voraufgehenden Jahren, die sich auf 1225 bis 1240 ansetzen lassen, das ist der regelmäßige Gebrauch der Soudoyers durch die Regentin Blanca von Kastilien, der Mutter Ludwigs IX.: die königliche Armee setzte sich in der Tat aus den verschiedensten Elementen zusammen, „unter denen zu Zeiten Blancas von Kastilien ein wichtiger Platz den besoldeten Truppen zukam". „Dies waren kleine Einheiten, befehligt von bekannten und verläßlichen Leuten, und ihre Stärke ist in den königlichen Rechnungsbüchern

[73] Vgl. Viollet-le-Duc, op. cit. Bd. 5, p. 74 f.
[74] Op cit., p. 6.

aufs genaueste verzeichnet". Wir besitzen sehr genaue Unterlagen über die bei der Königin Blanche in Sold stehenden Truppen. „Unter den Adligen, deren Dienste in dieser Weise für einen recht bescheidenen Sold käuflich waren, finden sich bekannte Namen" . . . und „zahlreiche Normannen und Bretonen" [75].

Somit besteht die letzte Episode des *Rosenromans* von Guillaume de Lorris in einem langsamen Wiederaufsteigen aus den Tiefen des Traums in das Reich der Wirklichkeit und sogar der Aktualität im engsten Sinn. In Entsprechung zu dem herrlichen Thema der Freudenmusik vom Beginn des Traums erhebt sich inmitten der Nacht, wo *Üble Nachrede* herumlauert und ihren Turm bezieht, der dünne Klang der Schalmeien, der tiefe Schall der Trommetten und Hörner, der Ton des Dudelsacks. Eine Flötenweise singt nur mehr das mißtönende Couplet einer „sotte chanson", Echo einer traurigen phantastischen Symphonie [76]. Nicht nur ist der Paradiesgarten verschwunden: was ist auch aus der Rose selbst geworden in ihrer allegorischen Individualität? Aufgelöst im Raume, zurückgetreten in die Anonymität der am Fuß des ungeheuren Donjons zusammengedrängten Rosensträucher. Von ihr bleibt nur noch ein Attribut, ihr lächelndes Auftreten als *Bel Accueil*, dem der Dichter alles verdankt, einschließlich des „baiser savouré", des genossenen Kusses *Schöner Empfang* ist nun aber eingeschlossen, Schatz und Gefangener zugleich, in *Jalousies* rundem Turm. Die Menge der allegorischen Personen hat die Szene verlassen, und dort bleibt einsam und verwundbar *Bel Accueil* unter der Aufsicht einer Alten, die um so unbarmherziger ist, als sie in ihrer Jugend die Bande, die Ängste und die Listen Amors gekannt hatte; *Bel Accueil* wagt überhaupt nicht, sich zu rühren, aus Angst, ihren Argwohn zu erregen. Alles ist wieder in Ordnung. *Jalousie* hat nichts mehr zu fürchten: wer könnte ihr nun noch Knospe oder Rose entwenden? Die Rosensträucher sind von nun an zu . . . [77]

[75] Siehe zu diesem Punkt Elie Berger, *Histoire de Blanche de Castille, reine de France*, Paris 1895, pp. 299—311. Alle Angaben entstammen den königlichen Rechnungsbüchern.

[76] Vv. 3876—3890.

[77] Vv. 3893—3917.

„Außerhalb der Mauern" geblieben (der Mauern des Donjons? oder der Burg? oder vielleicht gar des Traumgartens?), ist der Dichter seiner Trauer und seinem Schmerz ausgeliefert. Und er beginnt ein *lamento* (Vv. 3920—3974), wo er den Verlust seiner Hoffnung und seiner Erwartung beklagt. Amor hat ihm alles geraubt. Fortuna hat ihn an ihrem Rad tief hinunter gestürzt. Alle Freude ist von ihm gewichen, seit *Bel Accueil* im Verließe sitzt. Diese Freude, und damit seine Heilung, ist gänzlich in ihm und in der Rose: *Bel Accueil* muß aus dem Gewahrsam herauskommen, wenn *Amor* will, daß Guillaume geheilt wird. Einstweilen defilieren alle bekannten Themen der Lieder der *fin'amor*: keine Revolte, Sich-Fügen in das Unabwendbare, denn es ist ausgemacht, daß die Liebe sich an ihrem eigenen Leide labt.

EPILOG: Supplik an BEL-ACCUEIL (Vv. 3975—4028)

Der Dichter ändert den Ton. Aus seiner klagereichen Meditation über sein unglückliches Geschick geht nun ein direkter Appell hervor, der einen an die „tornada" oder den „envoi", das Geleit der Liebeslyrik denken läßt. Mit großer Zartheit und in sehr verschlüsselter Sprache ruft Guillaume *Bel Accueil* an, seinen sanften Freund. Und man glaubt zu erraten, da die Worte so zärtlich sind, daß *Bel Accueil* jetzt eine Art zweiten *senhal* für die Rose des Dichters darstellt. Wenn schon das Herz gefangen ist, so seufzt Guillaume, so möge wenigstens dies Herz ihn lieben! „Ich weiß, daß Schmeichler, Verräter und Neider darauf brennen, mir zu schaden. Muß ich mich nicht fürchten? Ach, Bel Accueil, wird es ihnen nicht gelingen, Euch von mir wegzubringen? Werdet Ihr mich nicht vergessen? Nie wird etwas sein, das mich trösten könnte, wenn ich Euere Gunst verliere, denn ich habe meine Hoffnung auf nichts anderes gesetzt":

Ja mes n'iert rien qui me confort 4026
se je pert vostre bienveillance,
car je n'ai mes aillors fiance.

Mit diesen Worten endet der erhaltene Text der ersten Hälfte des *Roman de la Rose*.

Heute betrachtet die Mehrheit der Kritiker das Werk von Guillaume de Lorris als unvollendet. Diese Ansicht ist jedoch nicht erst von heute. In der Tat zirkulierte schon sehr bald im Mittelalter eine Version, die in 78 Versen einen schnellen und glücklichen Schluß lieferte, in dem der Dichter in den Turm eindrang, die „süße Knospe" nahm, sie auf ein Lager aus frischen Gräsern und Rosenblättern bettete und — erwachte: *C'est li songes que j'ai songié*[78].

Doch allzu deutlich sind Inhalt und Stil des Fragments unecht. Der Anhang beweist lediglich, daß schon im Mittelalter manche der Ansicht waren, zwei Elemente würden der Dichtung Guillaumes fehlen: das Pflücken der Rose, was den vollständigen Sieg des Liebhabers bedeutet hätte; sodann das Erwachen des Dichters, damit er aus dem Traum wieder in die Wirklichkeit zurückkehre.

Jean de Meun jedenfalls hat so gedacht. Er beschloß sein Werk — für das er allerdings den Zeitaufwand nicht gescheut hatte: fast 17 000 Verse! — mit einem offenkundig nur rasch hingesetzten Schluß:

. . . par grant joliveté cueilli 21 748
la fleur du biau rosier fueilli.
Ainsint oi la rose vermeille.
Atant fu jorz, et je m'esveille.

(. . . ob der großen Anmut gepflückt die Blüte des schönen, blattreichen Rosenstrauchs. So bekam ich denn die rote Rose. Darüber wurde es Tag, und ich erwachte.)

Da wir die Kenntnis des Namens Guillaume de Lorris ja überhaupt nur Jean de Meun verdanken, ist es ganz natürlich, daß man seiner Versicherung geglaubt hat, er habe vierzig Jahre später das unvollendete Werk Guillaumes, der bei der Eifersuchtsepisode stehengeblieben war, wiederaufgenommen und zu Ende geführt.[79]

[78] Vgl Langlois, Ed. cit., *Introduction*, pp. 3—4. Dieser anonyme Schluß findet sich oder hat sich gefunden in einigen Manuskripten (6) zusammen mit der Fortsetzung von Jean de Meun.

[79] Siehe den *Roman de la Rose*, Vv. 10 496—10 572, wo Guillaume de Lorris erwähnt ist (V. 10 496), *Guillaume* (V. 10 531). Vgl. V. 10 556 ff.:

car quant Guillaume cessera,

Und doch haben gute Köpfe gezögert, diese Erklärung anzunehmen. Edmond Faral war der Ansicht, Guillaume de Lorris habe „aus Scham“ seine Erzählung abgebrochen, um den vollkommenen Triumph des Liebhabers nicht mehr aufnehmen zu müssen [80]. In jüngerer Zeit hat Paul Zumthor von einem „wahrscheinlich unvollendeten“ Werk gesprochen, doch fügt er hinzu: „Das Dichtwerk bricht ab, bevor das Hindernis beseitigt werden konnte. Mag sein, daß dieses schroffe Ende absichtlich war“ [81].

Die Untersuchung des Aufbaus von Guillaumes Gedicht führt uns nun zwar nicht zu den gleichen, aber doch zu ähnlichen Schlußfolgerungen.

Wie der Leser feststellen konnte, verteilen sich die etwa 4000 Verse bei Guillaume de Lorris auf neun verschiedene Komplexe.

Nach einem Widmungsprolog an die das Werk inspirierende Dame (44 Verse) gliedert sich die Romanerzählung zuerst für die Tiefe des Traums in drei sukzessive „Entdeckungen“, deren Umfang wohlerwogen ist: die Entdeckung des Gartens reicht hin, um uns allmählich in die Atmosphäre des Traums eindringen zu lassen; die des Irdischen Paradieses fordert für eine Gesamtsicht natürlich etwas größeren Umfang (906 Verse); ein Detail dieses Paradieses, die Liebesquelle, bildet mit ihren 109 Versen einen Rhythmuswechsel, unterstützt von einer Veränderung des Tons ins Lyrische (*moderato cantabile*). Dann immer tiefer eindringend die vierte „Entdeckung“, die köstlichste, die dem ganzen Roman den Namen gegeben hat: die Rose. Mit ihren 442 Versen stellt sie für sich alleine in der Mitte des Werks eine besondere Unterteilung dar, denn sie beschließt zugleich den ersten Teil (den Traum) und eröffnet einen zweiten (die Liebe).

Dieses Liebeskapitel gliedert sich ebenfalls in drei Episoden. Zu-

Jehans le continuera,
enprés sa mort, que je ne mante,
anz trespassez plus de XL.

80 *Le Roman de la Rose et la pensée française au XIIIe siècle*, in *Revue des Deux Mondes* 1926, pp. 430—457.

81 A. Adam, G. Lerminier und E. Moro-Fir, *Littérature Française*, Paris 1967, Bd. I, pp. 31—32 (*Du roman au gothique*).

nächst eine theoretische Unterweisung, eine Liebeskunst (694 Verse). dann die erzählende Beschreibung einer personalisierten Liebe, nämlich die des Dichters zu der Rose, die er entdeckt hat und die seine Dame symbolisiert, was in dem Kuß der Rose gipfelt (732 Verse). Eine dritte Episode bildet der Sturz in Angst und Elend nach dem Genuß des Kusses, denn es triumphiert die Rache der Eifersucht, die dem Dichter Leid und Kummer bringt (494 Verse).

An neunter Stelle balanciert ein kurzer Epilog, der — wie wir sagten — als Supplik an *Bel Accueil* abgefaßt ist (eine Art „Geleit" in 54 Versen) die 44 Verse des knappen Eingangsprologs aus.

Dieser Aufbau — der sich auf die heiligen Zahlen 9 und 3 gründet — läßt sich in einem Schema verdeutlichen [82].

PROLOG

VERGER

IRDISCHES PARADIES

QUELLE

ROSE

LIEBESKUNST

KUSS DER ROSE

EIFERSUCHT

EPILOG

[82] Dieses Schema ist auf meine Bitte von Frau Andréa Vandermeulen, Ecole Normale de l'Etat, Lüttich, angefertigt worden, der ich für ihre freundliche Bereitschaft danken möchte.

Ohne hier umfangreichere Angaben über die Bedeutung der heiligen Zahlen im Mittelalter machen zu wollen, sei nur darauf hingewiesen, daß die Frage sehr ausführlich im Zweiten Buch des *Somnium Scipionis* von Macrobius behandelt wird.

Wohldurchdacht und wohlausgewogen bildet also das Werk von Guillaume de Lorris in dem Zustand, wie es uns überliefert ist, ein in sich geschlossenes Ganzes. Es hinterläßt weder den Eindruck des Unvollendeten noch der mangelnden Kohärenz, wofern nur der Leser bereit ist, innerhalb des von Guillaume umrissenen Universums zu verbleiben, ohne sich um Jean de Meun zu kümmern: es ist eine „mit Kunstverstand abgemessene Werkgestalt", wie Edmond Faral sagen würde [83].

Guillaume hatte die Erzählung eines prophetischen Traums angekündigt, in dem eine Liebesdoktrin eingeschlossen sein sollte: hat er nicht sein Versprechen voll wahrgemacht? Er hat diesen Traum erzählt, der unstet treibend ist wie alle Träume, zauberhaft am Beginn, dann sich zu unerträglicher Pein wandelnd, wie es im übrigen der Liebesgott im vorhinein geschildert hatte. Da der Traum ja vorausdeutend sein sollte — auch das war vom Dichter zu Beginn deutlich hervorgehoben worden —, ist es nur folgerichtig, daß der Dichter schließlich behutsam von der Darstellung seiner geträumten Leiden zur Feststellung seiner tatsächlichen Liebespein übergeht. Andrerseits gilt es sich zu besinnen, daß ja der Liebhaber der Rose von ihr diejenige Belohnung erhalten hat, die der *fin'amant* sich gönnen durfte: den gewährten Kuß. Und dieser Kuß — die gesamte Theorie der *fin'amor* verlangt es so — bedeutet niemals Stillung, sondern stets Neubelebung einer ständig unbefriedigten Sehnsucht. Diese Konzeption ist nicht nur von den Troubadours eingebracht, sondern auch von zahlreichen Trouvères ausgenützt worden, vor allem von Thibaut de Champagne, einem Zeitgenossen von Guillaume de Lorris [84]. Ist es also gerechtfertigt, zu behaupten, der *Roman de la Rose* sei unvollendet, weil ihm ein bestimmtes „happy end" fehlt? Das ist sehr fraglich. Beständig hoffend und beständig verzweifelnd, so war der ideale Liebhaber des 12. und des beginnenden 13. Jahrhunderts gewärtig, daß sein Sehnen nicht gestillt werden konnte noch durfte. Daß ein Jean de Meun einige Jahr-

[83] Op cit., p. 435.

[84] Vgl. Ed. A. Wallenskold, *Les chansons de Thibaut de Champagne*, S. A. T. F., Paris 1925. Mehrere Beziehungen zwischen Thibaut und Guillaume sind in den Ausgaben Langlois und Lecoy aufgezeigt.

zehnte nach Guillaume de Lorris sich im Namen der Vernunft gegen eine aus der Mode gekommene und dem Geist seiner Zeit nicht mehr entsprechende Doktrin auflehnte, ist verständlich. Doch ohne Vorbehalte behaupten zu wollen, Guillaume de Lorris habe seinen Roman nach der Idee eines Traums zu konzipieren gehabt, in dem er die Rose gepflückt und anschließend sein Erwachen erzählt hätte, das bedeutet doch wohl, ein durch nichts gesichertes Denkschema in die Vergangenheit zu projizieren. Gewiß liegt die Erklärung von Jean de Meun vor, der das *abgebrochene* Werk von Guillaume de Lorris zu vollenden behauptet. Doch wissen wir genauso, daß zu allen Zeiten eine derartige Behauptung die willkommenste Rechtfertigung bildete, wo immer ein Autor darauf aus war, einem erfolgreichen Werk eine Fortsetzung zu geben. Nun war aber Guillaumes Werk schon berühmt in dem Augenblick, wo Jean de Meun sich seiner bemächtigte. Das können wir anhand der reichhaltigen Abschriftenüberlieferung des *Rosenromans* leicht feststellen [85].

Man möchte sich also fragen, ob das umfangreiche Zusatzwerk des Jean de Meun nicht womöglich mit einem etwas schlauen Kunst-

[85] Über diese Handschriftenüberlieferung siehe die grundlegende Studie von E. Langlois, *Les manuscrits du Roman de la Rose*, Lille—Paris 1910; F. Lecoy, Ed. Cit, *Introduction* pp. XXXV f. Man zählt gegenwärtig mehr als 245 vollständige Handschriften des Romans (d. h. den Teil Guillaume de Lorris plus den Teil Jean de Meun).

Überlieferung des Teils Guillaume de Lorris: schlecht; Überlieferung des Teils Jean de Meun: hervorragend. Wie Félix Lecoy schreibt: „Dieser Sachverhalt erklärt sich, wie Langlois bereits erkannt hat, dadurch, daß die Überlieferung der beiden Dichtungen ursprünglich unabhängig voneinander verläuft und daß die vollständigen Handschriften (oder ihre Vorlagen) anfangs durch Anhängen von Kopien des zweiten Teils an bereits bestehende Kopien des ersten Teils zustande kamen, von denen wiederum schon mehrere Typen in mehreren Varianten in Umlauf sein konnten, aber durch Zufall keine einzige wirklich gut war." Das bedeutet, daß Guillaumes Dichtung ein selbständiges Dasein gehabt hatte und schon erfolgreich gewesen war, bevor sie mit dem Werk von Jean de Meun zusammengetan wurde. Daraus läßt sich zwar nicht zwingend der Schluß ziehen, daß sie vollständig war, aber doch daß sie als ein zusammenhängendes Ganzes aufgefaßt wurde.

griff an ein anonymes Werk angehängt worden ist, das als solches durchaus *vollendet* war, dessen Abschluß jedoch wegen seiner besonderen Subtilität befremdlich erschien: es geschieht ja nicht alle Tage, daß ein mittelalterlicher Roman ohne deutlichen Einschnitt von der Suche nach der verlorenen Zeit (dem Traum des Dichters) zu der wiedergefundenen Zeit (dem Gebet des Dichters) übergeht.

Gewiß sollte man sich nicht einbilden, für diese Erklärung einen restlos entscheidenden Beweis herbeibringen zu können. Aber liefert die andere Deutung, die von einem unvollendeten Guillaume de Lorris, wirklich die volle Gewißheit?

BIBLIOGRAPHIE

Die folgende Bibliographie ist eine Auswahlbibliographie, die vor allem jüngere und jüngste Studien berücksichtigt. Zur weiteren und vollständigeren Orientierung sei verwiesen auf:

Bossuat, R., Manuel bibliographique de la littérature française du moyen âge, Melun 1951, Suppléments von J. Monfrin 1 (1949—1953) Paris 1955, 2 (1954—1960) Paris 1961.

Woledge, B., Bibliographie des romans et nouvelles en prose française antérieurs à 1500, Genève 1954, Supplément Genève 1975.

Klapp, O., Bibliographie der französischen Literaturwissenschaft, Frankfurt a. M. 1960 ff.

Frappier, J. (Hrsg.), Le roman = Grundriß der romanischen Literaturen des Mittelalters, Band IV, hrsg. von H. R. Jauss und E. Köhler, Heidelberg 1977.

Neben das ›Bulletin Bibliographique de la Société Internationale Arthurienne‹ und das ›Bulletin Bibliographique de la Société Rencesvals‹ tritt jüngst (seit 1975), diese beiden wichtigen bibliographischen Organe ergänzend, ›Encomia. Newsletter of the International Courtly Literature Society‹.

1. Allgemeines

Arrowsmith, C., The relationship between courtly theory and courtly romance in the XIIIth century French literature, These Hull University 1969/70.

Bezzola, R. R., Les origines et la formation de la littérature courtoise en Occident (500—1200), Paris 1960—1963 (4 Bde.).

Faral, E., Recherches sur les sources latines des contes et romans courtois du moyen âge, Paris 1913, Nachdruck 1967 (Auszug in diesem Band).

Faral, E., Les Arts poétiques du XIIe et du XIIIe siècle, Paris 1923.

Fierz-Monnier, A., Initiation und Wandlung. Zur Geschichte des altfranzösischen Romans im 12. Jh. von Chrétien de Troyes bis Renaut de Beaujeu, Bern 1950.

Fourrier, A., Le courant réaliste dans le roman courtois en France au moyen âge, I, Paris 1960.

Frappier, J. Vues sur les conceptions courtoises dans les littératures d'oc et d'oïl au XIIe siècle, Cahiers de Civilisation Médiévale 2 (1959) 135—156.

Frappier, J., Histoires, mythes et symboles. Etudes de littérature française, Genève 1976.

Gallais, P., Littérature et médiatisation, réflexions sur la genèse du genre romanesque, Etudes Littéraires 4 (1971) 39—73.

Gallais, P., Recherches sur la mentalité des romanciers français du moyen âge, Cahiers de Civilisation Médiévale 7 (1964) 479—493; 13 (1970) 333—348; 14 (1971) 69—75.

Gröber, G., in Ders., (Ed.), Grundriß der romanischen Philologie, II, 1, Straßburg 1902, 523—534, 578—590, 733—746, 769—785.

Guiette, R., Li conte de Bretaigne sont si vain et plaisant, Romania 88 (1967) 1—12, wiedergedruckt in: Romanica Gandensia XIII (1972) 33—43.

Guiette, R., Observations sur l'âge courtois, Romanica Gandensia XIII (1972) 17—32.

Haidu, P., Narrativity and Language in Some XIIth Century Romances, Yale French Studies 51 (1975) 133—146.

Hanning, R. W., The Social Significance of Twelfth-Century Chivalric Romance, Medievalia et Humanistica, N. S. 3 (1972) 3—29 (in diesem Band).

Jantzen, H.-G., Untersuchungen zur Entstehung des altfranzösischen Prosaromans, Diss. Heidelberg 1966.

Kelly, D., *Matière* and *genera dicendi* in Medieval Romance, Yale French Studies 51 (1975) 147—159.

Köhler, E., Zur Selbstauffassung des höfischen Dichters, in: Der Vergleich. Literatur- und sprachwissenschaftliche Interpretationen. Festgabe für Hellmuth Petriconi zum 1. April 1955, Hamburg 1955, 65—79 (in diesem Band).

Köhler, E., Quelques observations d'ordre historico-sociologique sur les rapports entre la chanson de geste et le roman courtois, in: Chanson de geste und höfischer Roman. Heidelberger Kolloquium 30. Januar 1961, Heidelberg 1963, 21—36.

Köhler, E., Zur Entstehung des altfranzösischen Prosaromans, in: Ders., Trobadorlyrik und höfischer Roman. Aufsätze zur französischen und provenzalischen Literatur des Mittelalters, Berlin 1962, 213—223.

Langlois, Ch.-V., La vie en France au moyen âge, de la fin du XIIe au milieu du XIVe siècle, d'après les romans mondains du temps, Paris ²1926.

Legge, M. D., Anglo-Norman Literature and its background, Oxford 1963.

Le Goff, J., Naissance du roman historique au 12e siècle, Nouvelle Revue Française 238 (1972) 163—173 (in diesem Band).

Lejeune, R., Rôle littéraire d'Aliénor d'Aquitaine et de sa famille, Cultura Neolatina 14 (1954) 5—53.

Lejeune, R., Le rôle littéraire de la famille d'Aliénor d'Aquitaine, Cahiers de Civilisation Médiévale, 1 (1958) 303—320.

Lot-Borodine, M., Le roman idyllique au moyen âge, Paris 1913.

Lyons, F., Les éléments descriptifs du roman d'aventure au XIIIe siècle, Genève 1965.

Marichal, R., Naissance du roman, in: M. de Gandillac et E. Jeauneau (Ed.), Entretiens sur la Renaissance du XIIe siècle, La Haye 1968, 449—492.

Mauritz, H.-D., Der Ritter im magischen Reich. Märchenelemente im französischen Abenteuerroman des 12. und 13. Jahrhunderts, Bern 1974.

Meneghetti, M. L., L'›Estoire des Engleis‹ di Geffrei Gaimar fra cronaca genealogica e romanzo cortese, Medioevo Romanzo 2 (1975) 232—246.

Meneghetti, M. L., Ideologia cavalleresca e politica culturale nel ›Roman de Brut‹, Studi di Letteratura Francese 3 (1974) 26—48.

Micha, A., De la chanson de geste au roman. Etudes de littérature médiévale, Genève 1976.

Mölk, U., Französische Literarästhetik des 12. und 13. Jahrhunderts, Tübingen 1969 (Sammlung romanischer Übungstexte 54).

Pauphilet, A., Le Legs du Moyen Age. Etudes de littératures médiévales, Melun 1950.

Payen, J.-Ch., Diekstra, F. N. M., Le roman. In: Typologie des sources du moyen âge occidental, Fasc. 12, Brepols Turnhout 1975.

Payen, J.-Ch., Littérature et chrétienté sous le règne de Saint Louis: équilibres et malaises, in: Septième Centenaire de la mort de Saint Louis. Actes des Colloques de Royaumont et de Paris (21—27 mai 1970), Paris 1976, 331—344.

Piccolo, F., Romanzi d'amore e di cavalleria del medioevo francese, Roma 1965.

Raynaud de Lage, G., Les premiers romans français et autres études littéraires et linguistiques, Genève 1976.

Ruhe, D., Le Dieu d'amour avec son paradis. Untersuchungen zur Mythenbildung um Amor in Spätantike und Mittelalter, München 1974.

Seidel, I., Byzanz im Spiegel der literarischen Entwicklung Frankreichs im 12. Jahrhundert, Bern 1977.

Southworth, M.-J., Etude comparée de quatre romans médiévaux: Jaufre, Fergus, Durmart, Blancandin, Paris 1973.
Steible, M., Strukturuntersuchungen zum altfranzösischen Versroman des 12. und 13. Jahrhunderts, Diss. Heidelberg 1968.
Uitti, K. D., Story, myth, and celebration in old French narrative poetry, 1050—1200, Princeton Univ. Press 1973.
Vinaver, E., The rise of romance, Oxford 1971.
Viscardi, A., Narrativa cortese di tono realistico e le fonti bizantine, in: Ders., Ricerche e interpretazioni mediolatine e romanze, Milano 1970, 415—424.
Wilmotte, M., Evolution du roman français aux environs de 1150, Bull. de l'Acad. Royale de Belgique, Cl. de Lettres, 1903, 323—379, 475—483.
Wilmotte, M., Origines du roman en France, l'évolution du sentiment romanesque jusqu'en 1340, Paris 1940.
Zumthor, P., Le roman courtois. Essai de définition, Etudes Littéraires 4 (71) 75—90.
Zumthor, P., Essai de poétique médiévale, Paris 1972.
Zumthor, P., Langue, texte, énigme, Paris 1975.

2. Der antikisierende Roman

Abel, A., Le Roman d'Alexandre, légendaire, médiéval, Bruxelles 1955.
Adler, A., Eneas and Lavine: „Puer et puella senes", Romanische Forschungen 71 (1959) 73—91.
Angeli, G., L'›Enéas‹ e i primi romanzi volgari, Milano—Napoli 1971.
Auerbach, E., Camilla oder über die Wiedergeburt des Erhabenen, in: Ders., Literatursprache und Publikum in der lateinischen Spätantike und im Mittelalter, Bern 1958, 135—162 (Auszug in diesem Band).
Becker, Ph. A., Die Reimchroniken und die antiken Romane, in: Ders., Zur romanischen Literaturgeschichte. Ausgewählte Studien und Aufsätze, München 1967, 496—500 (in diesem Band).
Burmeister, R., Antike und antikisierende Dichtung. Ein neuer Versuch zur Chronologie französischer Literatur um 1160, Diss. Hamburg 1953.
Cary, G., The Medieval Alexander, Cambridge 1956.
Cormier, R. J., The Present State of Studies on the ›Roman d'Enéas‹, Cultura Neolatina 31 (1971) 7—39.
Cormier, R. J., One Heart One Mind: the rebirth of Virgil's hero in medieval French romance, Mississippi U. P. 1973.
Cormier, R. J., The Problem of Anachronism: Recent scholarship on the

French medieval romances of antiquity, The Philological Quarterly 53 (1974) 147—157.

Dahlberg, Ch., The Theme of Love in the Romans d'Antiquité, London 1972.

Delbouille, M., Apollonius de Tyr et les débuts du roman français, in: Mélanges offerts à Rita Lejeune, Gembloux 1969, II, 1171—1204.

Donovan, L., Recherches sur le Roman de Thèbes, Paris 1975.

Dressler, A., Der Einfluß des altfranz. Eneas-Romans auf die altfranz. Literatur, Leipzig 1907.

Erk, P. J., The Romance of Apollonius of Tyr, Mnemosyne, 4. s., 1 (1948) 222—237.

Frappier, J., Remarques sur la peinture de la vie et des héros antiques dans la littérature française du XIIe et du XIIIe siècle, in: A. Fourrier (Ed.), Humanisme médiéval dans les littératures romanes du XIIe au XIVe siècle (Colloque de Strasbourg) Paris 1964, 13—54.

Genaust, H., Die Struktur des altfranzösischen antikisierenden Lais, Diss. Hamburg 1965.

Hansen, I., Zwischen Epos und höfischem Roman. Die Frauengestalten im Trojaroman des Benoît de Sainte Maure, München 1971 (Beitr. zur Romanischen Philologie des Mittelalters, 8).

Hilka, A., Der altfranzösische Narcisus-Lai, eine antikisierende Dichtung des 12. Jahrhunderts, Zeitschr. für romanische Philologie 49 (1929) 633—675.

Jodogne, O., Le caractère des oeuvres antiques dans la littérature française des XIIe XIIIe siècles, in: A. Fourrier (Ed.), L'Humanisme médiéval dans les littératures romanes du XIIe au XIVe siècle, Paris 1964, 55—86.

Jones, R. M., The theme of love in the „Romans d'Antiquité", London 1972.

Klebs, E., Die Erzählung von Apollonius aus Tyrus. Eine geschichtliche Untersuchung über ihre lateinische Urform und ihre späteren Bearbeitungen, Berlin 1899.

Laurie, H. C. R., A new look at the marvellous in ›Eneas‹ and its influence, Romania 91 (1970) 48—74.

Lumiansky, R. M., Structural Unity in Benoit's Roman de Troye, Romania 79 (1958) 410—424.

Mertes, R., Die Liebe in der antikisierenden Dichtung des zwölften Jahrhunderts. Versuch einer Bestandsaufnahme mit bes. Berücksichtigung des Theben-, Eneas- und Trojaromans, Diss. Wien 1971 (Masch.schr.).

Meyer, P., Alexandre le Grand dans la littérature française du moyen âge, Paris 1886.

Micha, A., Couleur épique dans le ›Roman de Thèbes‹, Romania 91 (1970) 145—160.

Moïse, G. C., Matière et sens dans les romans antiques, New Brunswick, N. J., 1974.

Payen, J.-Ch., Structure et sens du ›Roman de Thèbes‹, Le Moyen Age 76 (1970) 493—513.

Raynaud de Lage, G., Les romans antiques et la représentation de la réalité, Le Moyen Age 68 (1961) 247—291.

Raynaud de Lage, G., *Courtois* et *courtoisie* dans le Roman de Thèbes, Mél. Frappier, II, Genève 1970, 929—933.

Roncaglia, A., L'›Alexandre‹ d'Albéric et la séparation entre chanson de geste et roman, in: Chanson de geste und höfischer Roman. Heidelberger Kolloquium 30. Januar 1961, Heidelberg 1963, 37—60.

Staël von Holstein, L. F. W., Le roman d'Athis et Prophilias. Etude littéraire sur les deux versions, Stockholm 1909.

Varvaro, A., I nuovi valori del ›Roman d'Eneas‹, Filologia e Letteratura 13 (1967) 113—141.

Wilmotte, M., Observations sur le Roman de Troie, Le Moyen Age 18 (1914) 93—119.

3. Nichtarthurischer höfischer Roman und Schicksalsroman

Adler, A., Militia et Amor in the Roman de Troie, Romanische Forschungen 72 (1960) 14—29.

Adler, A., Über die Prosanovelle ›La Fille du Comte de Pontieu‹, Germanisch-Romanische Monatsschrift 43 (1962) 225—233 (in diesem Band).

Baader, R., Ein Beispiel mündlicher Dichtung: Aucassin et Nicolette, Fabula 15 (1974) 1—26.

Batany, J., "Home and Rome". A Device in Epic and Romance: ›Le Couronnement de Louis‹ and ›Ille et Galeron‹, Yale French Studies 51 (1975) 42—60.

Becker, Ph. A., Von den Erzählern neben und nach Chrétien de Troyes, Zeitschr. für Romanische Philologie 55 (1935) 257—292, 385—445, 513—560; 56 (1936) 241—274 (Auszug in diesem Band).

Cacciaglia, M., Appunti sul problema delle fonti del romanzo di ›Floire et Blancheflor‹, Zeitschr. für Romanische Philologie 80 (1964) 241—255.

Calin, W., Structure and Meaning in the Eracle by Gautier d'Arras, Symposium 16 (1962) 275—281.

Calin, W.; Flower Imagery in ›Floire et Blancheflor‹, French Studies 18 (1964) 103—111.

Clevenger, D. H., Torelore in Aucassin et Nicolette, Romance Notes (N. Carolina) 11 (1970) 656—665.

Cremonesi, C., Jean Renart, romanziere del XIII secolo, Milano 1950.

Crosland, J., Dolopathos and the Seven Sages of Rome, Medium Aevum 25 (1956) 1—12.

Dubs, I., Galeran de Bretagne. Die Krise im französischen höfischen Roman, Zürich 1949.

Foulet, F., Galeran et Jean Renart, Romania 51 (1925) 76—104.

Foulon, C., Les tendances aristocratiques dans le roman de Guillaume d'Angleterre, Romania 71 (1950) 222—237.

Francis, E. A., Guillaume d'Angleterre, in: Studies in French Language, Literature and History pres. to R. L. Ritchie, Cambridge 1949, 63—76.

François, Ch., Avec „Florimont" sur les traces de „Floire", Marche Romane 21 (1971) 5—19.

Frappier, J., La ›Chastelaine de Vergi‹, Marguerite de Navarre et Bandello. In: Mélanges 1945, II, Etudes Littéraires, publ. de la Fac. des Lettres de l'Université de Strasbourg, Fasc. 105, Paris 1946, 88—150.

Grigsby, J. L., The narrator in ›Partonopeus de Blois‹, ›Le Bel Inconnu‹ and ›Joufroi de Poitiers‹, Romance Philology 21 (1967—8) 536—543.

Haidu, P., Realism, convention, fictionality and the theory of genres in ›Le Bel Inconnu‹, L'Esprit créateur 12 (1972) 37—60.

Haidu, P., Narrative structure in ›Floire et Blancheflor‹. A comparison with two romances of Chrétien de Troyes, Romance Notes 14 (1972/3) 383—386.

Hanning, R. W., *Engin* in Twelfth-Century Romance: an Examination of the ›Roman d'Enéas‹ and Hue de Rotelande's ›Ipomedon‹, Yale French Studies 51 (1975) 82—101.

Jodogne, O., La parodie et le pastiche dans ›Aucassin et Nicolette‹, Cah. de l'Assoc. Intern. des Etudes Françaises, 12 (1960) 53—65 (in diesem Band).

Jodogne, O., Aucassin et Nicolette — Clarisse et Florent, in: Mélanges de langue et littérature du moyen âge et de la Renaissance offerts à Jean Frappier, Genève 1970, I, 453—481.

Kelly, D., The composition of Aimon de Varenne's ›Florimont‹, Romance Philology 23 (1969/70) 277—292.

Kostoroski, E. P., Quest in query and the ›Chastelaine de Vergy‹, Medievalia et Humanistica 3 (1945) 179—198.

Lákits, P., La Châtelaine de Vergi et l'évolution de la nouvelle courtoise, Debrecen 1966.

Lange, W.-D., Höfische Tradition und individuelles Leben in der ›Chastelaine de Vergi‹. Ein Beitrag zum Stil der altfranzösischen Versnovelle, Zeitschr. für französische Sprache und Literatur 76 (1966) 17—43.

Laurie, H. C. R., Piramus et Tisbé, Modern Language Review 55 (1960) 24—32.

Laurie, H. C. R., Narcissus, Medium Aevum 35 (1966) 111—116.

Le Gentil, P., A propos d'Amadas et d'Ydoine, Romania 71 (1950) 359—373.

Lejeune-Dehousse, R., L'oeuvre de Jean Renart, contribution à l'étude du genre romanesque au moyen âge, Paris—Liège 1935.

Lejeune, R., L'esprit „clérical" et les curiosités intellectuelles de Jean Renart dans le ›Roman de Guillaume de Dole‹, Travaux de Linguistique et de Littérature 11 (1973) 589—601.

Lorenz, E., Die Kastellanin von Vergi in der Literatur Frankreichs, Italiens, der Niederlande, Englands und Deutschlands, mit einer deutschen Übersetzung der altfranzösischen Versnovelle, Halle 1909.

Maraud, A., Le Lai de ›Lanval‹ et ›La Chastelaine de Vergi‹, Romania 93 (1972) 433—459.

Martin, J. H., Love's Fools Aucassin, Calisto and the parody of the courtly lover, London 1972.

Moret, A., Partonopeus de Blois, conte de fée et roman de chevalerie, dans la littérature européenne du moyen âge, Lille 1933.

Nykrog, P., Two creations of narrative form in twelfth century France. Gautier d'Arras—Chrétien de Troyes, Speculum 48 (1973) 258—276.

Paris, G., Le cycle de la gageure, in: Romania 32 (1903) 480—511.

Payen, J.-Ch., Structure et sens de ›Guillaume de Dole‹, in: Etudes de langue et de littérature du moyen âge offertes à Félix Lecoy, Paris 1973, 483—498 (in diesem Band).

Rauhut, F., Das Psychologische in den Romanen Gautiers von Arras, Wissenschaftliche Zeitschrift der Friedrich-Schiller-Universität Jena, Jg. 5 (1955/56), Gesellschafts- und sprachwiss. Reihe, H. 2/3 (= Festschrift für Eduard von Jan zum 70. Geburtstag) 343—353 (in diesem Band).

Raynaud de Lage, G., La religion d'›Eracle‹, in: Mélanges de langue et littérature médiévales, offerts à Pierre Le Gentil, Paris 1973, 707—713.

Reinhard, J. R., The Old French Romance of Amadas and Ydoine, an Historical Study, Durham, Duke University Press 1927.

Renzi, L., Tradizione cortese e realismo in Gautier d'Arras, Padova 1964.

Rogger, K., Etude descriptive de la chantefable ›Aucassin et Nicolette‹, Zeitschr. für Romanische Philologie 67 (1951) 409—457; 70 (1954) 1—57.

Rohr, R., Zu den Laissen in ›Aucassin et Nicolette‹, Romanistisches Jahrbuch 11 (1960) 60—80.

Scheludko, D., Zur Entstehungsgeschichte von Aucassin et Nicolette, Zeitschr. für Romanische Philologie 42 (1922) 458—490.

Winkler, E., Or dient et content et fablent, Zeitschrift für französische Sprache und Literatur 64 (1941) 284—302 (in diesem Band).

Zumthor, P., De la chanson au récit: la Chastelaine de Vergi, Vox Romanica 27 (1968) 77—95 (in diesem Band).

4. *Allegorischer Roman (Roman de la Rose)*

Batany, J., Approches du Roman de la Rose, Paris 1974.

Cohen, G., Le Roman de la Rose, Paris 1973 (Les Cours de Sorbonne).

Danos, J. R., A Concordance to the ›Roman de la Rose‹ of Guillaume de Lorris, Chapel Hill 1975.

Demats, P., D'„Amoenitas" à „Deduit": André le Chapelain et Guillaume de Lorris, in: Mélanges de langue et littérature du moyen âge et de la Renaissance offerts à Jean Frappier, Genève 1970, I, 217—233.

Fleming, J. V., ›Roman de la Rose‹: A study in allegory and iconography, Princeton University Press 1968.

Gunn, A. M. F., The Mirror of Love, Lubbock 1952.

Jauss, H. R., Form und Auffassung der Allegorie in der Tradition der Psychomachia, in: Medium Aevum Vivum, Festschrift für Walther Bulst, Heidelberg 1960, 179—206 (in diesem Band).

Jauss, H. R., La transformation de la forme allégorique entre 1180 et 1240: d'Alain de Lille à Guillaume de Lorris, in: A. Fourrier (Hrsg.), L'humanisme médiéval dans les littératures romanes du XIIe au XIVe siècle, Colloque de Strasbourg, Paris 1964, 107—146.

Jauss, H. R., Entstehung und Strukturwandel der allegorischen Dichtung, in: Jauss, H. R., und Köhler, E. (Hrsg.), Grundriß der romanischen Literaturen des Mittelalters, Bd. VI: La littérature didactique, allégorique et satirique, Heidelberg 1968, 146—244.

Jauss, H. R., Scherz und Ernst in mittelalterlicher Allegorie, in Mélanges de langue et littérature du moyen âge et de la Renaissance offerts à Jean Frappier, Genève 1970, I, 433—451.

Jauss, H. R., Allégorie, „remythisation" et nouveau mythe. Réflexion sur la captivité chrétienne au moyen âge, in: Mélanges offerts à Charles Rostaing, Liège 1974, I, 469—499.

Jung, M. R., Der Rosenroman in der Kritik, Romanische Forschungen 78 (1966) 203—252.

Jung, M. R., Etudes sur le poème allégorique en France au moyen âge, Bern 1971.

Kanduth, E., Der Rosenroman — ein Bildungsbuch? Zeitschrift für Romanische Philologie 86 (1970) 509—524.

Köhler, E., Narziss, die „Fontaine d'Amors" und Guillaume de Lorris (zum ›Roman de la Rose‹, I. Teil), in: Ders., Esprit und arkadische Freiheit. Aufsätze aus der Welt der Romania, Frankfurt a. M. ²1972, 123—141.

Kolb, H., Oiseuse, die Dame mit dem Spiegel, Germanisch-Romanische Monatsschrift 15 (1965) 139—149 (in diesem Band).

Langlois, E., Origines et sources du Roman de la Rose, Paris 1890.

Lejeune, R., A propos de la structure du ›Roman de la Rose‹ de Guillaume de Lorris, in: Etudes de langue et littérature du moyen âge offertes à Félix Lecoy, Paris 1973, 315—348 (in diesem Band).

Louis, R., Le Roman de la Rose. Essai d'interprétation de l'allégorisme érotique, Paris 1974.

Muscatine, C., The emergence of psychological allegory in Old French romance, Publ. of Modern Language Association 68 (1953) 1160—1182.

Payen, J.-Ch., A Semiological Study of Guillaume de Lorris, Yale French Studies 51 (1975) 170—184.

Piehler, P., The visionary landscape. A study in medieval allegory, Montréal, McGill — Queen's UP 1971.

Poirion, D., Narcisse et Pygmalion dans le Roman de la Rose, in: Essays in Honor of F. L. Solano, Chapel-Hill 1970, 153—165.

Poirion, D., Le Roman de la Rose, Paris 1973.

Thuasne, L., Le Roman de la Rose, Paris 1929.

Vitz, E. B., The *I* of the ›Roman de la Rose‹, Genre 6 (1973) 49—75.

Zumthor, P., Récit et anti-récit: le ›Roman de la Rose‹, Medioevo Romanzo 1 (1974) 5—24.

Zumthor, P., Narrative and Anti-Narrative: Le Roman de la Rose, Yale French Studies 51 (1975) 185—204.

NAMEN- UND TITELREGISTER

Von V. Held und W. Orlich